舵手汇

www.duoshou108.com

聪明投资者沟通的桥梁

掌握艾略特波浪理论
Mastering Elliott Wave

最科学和客观地应用波浪理论来预测股票市场

(美) 格伦·尼利和埃里克·郝　著
彭家伟　廖小胜　陈火金　译
康民　校对

山西出版传媒集团
山西人民出版社

图书在版编目(CIP)数据

掌握艾略特波浪理论／(美)格伦·尼利和埃里克·郝著；彭家伟，廖小胜，陈火金译. —太原：山西人民出版社，2019.5

ISBN 978-7-203-10609-8

Ⅰ.①掌… Ⅱ.①格… ②彭… ③廖… ④陈… Ⅲ.①股票市场-市场分析 Ⅳ.①F830.91

中国版本图书馆 CIP 数据核字(2018)第 281206 号

掌握艾略特波浪理论

著　者：	(美)格伦·尼利　埃里克·郝
译　者：	彭家伟　廖小胜　陈火金
责任编辑：	贺　权
复　审：	傅晓红
终　审：	秦继华
出版者：	山西出版传媒集团·山西人民出版社
地　址：	太原市建设南路21号
邮　编：	030012
发行营销：	0351-4922220　4955996　4956039　4922127(传真)
天猫官网：	http：//sxrmcbs.tmall.com　电话：0351-4922159
E-mail：	sxskcb@163.com　发行部
	sxskcb@126.com　总编室
网　址：	www.sxskcb.com
经销者：	山西出版传媒集团·山西人民出版社
承印者：	三河市京兰印务有限公司
开　本：	710mm×1000mm　1/16
印　张：	27.5
字　数：	308千字
印　数：	1—5100册
版　次：	2019年5月　第1版
印　次：	2019年5月　第1次印刷
书　号：	978-7-203-10609-8
定　价：	118.00元

如有印装质量问题请与本社联系调换

献　辞

谨将此书献给理查德·泰沃勒斯、查尔斯·哈洛和赫伯特·斯通。我没有见过这些人，也没有与他们谈过话，但他们是《商品期货博弈》一书的作者，正是在阅读这本书时，我第一次看到了"艾略特波浪理论"这个词，对于我来说，这是一切的开始。

译者序

在研究股市时，有人推崇价值投资，有人擅长技术分析。有人称中国股市为政策市，关注政府的政策；有人喜欢谈论宏观经济形势，探讨通货膨胀的影响等；还有不少人关注公司的业绩，等等。如果要用一句话来概括研究股市的目的，这就是要找到决定一只股票或一个指数上升或下降的信息。

在你研究一个股市的时候，什么是最重要和最基本的信息呢？

其实这是很清楚的，这就是股票的价格。

在股市中有大量的信息，任何信息必须与股票价格有关系，才能成为有用的信息。举例来说，通货膨胀率必须要影响股票的价格，才能成为有用的信息。如果通货膨胀很严重，但股票价格不受影响，那么为什么还要关注通货膨胀率呢？

毫无疑问，股票价格是最直接、最客观、最基本的信息，只有它才会影响你的收入，其他的信息是间接的信息，其他信息必须能影响股票价格，才会引起人们的注意。

在波浪理论中，把股票价格的上升或下跌称之为"价格波浪"。波浪理论研究的不是与股票价格有关系的其他信息，而是研究股票价格本身的波动规律。

根据本书作者的看法，波浪理论源自混沌学的一个分支，这个分支叫碎形理论。这也就是说，貌似随机波动的股票价格实际上是有内在规律可循的，整个这一本书就是要说明如何根据过去的价格波浪形态来预测未来的价格。

　　这本书已经出版许多年了，依然被美国很多股民视为波浪理论领域中最先进的专著之一，也有一些人认为这本书有难度。普天寿金融公司是美国最大的金融公司之一，普天寿金融公司旗下的普天寿—贝池证券公司投资副总裁戴维·C·赖夫曾经说过：这本书是"一个杰作，这是50年里最好的技术分析书"。我个人的看法是，如果你读懂了这本书，确实可以开阔视野，对各种各样的价格波浪形态有所认识和掌握；但你最好不要期望只读一遍，就能完全理解了这本书的全部内容。

　　如你对本书的翻译有任何建议和意见，还请不吝赐教。

　　祝投资好运！

前　言

　　写这本书的目的，是介绍一种科学和客观的股市分析方法，使艾略特波浪理论的可行性得到大幅度提高。这种创新的方法，被称为艾略特波浪分析的"尼利方法"，是作者花费 10 年时间进行股票交易、教学和大量研究的结果。在阅读这本书时，你会很快意识到它与其他的股市分析书不同。这本书是第一本用循序渐进的方式来介绍艾略特波浪分析的书，并且全面讲授这种分析的各个方面。在这本书里，每个细节都被彻底地解释，用布鲁斯·巴布科克（《商品交易者消费报告》创始人）的话来说："句句在解释一些重要的事情。"

　　在 1930 年代初，艾略特第一次把波浪理论的概念介绍给投资界。这本书远远超出了艾略特原来的发现，揭示了新的技术、规则和股市价格的形态。这些是以前从未向公众披露过的，这些新发现将大大增加你的股市预测的准确性，提升你在交易中的信心。

　　本书提供了许多有关"尼利方法"主题和应用方面的细节，而提供如此大量的细节知识是有原因的，因为要连续准确地预测股市和进行有利可图的交易，需要对经济和金融方面的价格活动有一个全面的理解；另一个原因是要确保本书在今后的许多年里依然是一本有价值的指导和参考书。

如果你希望能够预测，从纷繁芜杂的经济活动中获利，这本书最能帮助你实现目标。此外，本书尽可能地创造一个真正的交互式学习环境，让你在按照书中的指示进行学习分析时，能够同时分析实时股市的行为。我相信你会发现阅读这本书是很好的时间消费，并且你一定会发现"尼利方法"是具有挑战性的。现在，翻开新的一页，准备一个新的冒险吧，你在进入高科技股市分析领域。

格伦·尼利

目 录

第一章　简单的讨论 ·· 1
什么是艾略特波浪理论 ·· 1
为什么要学习艾略特波浪理论? ·· 5
为什么有争议? ·· 7
为什么这本书可能产生更多的争议? ·································· 10
为什么艾略特波浪理论有独特性? ····································· 11
你应该如何学习这个理论? ·· 12
本书与以往艾略特波浪理论其他图书相比优点是什么? ············· 12
新的发现,尼利的扩展 ··· 14
我怎样发现的这些新概念和技术? ···································· 15
这个理论应用在哪里? ··· 16
你应该如何学习和感知艾略特理论? ································· 16
接下来是什么? ·· 17

第二章　基本概念 ·· 19
什么是"波浪"? ··· 19
为什么波浪会出现? ··· 21
为什么波浪是重要的? ··· 21

怎样给波浪分类? ·· 22
你怎么标注波浪? ·· 24
哪些数据应当被用来分析波浪? ······················ 26
你怎么标绘数据? ·· 34
波浪有多复杂? ··· 35
如何运用这方面的知识来分析? ······················ 36

第三章 初步分析 ·· 37
图表准备和数据管理 ······································ 37
回调规则 ·· 64
构成前逻辑规则 ·· 79
本章概要 ·· 155

第四章 进一步观察 ······································ 157
单波组(或单波群) ······································· 157

第五章 思考的重点 ······································ 169
次多波的构成 ··· 169
推进 ·· 170
调整 ·· 189

中场一览 ·· 223
第六章 构成后逻辑规则 ·································· 225
第七章 总结 ··· 233
压缩程序 ·· 234
复杂度规则 ·· 237
更多关于波浪等级 ··· 245

什么是波？——再探 ·············· 249
艾略特波浪分析中,整个尼利方法的流程图 ·············· 250

第八章　复杂次多波、多波等的构成 ·············· 253

多波的构成 ·············· 269
复杂多波的构成 ·············· 271
大波的构成 ·············· 272
更多关于交替 ·············· 273
更多关于扩展 ·············· 275
知道从哪里开始一个图形 ·············· 281

第九章　基本的尼利扩展 ·············· 287

趋势线接触点 ·············· 287

第十章　先进的逻辑规则 ·············· 301

形态暗示 ·············· 302
全部调整(除了三角形) ·············· 304
三角形 ·············· 311
推进 ·············· 314

第十一章　进的进程标志应用 ·············· 317

推进形态 ·············· 319
调整形态 ·············· 326

第十二章　先进的尼利扩展 ·············· 357

通道(特殊的应用) ·············· 357
用通道确认推进 ·············· 368

用通道确认调整 ·· 369
　　先进的斐波那契关系 ·· 381
　　失踪波 ··· 395
　　仿效 ··· 401
　　可能性的扩大 ·· 409
　　局部进程标志的改变 ·· 410

附　录 ·· 413
　　研究的基础：这个理论提供了什么？ ···························· 413
　　分析：长期数据的启示 ·· 416
　　结论 ··· 423

译者后记 ·· 427

第一章 简单的讨论

什么是艾略特波浪理论

心理上的价格形态

从艾略特波浪理论的角度来看,一个股市的价格波动图是人类群体心理波动的图形表示。波浪理论描述:

- 被图绘出来的局部数据与周围数据的关系;
- 在各种环境下,数据如何运动;
- 心理波动在什么时候开始和结束,如何开始和结束;
- 一种心理环境如何产生另一种心理环境;
- 价格行为最终表现为什么图形。

换句话说,艾略特波浪理论根据人类群体心理的一种自然发展进程,组织看似随意的股市价格行为,把它们变成可识别的、可预测的形态。

从某些方面来说,一个人的行为取决于他目前的思想和感受。当一个人兴高采烈时,他的行为会明显不同于沮丧时。如果有一个原因，使一个人感到兴奋，或者使他关心前途，这个原因也可以渗透到社会中去，并在社会上表现出来。当大多数人对社会未来的前景或其他方面都有同样的感受（看好或不看好）时，这种大量的行为表现为一种可预见的模式（译者注：pattern，也可译为"形态"）。此外，一个人随着时间的推移可能会改变他的意见（偶尔在瞬间），大众也会以同样的方式改变。1987年的股市崩溃是一个很好的例子，人们几乎全在"瞬间"改变了对股市的看法和对美国经济前景的看法。

有时候，某一种心理状态很有影响力，人们会对一个想法或概念感到讨厌（有时是由于受到了经济损失），他们会寻找新的思想，正是这种心理的变化，结束了一个心理趋势（表现为一种价格形态），开始了另一个。

自然、非周期的现象

一种特定的社会情绪从出现到消失，没有绝对的时间长度，但也有一个限度。通过分析以前已经完成的情绪形态，再应用一些时间行为原理，就可以估算出一个最好的时间段。在这些技术中，有许多技术我已经发展了近10年，将在以后的章节中讨论。

股票市场走势或运动的"结构"比不断地观察股市更重要，有些人认为波浪理论在这方面有些不如人意，因为他们想知道在"何时"进行交易，要提前知道！而艾略特实际上证明：完全准确地预测股市运动是不可能的。在一个运动刚结束时，最大可能的预测才会马上出现。换句话说，你等着一个形态完成后，你才采取行动。

独特的分析工具

与大部分的技术分析不同，波浪理论完全是从价格行为发展起来的。这个理论帮助一个分析家认识到：

- 无论股市如何变化，总是有原因的；
- 股市中没有"机会"、没有异常和没有无法辨别的价格行为。

很多股市分析人员花时间整理和变换数据，试图发现一个"神奇"的关键指标，但是被转换了的价格数据能够比原始数据更好吗？换句话说，价格应被视为最终的指标。价格是股市行为的唯一指标，是可以绝对依赖的，它直接影响你的收益。某个专家认为股市会如何如何，或者出现了什么信号，这都没什么，关键是"股市在做什么？"如果价格上升（你又持有股票），你就会赚钱；如果价格持续下跌（你还持有股票），你就赔钱，其他的指标都帮不上忙。

艾略特波浪理论有些特别的地方：

- 适应新技术的发展和意想不到的基本面消息；
- 完全地描述所有可能的股市行为；
- 有不断进步和动态的特性。

这个理论从本质上反映人和股市，不断地描绘新的领域和新的行为类型，它指出：在历史上，没有一个股市的行为或心理环境会完全相同，相似是可能的，但没有完全的重复。

这个观点对于股票交易人来说，可能是一个问题，特别是对那些"系统"开发人来说，他们要根据历史价格行为，制订策略。与大多数分析不同，波浪理论提醒一个分析家去寻找变化，警告他在何时何处股市将不会与过去一样。

"艾略特"的观点,即"历史不会完全重复",完美地解释了为什么大多数呆板的分析系统(和其他基于历史会准确重复的分析)会失败,当股市从牛市变到熊市时,这是特别明显的,反之亦然。

计算机时代已经在很大程度上(也许永远地)改变了股票交易的环境和股市行为,现在即便熟知历史数据,也不一定会使机械的分析方法取得更好的结果。不断扩展的技术在不断地改变着股市的决定因素——人类。人类通过使用和学习新技术,有了不同的想法,研究历史不能反映出这些变化。不能总是考虑股市是不是又重演了历史,而是要有一种解释、归类和构成进程的分析方法,通过应用艾略特波浪理论,可以建成这种分析方法。

例子

1987年美国股市的崩盘是一个很好的例子,它说明对历史的研究不可能预见到1987年10月19日的崩盘。即使在1929年,最大跌幅也只有1987年的一半(就百分比而言)。如果有人利用1929年的崩盘作为一个晴雨表,可能在股市下降10%左右的时候,会决定买入,或者就在1987年10月19日那一天买入,这些人认为没有比1929年更糟糕的日子。当然,任何采取这种做法的人,将有一个非常不愉快的后果。

在1987年股市上涨的那段时间里,我记得不断听到人们谈论(也看到有广告赞成)1982年—1987年和1920年—1929年之间是极端相似的,他们假设一切都会继续到底(在同样的时间里,有同样的百分比涨幅),80年代牛市会重复1920年—1929年的九年繁荣。不幸的是,那些相信这样一个历史会重复的人,现在可能已经不在投资行业中了。

为什么要学习艾略特波浪理论？

对于初学者来说，这个理论的复杂性、各种形态的变化、"转换计算"的可能性和明显的主观性似乎是难以对付的，这些问题使这个理论的正确性受到怀疑。应该说要掌握艾略特波浪分析并不是容易的事，各种常见形态，及其每一常见形态的变化，都需要不同的关系、通道、价格行为和技术特点。这造成一种错觉，即这个理论是纯粹主观的，可以被塑造，以适应任何人的意见。在本书出版前，持有这样的观点可能还有些理由，现在则是根本站不住脚了。构成前逻辑规则和构成后逻辑规则（分别在第三和第六章），加上由作者多年来发展的全新技术，将大大提高你的识别单波形态的能力。

注意： 这些技术及其运用它们所涉及的具体细节是如此众多，正确地应用它们可能需要几年的实践和实时交易。因此，直到你彻底理解书中所提出的概念之前，你的结论可能往往是不正确的。

各种好处

掌握这个理论的长远利益是多方面的，作为商务人士或投资者，你经常可以预测经济的改变，这使你可以回避风险，甚至借机盈利。正确的理解群体心理（波浪理论的基础）可以帮助你认识经济周期，避免危险。

在多领域的应用

波浪理论可以应用于几乎所有大众参与的活动：股市、大宗商品交易、房地产、商品生产和服务等。唯一需要的是准确、长期的数据。该理论在多领域应用的好处是显而易见的。

减少许多不必要的技术

当把艾略特原有的规则、观察，与在这本书中的新技术和尼利方法（译者注：即本书作者的方法）结合运用，你实际上可以全方位地了解一个股市并知道如何破解它。在大多数情况下，只要你知道价格信息，就可以对股市当前的位置有很多的了解；你将不再需要追踪许多耗时间（有时是主观）的指标。

请记住，一个呆板的机械方法或者一个股市指标可能有时很好用，但是一旦相关的形态结束（出现新的环境），这个方法或指标通常不再有用，因为环境发生了变化，根据波浪理论，同样的环境将永远不会再出现。

有助于说明指标

如果你决定使用其他的指标（艾略特理论之外的），来说明波浪，波浪理论实际上可以帮助你决定某个指标有效使用的时间和位置。

例如：

投资者信心指数通常表明一个重要的股市转折点，但只是用在超买（也叫买超，即买的过多）或超卖的领域（通常被认为分别是大约75%和35%）。由于我全面了解艾略特的形态，我在1986年和1987年认识到：即使股市的拐点已经形成，投资者信心指数可能会继续围绕着中性的读数振荡，这是根据横向三角形和终结形态（如：1986年1月-6月的黄金价格和1987年1月-9月的标准普尔500指数）而进行的一个逻辑推理。当在1987年的股市上涨时期，很多人对公众缺乏兴奋感到困惑，而我不断提醒客户：这是一个迹象，自1986年最后一个季度开始的终结推进波（倾斜三角形）预示着崩盘，在少于 3 个月的时间里，道琼斯平均指数将回到 1900，标准普尔 500 现金指数回到 230。

信号很少，但可靠

只有在一个可辨认的形态完成了之后，我们才可以决定是否应该进入股市。这有助于避免过度交易，也防止在进入股市时，没有什么潜在的收益。在风险最低而获利概率大大有利于你时，艾略特波浪理论会敦促你去交易。这个理论还允许一些非常客观的停顿，让你能知道在什么时候和在什么价格，你的理解是错误的。对此，一个投资人还有什么可以再奢求的呢？

为什么有争议？

复杂

波浪理论可能是最复杂和全面的股市分析方法，它需要许多时间和实践才能够掌握。因此，大多数人没有时间，也没有兴趣去正确地学习或运用它。这个理论需要许多时间去完善，这超过了大多数人的预期。此外，如果一个分析技术可以预测股市转折点在哪一天、甚至哪一小时，会被认为是很荒谬或至少是很值得怀疑的。当大多数投资者还在疲于辨别股市是要上涨还是下跌的时候，如果你试图要找出一种趋势的最高或最低点，这可能被认为是在开玩笑。如果一个理论自称能产生如此惊人的效果，总会引起争议，并被外行怀疑。

公众心理

把波浪理论应用在获得收益方面，需要一种不同寻常的心态，为了准确地估算股市拐点，你可能会与当时大多数人的意见相反（你甚至还可能因为你的想法而受到嘲笑，这是你的分析是正确的最可靠标志之一）。一个成功的分析师或交易人要具备许多能力和特性，极端的自信是必须的，另外还要能控制贪婪、严格资金管理（包括风险控制），有一个开放的头脑和在瞬间颠覆整个观点（由看涨到看跌，反之亦然）的能力。一个人很难兼备这些特征，因此要同时成为一个预言家兼有收益的投资者并不是容易的，如果没有自己的真金白银投诸其中，很多人能预测未来股市的走势，一旦身临其境投入了真金白银，一切都变了。

需要几年才能掌握

即使你具备了上述的品质，还是可能需要多年的实践，才能自信和准确地在股市交易中运用这个理论。由于大多数人没有花费应有的时间去正确地学习这个理论，他们有时误用了这个理论，在股市中遭受了损失，于是心怀不满，把他们的不幸归咎于这个理论，从而使得这个理论充满争议。

应用需要时间

即使你具备了所需要的智力、知识以及多年的经验，你也必须每天花时间分析，不断实践，跟上股市当前的变化。如果你是在追踪几个股市，可能每天需要几个小时或更长时间的工作。

我经常花费整个周末察看一个股市，有时只是一个图表，试图把有关的价格形态搞清楚。大多数人希望在股市中轻松地赚钱，他们整天工作在另一份工作上，去外面吃饭，去看电影，只是在晚上睡觉前，花上5或10分钟在他们的图表上，来"决定"股市第二天的走势。

这就是大多数人从来没有赚钱的原因之一。如果你在上述人群中，你跟全职的专业人士竞争，他们靠投资赢利来生存，那么你的获胜机会很小。如果你没有太多的时间来研究股市，建议你找一个专业人士来做你的投资顾问。

大量的规则

要在各种情况下正确应用艾略特波浪理论，需要根据具体情况，运用许多特别的规则，还要考虑关系、通道、某些拐点的意义、结构（推进或调整等），把它们用于形态的计算。

要记忆

从前面几页的说明里，应该是显而易见的，为了加快应用重要的艾略特波浪理论和尼利技术，有大量信息需要记忆。对于多数学生来说，要把波浪理论成功地应用到实时股市中，这种大量的记忆是主要的障碍之一。

经常的不确定

直到一个艾略特波浪形态接近完成时，才能比较准确地预测一个走势的价格和终止时间。有时候，直到一个形态确立后，才能有把握预测。公众最怀疑这个理论的，就是这个事实。为什么呢？因为如果一个形态还没有确立，你问一个艾略特理论专家对未来股市的预测，他的分析出现错误的概率很高，至少在细节方面如此。当股市接近完成一个运动时，正在进行中的形态开始变得清晰起来。当股市价格继续运动，离开了前一个形态的转折点，走向一个新的形态时，再一次有可能出现几种新的形态，这就是为什么有经验的艾略特理论专家们在特定的时间段，会对股市的位置有不同的看法，因为每个专家都倾向他认为是最可能出现的前景。

当在同一个领域的专家对同一问题有不同意见时，这就引起了争议。在后面有1章，作者发展的一个全新概念将被介绍给大家，用来处理"不确定性"（见"扩展可能性"）。

困难

波浪理论极端复杂、微妙、要求高，使大多数人难以运用在分析上。此外，在整个第一章所列的理由，也使得这个理论难以用计算机程序实现。这个理论的应用，有时需要抽象思维，这不是计算机的专业领域。例如，在某些情况下应用一些规则，可能会无法预测，各种情况出现的可能性都差不多，这就需要运用人的思维判断，有时只是耐心等待，让结果显露出来。

在掌握了这种分析方法之后，可以让你受用终生。你不用担心有许多人能够跟你一样，因为大多数人会在使用中出错。随着艾略特波浪理论的日益普及，大多数股市的波动形态也变得更加复杂，这使得业余的艾略特理论分析师难以正确地破译股市行为；这也使得对于这个理论的争议继续下去，有人怀疑这个理论有缺陷，至少是太主观。

为什么这本书可能产生更多的争议？

这本书将大量增加重要的规则和规定，有许多要记住，才能够正确地运用波浪理论。大多数人认为，已有的规则已经是太多了。

许多有经验的分析师可能会不同意书中的一些发现，他们认为：我的波浪行为标准太具体或者是太苛刻了，不适用于实时股市的运动。这是绝对不正确的，但也是可以理解的。许多学习波浪理论的人，多年来使用不准确的数据来绘制图形，或者用不正确的方法画图，使他们没有得到正确的结论，这显然会影响他们对波浪理论的看法。当数据不一致时（由于错误地收集），或者绘制图不正确时，就不可能精确地分析股市。（关于如何得到好的数据和如何绘制数据的详细说明，请参见第二章"如何绘制数据来分析波浪"。）

为什么艾略特波浪理论有独特性？

全面

与大多数呆板的分析系统和分析技术不同，艾略特波浪理论让分析师们可以研究任何时间长度：每小时、每天、每周、每月、每年等。更有趣的是，分析师们可以同时研究所有的时间间隔，这样，分析师们可以看到在哪一个时间段最适合交易，以及长期和短期走势的相互作用。

群体心理的量化

即使一个系统或技术能够告诉你怎样进行交易，也很少能给你对于重要的经济前景或者群体心理的感觉。由于这个理论对群体心理进行数字量化，它可以让你体验到经济"繁荣与萧条"的现象，使你有更大的兴趣和了解。

详细的分类

艾略特用独特的方法将股市运动分类，从持续几秒钟的走势到数百年的走势。价格图表上的每一个走势都有它的效果，会影响包含它的更大走势，它的具体效果也可以被标出来。如果你知道是什么类型的形态正在展开，你将有可能大致预测那个走势的

速度、复杂度、幅度、成交量等。(有许多方面将在后面讨论)

很简化

艾略特波浪分析是首先解密小的价格形态,然后把许多被解密了的小的价格形态组合成更大的价格形态,再把大的价格形态简化为简单形态。这就是为什么这个理论是如此独特,因为大的形态与小的形态之间有着密切的发展联系。

明确划分的价格行为

不管一个走势的未来发展如何,即使总的走势在上升,你也可以清楚地标明出其中的一段下降趋势。

你应该如何学习这个理论?

读这本书是一个很好的开始!"掌握艾略特波浪理论"(这本书和这个学习进程)需要大量的实盘实践。最初,你的图表应该建立在一个短期形态的基础上,直到你掌握了基本概念。随着对一般形状和通道的理解,有许多规则需要记忆。建议你在开始时,只追踪一个市场,直到你已经记住了基本的规则,并可以快速应用到分析一个市场的实时变化后,再考虑多个市场的问题。

本书与以往艾略特波浪理论其他图书相比优点是什么?

更多的技术

这本书的目的是提供新的、入门的方法来确保客观地应用这个理论。在后面的章节,将讨论更微妙的技术,有经验的分析师需要这些技术来加强波浪的跟踪过程，即使股市在做非常复杂的变化，这些技术同样适用，无需诉诸较不可靠的指标或其他类型的技术。

细节描述

尽管现在有许多关于艾略特理论的信息，但很多人不知道在应用于实时股市时，要从哪里开始。在这本书中，按照逻辑的顺序，从介绍最简单的概念（其中许多来自讲课时的经验总结）开始，逐步到复杂的概念，确保每一阶段的波浪分析得到理解。此外，将详细解释启动步骤和数据绘制方法。

以前没有的图表

即使在艾略特的原著里，有关市场行为的图也是非常糟糕的，不能表示实时股市的变化。在我与这个理论打交道的早期，原著里的图对我有强烈的影响，那些理想化的形态从来不能反映市场的实际行为。任何熟悉艾略特原著的学生将会欣赏这本书里关注现实细节的图。在这本书的前面部分，使用"典型的"的略图来说明每个艾略特形态的基本形状，但在有了更准确的表示后，这些略图就被抛弃了。

揭示先进的理念

尽管对艾略特原则进行一般描述的书有很多，但很少是关于先进的技术和应用过程的，而这些正是本书真正擅长的领域。

独特的表达顺序

大多数学生在学习艾略特波浪理论的初级阶段，所面对的主要问题来自标准的讲授方法。在大多数书中，把重点放在我称之为"进程标志"（1、2、3、4、5、a、b、c）的内容上太早了，在初级学习阶段，"进程标志"的知识没有什么意义，如果过早地进行讨论，只能是让脑子不清楚。另外，在艾略特的书中和一些介绍书中，都太重视"波浪等级"了。如果波浪理论有任何的主观方面，那就在"波浪等级"上。基于上述原因，本书在介绍了更多的概念之后，再介绍这两个概念。

新的术语

我通过电话讲授波浪理论，也通过出版专著来阐述波浪理论。为了传达波浪理论中的一些准确含义，需要创造新的术语。在这本书中，也需要创造一些单词和短语来描述新的发现和技术。此外，为了更清晰，一些旧的术语被重新命名。许多"标准和非标准"的艾略特形态被分解，进入到更具体的子类中，这样做是为了"形态特性"规则及规定的应用，这将提高你的预测精度和解读形态的能力。

新的发现，尼利的扩展

最初，我想把自己在过去几年中所取得的新发现（通道、斐波那契关系、价格、时间、结构、形态、波浪等级、相关性、动量）分别阐述，但事实证明，这样做太困难了。如果采取这样的方法，为了完整性，先要说明原有的内容，然后再阐述新的内容，这样要叙述两次。出于对连续性和简洁的考虑，我把每一个新技术、概念或发现放在适当的地方阐述，我假设读者会识别出这些"从未出现"过的信息。每一个正确使用这些新技术的人，将会感到这些扩展的价值。有些新技术、概念或发现被放在了书的最后，在它们当中，有些新技术、概念或发现从来没有被提到过（即：相似和平衡规则、尼利扩展、复杂度规则、力量等级、逻辑规则、仿效、逆向逻辑规则、失踪波等）；有些新技术、概念或发现曾经被暗示过，但从来没有被详细解释过（即：结构系列、结构超过进程标志的优势、压缩、进程标志的应用、通道的重要性、扩展和细分的区别等）。

我怎样发现的这些新概念和技术？

电话课程

当我开始研究波浪理论时，发现缺少很多详细的说明，这使我产生了疑问，如"从哪里开始画图？如何组织图表？怎么描绘价格行为？如何分析和处理一个接近垂直的上升或下降？"这些问题再加上我在分析中犯过的错误，使我坚持寻找有关的答案。我不相信股市没有规律，我相信经过足够的时间工作，这个理论可以成为一个科学的方法。到那时，所有的股市行为都可以被解释，并基本上可以预见股市未来的变化。我的目的是要消除在分析过程中的主观性，使用合理的、合乎逻辑的分析方法。

为了解释艾略特理论中没有说明的一些股市行为，我开始量化每一个不规范的领域。作为这项研究的一部分，我记录了8年中各种各样的股市行为，试图把不在艾略特原有发现之内的股市行为分类和编排。

我的大部分发现来自我从1983年开始的独特的电话课程，我通过电话讲授这个理论。由于这种详细的教学过程，我需要用新的方法给初学者讲授这个理论，因此，我发现了新的、重要的波浪行为（有时是非常微妙和特殊的）、通道技术、斐波那契关系（译者注：也有时被称为黄金分割关系）和制图方法。通过不断的应用和研究，我相信我量化了几乎每一个目前已知的不规范领域。

长时间工作

由于我一般每周工作 7 天，每天工作 10 至 15 小时，自 1980 年以来一直在研究这个问题，我估计我已经花费了 30000 多小时研究艾略特波浪理论，这构成了一个产生新想法的温床。

这个理论应用在哪里？

波浪理论体本身具有广泛的公众吸引力，但对于易受天气及其他自然事件影响的市场来说，波浪理论有些靠不住，因为天气变化不依赖于人的思想或行动。有许多个股的问题，不适用有关群体心理的这个自然规律，因此可能不会产生稳定的结果。从另一方面来说，由于只有人的行为才最有可能改变商品价值或指数，有些市场如黄金市场，它基于股票价格平均指数，或者房地产市场（虽然难以取得有关房地产的可靠数据），波浪理论适用于这两个市场。事实上，只要有可靠的数据，任何大规模的人类活动将展示出可预见的进程。

你应该如何学习和感知艾略特理论？

精心

所有的市场行为都需要被说清楚和分类，产生出一种有利可图的解释。计算应该从最小的单元开始，不要一开始就试图解释一个长期价格图。长期价格图来自短期价格图的组合，首先要保证你对短期分析的准确,在市场演变的过程中,长期的趋势通常会变得明显。

一旦把价格图按照每天、每周、每月这样的时间段组织起来,分析师应该耐心工作在短期数据上,直到出现一个明确定义的形态。后面将讨论如何处理这个已完成的形态,以及这个形态是整体的什么部分。

艾略特波浪理论是一个自然法则的图形表示,这个自然法则适用于有大规模人类活动的所有领域。当一个分析师应用这个理论时,不要把你个人的看法带到分析中去,不要尝试扭曲一个形态来适合你的看法。要让每一个形态发展,然后根据最高概率的原则,客观地推断出这个形态在更大图形中的合适位置。

波浪理论使你经常可以预测一个重大转折点在哪一天,甚至哪一小时,这给了你快乐(在智力和财源上),在这些时刻,你将是一个"在森林中的孤独声音"。如果你有勇气,按你的信念行事,那么艾略特波浪理论会给你带来结果。

思想开明

要正确地运用波浪理论,需要有一个开放的态度,考虑所有的可能性。从来不要在先入为主的情况下进行市场的分析,试图操纵一个计算来验证你的意见,你的结论应该来自一个认真的计算。此外,尽量避免一切乐观或悲观的冲动,当正确地遵循所有的技术方法时,你不需要做预测,已完成的计算可以告诉你市场将达到什么样的价格水平,而且告诉你这种价格水平在什么时间范围内应该出现。

接下来是什么?

这本书的下一个章节是"基本概念",旨在回答你对波浪理论可能有的，但还没有被答复的基本问题。第三章是"初步分析"，介绍如何准备和维护图表数据、如何识别波浪、如何正确观察波浪相互作用等等。第三章包含对于价格分析的最完整和有条理的解释，这些技术将允许新手准确地破译最复杂的市场。第四章是"进一步观察"，讨论如何把几个单独的波浪组合在一起，形成"标准"的艾略特形态。第五章是"思考的重点"，进一步说明具体的艾略特形态构成，用大量的规则来消除不合格的波浪。第六章介绍由作者发现的"构成后逻辑规则"。这些规则将确认你已经找到的形态。第七章，"总结"，将帮助你巩固你的波浪形态，简化其结构，准备今后使用。从第八章到第十二章包含了很多关于新形态的定型、测试和验证技术。

第二章 基本概念

什么是"波浪"?

"波浪"是波浪理论的基础,值得注意的是,据我所知从来没有任何文献提供过有关"波浪"的定义。为了使用这个概念,我们对"波浪"做一个初步的定义。在给你介绍了一些概念之后,我们将给出一个更普遍的定义。

很明显,要从波浪的最简单的形式开始定义。由于波浪指的是市场运动,我们用价格来表现市场运动,这个定义将来自于价格的波动。显然,在一个 X-Y 平面上,最简单的价格波动是一条线段,可以朝着任何方向,但不能平行于 y 轴(见图 2-1)。

为了描述这种类型的股市运动(这是极为重要的,贯穿了本书的讨论),有必要创造一个新名词:单波(Monowave)(见图 2-2)。一个单波是从一个价格方向改变时开始,到下一个改变前截至,是最简单类型的"波浪"。在图 2-3a 里,在出发点"m",价格开始改变方向,在点"n",价格又改变了方向。在"m"和"n"之间,通常你看到一条直线。除了应用中性规则的时候(在第三章中详细解释)之外,即使价格运动暂时放缓,然

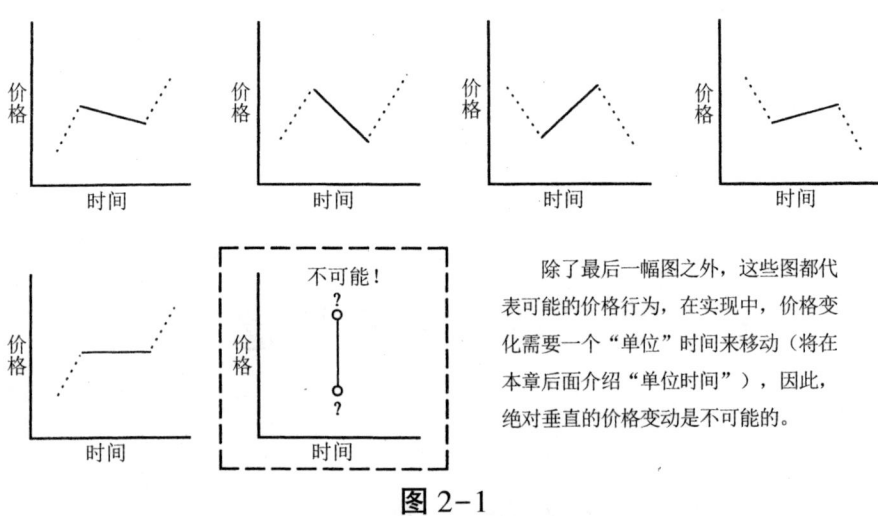

图 2-1

除了最后一幅图之外，这些图都代表可能的价格行为，在实现中，价格变化需要一个"单位"时间来移动（将在本章后面介绍"单位时间"），因此，绝对垂直的价格变动是不可能的。

后加速（参见图 2-3b），整个上升或下降应该被视为是一个"波浪"（单波），直到价格再一次改变方向；当价格方向确实改变了的时候，这个波浪就结束了。

单波是全部波浪形态的基本单元（是建筑中的砖块）。学习如何解密单波，是你理解艾略特波浪理论的第一步。请记住，所有的股市形态和走势（无论有多大）都是从一个单一的运动开始。不幸的是，分析股市的每一个运动是乏味的，但要正确地解读大的走势，必须从理解小的波浪开始。

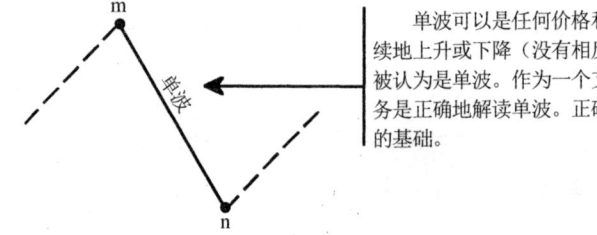

单波可以是任何价格和时间的持续变化，只要价格连续地上升或下降（没有相反的运动出现），这个运动应该被认为是单波。作为一个艾略特理论分析家，最重要的任务是正确地解读单波。正确地鉴定单波，是整个波浪理论的基础。

图 2-2

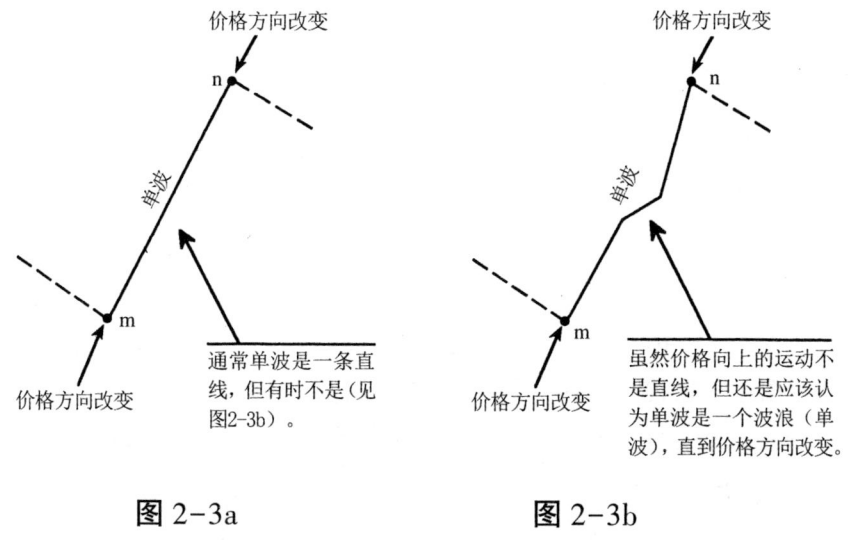

图 2-3a 　　　　图 2-3b

为什么波浪会出现？

"波浪"是由交易所或自由市场中的买卖不平衡造成的，当一种产品的需求超过了供应（或在商品交易所中，"买"的订单总数超过了"卖"的总数），价格会上升，这一事件可以被称为"上升波"；当一种产品的需求相对供应是下降（卖的单子超过了买的订单），价格会下降，产生一个"下降波"。每次一种力量胜过另一种力量时，即使在最短的时间内，也会引起价格方向的变化，开始一个新的波浪。这些供给和需求力量的相对变化，引起了对平衡的各种偏离。

为什么波浪是重要的？

在经济上

股市运动形成价格变化的波浪，小的波浪连成更大的波浪。

准确地分析股市的波浪形态可以使你对目前经济状况有一个全面的了解，作为一个商人、投资者或投机者来说，理解经济状况可以直接影响你的收入和生活水平，你可以从很少有人预测到经济状况中收益。

在心理上

当股市价格朝着一个特定的方向长时间运动时，这会吸引媒体的注意，媒体会提醒公众；股市朝着一个方向运动的时间越长，公众就越容易相信这种趋势不会停止，或认为该趋势将继续前进，超过目前的程度。这些情绪会影响人们的业务，尤其影响个人的业务，这会影响他们的投资、储蓄、娱乐、消费等。一大群人消费了多少、消费在什么地方，会影响到其他的人和一些行业。即使一个人不参与投机或投资，股票和商品市场的事件还是会影响他。

形态

正确地组合各种单波，可以产生更大的、可识别的形态。艾略特发现：某些类型的运动可以根据特定的形态而定。通过许多实践和努力，有可能使你预测到价格和时间的范围，有时还会非常准确。当然，经常地展示和应用这样的技术会有很大的经济回报。

怎样给波浪分类？

类

艾略特将股市所有的运动分为两个逻辑类：

- 推进波（趋势及终结形态）：这是与股市价格趋势方向一致的波浪形态，它们构成了趋势。在分析短期股市趋势时，推进波可以是单波。如果一个推进波比单波复杂，它将由5段组成。
- 调整波（非趋势形态）：这些波浪形态的方向与趋势方向相反。调整波也可以是单波，但如果更复杂些，在价格图上，一般会显示为横向盘整，通常由3部分组成。

随着你阅读这本书的深入，这些概念将被进一步解释。

波浪等级

"波浪等级"是一个广义的、有些不明确的术语，在价格和时间相互关系的基础上，波浪等级进一步划分了波浪的层次。如果你认真研究任何股市的价格图，应该看到一些波浪持续了很长的时间，有些则没有；一些波浪穿过很多的价格，有些则没有。一个波浪持续了很长的时间和穿过了很多的价格，应该被视为是一个更大"波浪等级"的运动。在未来几章里，将逐步介绍"波浪等级"的概念，使你容易接受。

随着不同大小的波浪同时出现在一个图上，在应用波浪等级时，必须要考虑价格和时间的相对水平，不能把波浪等级的概念绝对化。换言之，如果一个走势持续了一个星期、一个月、或者一年，从1元到10元，再到100元，这些不会使一个走势有特殊的波浪等级。我们只能说如果一个形态持续了一个月或上升了100元，同等波浪等级的形态也会持续大约相同的时间和上升大致相同的价格。有关波浪等级的通用性限度的讨论将在"进一步观察"中展开（见"相似和平衡规则"，第四章）。

一旦你为一个特定的股市运动选择了一个波浪等级的标志和符号，波浪等级就有了更具体的含义，因为一旦建立了一个参照系，将可以对不同的股市运动进行比较。这个参照系将给你提供足够的信息，使你开始给某些运动命名。这些名字暗示一个运动与另一个运动的关系，而不是一个运动本身的大小。由于波浪等级的概念比较深奥，如果你是一个初学者，我们建议你不要花太多时间在这个领域，直到掌握了一些较为重要的基本概念之后，再来研究波浪等级的概念。

你怎么标注波浪？

一旦辨别出单波，要将它们分类，这需要应用结构标志。

结构标志

正如在上一节所提到的，所有股市价格运动属于两个类别之中的一个。出于需要，必须给予每个类别一个标志，这将使你能够迅速地识别一个运动属于哪一"类"。

选择代表波浪结构的标志并不困难，正如在上一节中指出的，推进形态一般由（或者一般认为由）5个单独的段组成，调整形态通常由3个单独的段组成。因此，代表推进运动的标志是5前面放置一个冒号，即":5"。为了表示调整运动，用标志":3"代表。在数字前放置冒号的目的是防止与其他的标志相混淆。

在应用波浪理论时，结构标志是至关重要的，要应用它们到各种形状、大小和复杂程度的波浪。结构标志告诉你某一个股市运动是顺应还是对抗有更大"波浪等级"的趋势。适当注意结构标志，将有助于回答一个普遍存在的问题："股市在向哪个方向运动？"

组织

在一张股市价格图上,给许多单波标定了":3"或":5",你将能够更好地跟踪股市的发展。为了实现这一目标,把这些有标志":3"的调整波和有标志":5"的推进波按顺序分组,是有必要的。这些系列组将被赋予不同的名称(这是除了结构标志之外的另一种分类),这些系列组的名称不仅表明了波浪的类(推进波或调整波),还要说明波浪的外观(形状)。

进程标志

当你熟悉了基本的标志之后,你需要掌握更复杂的标志。对于初学者来说,进程标志是关键的一步。进程标志是如此的复杂,以后将用一整章专门讨论它。下面先简要介绍一下进程标志,让你熟悉这个概念,以后再专门讨论。

进程标志是测试一组波浪能否正确展开的关键,它指引分析师通过难关,引导分析师研究跟目前环境有关的特定条件。进程标志给出了一个股市价格运动的顺序和限度,允许熟练的分析师最后决定他的意见,进而准备将要采取的战略,以便利用未来的股市运动。

不像结构标志(:3和:5)表示一个波浪形态内在有几段,进程标志定义在一个标准波浪形态内每一段的位置,一个推进形态有5段,被标成:"1、2、3、4、5";虽然一个调整形态一般只有3段,但有时会出现特殊情况。基于这个原因,有时超过3个标志是必要的,这样可以描述所有的调整类型。调整波的各个段可用"a、b、c、d、e、x"来表示。

从进程标志的角度来谈论股市运动时,把"波浪"放在前面。举例来说,如果你正在讨论一个运动,它符合进程标志"1"

的所有的标准和内在特性,你应该把它称为"波1"。这对于有经验的分析师来说,可能很平常,但对于初学者来说,可能不太清楚,所以在这里提一下。

此外,为了使得这些进程更加清晰,每个进程标志被标在它所表示的那个波段运动的终止点,由左到右按顺序放置。换句话说,先标"波1",等到波浪1完成后,再标记"波2"。

最后,请记住:在你熟悉了初级和中级的分析程序之前,不要使用进程标志。基于这个原因,讨论和研究进程标志被放在了第五章。

哪些数据应当被用来分析波浪?

收盘价格数据

从艾略特波浪理论的角度来说,使用每月、每周、每天或每小时的结束时价格来对股市发展做研究,是最不可靠的方法,这些结束时价格与每月、每周、每天或每小时内的股市运动关系不大,它不会告诉你在一个特定时期内股市价格的变化(图2-4a及2-4b说明为什么是这样的),从而几乎不可能应用这本书中的"形态特殊的"标准。例如,股市在某天的第一个小时内可能上涨了10点,在第一个小时结束时,接近了那个小时内的低点;在下一个小时内,股市又跌了20点,然后又反弹,在那个小时结束时,又接近了那个小时开始时的点,在这种情况下,绘制结束时的数据将不能准确地表示现实。因此,在任何时间段内,都不应该使用结束时的数据,除非没有其他数据可用。如果你想使用每小时的数据,收集数据的正确方法被说明在第二章"现金数据"中。如何正确地绘制收集到的数据,在第二章"你怎么标绘数据?"中有讨论。

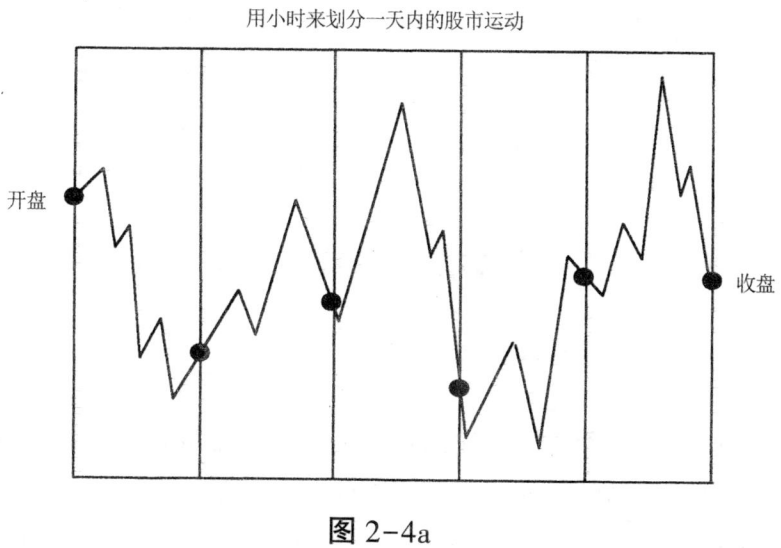

图 2-4a

每个黑点是在那个小时结束时的价格(图2-4a)。在下面(图2-4b)是完全相同的图和黑点,但是去掉了在每个小时之内的波动,只是把每个小时结束时的价格用一条直线连接起来,这样的图很难再表示上面的图,由于股市的波浪形态不一定在某个时间完成,不能想象在一个小时正在结束时(3600秒中的1秒),一个波浪也在那个时刻完成了。从概率上来说,一天之中最高和最低的价格不太可能出现在一个小时的结束时刻。在以后的章节中,在用关系来验证波浪形态时,把实际的高点和低点(或这些高点和低点可靠的代表)记录下来是很重要的。从这个例子中应当清楚,不能用每个小时结束时的价格来绘制价格图。

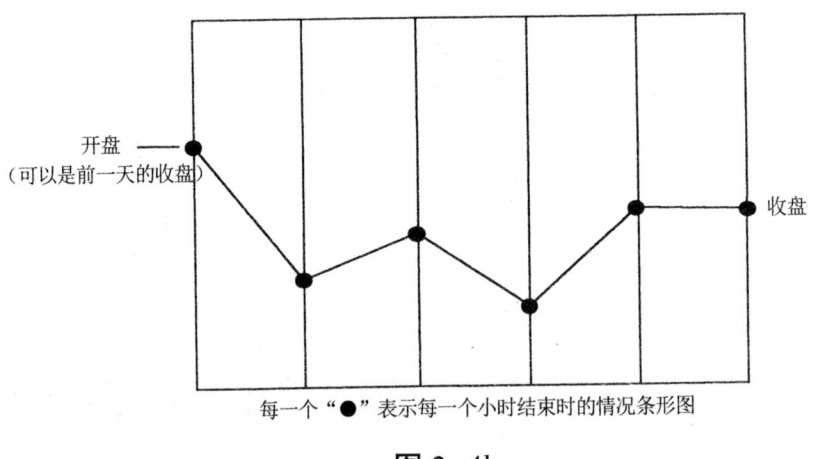

每一个 "●" 表示每一个小时结束时的情况条形图

图 2-4b

条形图用一个个确定的时间段把一个整体时间用垂直线分开，并显示交易的变化范围（图 2-4c）。从艾略特的观点来看，有了条形图，还不能充分地进行波浪分析，如果你画一条只连接高点或低点的线，你将有一条价格运动的带状线（图 2-4d）。这样做产生了正确的想法，但仍然不是每一天价格运动的最佳表示方式。要正确地解释股市运动需要数据有一个单独的性质，但条形图上的价格行为有双重价格因素，同时有高点和低点。在每一个时间段内，应该只有一个数据，这样就可以决定这个数据如何影响了对于股市的预期。这并不意味着每天只用一个数字表示，简单地说，每一个单位时间用一个价格数据（无论时间单位是天、周、小时等）是最优的，这使你可以得出一个有关当前股市状况和未来预期的明确结论。因此，一个个表示价格范围的短线（条形图上的线条）不能使你对当前和未来的股市立即做出决定（见图 2-5）。

举个例子，让我们假设股市在一天内有剧烈的变化，当你观看图时，你发现这一天的价格运动有时高于前一天的高点，有时低于前一天的低点，这将产生了一个两难的问题。你需要知道高点或低点哪一个先出现，才能进行分析，才能决定走势是继续，还是会改变。因此，在应用艾略特波浪理论时，不要使用条形图，通过进一步阅读这本书，你会更了解其中的原因。

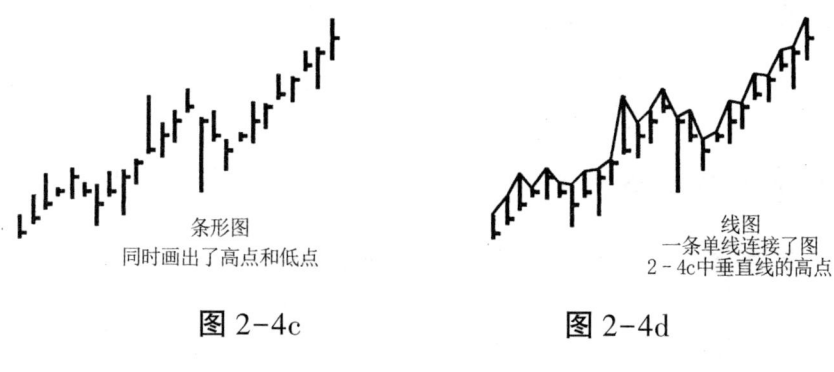

条形图
同时画出了高点和低点

图 2-4c

线图
一条单线连接了图
2-4c中垂直线的高点

图 2-4d

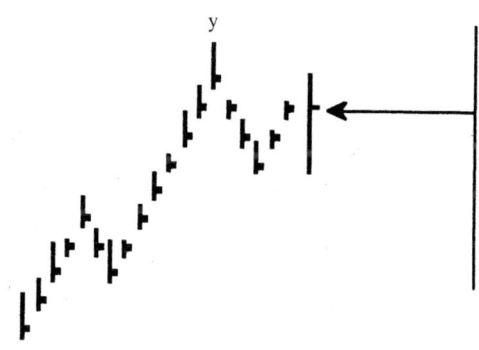

看涨还是看跌，可能要看在这里的高点或低点哪一个先出现（看图中最后一条竖线段），如果低点先出现，这里的一个新高点表明第5浪正在展开；如果高点先出现，从前的上升（从x到y）可能是调整波（有3段），向下的运动可能是一个新的下跌的开始。这个例子说明了知道高点或低点哪一个先出现的重要性，也说明数据应该是单一的，才能够进行分析，这对于进行实时交易的分析很重要。

图 2-5

期货图表

期货图给波浪理论提供了一个独特的问题，它们含有一种"退化"的成份，对于大多数商品期货来说，如果把长期期货合同拿到市场交易现金，交易价格将远低于期货价格；当期货合同到期日临近时，交易价格将接近期货价格；在大多数市场，在到期时，交易价格将等于期货价格。有时，由于一些农产品的供应和需求问题，在到期时，交易时的现金价格不能等于期货价格。由于要从期货合同每天减去商品保管费和其他费用，在合同期内，一个期货合同的价格逐渐受到侵蚀。

在一段时间内，这种期货市场固有的价格扭曲可以对长期波浪分析造成严重的干扰。此外，由于一些期货市场只有少量的人员参与，很容易受到"有力的手"（资本雄厚的个人或团体）故意或意外地操纵，这可以给破译艾略特波浪形态带来巨大的困难。

现金数据（建立波浪图的正确数据）

要操纵一个真正的现金交易市场比操纵期货市场困难得多，这需要大量的资本（由于缺乏杠杆）和准备时间，因此，操纵现金交易市场的投资回报是很少的。另外，现金并不像期货合同那样容易发生变化，结果是很少有人尝试去或成功地操纵现金交易市场。

波浪理论要用在有大众参与（这通常妨碍或排除了任何可能的操纵）的活动中。由于现金交易市场涉及到更多的公众（通过直接参与购买和消费，如商品市场），比参与期货市场的人多，在使用有关现金的数据时，由此而产生的波浪形态总是趋向于更加规范和可预见。在构建你的数据系列时，尽可能地利用现金数据。

现在，我们需要讨论一个问题，要分成3个部分来讨论。如前所述，正确的分析需要在一个时间段只有一个价格数据，这个数据是如何取得或决定的呢？接下来分3点来讨论这个问题。

1. 对于大多数现金交易市场来说，不需要做出决定，每天只有一个单一的价格可以用。当每天只有一个数据可以用时，你只需根据已经定好的时间间隔，标上那个数据，以表示那一天的价格；每一个数据和另一个数据之间都有相等的时间距离（无论选定的是什么时间间隔)。

2. 如果一个现金交易市场在全天都有连续可用的数据,例如:标准普尔500指数、纽约证券交易所、大超市,数据中心等,处理数据将变得更加困难。首先,你需要决定绘制数据的最短时间间隔,采集数据的时间越短,越需要先进的设备和/或软件追踪数据,会有更多的图要绘制和破译。随着采集数据的时间越来越短,你需要对波浪理论有不断深入的理解,以及能够记忆大量的信息。在繁忙和兴奋的交易日里,采集数据的时间越短,越有可能忽略某个重要但微妙的因素,而这个因素恰恰是波浪分析所必需的。我们可以称这种情况为"艾略特时间破裂",每个人都受此困扰,有些人受的伤害更大。要根据自己的能力,来选定采集数据的时间间隔,否则的话,意想不到的市场运动会治好你的这个习惯。

在较短的时间里采集数据的最大好处(如果你在前一天晚上是持有的话),是让你能够及时确定形态完成的时间。①就我个人而言,除非我在寻找一个低风险的买入点或者波浪形态表明了一个股市运动即将结束,否则我通常会把白天股市的数据储存起来。

---

① 对大多数初学者来说,确定一个波浪形态在什么时候完成的目的,是要在股市里挑选价格的顶部或底部,他们认为这是赚钱的关键。然而总是交易在顶部或底部是一个非常危险的习惯,大量的钱不是用这样的方式赚来的。在股市加速阶段正在开始之前,进入股市,通常可以更快、更安全地取得收益;股市开始加速阶段通常不在顶部或底部。此外,非常重要的是要让股市肯定(即使只是在最小的程度上)趋势开始变化了,再进入股市。在进入股市之前,需要确实看到明确的迹象,这样你就不会被套住。另外,如果你是完全集中在短期或快速交易,有些经过数月或数年才形成的大形态可能在一夜之间发生变化,产生一个恐慌的开盘(一个开盘大大高于或低于前一天的收盘价,出了前一天的交易范围)。在1987年4月中旬,白银市场有连续两天这样的开盘,开盘时价格上升幅度是如此之大,以至于在前一天做空的人都不能清仓。赶上这样的损失,可能会丢掉一年的获利(假设你还有一个利润的话)。

作为一个分析师、交易商或投资者，你需要决定哪一种时间间隔最适合你的需要。如果你决定一天只要一个数字，那你也同时决定了你感兴趣的运动类型，这种类型一般持续几个星期到几个月。很明显，每天只采集一个数据，将无法进行每天的交易。在连续交易的现金交易市场上，为了得到每天的那一个数字，需要把每天"真正的"最高和最低点加在一起，再除以2；然后再根据下面"你如何标绘数据"的内容绘图。如果你想要多一点信息，每天可以用两个数字，这有两种选择。你可以把一天划分成两等份，把一天的高值和低值平均后的那一个数字，分别放入和表示这两个时间段；或者，也可以使用一天的高和低值，按照它们出现的顺序绘图（这后一种方法是最好的），也就是说，如果这一天高点先出现，把它放在这一天的上半段时间里，然后把低点放在这一天的下半段时间里（或反之亦然）。

在以正股为基础的现金交易市场中，要绘制指数的高、低点有一个小问题，就是并非所有的股票在同一时间开盘。现在大多数交易所的计算方法是考虑到在清晨开盘的少数股票价格和大多数还没有开盘股票的前一天收盘价，这使得现金交易市场的开盘指数总是接近前一天收盘时的指数，但是在期货市场开盘时出现过大的涨落。通过使用上面提到的平均数方法，你基本上消除了重大的图形扭曲；但是如果没有任何调整，只是照直去使用现金交易市场指数"真正的"高、低点去绘制图，往往使人看到价格在同一层次变动（在开盘时），即使在此时期货市场开盘已经出现了数百点的高低变化。唯一避免这种情况的办法是去掉开盘后10至15分钟内的数据，然后再使用这一天的高与低点数据绘图，这样，大多数股票已经开盘了（不是前一天的收盘价），就可以表示当天的行情。

3. 最后要关注的是如何绘制24小时市场的图，这种市场交易不仅仅在美国进行，而是每天 24 小时在世界上所有的交易所进行。货币市场是一个很好的例子，你如何追踪这些市场呢？

有一段时间，我尝试绘制黄金、银、澳元/美元、瑞士法郎/澳元这些现金交易市场的图，而要收集绘图的数据，只能在一个特定的交易时间里（在美国、伦敦或澳大利亚的交易时间里）收集，不过绘制出来的各个市场的波浪形态是可以被解读的，遵循典型的艾略特形态。另一种办法是把一天按 24 小时等分，按时间绘制目标交易产品在世界各个市场上的交易价格，然后把各个价格连接起来。还有一种方法是用时区等分世界，在每个时区内挑选一个重要的世界市场，按照目标交易产品的价格绘图，然后把各个价格连接起来。根据后两种方法绘制出来的图，不太符合波浪形态，常常难以解读。但还有一种方法，我还没有尝试过，就是保持跟踪 24 小时内全部世界市场上的高、低点，最简单的方法就是使用你国家的市场收盘作为每个 24 小时的收盘，你国家的市场收盘了，下一个交易日开始；就像在前面说明的方法一样，一个市场会有高、低点，如果不想每一天只有一个数字，你可以平均 24 小时内的高、低点，或者按顺序绘制高、低点（在这种情况下，有可能不容易找到相关信息）。

结论：从以上的实验里，得到的结论是，在一个国家里，只需要追踪一个市场！由于参与股市的大部分人，都固定在一个交易所交易，他们又买又卖，形成了一个交易所（和国家）的封闭循环交易环境；从本质上讲，一个国家内的市场尽管与另一个国家的市场有类似的名称，但是它的交易受自己国家内部技术和基本面因素的影响，随着日复一日的交易，一个国家内的交易人基本上都是面对相同的市场情况（当然，有轻微的变化）；随着一段时期过去，由于受同样的技术和基本情况影响，一个国家内的每个市场都有大致相同的走势。在这样的情况下，在一个国家里，只需要追踪一个市场，其余的市场走势基本上是大同小异。

从根本上说，应该这样处理24小时的市场：对于你追踪的那个特定国家的一个现金交易市场，按照那个国家的交易时间，绘制价格图。如果在你的国家交易量小，可以找另一个国家交易量大的市场跟踪，可以跟踪货币或商品交易，以及期货交易。

为了应对在另一个国家开始的异常走势，你最好找到一个经纪公司，让它提供给你整夜的交易平台，这将使得你可以尽早下订单，以应对在你国家期货市场开盘时的大幅度涨落。具体说明一下，一个整夜的交易平台可以不断地扫描全球的交易市场，当另一个国家开盘后，如果有任何涨落超过了你设立的标准，通过使用通宵交易平台的功能，你可以马上终止或启动一个交易，这样，你就提前有了准备，你就有机会避开美国市场开盘时的损失。

最后，如果由于是24小时的市场，没有经纪人提供给你一个通宵交易平台，使你可以采取停止支付等措施，那强烈建议你只做白天的交易，在收盘前清仓；或仅做24小时市场的中长期交易。没有一个通宵交易平台，就在持有（股票等）的情况下过夜或者连续持有几天（短期），可能是非常危险的。

你怎么标绘数据？

一旦你决定了跟踪哪一个市场和选用什么数据，下面是要选择绘制数据的时间间隔。一个正常绘制的数据系列应该像图2-6，此图显示了一个数字（每个点）被放置在时间间隔的中心位置，代表那个时间的价格等数据。在绘制数字后，使用直线连接各点，单波将立即出现（见图2-7）。

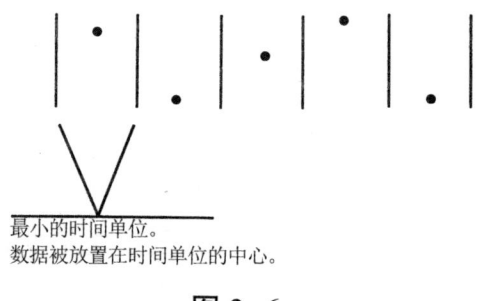

最小的时间单位。
数据被放置在时间单位的中心。

图 2-6

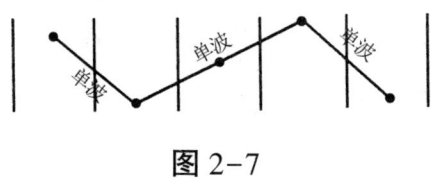

图 2-7

多少图表是必要的?

通常，在每个市场最少要有 3 张图表：每天、每周、每月。对于我最喜欢的一些市场，我有多达 20 张不同形状、大小和比例的图表，包括长期数据的对数表示图。

波浪有多复杂?

到现在为止，所有的讨论只是局限在单波，你还记得，单波是最简单的波形，更复杂的波浪形态当然会出现，在你理解了如何分析市场发展过程中出现的单波（在第三章中讨论），把单波组合起来（第四章的内容）是分析的下一步骤内容。

当 3 个或 5 个单波（monowave）组合起来，我称之为是次多波（Polywave），这比单波上了一个层次。当你把 3 个或 5 个次多波组合起来，我称之为多波（multiwave）。3 个或 5 个多波可以组合成大波（Macrowave），这是我命名的发展的最高级别，更大的波浪也被称为大波。

请记住，所有的小波浪成为更大形态的一部分，这个过程会持续下去，因此，作为对本节标题问题的回答，我们说：艾略特波浪形态的规模、持续的时间长度或复杂度是没有限度的。尽管如此，所有市场内的运动都在波浪理论可以解释的限度内。

对于大多数的理论和技术来说，可以这样说："随着时间长度的加大，一个市场行为变得越来越难以辨认。"相反，在一个大的运动里，由于每一部分波浪结构的确信度增加，用艾略特波浪理论做长远的预测比短期预测更容易。

如何运用这方面的知识来分析？

辨别出推进波和调整波最重要的好处，是让你有能力去推断出一个特定市场的走势。如果能够全面了解所有的规则和影响波浪形态的因素，就有可能预测一个波浪前进的距离和需要的时间。在被预测的形态不断发展的时候，你还可以准确地描述相关的心理环境。更有益和令人印象深刻的是，如果你对当前市场运动有准确的看法，经常可以让你准确地预测下面每一天的市场运动。最后，通过压缩过程（在第七章中解释），你可以推断出越来越大的趋势，并利用它们。

第三章 初步分析

无论你是新手还是学习过艾略特波浪理论的学生，应该仔细地研究简单的波浪形态，这是进行准确和长期分析的基础。单波是图上最简单的价格运动形式，显而易见，这是你开始的地方。除非你在开始的时候，就学习如何间接地把单波分类成两类（推进波或调整波），否则很难应用艾略特理论。让我们首先创建适当的图表，然后，我们可以进行观察和数学量化，以决定一个单波是推进波或调整波。

图表准备和数据管理

如果你是初次接触到这些材料，你按照书中的说明就行了。在学习了这部分材料后，建议你构建自己的实时图。

制作图表的第一步是选择一个你要分析的市场，然后决定你的起始点。如果没有一个具体的起始点，这些技术将毫无意义。这里是你应该做的：把一年里每月的最高和最低价格数据按照它们出现的次序画出来（使用前面"哪些数据应当被用来分析波浪？"和"你怎么标绘数据？"里的技术），然后查看一下这图，找到其中一个月的单波，它是最接近图上整个价格范围（高点到低点的距离）的中心。（你不要选择一个大的事件出现的时间作为你的起始点，为什么？因为把艾略特理论应用于重大转折点会更加困难，在重大转折点会有一些异常运动出现，我们的目的是把事情尽可能简化）下一步，确定一个时间，它出现在那个单波的中间价格附近。

一旦确立了一个时间日期，可以开始以适当的方式构建你的第一张每日波浪图，这个适当的方式就是把大约60个现金交易市场数据，放置在一张绘图纸上，占据约8英寸的水平距离，以这样的比例，应该相对容易识别单波。在构建了第一张图后，选择最早出现的、"重要的"高或低点（见图3-1），然后从这一点开始绘制第二张图，第二张图比第一张图详细了一倍（图3-2a开始于图3-1的"重要的"低点，其时间范围已经扩大，可以详细审查）。换言之，在第二张图的8英寸水平距离上，只有30个数据点，其时间长度是第一张图的一半。

在这个例子中（图3-1），一个重要的低点出现在时间长度的中心附近，从这个点，一张新的图（图3-2a）开始了，它的时间距离是第一张图的一半。

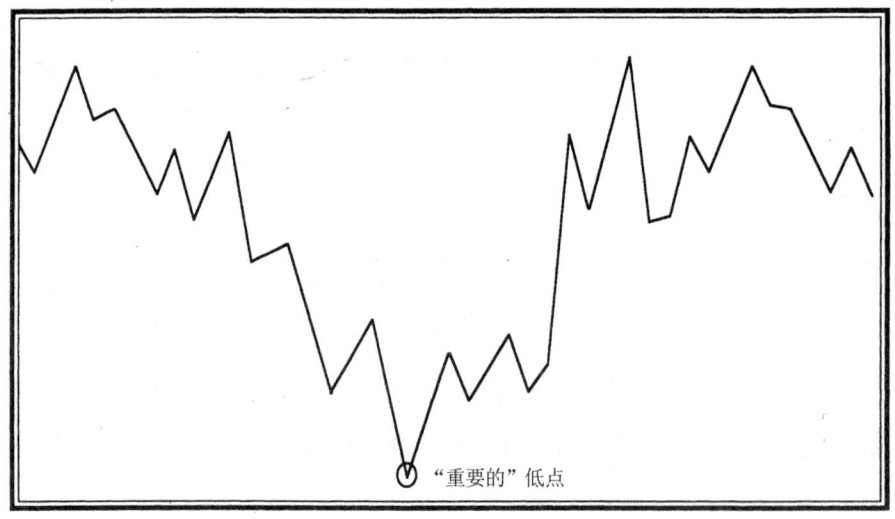

图 3-1

识别单波

在正确的图完成后,确定每个单波成为分析过程的下一步骤。使用图 3-2a 来演示一下,从最早的最低点(即"重要的"低点)开始,按照价格运动上升,一个数据点接一个数据点,直到一个数据点是低于前一个数据点,无论是多么小的差距都可以,说明价格方向发生了变化,你发现了你的第一个单波,在这个单波结束处放一个黑点(见图 3-2a)。

从有黑点单波的高点向下运动(一个数据点接一个数据点),一旦出现一个数据点比上一个点高,说明市场完成了第二个单波,放一个黑点在第二个单波的低点(见图 3-2a)。继续此过程,直到你在每一个单波结尾放了黑点。在图 3-2b 里,所有的单波已经用黑点确定(最后一个单波没有黑点,因为在价格方向上还没有发生变化)。

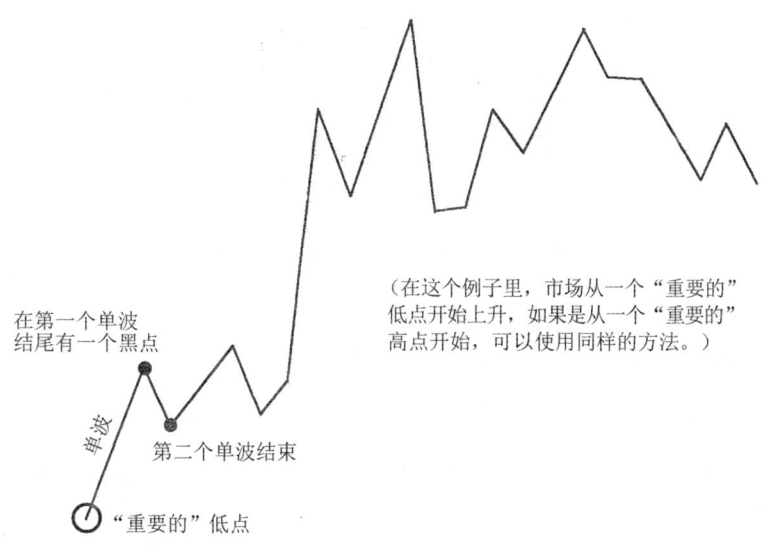

图 3-2a

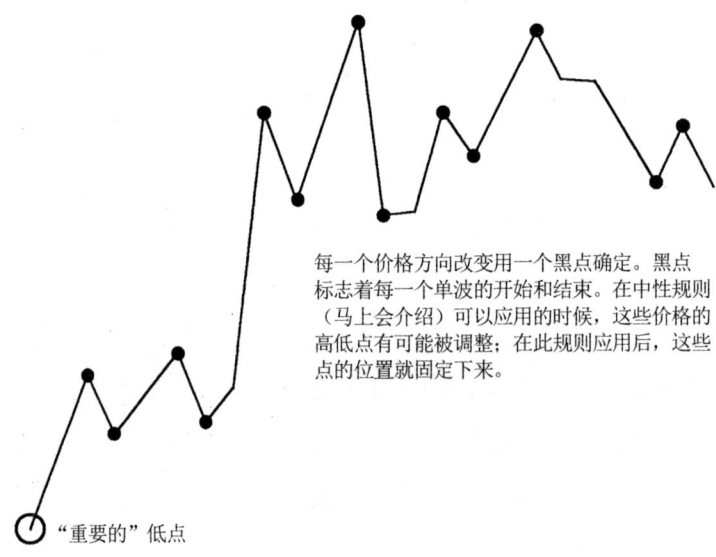

图 3-2b

比例规则（正确地缩放图）

当你选择一个特定的价格坐标单位和时间坐标单位来绘制一张图时，你也同时决定了哪些艾略特波浪形态是可以被看见的，哪些不能。换句话说，每一种形态都有自己独特的价格／时间坐标单位。为了发现和分析一个特定的艾略特波浪形态，你的图必须具备正确的比例。图的比例要与波浪形态的大小相一致。坚持比例规则对于正确地应用中性规则（将在下一节叙述）是重要的，对于价格形态的标准化表现形式也是重要的。

没有单一的时间坐标单位会适合所有的分析，正如爱因斯坦的相对论所说明的一样，时间不是绝对的，而是变量。在爱因斯坦的理论里，时间是根据观察者的速度而定。根据艾略特波浪理论（它关系到市场的运动），时间取决于群体心理。当人们出于对经济前景的不同看法，买卖证券时，各种心态会引起时间的收缩和扩展。根据波浪理论，之所以没有单一的价格坐标单位适合所有的分析，这是由价格运动的动态和不同形状所决定的，在同样的时间里，价格运动发展在不同的规模上，既演变成小的形态，也在形成更大的形态。

定向运动

在我们讨论一个理想的艾略特波浪图的比例之前，我们必须定义价格随时间运动的两种方式：定向和非定向（不要与推进波和调整波相混淆）。就像所有的艾略特形态一样，如果定向或非定向的运动从低点开始，它将在高点结束，反之亦然。定向运动总是由一系列单波组成，从平均和整体的角度来说，这一系列单波表示了市场价值的增加或减少（见图3-3）。

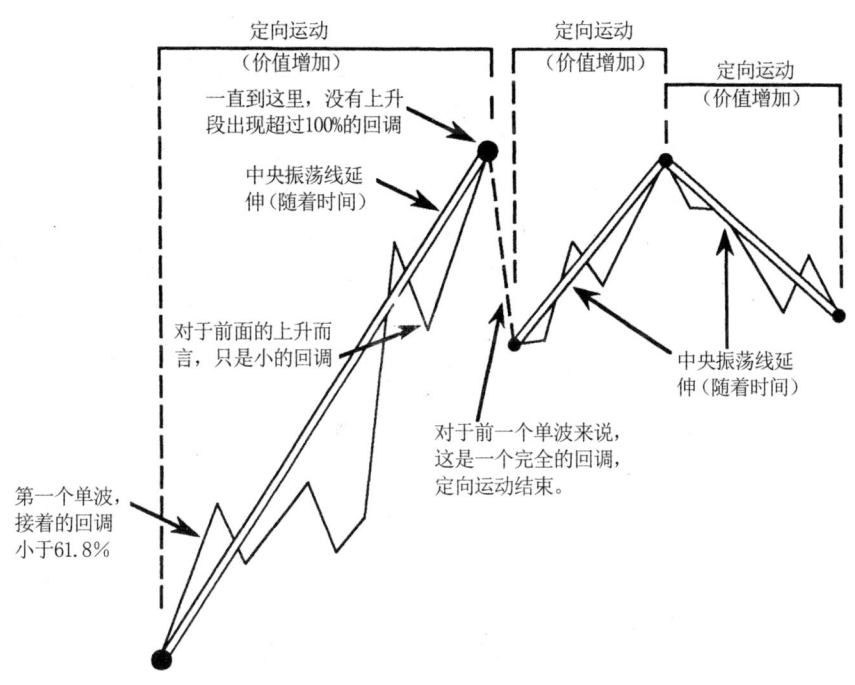

图3-3　定向运动

作为一般规则，在一个定向运动时期内，对于第一个单波的回调不能超过61.8%。在一个定向运动时期内，对于一个沿中央振荡线方向前进的单波来说，如果接下来出现超过100%回调，这个定向运动就结束了。

非定向运动

非定向运动总是由一系列单波组成，从平均和整体的角度来说，这一系列单波表示了市场价值的停滞（见图3-4）。在一个非定向运动时期内，对于第一个单波的回调总是超过61.8%。此外，在一个非定向运动内的各个段（有时有例外）必须被回调超过61.8%。在价格运动超过了整个非定向运动价格范围的161.8%或更多时，这个非定向运动终止了（见图3-4）。

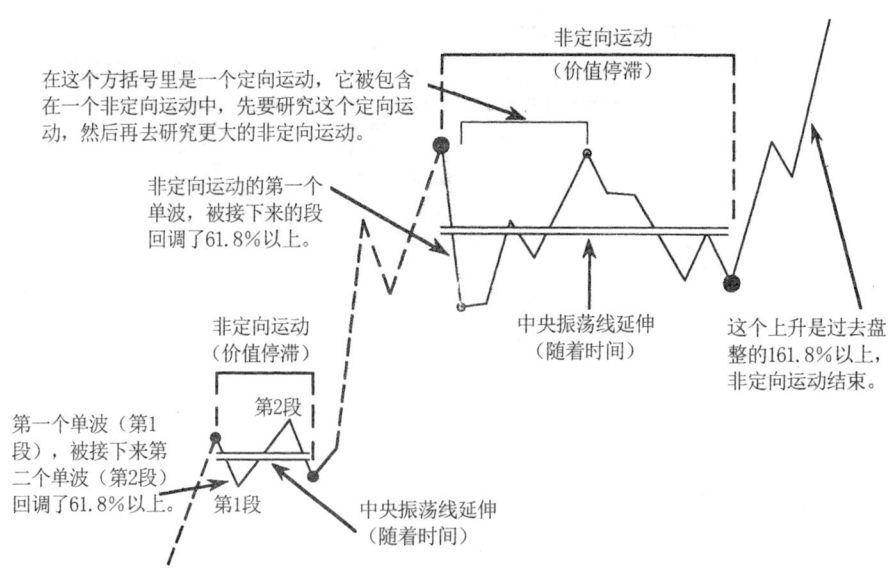

图3-4　非定向运动

为了正确地使用艾略特波浪分析的尼利方法（贯穿本章和整本书），你必须要努力实现一个价格和时间的按比例绘制，这种比例要根据波浪的形态，最终使人看到图上清楚的上升或下降的角度，不论一个形态的价格或时间范围有多大，它的上升或下降都应该明确地呈现在图上，便于分析。

在观看艾略特波浪现象的时候，应该如何选择进程的角度呢？当价格运动是定向运动的时候，应该这样来绘制数据，使波浪进程从一个完美正方形的左下角到右上角，或从左上角到右下角。换句话说，从开始到结束，数据应该围绕着45度线左右振荡（见图3-5）。这强调了一个重要的事实：即由市场决定如何构建图表，因此无需再去主观地推断绘制参数。但这并不是要表明，每一次市场改变前进的角度或方向时，你需要扔掉目前的图表，开始一张新的，而是应该继续所有先前的图表，但在市场开始以一个明显不同的角度运动时，例如由定向转向非定向运动时（或反之亦然），搞一张新的、较短时间的图，同时继续使用你的长期图表来帮助你识别这些重要的变化。

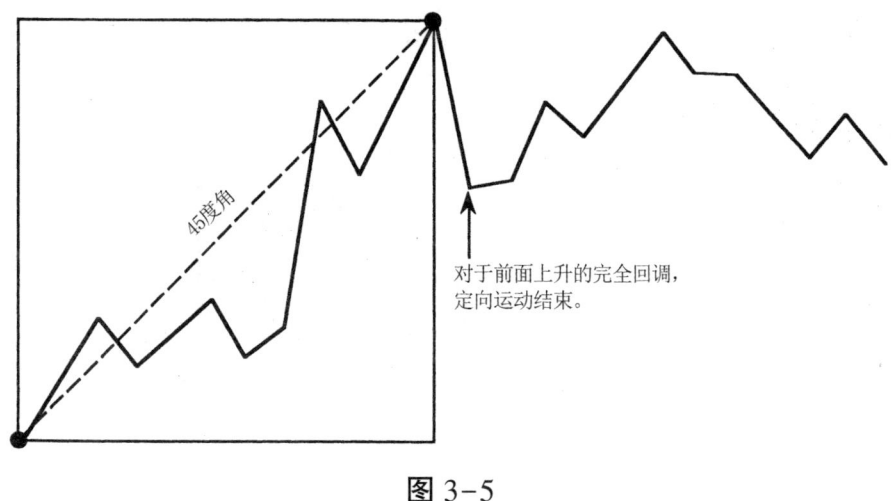

图 3-5

在处理实时数据时，没有必要上升或下降都是精确的45度角，有些偏差是允许的。图 3-6 说明了价格和时间允许的误差范围，可以从图中看到，偏差不要超过一个正方形边长的 25%（垂直或水平）。在图 3-7 里，是一个例子，在一个向下倾斜的定向运动里，终止点是稍微偏向理想终止点的右边（时间晚了），但仍属于可接受的范围。图 3-8 说明了在一个定向运动时间区域内，终止点是稍微偏向理想终止点的左边（时间早了）。

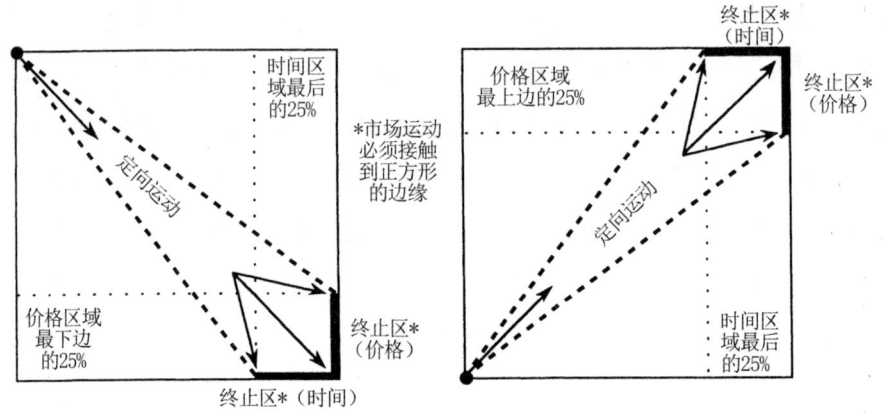

图 3-6

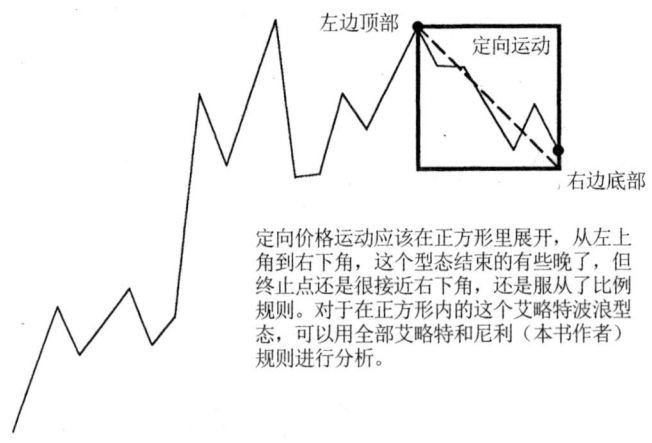

定向价格运动应该在正方形里展开，从左上角到右下角，这个型态结束的有些晚了，但终止点还是很接近右下角，还是服从了比例规则。对于在正方形内的这个艾略特波浪型态，可以用全部艾略特和尼利（本书作者）规则进行分析。

图 3-7　晚终止（可接受的偏差）

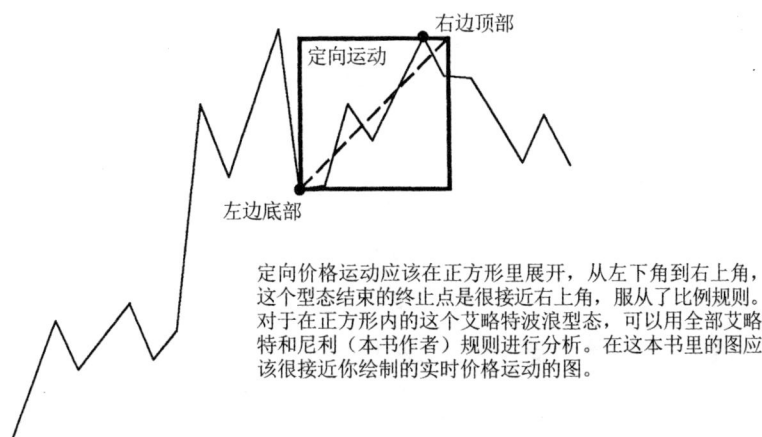

图 3-8 早终止（可接受的偏差）

图 3-9 说明了不正确地应用比例规则。虽然市场价格运动上升到正方形的右上角，围绕着 45 度中央振荡线振荡，但是定向运动结束的过早（在图 3-9 里，"＊"号确定了定向运动的结束）。应重新绘制图 3-9，使它看起来像图 3-5。

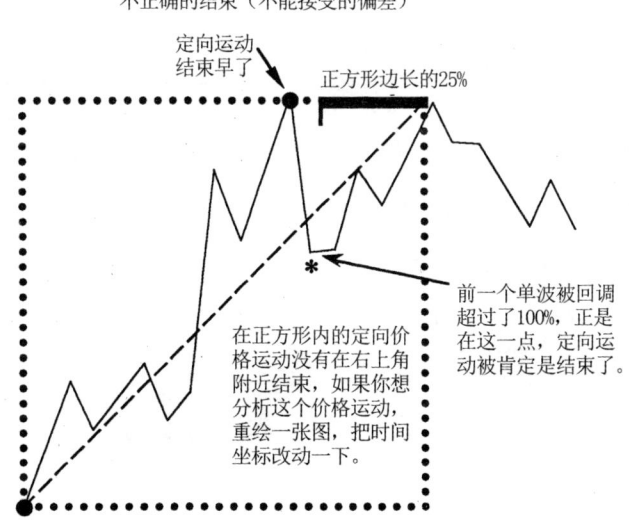

图 3-9 不正确的结束（不能接受的偏差）

在分析非定向的价格运动时，你要让上和下振荡区域基本上占据一个正方形的上半部（见图3-10）。请注意在图3-10中正方形A的非定向运动，终止点结束在正方形垂直方向50%的地方附近。即使一个非定向运动持续了很长时间，包含许多单波，方法是相同的（见正方形B）。有时，波浪形态不断地收缩，这个方法有些行不通，对于这种情况，要确保从形态一开始的价格振荡最大幅度接近垂直方向的50%（见图3-11）。

总结一下，在绘制一张新的图时，比例规则指导你设计价格和时间的坐标单位，以适应形态发展的要求；这将使你的图看起来像这本书中的图，从而可以进行最直接地比较和对市场进行准确地分析；同时也为在你的图上应用中性规则做好了准备。

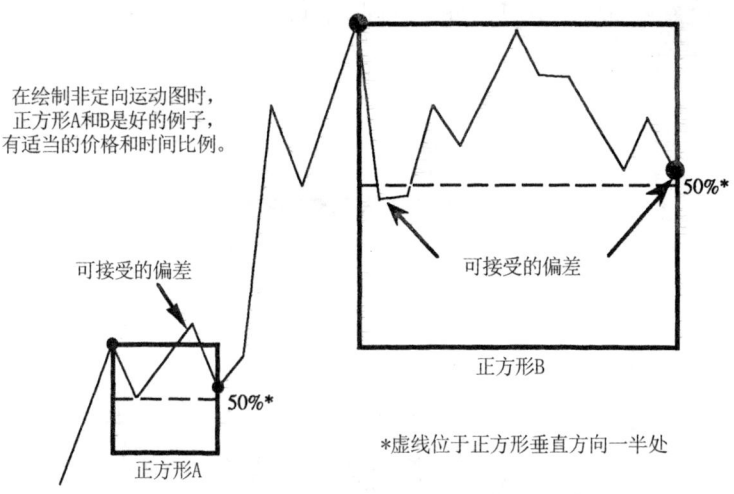

图3-10　非定向运动

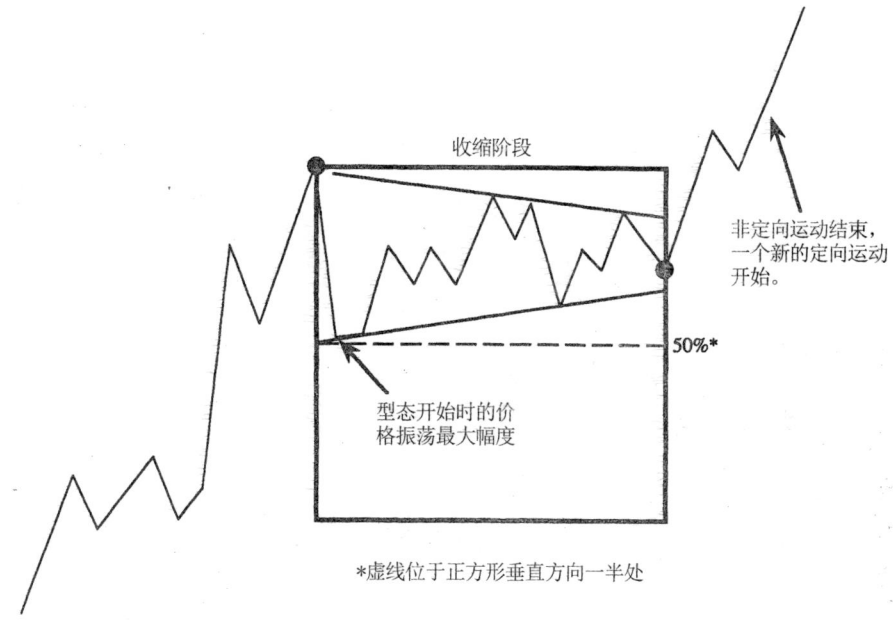

图 3-11 非定向运动

中性规则（Rule of Neutrality）

在你的图上，当价格方向发生变化时，你会发现大多数单波沿时间-价格坐标的对角线方向旅行（即45度角）（译者注：这应该发生在应用了比例规则之后。）。偶尔，你会发现一个单波更加贴近水平方向（时间轴），这种类型的运动受到中性规则的管辖，中性规则说明了如何处理这些有问题的单波和有关的数据。

如果我们重新研究一下图3-2b（重新绘制后成为图3-12），有个别横向价格运动可能成为了问题，图3-12中的这些地方用圆圈标出，以后我们会花一些时间分析这些地方。首先，要对中性规则进行详细地讨论，分析如何把它应用于实时市场。

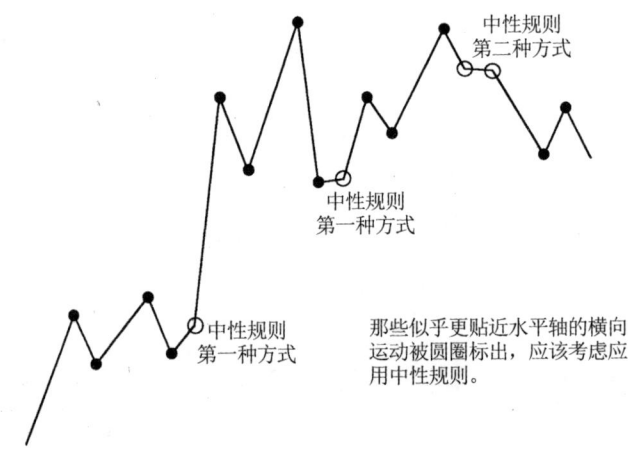

图 3-12

横向价格运动可以分开两个波,这两波可以是向相反方向运动(见图 3-13a)或两个波是在向同一方向运动(见图 3-13b)。为了发现这两种行为和使用中性规则,需要定义术语"横向"。为了产生完美的横向价格运动,需要有两个相同价格的数据,被连接在一起。完美的水平价格运动,并不是适合中性规则的唯一运动,还有其他略微偏离"水平"的价格运动也适用中性规则,下面说明一下。

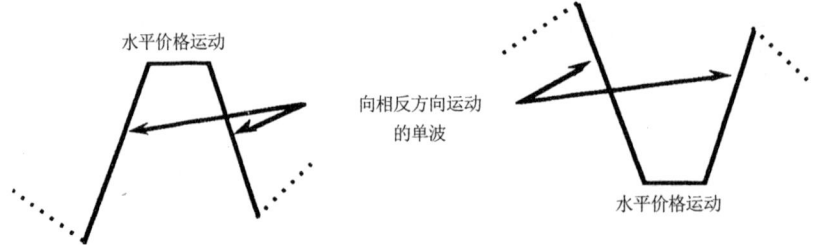

图 3-13a

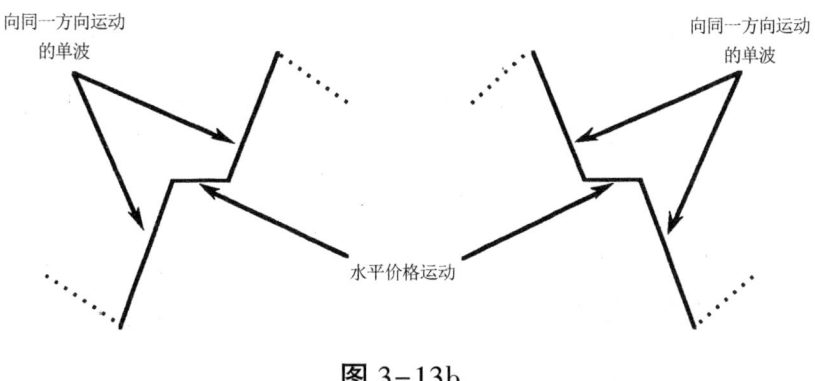

图 3-13b

如果你发现一个价格运动似乎更接近于横向运动，应用以下技术：绘制垂直（90度）和水平（0度）的坐标轴，0点选在那个价格运动的起始点。下一步，如果那个单波向下运动，在右下象限画一条45度线（见图3-14a及3-14b左半部）；如果那个单波向上运动，在右上象限画一条45度线（见图3-14a及3-14b右半部），结果是将象限分为两个相等的部分。如果价格正在下降，大于或等于45度（见图3-14a及3-14b左上角），或者，价格正在上升，大于或等于45度（见图3-14a及3-14b右上角），我们不考虑应用中性规则。如果价格正在下降，但小于45度（见图3-14a及3-14b左下角），或者，价格正在上升，但小于45度（见图3-14a及3-14b右下角），我们应该考虑应用中性规则。价格运动越接近水平轴，越有可能应用中性规则。

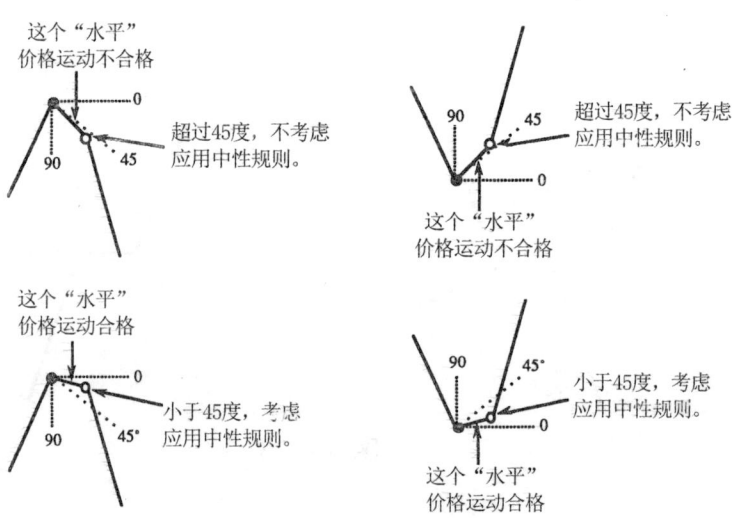

图 3-14a　向相反方向运动的单波

图 3-14b　向同一方向运动的单波

如果有一个价格运动让你考虑应用中性规则，就有必要观察这个横向运动前后的运动，以决定应用中性规则的哪一种方式。如果横向运动分开了向相反方向运动的两个单波，可以应用中性规则的第一种方式（见图3-15a）。如果横向运动分开了向同一方向运动的两个单波，可以应用中性规则的第二种方式（见图3-16）。注：在任何情况下，有一种简单的方法可以决定应用中性规则的哪一种方式，这个方法就是计算所使用圆圈的数量，如果在那个价格运动单波上只有一个圈，中性规则的第一种方式适用；如果在那个价格运动单波上有两个圈，中性规则的第二种方式适用（重新研究一下图3-12，就明白了）。

中性规则的第一种方式允许单波终止在低于高点和高于低点处（图3-15a）。要应用中性规则的第二种方式，要依赖于附近相关的价格运动，分析师在适当的条件下，可以把上升或下降阶段分成3个小部分（图3-16）。另外，要注意：如果第一个单波被回调小于61.8%，最后市场运动又超过了第一个单波的终止点，中性规则的第一种方式可能不能用（见图3-15b）。

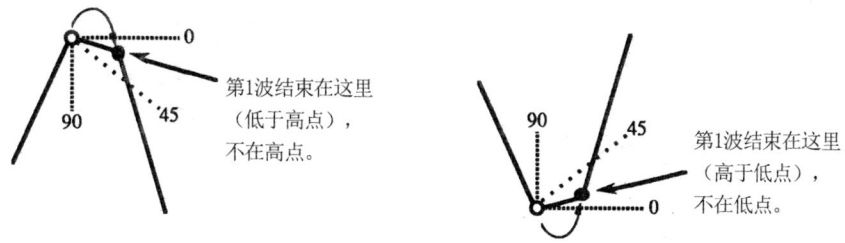

图3-15a　中性规则的第一种方式

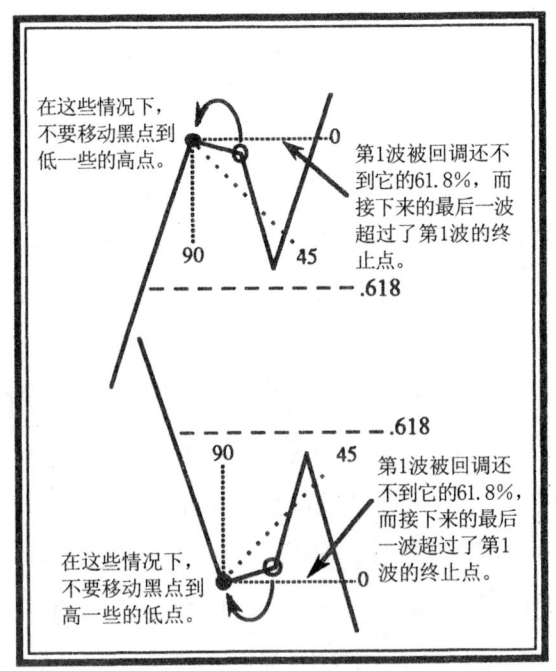

图 3-15b 不能使用中性规则的第一种方式

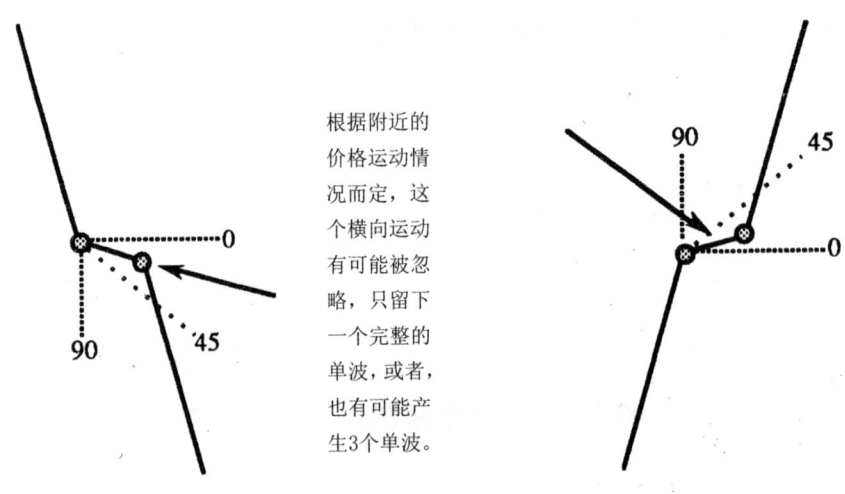

图 3-16 中性规则的第二种方式

简单来说，中性规则的第一种方式说明："在处理横向（或接近水平）的价格运动时，如果它分隔了两个向相反方向运动的单波，把第一个单波的终止点移到最右边，移到横向价格运动终止处。"中性规则的第二种方式说明："在处理横向（或接近水平）的价格运动时，如果它分隔了两个向同一方向运动的单波，这个横向运动可以被忽略，只留下一个大的单波，或者，也有可能产生3个单波。"

中性规则的第二种方式也有不能应用的情况，如果那个"横向"的价格运动与它分离的两个相同方向的单波反方向，第二种方式不适用。那个"横向"的价格运动应该与它分离的两个相同方向的单波有基本上相同的方向，举例来说，如果市场开始向上运动，然后犹豫了一段时间，但没有数据点比过去的数据点低，最后市场再次上升，在这样的情况下，中性规则的第二种方式可以使用；如果在任何时间，一个"横向"运动的数据比过去的数据点低，中性规则的第二种方式不能应用。

注意：在任何时候，如果一个水平（或接近水平）的价格运动持续前进，超过了一个时间单位，分隔了向同一方向运动的两个波，则必须使用中性规则的第二种方式，将整个运动分为3段。

有时应用中性规则是有条件的。当市场横向运动只有一个时间单位，决定是否应用中性规则的第二种方式往往要根据过去和未来的市场运动情况来判断。例如，如果应用中性规则的第二种方式，有助于提高交替性，使形态之间的复杂度得到改善，或者，清除了"失踪"的波浪，那么它应该被使用。如果应用中性规则的第二种方式，产生了各式各样的问题，影响了形态的标准化，那么就不应该使用。如果一个横波终止点超过了前一波的38.2%，不能应用中性规则的第一种方式（参见图3-17的解释）。

直到你读完了这本书的大部分内容，才能完全理解上一段有关不使用中性规则的第一种方式和第二种方式的说明，最好的方法是简单地应用这个规则。如果你的图是按比例规则绘制的，价格运动方向与水平轴的夹角小于45度（向上或向下），而且可以应用中性规则，那你就应用它；在大于45度角时，就不用中性规则了。

在以前的图 3-12 中，有一些"横向"运动，可能需要根据中性规则再审议一下，应用我们刚学到的内容，最后确定横向运动（图 3-17）。

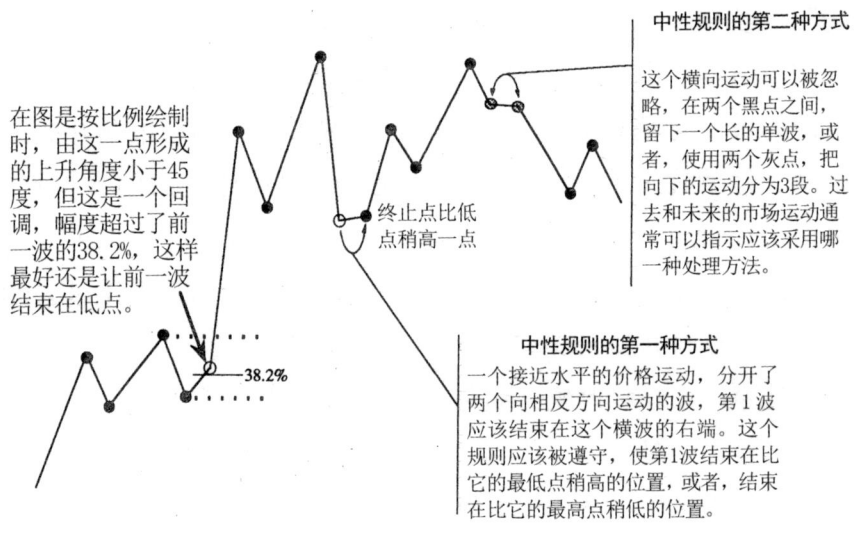

图 3-17

排序（Chronology）

在通过电话或电子邮件与别人讨论波浪的时候，给波浪编上号是一个办法，我在我的电话课程和函授教程"观察波浪"中都使用过这个办法。如果你没有计划与其他人讨论你的波浪，编号就没有必要。在使用这个办法时，如果所有单波不包含被验证过的进程标志，那么就应该按它们的时间顺序编号（即排序1、排序2等，或简称为1、2等）。为了正确地标明每个单波，首先对最左边的单波编号（见图3-18）。注意横向单波（排序-13）也被编号，等待中性规则第二种方式的决定。

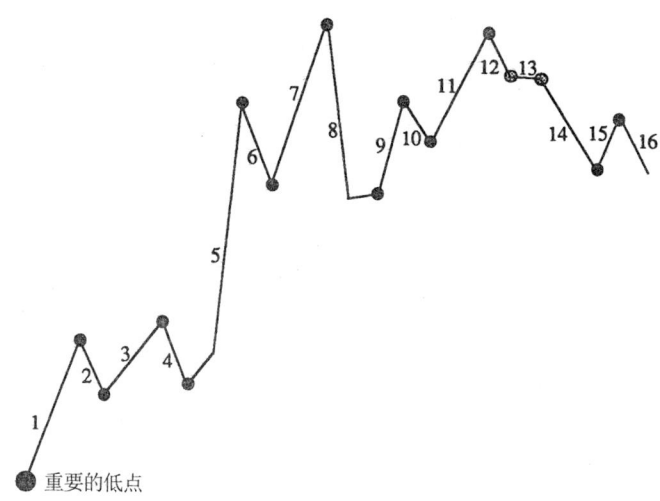

图 3-18

观察规则（确定单波的相对位置）

所有的波浪运动，无论是大还是小，都可以归入这两类之一：推进波（：5）或调整波（：3）。"推进波"定义一个波浪沿市场走势方向运动；"调整波"定义一个波浪逆着走势方向运动。数字"：5"代表推进波，"：3"代表调整波，为什么会这样代表，稍后将说明。这些数字表示（或说符号）被定名为结构标志，在开始进行实时图分析时，这是有用的。（对于结构标志的一般说明，参见24页）。我发展了一些新的分析词汇、技术和规则，使你能够在全面理解艾略特波浪理论的细分度和复杂度之前，就准确地放置结构标志到市场实时运动上。这些技术将很快被应用到图3-18中的每个单波上，假如你是跟着你自己画的图学习这本书，请按本书的顺序进行。

由于单波本身没有指示功能，其结构（:3 或:5）必须被间接地检测到，这是通过观察市场上的运动来完成的。显然，为了放置结构标志在价格运动上，你必须学会如何把正在进行的市场运动与目前正在分析的单波联系起来，这需要引进我称之为"相对观点"的图。

在任何情况下，对于单波的间接分析取决于"当前"单波与其他周围单波的关系。每当研究图时，要被分析的单波是第一号（"m1"，见图 3-19）。在 m1 之后，立即跟着 m2，在 m1 之前是 m0，图 3-19 显示了如何在图上人为地选择。

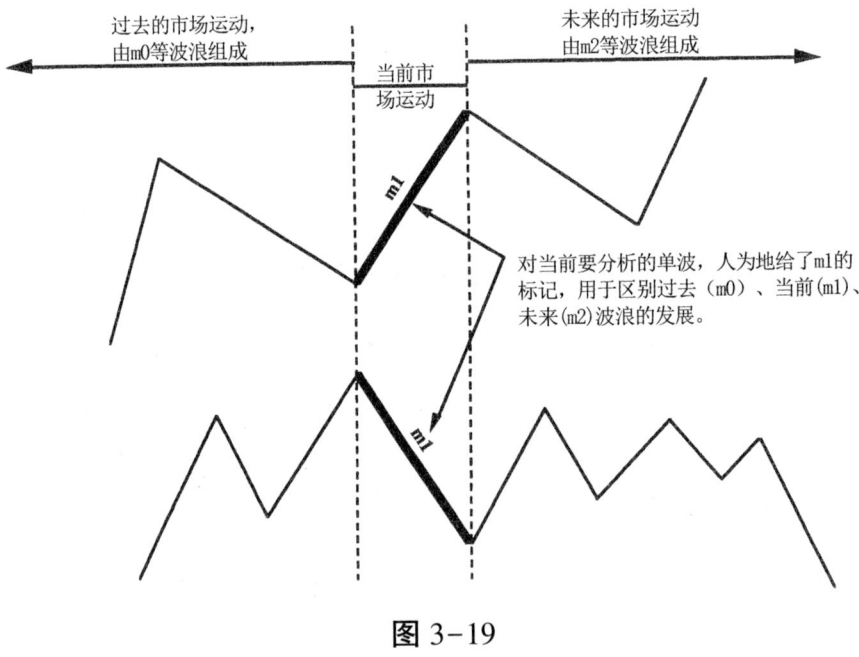

图 3-19

图 3-20a 显示了如何观察单波 m2 的结束点，也说明了 m2 要超过 m1 的高或低点的重要性。图 3-20b 显示了如何用同样的方法观察单波 m0 的结束点。这些技术将被用在下面一节"回调规则"里，用来计算 m0、m1、m2 的百分比关系。

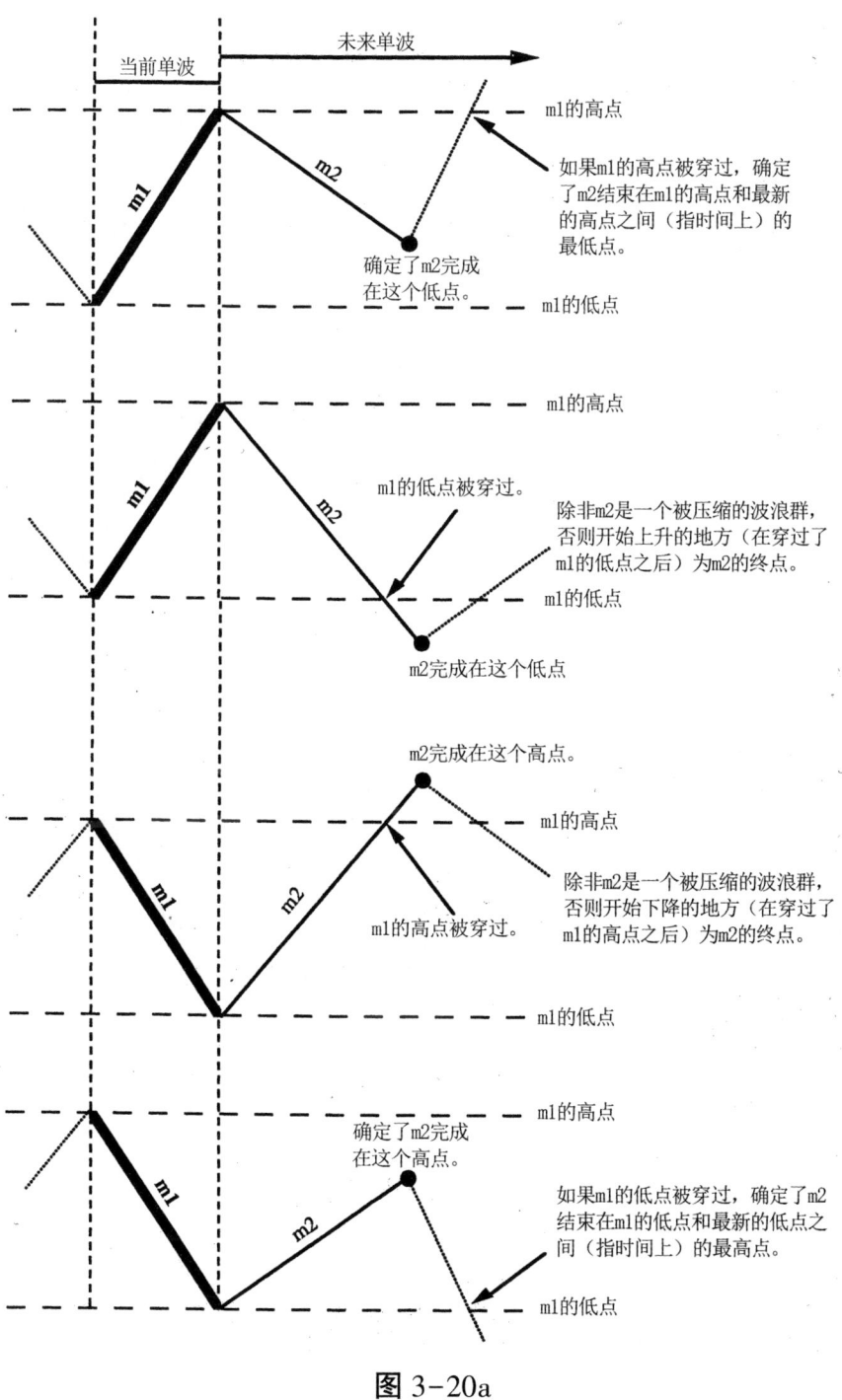

图 3-20a

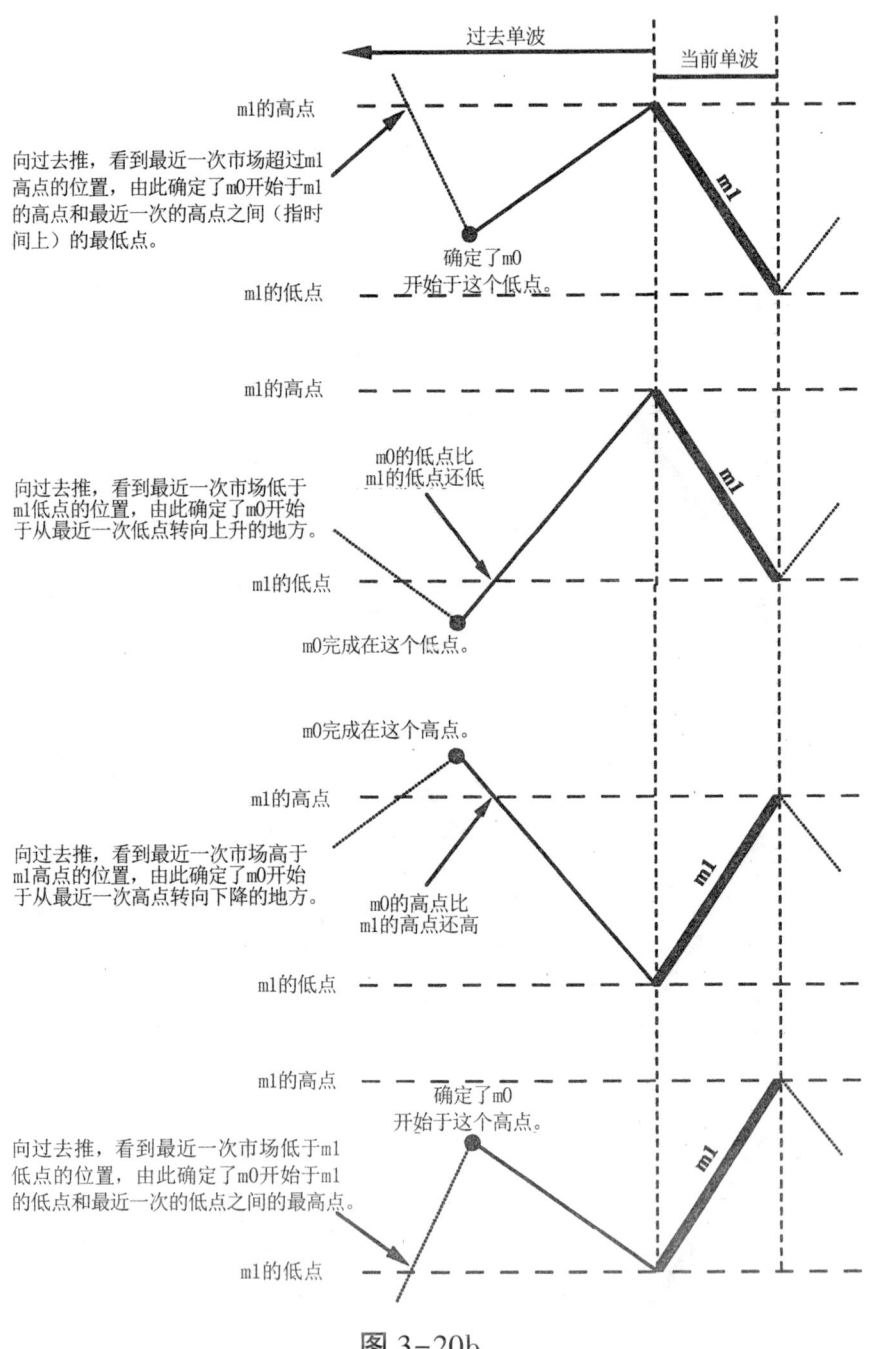

图 3-20b

在图 3-20a 和 3-20b 里，m0 和 m2 都是单波，不像 m1 必须是单波（或被压缩的艾略特波浪形态，将在第七章详细介绍压缩），m0 和 m2 可以由一个（或任何单数）的单波、未压缩或压缩的波组成。m0 和 m2 的组成成分要由它们在 m1 高低点范围内出现的数量来决定，使用一个向上的 m1 作为例子，在图 3-21a 的右边，显示了在 m1 之后，m2 由一个或多个单波组成；在同一图的左边，显示了在 m1 之前，m0 由一个或多个单波组成。

如果在 m1 的高点和低点之间出现了几个单波，m0 和 m2 被认为是"单波群（mg）"，用 mg0 和 mg2 表示（图 3-21a 和图 3-21b）。当 m1 是单波时，mg0 和 mg2 通常由不超过 5 个单波组成，但例外情况也时有发生。为了给你一些形象说明，图 3-21a 描绘了"m1"作为一个正在上升的单波的情况，而图 3-21b 描绘了"m1"作为一个正在下降的单波的情况。

有时，在用回调规则（下一节）来确定一个单波 m1 的结构时，需要研究 m0 和 m2 之外的单波，图 3-22a 显示了如何把观察规则应用于 m0 之前和 m2 之后的单波，仔细研究一下这张图，这张图说明了如何根据前后波的高低点，来决定每一个单波的开始点和终止点。

有时，穿过 m1 的高低点需要几个波。图 3-22b 说明了 m（-2）、m（-1）、m0、m2、m3 或 m4 可能由一个或多个单波组成。重要的是要记住：在 m1 的右边，市场运动必须超过一个刚过去（前一个）的高点或低点，这样所有的单波才算是结束了；在 m1 的左边，从时间上向过去推，市场运动必须超过一个前面（时间上稍晚）的高点或低点，这样所有的单波才算是结束了。

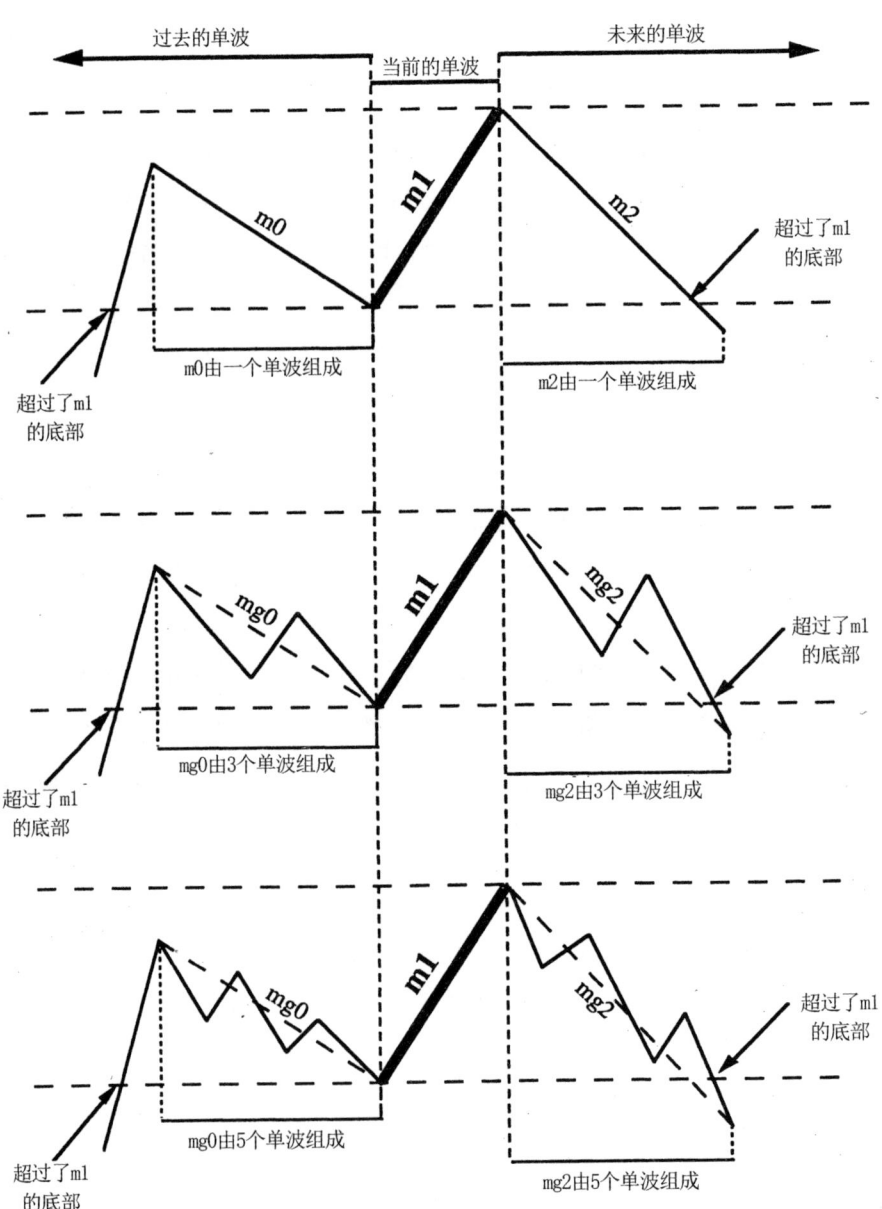

图 3-21a

第三章 初步分析

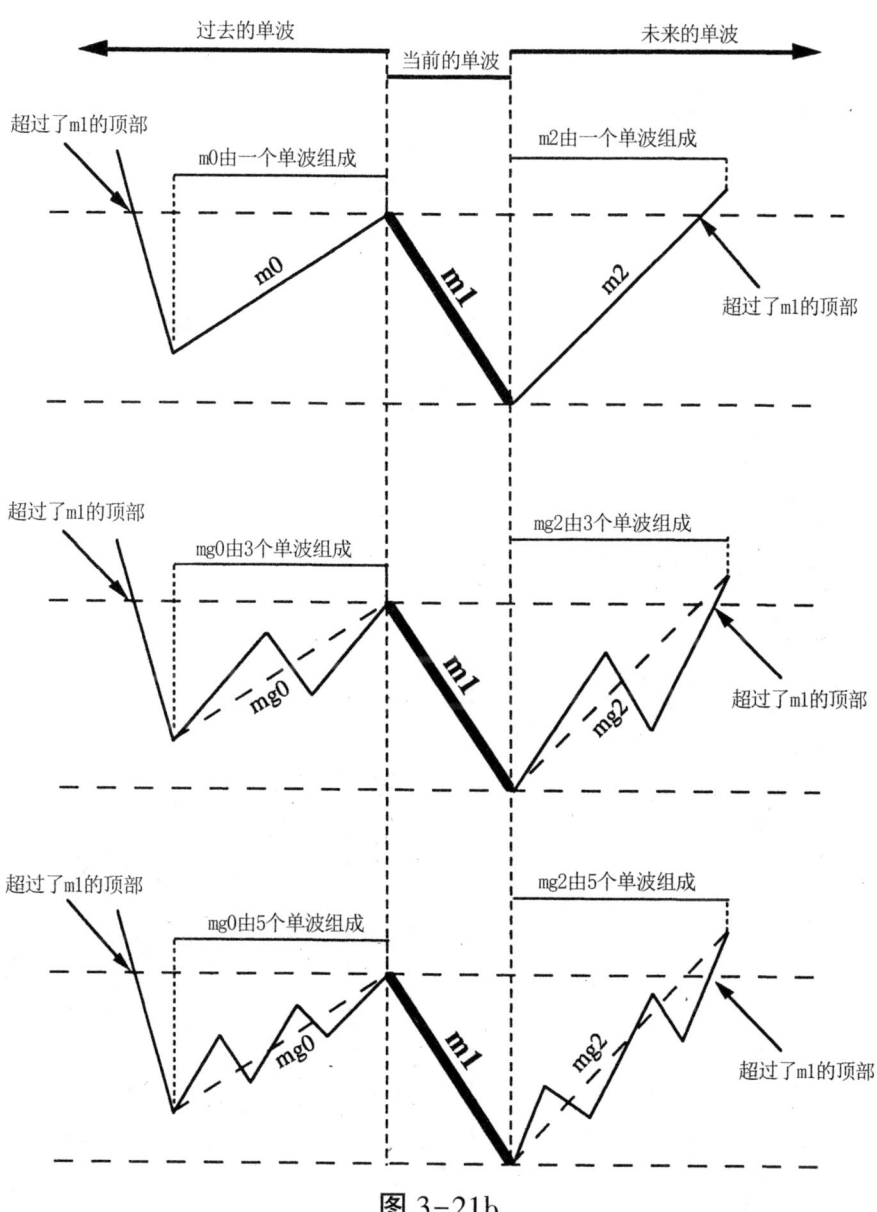

图 3-21b

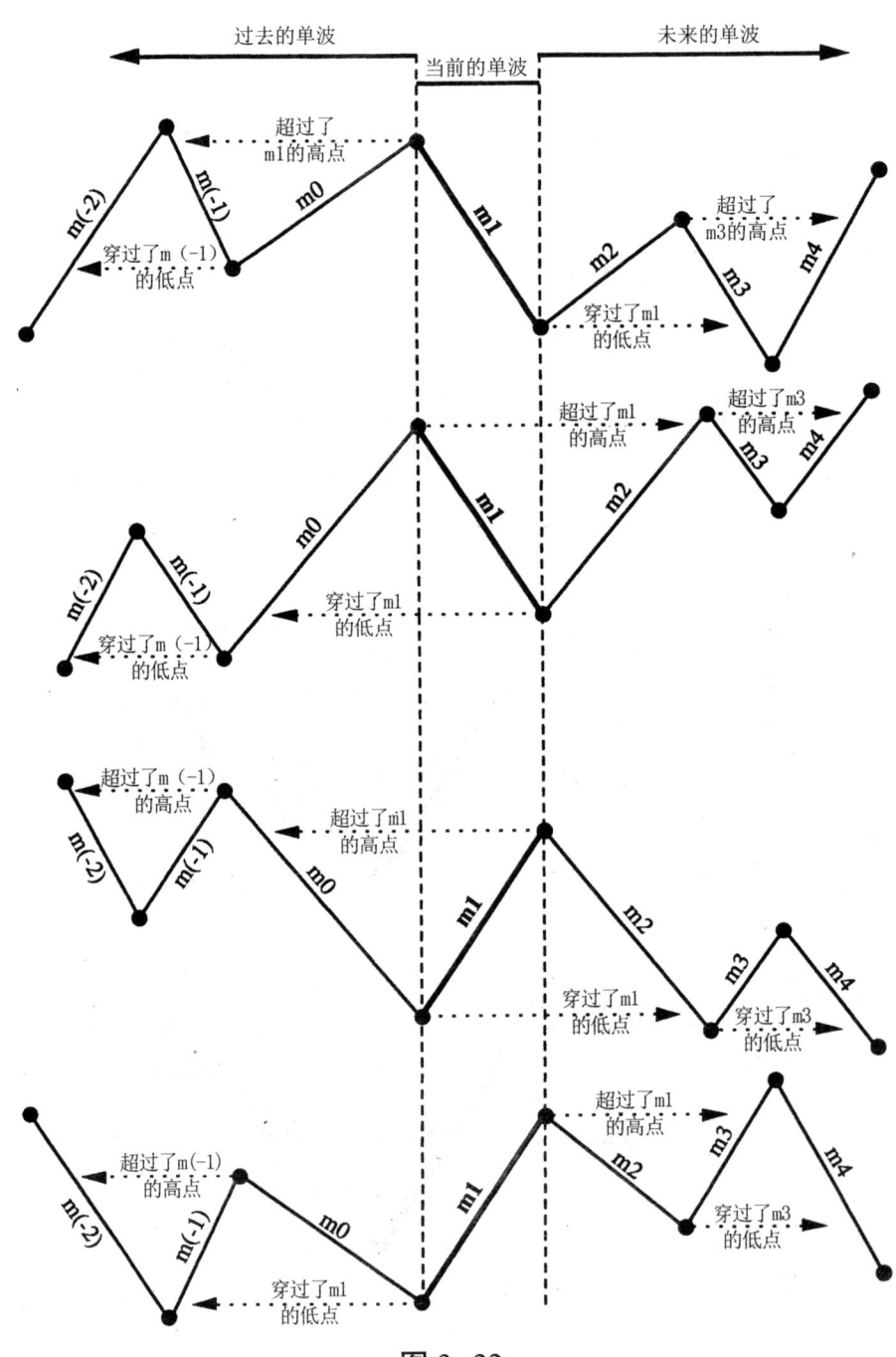

图 3-22a

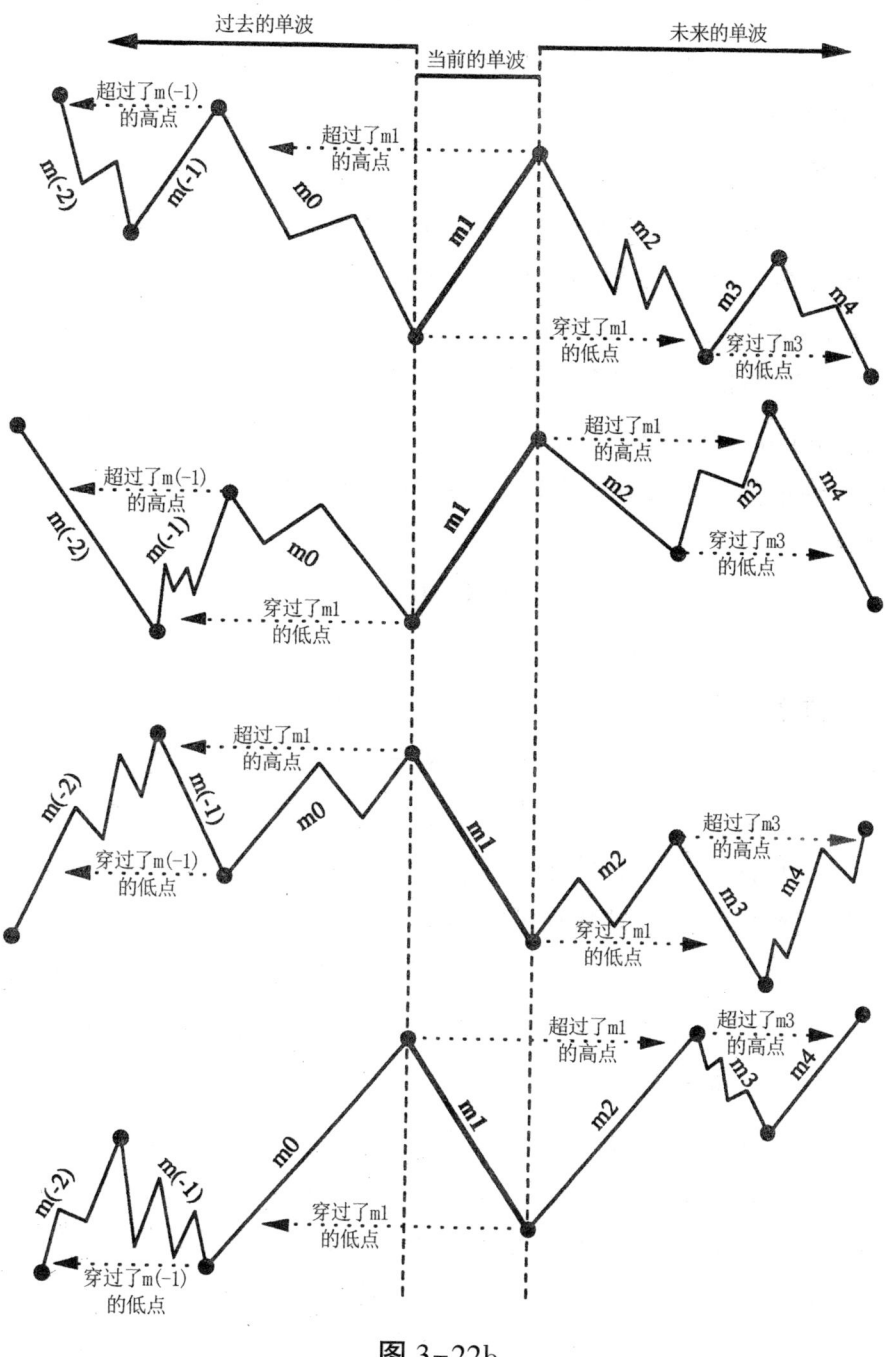

图 3-22b

在进一步阅读本章之前，你必须了解如何决定从 m（-2）到 m4 的端点。如果你不熟悉这些程序，继续研究观察规则，直到你完全理解，否则无法继续下去。

当你可以熟练地运用观察规则去考察实际市场运动时，接下来的分析步骤涉及到回调规则，这将需要计算 m2 和 m1 的关系、m0 和 m1 的关系（百分比关系），然后决定这些关系数量范围，m2/m1 的价格比率值决定了哪一种规则标识符适用于"m1"，然后，m0/m1 的价格比率值决定了应用每个规则的哪一个字母条件。请记住，不管 m1 是上升还是下降，回调规则同样适用。

回调规则

注意：这一部分内容不容易理解，如果这是你的第一次阅读，可以略读一遍，抓住基本的思想，但不要花太多的时间在细节上。在下一次阅读本节时，把你的图准备好，准备分析。

一旦你为你图上所有的单波绘制了终止点，你是做好了准备应用回调规则，回调规则可以准确地描述附近的单波。[注：你的图不应该太复杂，不要一次鉴定超过 20 个单波。为了获得最佳的结果（和你的头脑清楚），建议你在应用第三章里的这个规则时，每天鉴定几个实时运动的单波即可。]

在开始时，选择你想分析的最早出现的单波，如前所述，这就是人为决定的 m1（monowave-1）。运用前面讨论过的观察规则，根据已经确定的单波黑点，测量 m1 被 m2 的价格回调，以百分比计算。使用比例规，把比例规设置为 61.8%，可以使这些测量既准确又迅速。你可以从大多数工程用品供应商店买到比例规（比例分配器），建议你一定使用比例规。如果你想更准确

（但很乏味），可以使用电子计算器，首先测量 m2 在纵向价格轴上的数量，然后这个数量被 m1 在纵向价格轴上的数量去除，结果乘以 100，最后得到的是：m2 价格/m1 价格的百分比关系。

请参考下面的"规则选择"里，有一个清单，列出了刚刚计算出来的关系属性，这个清单给出了规则标识符，每个规则标识符代表了市场运动的一些特殊性质。下一步，把你的计算结果和清单的内容相对照，找到你应该使用的规则（即规则 1、规则 2 等）。为了理解市场环境，我们进一步计算 m0 价格/ml 价格的比率，首先测量 m0 在纵向价格轴上的数量，然后这个数量被 m1 在纵向价格轴上的数量去除，结果乘以 100。参考在每一条规则下面的标题：条件，在那里有一个清单，列出了各种条件（小写字母），把你得到的 m0 价格/ml 价格的比率，与各种条件（小写字母）相对照，以确定条件。在规则 4，你也要计算 m2 和 m3 的关系，这进一步把市场运动分类（罗马数字）。最后，这些规则、条件和类别将在"构成前逻辑规则"部分，被转换为结构标志，结构标志会泄露单波本身（看不见的）的结构。

当你决定了适用的特殊规则后，写在 m1 的终止点附近，用铅笔写，或复印原图，写在复印件上；一个更好的方法是把塑料透明膜放在你的图上，用墨水笔标志出来。当你把一条规则等内容写到 m1 的终止点时，可以缩写，以防止拥挤（例如，规则 4、条件"a"、类别"1"可以缩写成 R-4a-1）。

规则选择：

如果 m2 价格/m1 价格是：
小于 38.2%，参考规则 1 的内容（见下面）；
至少 38.2%，但小于 61.8%，参考规则 2；
正是 61.8%，参考规则 3；

在 61.8% 和 100%（不包括 100%）之间，参考规则 4；
至少是 100%，但小于 161.8%，参考规则 5；
在 161.8% 和 261.8%（包括 261.8%）之间，参考规则 6；
超过 261.8%，参考规则 7。

规则 1（m2 小于 m1 的 38.2%）①

如果 m2 是 m1 的价格回调，但小于 38.2%，规则 1 适用；注意一下 m1 末端的条件（见图 3-23）。下一步，如前面所述，计算 m0 和 m1 的比率关系，然后对比下面的清单，这清单列出的是"条件"选择要求，把根据选择要求决定的"条件"标识符（字母）放置到规则标识符的右边。

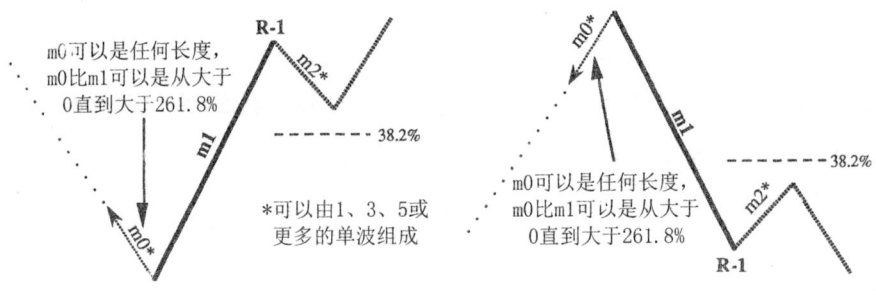

图 3-23　规则 1（激活要求）

规则 1 中的条件

条件"a"——如果 m0 小于 m1 的 61.8%，m1 符合规则 1a 的要求（进到构成前逻辑规则 ∗ 的规则 1、条件"a"）。

条件"b"——如果 m0 至少是 m1 的 61.8%，但小于 100%，

---

① 译者注：这里指 m2 和 m1 在价格轴上的数量相比，是一种简单说法。不是指 m2 的长度和 m1 的长度相比。

m1 符合规则 1b 的要求（进到构成前逻辑规则＊的规则 1、条件"b"）。

条件"c"——如果 m0 介于 m1 的 100% 和 161.8%（包括）之间，m1 符合规则 1c 的要求（进到构成前逻辑规则＊的规则 1、条件"c"）。

条件"d"——如果 m0 是大于 m1 的 161.8%（包括），m1 符合规则 1d 的要求（进到构成前逻辑规则＊的规则 1、条件"d"）。

＊构成前逻辑规则将稍后叙述。

规则 2（m2 至少是 m1 的 38.2%，但小于 61.8%）

如果 m2 是 m1 的价格回调，至少是 m1 的 38.2%，但小于 61.8%，规则 2 适用（见图 3-24）。下一步，观察 m0 和 m1 的比率关系，决定哪一种字母条件标识符适用，把那个字母放置到规则标识符的右边。

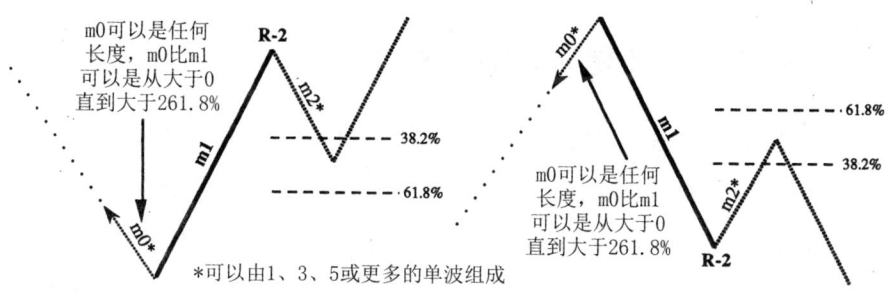

图 3-24　规则 2（激活要求）

规则 2 中的条件

条件"a"——如果 m0 小于 m1 的 38.2%，m1 符合规则 2a 的要求（进到构成前逻辑规则 * 的规则 2、条件"a"）。

条件"b"——如果 m0 至少是 m1 的 38.2%，但小于 61.8%，m1 符合规则 2b 的要求（进到构成前逻辑规则 * 的规则 2、条件"b"）。

条件"c"——如果 m0 至少是 m1 的 61.8%，但小于 m1 的 100%，m1 符合规则 2c 的要求（进到构成前逻辑规则 * 的规则 2、条件"c"）。

条件"d"——如果 m0 介于 m1 的 100% 和 161.8%（包括）之间，m1 符合规则 2d 的要求（进到构成前逻辑规则 * 的规则 2、条件"d"）。

条件"e"——如果 m0 大于 m1 的 161.8%，m1 符合规则 2e 的要求（进到构成前逻辑规则 * 的规则 2、条件"e"）。

* 构成前逻辑规则将稍后叙述。

规则 3（m2 正是 m1 的 61.8%）

如果 m2 是 m1 的价格回调，是精确的 61.8%（见图 3-25），规则 3 适用。在市场运动符合规则 3 的要求时，猜测 m1 的结构最为困难，m1 处在成为调整波或推进波的中间，为了进一步澄清市场运动环境，需要计算 m0 和 m1 的比率关系，然后对比下面的清单，找到相应的条件标识符。

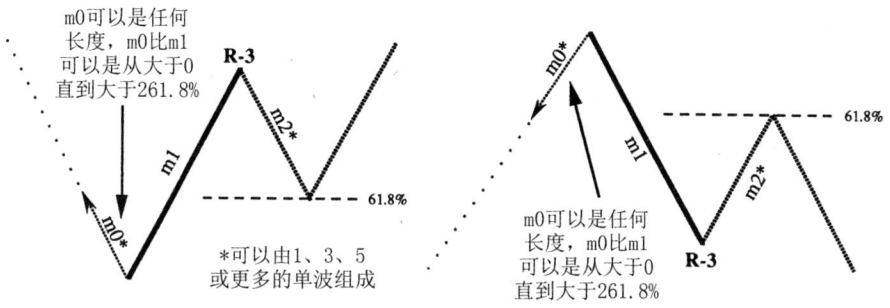

图 3-25 规则 3（激活要求）

规则 3 中的条件

条件"a"——如果 m0 小于 m1 的 38.2%，m1 符合规则 3a 的要求（进到构成前逻辑规则＊的规则 3、条件"a"）。

条件"b"——如果 m0 至少是 m1 的 38.2%，但小于 61.8%，m1 符合规则 3b 的要求（进到构成前逻辑规则＊的规则 3、条件"b"）。

条件"c"——如果 m0 至少是 m1 的 61.8%，但小于 100%，m1 符合规则 3c 的要求（进到构成前逻辑规则＊的规则 3、条件"c"）。

条件"d"——如果 m0 至少是 m1 的 100%，但小于 161.8%，m1 符合规则 3d 的要求（进到构成前逻辑规则＊的规则 3、条件"d"）。

条件"e"——如果 m0 介于 m1 的 161.8% 和 261.8%（包括）之间，m1 符合规则 3e 的要求（进到构成前逻辑规则＊的规则 3、条件"e"）。

条件"f"——如果 m0 大于 m1 的 261.8%，m1 符合规则 3f

的要求（进到构成前逻辑规则＊的规则3、条件"f"）。

＊构成前逻辑规则将稍后叙述。

规则4 [m2介于m1的61.8%和100%（不包括）之间]

如果m2是m1的价格回调，m2大于m1的61.8%和小于m1的100%，规则4适用（见图3-26）。计算m0和m1的比率关系，然后对比下面的清单，找到相应的条件标识符（字母）。下一步，测量m3对m2的回调，获得一个类别标识符。

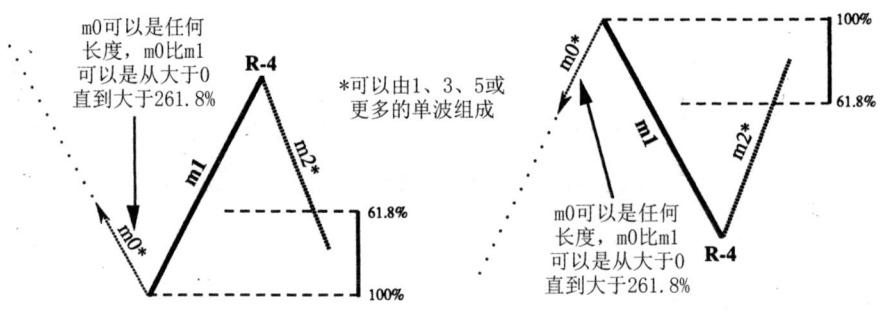

图3-26　规则4（激活要求）

规则4中的条件

条件"a"——如果m0小于m1的38.2%，m1符合规则4a的要求（见图3-27的规则4、条件"a"）。

条件"b"——如果m0至少是m1的38.2%，但小于100%，然后具有不寻常性质的规则4b起作用（见图3-27的规则4、条件"b"）。

条件"c"——如果m0介于m1的100%和161.8%（不包

括）之间，m1 符合规则 4c 的要求（见图 3-27 的规则 4、条件"c"）。

条件"d"——如果 m0 是介于 m1 的 161.8% 和 261.8%（包括 261.8%）之间，m1 符合规则 4d 的要求（见图 3-27 的规则 4、条件"d"）。

条件"e"——如果 m0 大于 m1 的 261.8%（不包括 261.8%），m1 符合规则 4e 的要求（见图 3-27 的规则 4、条件"e"）。

规则 4、条件从 a 到 e 的类别

1 类——如果 m3 至少是 m2 的 100%，但小于 161.8%，规则 4?-1 适用［进到构成前逻辑规则*的规则 4、条件"?"（现有的条件有效）、1 类］。

2 类——如果 m3 介于 m2 的 161.8% 和 261.8%（包括）之间，规则 4?-2 适用［进到构成前逻辑规则*的规则 4、条件"?"（现有的条件有效）、2 类］。

3 类——如果 m3 大于 m2 的 261.8%，规则 4?-3 适用［进到构成前逻辑规则*的规则 4、条件"?"（现有的条件有效）、3 类］。

*构成前逻辑规则将稍后叙述。

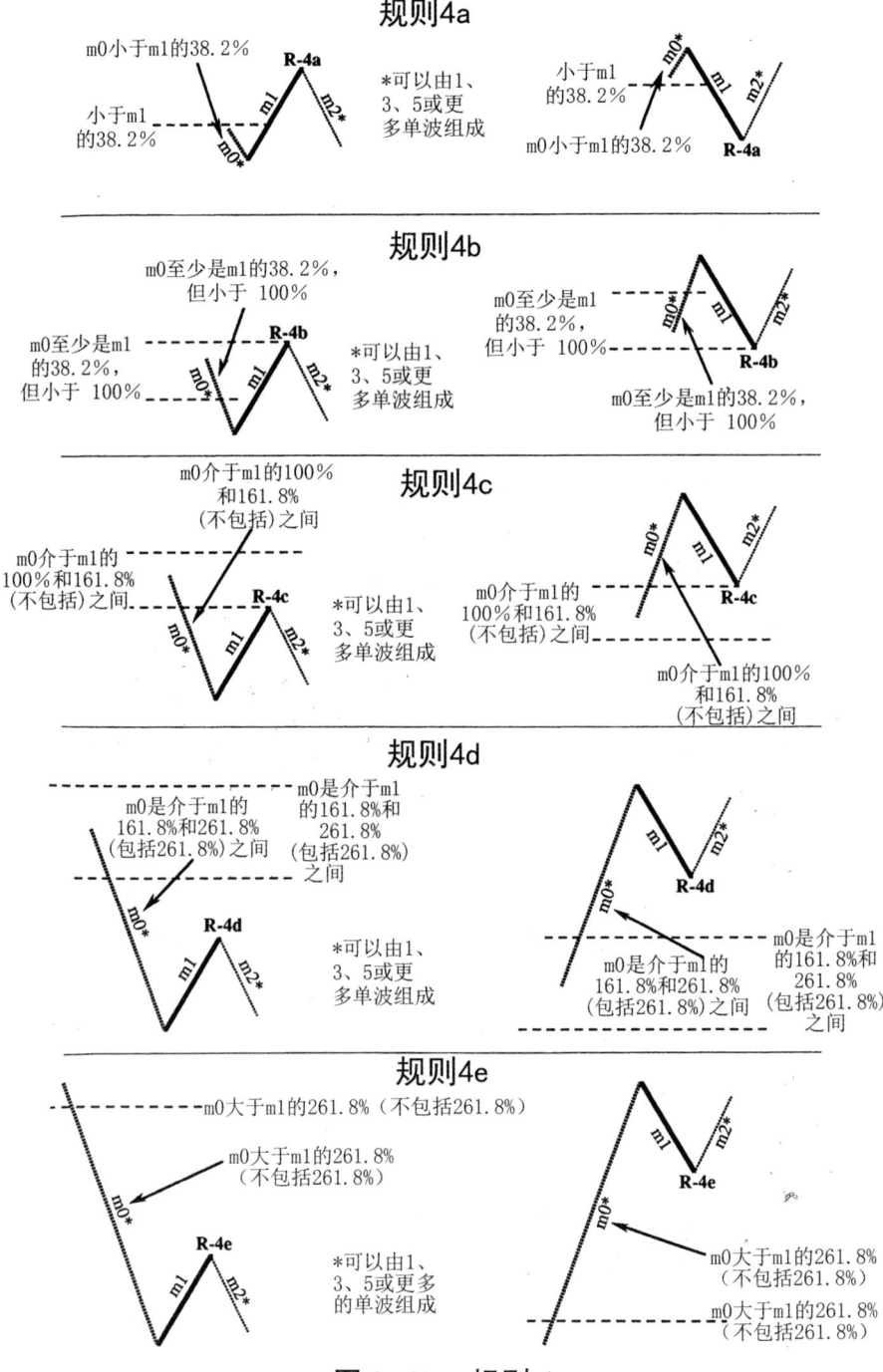

图 3-27 规则 4

规则 5（m2 至少是 m1 的 100%，但小于 161.8%）

如果 m2 是 m1 的价格回调，m2 至少是 m1 的 100%，但小于 161.8%，规则 5 起作用（见图 3-28）；在这个要求满足之后，计算 m0 和 m1 的比例关系，然后对比下面的清单，这清单列出的是条件标识符（字母），条件标识符被放置到规则标识符的右边。

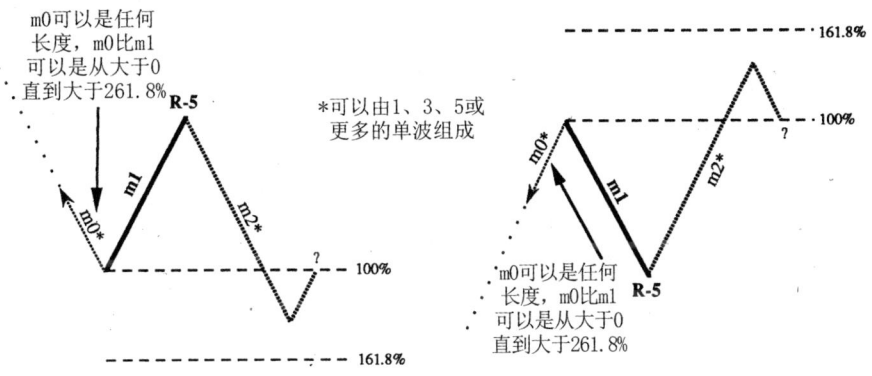

图 3-28　规则 5（激活要求）

规则 5 中的条件

条件"a"——如果 m0 小于 m1 的 100%，m1 符合规则 5a 的要求，把规则 5a（即 R-5a）写在 m1 的终止点旁边（进到构成前逻辑规则＊的规则 5、条件"a"）。

条件"b"——如果 m0 至少是 m1 的 100%，但小于 161.8%，m1 符合规则 5b 的要求（进到构成前逻辑规则＊的规则 5、条件"b"）。

条件"c"——如果 m0 介于 m1 的 161.8%和 261.8%（包括）之间，m1 符合规则 5c 的要求（进到构成前逻辑规则*的规则 5、条件"c"）。

条件"d"——如果 m0 是大于 m1 的 261.8%，规则 5d 暗示着一些特殊问题（在本章稍后解释）（进到构成前逻辑规则*的规则 5、条件"d"）。

*构成前逻辑规则将稍后叙述。

规则 6 [m2 介于 m1 的 161.8%和 261.8%（包括）之间]

如果 m2 是 m1 的价格回调，m2 介于 m1 的 161.8%和 261.8%（包括）之间，规则 6 起作用（见图 3-29）；下一步，计算 m0 和 m1 的比率关系，然后对比下面的清单，这清单可以使你决定现在市场运动的"条件"。

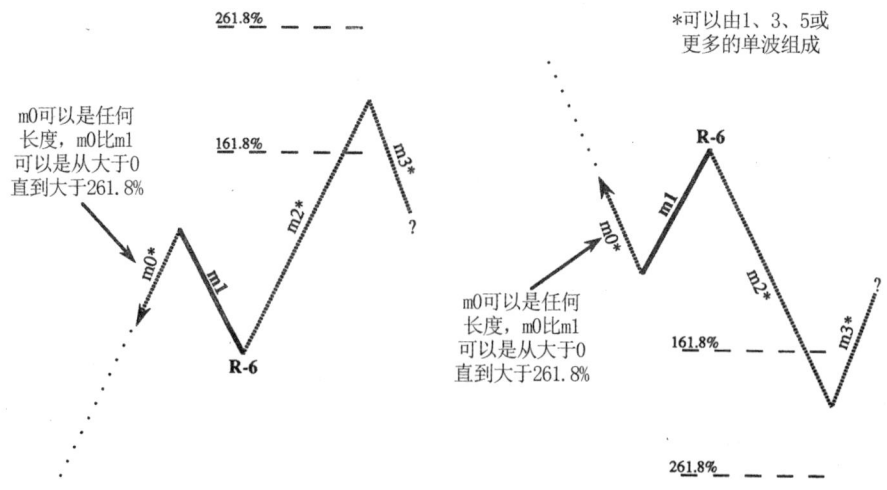

图 3-29 规则 6（激活要求）

规则 6 中的条件

条件"a"——如果 m0 小于 m1 的 100%，m1 符合规则 6a 的要求（进到构成前逻辑规则*的规则 6、条件"a"）。

条件"b"——如果 m0 至少是 m1 的 100%，但小于 161.8%，m1 符合规则 6b 的要求（进到构成前逻辑规则*的规则 6、条件"b"）。

条件"c"——如果 m0 介于 m1 的 161.8%和 261.8%（包括）之间，m1 符合规则 6c 的要求（进到构成前逻辑规则*的规则 6、条件"c"）。

条件"d"——如果 m0 是大于 m1 的 261.8%，m1 符合规则 6d 的要求，把规则 6d（即 R-6d）写在 m1 的终止点旁边（进到构成前逻辑规则*的规则 6、条件"d"）。

*构成前逻辑规则将稍后叙述。

规则 7（m2 大于 m1 的 261.8%）

如果 m2 是 m1 的价格回调，m2 大于 m1 的 261.8%，规则 7 起作用（见图 3-30）；下一步，计算 m0 和 m1 的比率关系，然后对比下面的目录，这目录清单可以使你决定现在市场运动的"条件"。

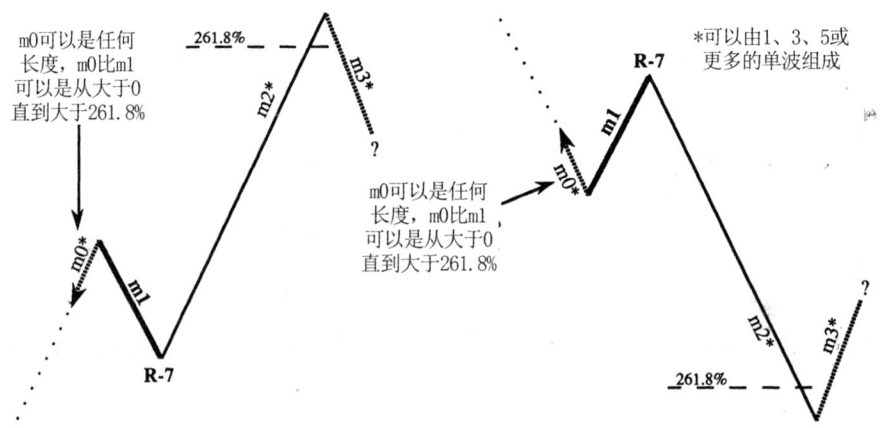

图 3-30 规则 7（激活要求）

规则 7 中的条件

条件"a"——如果 m0 小于 m1 的 100%，m1 符合规则 7a 的要求（进到构成前逻辑规则*的规则 7、条件"a"）。

条件"b"——如果 m0 至少是 m1 的 100%，但小于 161.8%，m1 符合规则 7b 的要求（进到构成前逻辑规则*的规则 7、条件"b"）。

条件"c"——如果 m0 介于 m1 的 161.8%和 261.8%（包括）之间，m1 符合规则 7c 的要求（进到构成前逻辑规则*的规则 7、条件"c"）。

条件"d"——如果 m0 是大于 m1 的 261.8%，m1 符合规则 7d 的要求，把规则 7d（即 R-7d）写在 m1 的终止点旁边（进到构成前逻辑规则*的规则 7、条件"d"）。

*构成前逻辑规则将稍后叙述。

在你完成了 m1 的规则选择过程之后，移动到序列中的下一个单波（这在以前是 m2），使该单波成为新的 m1，重新开始规则选择过程。如果你已经确定了你图上所有你认为重要的单波的规则，继续阅读下面的"构成前逻辑规则"一节，开始把每一个单波终止点旁边的规则标志转变成有用的结构标志。

回调规则图形总结

在理解了本节所介绍的思想之后，下面的两个图应该可以简化规则和条件选择的过程。首先测量 m2 对于 m1 的回调，在下面的规则选择图里（由于 m2 出现在 m1 之后，因此向右延伸），找到相应的回调范围，记下对应的规则（R-1、R-2 等）。一旦规则被确定下来，围绕 m1 的条件应该予以澄清，移动到下面的条件选择图，这一次 m0（它出现在 m1 之前）向左延伸，测量 m0 对于 m1 的回调，找到相应的回调范围，记下对应的条件。在获得了这些信息之后，我们进入下面的"构成前逻辑规则"一节，找到与这些信息名称相对应的内容。

规则选择图

⋯m2和m1的比率关系⋯

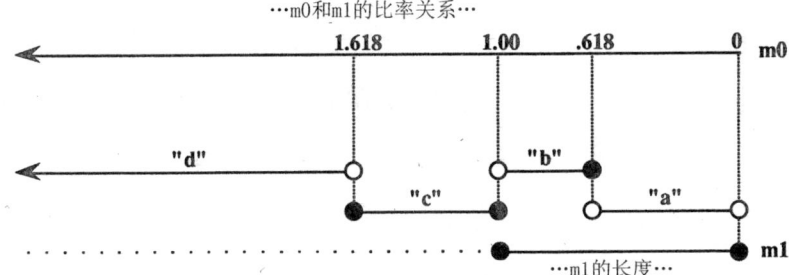

规则1中条件选择图

⋯m0和m1的比率关系⋯

规则2和3中条件选择图

⋯m0和m1的比率关系⋯

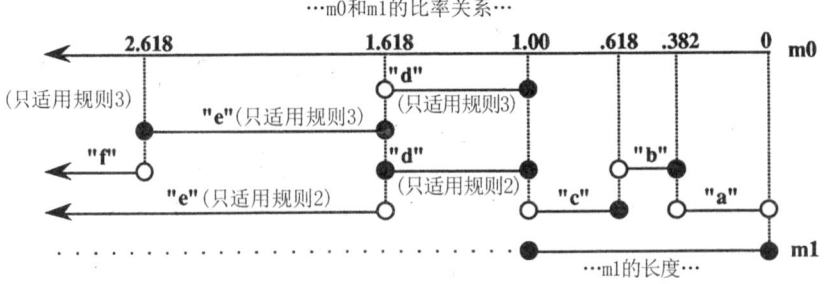

规则4中条件选择图

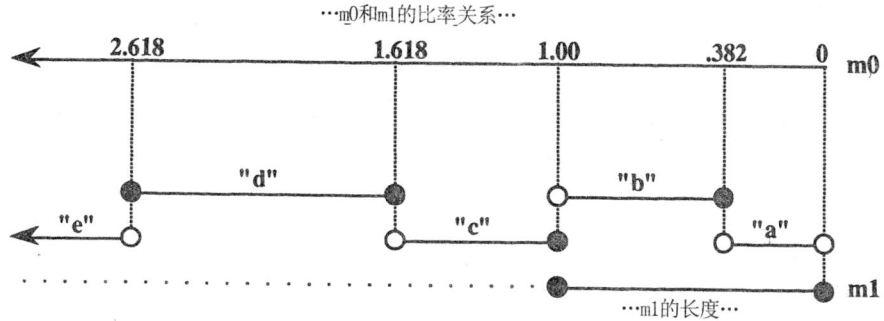

规则5、6、7中条件选择图

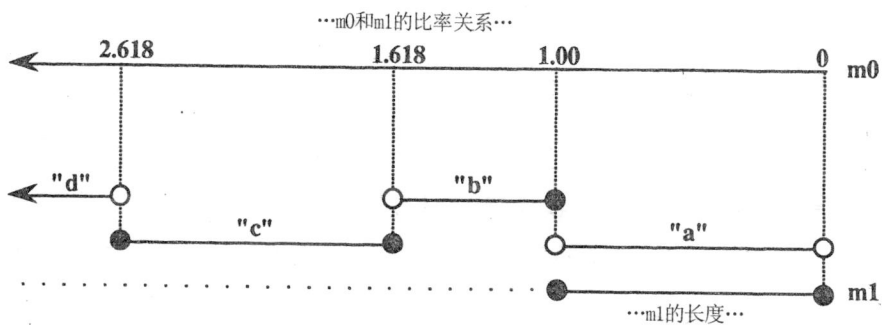

构成前逻辑规则

"构成前逻辑规则"的目的是提供结构标志,以取代你以前为每个单波设立的规则、条件等。上一节所有的规则包括其条件被列在下面的一些页中,在每个规则下,根据 m_0、m_2、m_3 的回调值,分列了许多段落,这些段落询问你图上实时进展情况,根据你输入的市场情况,提出放置结构标志的具体建议,并猜测

m1周围的艾略特波浪形态，这些结构标志指示一个单波可能出现在艾略特波浪形态（简单或复杂）里的位置；有时它建议将结构标志用括号括起来，这表示不太可能出现的结构标志，不带括号的结构标志比那些带括号的结构标志更有可能是正确的。

为了理解和充分使用第三章的内容，需要对第一章到第八章的内容有一个大致的了解。如果你学习艾略特波浪理论还处于初期阶段，那你将对这一节应用的许多概念和技术（有些尚未解释）不完全理解或不知道如何应用，由于这个原因，需要你去阅读那些章的内容，然后才能进行以投资为目的的分析。在艾略特波浪理论里面，各种概念交错，如果只理解这个理论的一部分，很难进行准确的预测；如果完全不了解引导波浪发展的基本原理，那么由于波浪理论本身的复杂性，也将无法自信地运用在这一节中讨论的预言技术。

在阅读过第一章到第八章的内容后，返回到第三章，开始分析过程，你将能更好地理解和应用第三章的方法。对于了解一些基本艾略特波浪概念的人来说，本节可以给你专业辅导，加速你的学习过程，使你精通这个分析过程。此外，通过运用"构成前逻辑规则"，可以很好地学习众多的观察和测量技术，正确地剖析市场的运动。

我们不建议你在开始时绘制一个高度详细的图，并试图分析每一个波。开始时，最好用当天的数据，构建一个短期的图，应用规则开始于一个波浪上，分析完了一个波浪，再去分析下一个波浪；用每日的数据更新你的图，定期分析。这种办法将使你慎重考虑如何应用每个规则到具体情况。如果用这种方法来应用"构成前逻辑规则"，将减少在大量计算过程中出现的重复应用和分析错误。

注意：不能只是阅读这一节的内容，而要把这一节的内容应用在实时市场运动上，才能有意义。如果你现在没有一张图可以分析，或者你是第一次阅读这一节的内容，可以看一遍这一节的内容，继续阅读本章"位置指示符"一节（138页）的内容。

规则标识符的转型

要用结构标志代替规则标识符，需要研究 m1 前后的价格行为。如果 m1 是你图上的第一个单波，就没有以前市场运动的数据可以使用，而这些数据本来可以帮助你间接地决定 m1 的结构，因此，要把整个结构标志的目录，放在这第一个单波的终止点附近；整个结构标志的目录列在下面每一个规则段落的开始，例如，在下面规则 1 的右边，有结构标志目录 {：5／（：c3）／(x：c3)／[：sL3]／[：s5]}，如果 m1 是你图上的第一个单波，要把整个结构的目录放在 m1 的终止点。

注意：如果被压缩的形态在发展中超过了它们自己的起始点，不要应用这些规则，只保留这个形态的基本结构。参阅 154 页，在那里对这一概念进行了充分地讨论，图 3-36 说明了这种行为。

如果在下面有关各个规则的内容里，找不到和你图上波浪相符合的条件，那么你需要重新检查一下。如果 m1 是一个单波，但你找不到相应的规定适合你图上的条件，就使用整个结构的目录。如果 m1 是一个被压缩的次多波，或更高复杂度的形态，而你还是找不到相应的规定适合你图上的条件，移动到下一节"位置指示符"，利用周围的结构标志决定哪一种指示位置符（如果有的话）可以放置在 m1 的被压缩结构标志前面（即在"：3"或"：5"的前面）。

请记住，在计算时间和价格时，要考虑从起始点到终止点的整个距离（在前面，我们使用黑点来代表每一个波浪的结束），这个方法适用于单波，也适用于被压缩的波浪群（压缩波）。如果我们说要测量，而没有具体提及测量价格还是时间，那就是指测量价格。此外，不要太认真地看待这些关系，如果一个波是 m1 的 60%，但规定应该"至少是 61.8%"，你也应该考虑其可能性，我们提到的所有比例关系（如 61.8%、161.8%等）都有一点误差范围，当两种波浪形态的比例接近 61.8%时，这意味着那个较小的波浪可能是那个较大波浪的 58%到 66%，这给一个理想斐波那契关系的每一边提供了大约 4%的余地。最后，在这一节中，如果有提到"差不多"和"接近"的地方，意味着在"规定比例的 10%之内。"

基于同样的理由，不能总是指望波浪之间的关系是完美的，在运用这一节的规定时，如果所有条件都得到满足，只有一个例外（只是有一点偏差），你可能应该假定全部条件符合要求，把书上建议的结构标志或目录放到 m1 的终止点。所有例外的问题将在第九章中讨论。

另一方面，在计算有关回调的时间时，要认真看待书上的内容。例如，在整个这一节的很多地方，你会发现这样的说明："如果从 m1（加上一个时间单位）完全回调了，回调所用的时间与 m1 形成的时间是相等的（或更少），"对于这样的说明，必须按照字面的内容来理解。在这种情况下，你把一个标准单位时间（从一个数据点到下一个数据点所消耗的时间）加上 m1 所消耗的时间单位数，然后比较 m2 所消耗的时间单位数，如果两个数是相等的，或者 m1 的数更大，则上述说明是真的；如果 m2 所消耗的时间单位数更多，则上述说明是假的。

在把本节中的规则应用到单波时，本节内容中最大的技术和分析价值就得到了利用。在为了重新评估一个压缩的艾略特形态而回到本节的内容时，其目的主要是检测"失踪"的波是否存在，在重新评估的过程中，如果所有列出的条件（在本节相应的段落里）都与这个压缩形态的基本结构不一致，这个压缩形态就有可能丢失了一个波（在第十二章"失踪波"讨论这种现象）。把不符合这个压缩形态基本结构的选择用方括号括起来，如果以后这个压缩波不能与周围的单波或波群相连接，就应该考虑这个括号中的选择。在重新评估的过程中，如果你发现本节所建议的结构标志不能让你把这个压缩波与周围的市场运动相连接，可以假设这个形态是一个复杂图形的一部分。在重新评估的过程中，如果你在本节找不到适用于一个压缩波的条件，把列在下面每一个规则段开始的整个结构目录放上，把不符合这个压缩波基本结构的标志用方括号括起来。

在下面每个规则段落的开头，我们又复制了前面规则选择过程中的图，便于你观看。在你阅读下面的内容时，可以看一下这些图，比较你的实时图和书上的图。在下面每个段落中，第一句话是最重要的，如果这第一句话的情况没有表示出你分析的实际市场运动，就移到下一段落（除非另有指示）。如果这第一句话准确地描述了你正在分析的市场行为，一定要阅读整个段落，有些句子是很长的，包含很多条件，通常，在一句话中所列举的所有参数都与结构目录有关，请仔细阅读每个句子，比较这些说明和你的图，应用这些结构标志到单波上。有时在你试图分析 m1 时，有关的说明要你放置结构标志或进程标志到 m0、m2 等波浪上，这些说明不是印刷错误，请按照指示去做。

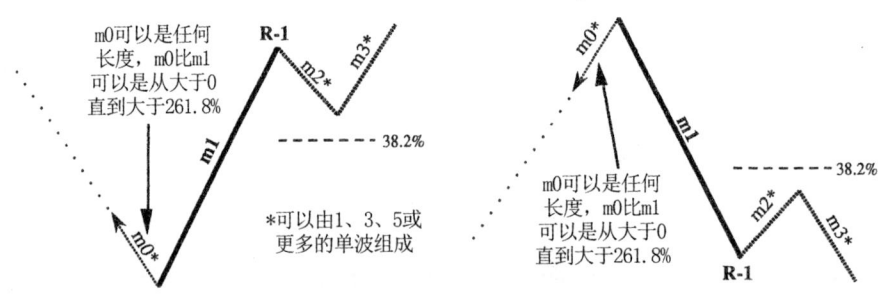

规则1（激活要求）

规则1 {：5／(：c3)／(x：c3)／[：sL3]／[：s5]}

条件"a"——如果 m0 小于 m1 的 61.8%，

如果波浪 m2 的形成所花费的时间与 m1 相同（或更多），或者 m2 的形成所花费的时间与 m3 相同（或更多），放置"：5"在 m1 的终止点。如果 m(-1) 长度在 m0 的 100%-161.8%（含）之间，m0 是非常接近 m1 的 61.8%，m4 没有超过 m0 的终止点，那么 m1 可能完成了一个复杂图形中的一个平台形态（Flat pattern）；在这个复杂图形中，m2 是一个 x 波（x：c3）；放置"：s5"在 m1 的终止点。继续阅读这一部分的内容，看看有什么其他可能性正在显现。

如果 m0 由 3 个以上的单波组成，m1 是 m0 的回调，m1 回到 m0 起始点价格所用的时间与 m0 形成的时间相等（或更少），m0 可能是一个重要艾略特形态的结束，在图上记下这个情况。

如果 m0 和 m2 在价格和时间上是大致相等（或者在价格和时间上都有 61.8%的关系），m(-1) 是 m1 的 161.8%（或更多), m3 (或者从 m3 起始点到 m5 终止点) 在价格上的长度等于或大于 m (-1), 而所用时间等于或小于 m (-1), 一个运行调整 (任何变形) 可能正在展开; 记下这个情况, 把"〔: c3〕"写在": 5"之后, 在此之前, ": 5"已经被写在 m1 的终止点了。如果这个运行调整 (running correction) 是一个简单的变形, 它最有可能开始于 m0 的起始点, 结束在 m2 的终止点, m1 成为这个调整的 b 波。如果这个运行调整是复杂的双重 3 变化 (double three variety), m (-2) 必须小于 m (-1); 在这种情况下, 这个图形有可能开始于 m (-2) 的起始点, 结束在 m4 的终止点, m1 成为这个图形的 x 波 (x: c3)。阅读下一段, 了解在这些情况下可能出现的变化。

如果 m0 和 m2 在价格和时间上是大致相等 (或者在价格和时间上有 61.8% 的关系), m (-1) 是小于 m1 的 161.8%, m (-1) 大于 m0, m3 或 m5 是 m1 的 161.8% (或更多), 一个运行调整 (任何变形) 可能正在形成, 它结束了一个以上的形态; 记下这个情况, 把": c3"写在": 5"之后, 在此之前, ": 5"已经被写在 m1 的终止点了。如果 m (-2) 比 m (-1) 更长, 回到 m (-1), 把": sL3"加到它的结构目录上。如果这个运行调整是一个简单的变化, 它最有可能开始于 m0 的起始点, 结束在 m2 的终止点, m1 成为这个调整的 b 波。如果这个运行调整是复杂的双重 3 变化 (Double three variety), m (-2) 必须小于 m (-1), m3 必须不超过 m1 的 161.8%; 在这些特殊的条件下, 这个形态有可能开始于 m (-2) 的起始点, 结束在 m4 的终止点, m1 成为这个形态的 x 波 (加一个 x 在": c3"的前面)。

如果 m0 和 m2 在价格和时间上是大致相等 (或者在价格和时间上有 61.8% 的关系), m3 是小于 m1 的 161.8%, m3 被 m4 完全回调了, 而且 m4 从本身起始点到 m3 起始点价格所用的时间与 m3 形成的时间（再加上一个时间单位）相等（或更少），m1 可能是一个复杂调整波的一部分，这个复杂调整需要使用一个 x 波进程标志；x 波可能在两个地方之一：在 m0 的终止点，或者隐藏（也就是说，不可见或"失踪"）在 m1 的中心。我们将在第十二章讨论"失踪波"的概念。为了提醒关注这两种可能性，拿铅笔在 m0 的终止点写下"x：c3?"；另外，在 m1 的中心画一个点，在这个点的右边，写上"x：c3?"，在左边写上"：s5"。如果 m (-2) 比 m (-1) 更长，x 波不在 m0 的终止点，去掉那种可能性；如果 m3 是小于 m1 的 61.8%，x 波隐藏在 m1 中心的可能性大增。当你在第四章把一组单波组织起来时，或者在分析过程中做最后决定时，有这些提醒标志是有帮助的。如果使用了 x 波，以前放置的"：5"结构标志也适用。

如果 m0 和 m2 在价格或时间（或全部这两者）上有明显的不同，m0 和 m2 没有相似的价格范围，在 m1 比较 m (-1) 和 m3，不是 3 者之中最短的，m1 可能是一个较大的趋势推进形态（trending impulse pattern）的一部分，如果确实如此，以前放置的"：5"结构标志是适用的。

条件"b"——如果 m0 至少是 m1 的 61.8%，但小于 100%

把"：5"写在 m1 的终止点。如果 m (-1) 介于 m0 的 100% 和 161.8%（包括）之间，m4 不超过 m0 的终止点，那么 m1 可能完成了一个复杂图形中的一个平台形态（Flat pattern）；在这个复杂图形中，m2 是一个 x 波；放置"：s5"在 m1 的终止点，放置"x：c3?"在 m2 的终止点；如果价格运动有一些特点，可能需要补充结构标志。继续阅读这一部分的内容，看看可以补充什么结构标志。

如果 m0 由 3 个以上的单波组成，m1 完全回调了 m0、m1 回到 m0 起始点价格所用的时间与 m0 形成的时间（减一个时间单位）相等（或更少），m0 可能是一个重要艾略特形态的结束。

如果 m0 在 m2 的部分价格范围里，m3 用了一个与 m1 相等的时间（或更少）发展得比 m1 更长和更垂直，m（-1）长于 m1，加"：sL3"到 m1 的结构目录。

如果 m0 在 m2 的一部分价格范围里，m3 用了一个与 m1 相等的时间（或更少）发展得比 m1 更长和更垂直，m（-1）短于 m1，m0 和 m2 在价格或时间（或全部这两者）上有明显的不同，m4（或者从 m4 到 m6）用了从 m1 起始点到 m3 终止点的 50%时间回到了 m1 的开始价格处，一个第五波扩展终结形态（5th Extension Terminal pattern）可能完成在 m3，加"：c3"到 m1 的结构目录。

如果 m3 短于 m1，m0 在 m2 的一部分价格范围里，m（-1）长于 m0，在 m1 比较 m（-1）和 m3，不是 3 者之中最短的，市场从 m1 起始点到 m3 终止点用了从 m（-1）起始点到 m3 终止点的 50%时间（或更少），放置"：c3"在 m1 的终止点，

条件"c"——如果 m0 介于 m1 的 100%和 161.8%（含）之间。

放置一个"：5"在 m1 的终止点。继续阅读这一部分的内容，看看可以补充什么结构标志。

如果 m0 和 m1 在价格上是大致相等（允许有 10%的偏差），在时间上 m0 和 m1 是相等或者有 61.8%的关系，m3 比 m1 更长和更垂直，m2 用了不少于 m0 或 m1 的时间，m2 是很接近 m1 的 38.2%，一个 m0 结构标志的选择是"：F3"，那么加"[：c3]"

到 m1 的结构目录。为了要使":c3"成为一个不错的选择，最好 m2 相对于 m0、m1 或以前的推进波（单波或更高复杂度）终结在一个重要的斐波那契价格水平；记住，即使在这些条件下，一个":c3"仍然是一个冒险的选择（这就是用括号括起来的原因）。

如果 m3 比 m1 更长和更垂直，m3 被完全回调或被回调不大于 61.8%，m2 是很接近 m1 的 38.2%，一个 m0 结构标志的选择是":c3"，m(-3) 长于 m(-2)，m(-2) 或 m(-1) 长于 m0，m1 可能是一个收缩三角形的倒数第二段；加"（:sL3）"到结构目录。记住，即使在这些条件下，":sL3" 比以前放置的":5"的可能性更小（这就是用括号括起来的原因）。

条件"d"——如果 m0 是大于 m1 的 161.8%

在这种情况下，只有一个可能性，放置一个":5"在 m1 的终止点。

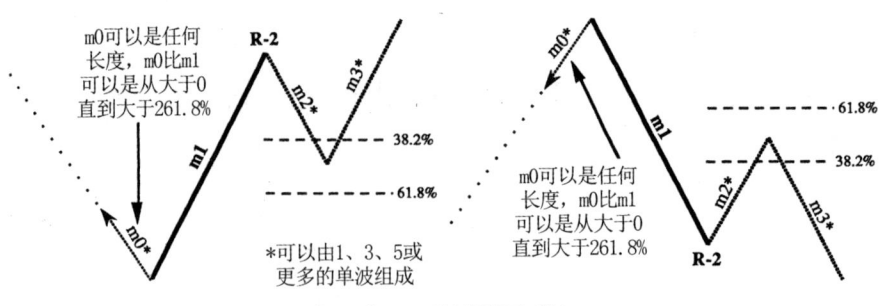

规则 2（激活要求）

规则 2 {:5 / (:sL3) / [:c3] / [:s5]}

条件"a"——如果 m0 小于 m1 的 38.2%。

放置一个":5"在 m1 的终止点。如果 m4 没有超过 m0 的终止点，那么 m1 可能在一个复杂图形中完成了一个调整形态；在这个复杂图形中，m2 是一个 x 波；放置":s5"在 m1 的终止点，放置"x:c3?"在 m2 的终止点。如果在比较 m（-1）、m1 和 m3 这三者时，m1 不是最短的，这三者中最长的接近（或大于）第二个最长的 161.8%，和 m3 被回调至少 61.8%，市场可能正在形成一个推进形态，m1 是中心波（波3）。继续阅读这一部分的内容，看看可以给 m1 补充什么结构标志。

如果 m0 由 3 个以上的单波组成，m1 完全回调了 m0，m1 回到 m0 起始点价格所用的时间与 m0 形成的时间相等（或更少），m0 可能是一个重要艾略特形态的结束。

如果在价格上 m0 和 m2 有 61.8% 的关系，在时间上 m0 和 m2 有 61.8% 的关系或相等，m（-1）是 m1 的 161.8%（或更多），m3（再加上任何其他的单波）在价格上的长度长于 m（-1）而所用时间等于或小于 m（-1），一个运行调整（任何变形）可能正在展开；记下这个情况，把"［:c3］"写在":5"之后，在此之前，":5"已经被写在 m1 的终止点了。这个运行调整最有可能开始于 m0 的起始点，结束在 m2 的终止点。当你在第四章开始组合结构标志时，会研究这种运行调整，":c3"最有可能是一个运行调整的 b 波，或者是双重 3 运行调整的 x 波。继续阅读，了解可能出现的变化。

如果 m0 和 m2 在时间上是大致相等，m3 是小于 m1 的 161.8%，m（-1）长于 m0，那么 m1 可能是一个复杂调整的一部分，这个复杂调整需要使用一个 x 波进程标志；这个 x 波可能在三个地方之一：如果 m（-2）短于 m（-1），这个 x 波可能在 m0 的终止点；如果 m4 不大于 m3 的 161.8%，这个 x 波可能在

m2 的终止点；如果 m0 不大于 m1 的 50%，m1 长于 m（-1）和 m3，这个 x 波可能隐藏（也就是说，不可见或"失踪"）在 m1 的中心。为了提醒关注这三种可能性，拿铅笔在 m0 的终止点、或者 m2 的终止点、甚至 m1 的中心（在 m1 的中心画一个点）写下"x：c3?"；在这三种情况中，"失踪"的 x 波在 m1 中心的可能性最小。（我们将在第十二章讨论"失踪波"的概念。）

注意：这个 x 波只可能出现在这三个地方之一，如果在一处使用了 x 波，擦掉其他那两种可能性。当你在第四章组织单波时，或者在分析过程中做最后决定时，有一些提醒标志是有帮助的。这个 x 波出现的可能性，使得可以使用"：5"结构标志，"：5"结构标志应该已经在 m1 的终止点。

如果 m（-1）长于 m0，m0 短于 m1，在比较 m（-1）、m1 和 m3 这三者时，m1 不是最短的，m3 被完全回调了而且回到 m3 起始点价格所用的时间与 m3 形成的时间（再加上一个时间单位）相等（或更少），m1 可能是一个终结推进形态的波 3，放置"：c3"在 m1 的终止点。

条件"b"——如果 m0 至少是 m1 的 38.2%，但小于 61.8%。

放置"：5"在 m1 的终止点。如果 m4 没有超过 m0 的终止点，那么 m1 可能在一个复杂图形中完成了一个调整形态；在这个复杂图形中，m2 是一个 x 波；放置"：s5"在 m1 的终止点，放置"x：c3?"在 m2 的终止点。继续阅读这一部分的内容，看看有什么其他可能性正在显现。

如果 m0 由 3 个以上的单波组成，m1 完全回调了 m0，m1 从本身起始点到 m0 起始点价格所用的时间与 m0 形成的时间相等

（或更少），m0 可能是一个重要艾略特形态的结束。

如果 m0 和 m2 在价格和时间上是大致相等（或者在价格和时间上都有 61.8% 的关系），m（-1）是 m1 的 161.8%（或更多），m3（再加上任何其他的单波）在价格上的长度长于 m（-1）而所用时间等于或小于 m（-1），于是一个运行调整（任何变形）可能正在展开；记下这个情况，把"［：c3］"写在"：5"之后，在此之前，"：5"已经被写在 m1 的终止点了。这个运行调整最有可能开始于 m0 的起始点，结束在 m2 的终止点。当你在第四章开始组合结构标志时，会研究这种运行调整，"：c3"最有可能是一个运行调整的 b 波，或者是一个双重 3 运行调整的 x 波。阅读下一段，了解在这些情况下可能出现的变化。

如果 m0 和 m2 在价格和时间上是大致相等，m3 小于 m1 的 161.8%，m3 被 m4 完全回调了而且回到 m3 起始点价格所用的时间与 m3 形成的时间（再加上一个时间单位）相等（或更少），那么 m1 可能是一个复杂调整的一部分，这个复杂调整需要使用一个 x 波进程标志。这个 x 波可能在三个地方之一：在 m0 的终止点；在 m2 的终止点；或者隐藏（也就是说，不可见或"失踪"）在 m1 的中心。（我们将在第十二章讨论"失踪波"的概念。）为了提醒关注这三种可能性，拿铅笔在 m0 的终止点、m2 的终止点、甚至 m1 的中心（在 m1 的中心画一个点）写下"x：c3?"；如果 m3 是小于 m1 的 61.8%，x 波（如果有的话）隐藏在 m1 中心的可能性大增。当你在第四章组织单波时，或者在分析过程中做最后决定时，有一些提醒标志是有帮助的。

如果 m0 在 m2 的一部分价格范围里，m0 和 m2 在时间上至少有 61.8% 的不同，在比较 m（-1）、m1 和 m3 这三者时，m1 不是最短的，在 m3 之后，市场很快回到了 m1 的开始价格，那么 m1 有可能是一个"：sL3"，是一个终结形态（Terminal pattern）的一部分。写下这件事，加"：sL3"到结构目录。

条件"c"——如果 m0 至少是 m1 的 61.8%，但小于 m1 的 100%。

在各种情况下，放置"：5"在 m1 的终止点。如果 m4 没有超过 m0 的终止点，那么 m1 可能完成了一个复杂图形中的一个平台形态；在这个复杂图形中，m2 是一个 x 波；放置"：s5"在 m1 的终止点，放置"x：c3?"在 m2 的终止点。其他的可能性有可能存在，继续阅读下面的内容，确保不要错过其他的可能性。如果愿意在结构标志中使用"：5"，那么 m1 可能是一个锯齿（Zigzag）形态的结束，这个锯齿是在一个运行或不规则失败平台调整（Irregular failure flat correction）里；m1 也可能是一个复杂调整的一部分，在这个复杂调整中，x 波是在 m0 或 m2 的终止点（加"x：c3?"到 m0 的终止点）。如果考虑是个复杂调整，要把 x 波加在 m0 的终止点，那就要求 m（-2）短于 m（-1），而且极有可能 m（-4）长于 m（-3）。要把 x 波加在 m2 的终止点，那极有可能 m（-2）长于 m（-1）；此外，要把 x 波加在 m2 的位置，m1 至少要是 m（-1）的 38.2%，希望 m1 是 m（-1）的 61.8%以上。记下这些情况，将这些情况分别安排。

如果 m（-1）长于 m0 但小于 m1 的 261.8%，m3 短于 m1，在 m3 之后，市场快速返回到 m1 的开始价格点（或超过了），m3 可能完成了一个终结形态，放置"：c3"在 m1 的终止点。

如果 m0 由 3 个以上的单波组成，m1 是 m0 的回调，m1 回到 m0 起始点价格所用的时间与 m0 形成的时间相等（或更少），m0 可能是一个重要艾略特形态的结束，在图上记下这件事。

如果 m2 被完全回调了，而且回到 m2 起始点价格所用的时

间与 m2 形成的时间（再加上一个时间单位）相等（或更少），m3 比 m1 更长和更垂直，m（-1）是不大于 m1 的 161.8%，一个运行三角形可能会结束在 m2；放置":sL3"到 m1 的终止点。如果这个三角形之后的猛进 m3 被 m4 完全回调了，而且回到 m3 起始点价格所用的时间比 m3 形成的时间更少，这个三角形是一个有限制的三角形变形。如果 m3 没有被 m4 完全回调或者 m3 比 m4 垂直得多，m4 被完全回调了，这个三角形可能是一个非限制三角形的变形或者 m3 将成为一个 5 段终结的一部分。

如果 m（-1）和 m3 都不少于 m1 的 161.8%，一个不规则失败的图形可能结束在 m2；放置":c3"在 m1 的终止点。

条件"d"——如果 m0 介于 m1 的 100%和 161.8%（包括）之间。

如果 m2 用了与 m1 相同的时间（或更多的时间）或者 m2 用了与 m3 相同的时间（或更多的时间），放置一个":5"在 m1 的终止点。其他的可能性有可能存在，继续阅读下面的内容，确保不要错过其他的可能性。

如果 m2 被完全回调了，而且回到 m2 起始点价格所用的时间与 m2 形成的时间（再加上一个时间单位）相等（或更少），m3 比 m1 更长和更垂直，m0 和 m1 持续了大致相同的时间（在 61.8%的范围内），m2 至少用了 m0 或 m1 的 61.8%的时间，m0 不大于 m1 的 138.2%，一个准确的"C-失败"平台形态可能由 m2 完成了；放置":c3"在 m1 的终止点。

如果 m3 比 m1 更长和更垂直，m3 被完全回调或被回调不大于 61.8%，一个 m0 结构标志的选择是":c3"，m（-3）长于 m（-2），m（-2）或 m（-1）长于 m0，那么 m1 可能是一个收缩三角形的倒数第 2 段；加 "（：sL3）" 到结构目录。

如果 m3 短于 m1，m3 被回调了至少 61.8%，m1 用了比 m0 更少的时间，m2 用了与 m1 大致相等的时间（或更多），那么 m1 可能是一个锯齿形态的一部分，这个锯齿形态结束在 m3，放置 "：5" 在 m1 的终止点。

条件 "e" ——如果 m0 大于 m1 的 161.8%。

无论如何，"：5" 可能是 m1 的结构标志，放置 "：5" 在 m1 的终止点。如果 m1 比 m3 更长和更垂直，"：5" 是唯一可信的选择。

如果 m2 被完全回调了，而且回到 m2 起始点价格所用的时间与 m2 形成的时间（再加上一个时间单位）相等（或更少），m3 比 m1 更长和更垂直，m（−1）不在 m1 的价格范围内，市场可能在 m2 完成了一个复杂的调整，有一个 "失踪" 的 x 波在 m1 的中心。加 "：c3" 到 m1 现在的结构目录里，在 m0 的中心画一个点（m1 结束在这个价格水平附近），放置 "x：c3?" 在这个点的右边，放置 "：5" 在这个点的左边。

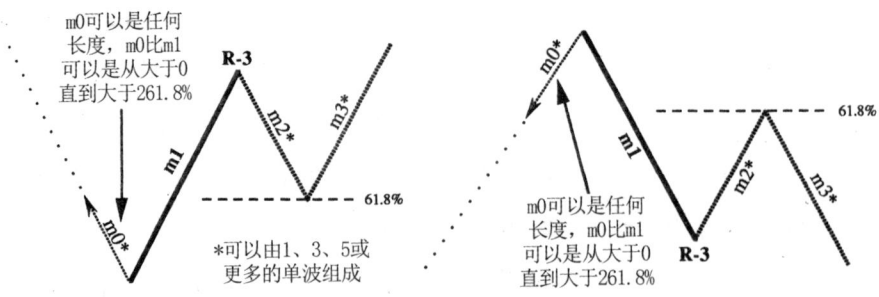

规则 3（激活要求）

规则 3 {：F3/：c3/：s5/：5/（：sL3）/［：L5］}

条件"a"——如果 m0 小于 m1 的 38.2%。

如果 m3 是大于 m1 的 261.8%，m1 最可能是一个运行调整形态的中间部分，也可能是一个复杂调整里一个锯齿调整形态的结束；放置"：c3/（：s5）"在 m1 的终止点，显示这两种可能性。如果 m1 比 m（-1）和 m（-3）都长，m2 用少于或等于 m1 的时间，穿过了连接 m（-2）和 m0 低点的趋势线，m1 可能是一个第五波扩展形态的第 5 波；加［：L5］到 m1 的终止点。如果 m（-1）大于 m1 的 161.8%，从目录中去掉"：s5"。如果 m（-1）小于 m3 的 61.8%，一个以上的艾略特形态（都是大一些的）可能在 m2 结束。

如果 m3 介于 m1 的 161.8%和 261.8%（包括）之间，m1 可能是一个推进形态的中间部分，这个推进形态是第五波扩展；也可能是一个运行调整形态的中间部分，或者可能是一个复杂调整里一个艾略特形态的第 1 段；放置"：s5/：c3/：F3"在 m1 的终止点，按照它们的可能性，列出它们次序。如果 m1 比 m（-1）和 m（-3）都长，m2 用少于或等于 m1 的时间，穿过了连接 m（-2）和 m0 低点的趋势线，m1 可能是一个第五波扩展形态的第 5 波；加［：L5］到 m1 的终止点。如果 m（-1）长于 m3，从目录中去掉"：c3"。如果 m（-1）长于 m1，这个"：s5"（如果使用在 m1）只能是一个复杂调整里一个锯齿形态的 c 波；m2 有可能是 x 波，接下来最可能是一个收缩三角形的 a 波。

如果 m3 至少是 m1 的 100%但小于 161.8%，m1 可能是一个复杂调整里一个标准艾略特形态的第 1 段，m1 也可能是一个推进形态的波 3，这个推进形态是第 5 波扩展，也可能是一个正在运行的复杂调整里一个锯齿形态的 c 波；放置":F3/:5/:s5"在 m1 的终止点，显示这 3 种可能性。如果 m1 比 m（-1）和 m（-3）都长，m2 用少于或等于 m1 的时间，穿过了连接 m（-2）和 m0 低点的趋势线，m1 可能是一个第五波扩展形态的第 5 波；加［:L5］到 m1 的终止点。如果 m3 长于 m4，从目录中去掉":F3"。如果 m0 用了少于 m（-1）和 m1 的时间，从目录中去掉":s5"。如果 m（-1）长于 m1，而且使用了":s5"，m1 只可能是一个复杂调整里一个锯齿形态的 c 波；m2 有可能是一个 x 波。

如果 m3 比 m1 更短，m3 被完全回调了，而且回到 m3 起始点价格所用的时间比 m3 的时间更少，一个复杂调整或推进形态可能结束在 m3；放置":5/:F3"在 m1 的终止点。如果 m1 比 m（-1）和 m（-3）都长，m2 用少于或等于 m1 的时间，穿过了连接 m（-2）和 m0 低点的趋势线，那么 m1 可能是一个第五波扩展形态的第 5 波；加［:L5］到 m1 的终止点。

如果 m3 比 m1 更短，m3 被完全回调了，而且回到 m3 起始点价格所用的时间比 m3 的时间更多，m1 结束了一个复杂调整里一个锯齿形态，放置":s5"在 m1 的终止点。如果 m1 比 m（-1）和 m（-3）都长，m2 用少于或等于 m1 的时间，穿过了连接 m（-2）和 m0 低点的趋势线，m1 可能是一个第五波扩展形态的第 5 波；加［:L5］到 m1 的终止点。

如果 m3 比 m1 更短，m4 比 m3 更短，m1 可能结束了一个复杂调整里一个锯齿形态，或者 m1 是一个终结推进形态的一部分，放置":s5/:F3"在 m1 的终止点，显示这 2 种可能性。如果 m1 比 m（-1）和 m（-3）都长，m2 用少于或等于 m1 的时间，穿过了连接 m（-2）和 m0 低点的趋势线，m1 可能是一个第五波扩展形态的第 5 波；加［:L5］到 m1 的终止点。如果 m5 长于 m3，从结构目录中去掉"：F3"。

条件"b"——如果 m0 至少是 m1 的 38.2%，但小于 61.8%。

如果 m3 大于 m1 的 261.8%，m1 最可能是一个不规则失败形态（Irregular failure）的中间部分，m1 也有可能结束了一个复杂调整里的一个锯齿形态，放置"c3/（：s5）"在 m1 的终止点，显示这 2 种可能性。如果 m（-1）大于 m1 的 161.8%，从目录中去掉"：s5"。如果 m（-1）小于 m3 的 61.8%，一个以上的艾略特形态（都是大一些的）可能在 m2 结束。

如果 m3 介于 m1 的 161.8% 和 261.8%（包括）之间，m1 可能是一个不规则失败形态（Irregular failure）的中间部分，也可能是一个复杂调整里一个锯齿形态的 c 波，或者是一个第五波扩展终结推进形态的中间部分，放置"：c3/：s5"在 m1 的终止点。一个运行调整和终结推进形态都可以使用"：c3"，而"：s5"使用在锯齿形态。如果 m（-1）大于 m1，不会是终结推进形态。

如果 m3 至少是 m1 的 100% 但小于 161.8%，m1 可能是一个复杂调整里一个锯齿形态的第 1 段或最后一段，或者是一个第五波扩展终结推进形态的中间部分；放置"：5/：s5/：c3"在 m1 的终止点。如果 m（-1）大于 m1，从结构目录中去掉"：c3"。如果 m（-1）大于 m1，而且在 m1 终止点使用了"：s5"，m1 可能是一个复杂调整里一个锯齿形态的 c 波；放置"x：c3?"在 m2 的终止点。如果 m3 大于 m4，从目录中去掉"：5"。如果 m3 被完全回调了，而且回到 m3 起始点价格所用的时间比 m3 形成的时间（再加上一个时间单位）更少，从结构目录中去掉"：s5"。

如果 m3 比 m1 更短，m3 被完全回调了，而且回到 m3 起始点价格所用的时间比 m3 形成的时间（再加上一个时间单位）更少，m3 可能结束了一个复杂的调整；放置"：5"在 m1 的终止点。如果 m4 回到 m（-1）起始点价格所用的时间等于从 m（-1）起始点到 m3 终止点所用时间的 50% 或更少，m（-1）不大于 m1 的 261.8%，m1 可能是一个终结推进形态的一部分；放置"：c3"在 m1 的终止点。

如果 m3 比 m1 更短，m3 被完全回调了，而且回到 m3 起始点价格所用的时间比 m3 的时间更多，m1 结束了一个复杂调整里一个锯齿形态，放置"：s5"在 m1 的终止点。

如果 m3 比 m1 更短，m4 比 m3 更短，m1 可能结束了一个复杂调整里一个锯齿形态，或者 m1 是一个终结推进形态的一部分，放置"：s5/：F3"在 m1 的终止点，显示这 2 种可能性。如果 m5 比 m3 更长，从结构目录中去掉"：F3"。

条件"c"——如果 m0 至少是 m1 的 61.8%，但小于 100%。

如果 m3 大于 m1 的 261.8%，m2 可能完成了一个不规则失败平台形态（Irregular failure flat），也有可能结束了一个非限制三角形；放置"c3/：sL3"在 m1 的终止点。如果 m（-1）大于 m1 的 161.8%，从目录中去掉"：sL3"。如果 m（-1）不大于 m1 的 161.8%，m（-2）至少是 m（-1）的 61.8%，从目录中去掉"：c3"。

如果 m3 介于 m1 的 161.8% 和 261.8%（包括）之间，m1 可能是一个不规则失败平台形态（Irregular failure flat）的中间部分，也可能是一个收缩三角形的倒数第二段，或者是一个复杂调整里的一部分，放置"：F3/：c3/：sL3/：s5"在 m1 的终止点。如果 m3 被完全回调了，而且回到 m3 起始点价格所用的时间比 m3 形成的时间（再加上一个时间单位）更少，从上面的结构目录中去掉"：s5"。如果 m（-1）大于 m1 的 161.8%，从目录中去掉"：sL3"。如果 m（-1）不大于 m1 的 161.8%，m（-1）被回调了至少 61.8%，从目录中去掉"：c3"。如果 m3 比 m4 更长，从结构目录中去掉"：F3"。

如果 m3 至少是 m1 的 100%，但小于 161.8%，m1 可能是一个不规则失败平台形态（Irregular failure flat）的中间部分，也可能是一个收缩三角形的倒数第 2 段，m1 也可能是一个第五波扩展终结形态的中间段，或者是一个复杂调整里一段；放置"：F3/：c3/：sL3/：s5"在 m1 的终止点。如果 m4 比 m3 更短，从结构目录中去掉"：F3"，并且不会是一个第五波扩展终结形态的中间段。如果 m3 被完全回调了，而且回到 m3 起始点价格所用的时间比 m3 形成的时间（再加上一个时间单位）更少，从结构目录中去掉"：s5"。如果 m（-1）大于 m1 的 161.8%，从上面目录中去掉"：sL3"。如果 m（-1）不大于 m1 的 161.8%，m（-1）被回调了至少 61.8%，从目录中去掉"：c3"。

如果 m3 比 m1 更短，m3 被完全回调了和回到 m3 起始点价格所用的时间比 m3 形成的时间（再加上一个时间单位）更少，m3 可能结束了一个终结推进或一个复杂调整，放置"：c3/：F3"在 m1 的终止点。如果 m（-1）小于 m1 的 138.2%，或者大于 m1 的 261.8%，"：c3"成为不太可能的选择，放上括号"[：c3]"。

如果 m3 比 m1 更短，m3 被完全回调了和回到 m3 起始点价格所用的时间比 m3 形成的时间（再加上一个时间单位）更多，m1 可能是一个锯齿形态的 a 波或者是一个复杂调整里一个锯齿形态的 c 波；放置"：F3/（：s5）"在 m1 的终止点。如果 m5 被 m4 完全回调了和所用的时间比 m4 形成的时间（再加上一个时间单位）更少（译者注：这句话可能有问题，一般说 m4 被 m5 回调。），从结构目录中去掉"（：s5）"。

如果 m3 比 m1 更短，m4 比 m3 更短，m1 可能是一个复杂调整里一个锯齿形态或者平台形态的最后一段，也可能是一个运行收缩三角形的一个中间段，或者是一个终结推进形态的第 1 段；放置"：s5/：c3/（：F3）"在 m1 的终止点。如果 m5 长于 m3，从结构目录中去掉"（：F3）"。如果 m（-1）长于 m1 的 261.8%，从结构目录中去掉"：s5"。

条件"d"——如果 m0 至少是 m1 的 100%，但小于 161.8%。

如果 m3 大于 m2 的 261.8%，m1 可能是一个锯齿形态的第 1 段，也可能是一个 C 失败平台形态（C-failure flat）的中间部分，或者是一个三角形的倒数第 2 段；放置"：5/：c3/（：sL3）"在 m1 的终止点。如果 m（-1）小于 m0 的 61.8%，或者大于 m0 的 161.8%，从目录中去掉"（：sL3）"。如果 m2 被完全回调了和所用的时间比 m2 形成的时间更多，从目录中去掉"（：sL3）"和"：c3"。如果 m3 大于 m1 的 161.8%，从结构目录中去掉"：5"。

如果 m3 介于 m2 的 161.8%和 261.8%（包括）之间，m1 可能是一个 C 失败平台形态的中间部分，也可能是一个收缩三角形的倒数第 2 段，或者是一个锯齿形态的第 1 段；放置"：c3/：sL3/：5"在 m1 的终止点，显示这 3 种可能性。如果 m（-1）小于 m0 的 61.8%，或者大于 m0 的 161.8%，m1 小于从 m

(-3) 起始点到 m0 终止点的 38.2%，从目录中去掉"：sL3"。如果 m1 大于从 m（-3）起始点到 m（-1）终止点的 38.2%但小于 61.8%，给"：sL3"放上圆括号，说明这是有可能出现的，但还不是最好的选择。如果 m（-1）介于 m0 的 61.8% 和 161.8%之间，从目录中去掉"：c3"。如果 m4 小于 m0 的 61.8%，给"：5"放上圆括号，说明有较低的可能性。

如果 m3 至少是 m2 的 100%，但小于 161.8%，m1 可能是一个锯齿形态的第 1 段，这个锯齿形态可能在一个三角形里；放置"：5/（：c3）/［：F3］"在 m1 的终止点。如果 m4 大于 m3，从结构目录中去掉"（：c3）"和"［：F3］"。如果 m4 小于 m3，m4 被 m5 回调了，而且回到 m4 起始点价格所用的时间比 m4 形成的时间更少，m5 等于 m1 或更长、m5 比 m1 更垂直，从结构目录中去掉"：5"。

条件"e"——如果 m0 介于 m1 的 161.8%和 261.8%（包括）之间。

如果 m3 大于 m2 的 261.8%，m1 可能是一个锯齿形态的第 1 段，也可能是一个 C 失败平台形态的中间部分，这个 C 失败平台形态结束了一个复杂调整（有一个"失踪"的 x 波在 m0 的中心），m1 也有可能是一个三角形的倒数第 2 段；放置"：5/：c3/（：sL3）"在 m1 的终止点。如果 m（-1）小于 m0 的 61.8%，或者大于 m0 的 161.8%，从目录中去掉"（：sL3）"。如果 m2 被回调了，且所用的时间比 m2 形成的时间更多，从目录中去掉"（：sL3）"和"：c3"。如果 m3 大于 m1 的 161.8%，从结构目录中去掉"：5"。

如果 m3 介于 m2 的 161.8%和 261.8%（包括）之间，m1 可

能是一个锯齿形态的第 1 段，或者是一个 C 失败平台形态的中间部分，这个 C 失败平台形态结束了一个复杂调整（有一个"失踪"的 x 波在 m0 的中心）；放置"：5/：c3"在 m1 的终止点；在 m0 的中心画一个点，在这个点的右边，写上"x：c3?"，在左边写上"：s5?"。如果 m2 被回调了，且所用的时间比 m2 形成的时间更多，从目录中去掉"：c3"。如果 m3 大于 m1 的 161.8%，从结构目录中去掉"：5"。

如果 m3 至少是 m2 的 100%，但小于 161.8%，m1 可能是一个锯齿形态的第 1 段，或者是一个三角形的第 1 段；放置"：5/（：F3）"在 m1 的终止点。如果 m4 是一个单波，m4 大于 m3，从结构目录中去掉"（：F3）"。

条件"f"——如果 m0 大于 m1 的 261.8%。

如果 m3 大于 m2 的 261.8%，m1 可能是一个锯齿形态的第 1 段，也可能是一个 C 失败平台形态的中间部分，这个 C 失败平台形态结束了一个复杂调整（有一个"失踪"的 x 波在 m0 的中心）；放置"：5/（：c3）"在 m1 的终止点。如果 m2 被回调了，且所用的时间比 m2 形成的时间更多，从目录中去掉"：c3"。如果 m3 大于 m1 的 161.8%，从结构目录中去掉"：5"。如果把"（：c3）"用在了 m1，m（-1）不在 m1 的价格范围内，在 m0 的中心画一个点，在这个点的右边，写上"x：c3?"，在左边写上"：s5"，代表 m0 有"失踪"x 波的可能性。

如果 m3 介于 m2 的 161.8% 和 261.8%（包括）之间，m1 可能是一个锯齿形态的第 1 段，或者是一个 C 失败平台形态的中间部分，这个 C 失败平台形态结束了一个复杂调整（有一个"失踪"的 x 波在 m0 的中心）；放置"：5/（：c3）"在 m1 的终止点。如果 m3 长于 m2，从目录中去掉"（：c3）"。如果 m2 被回调了，且所用的时间比 m2 形成的时间更多，从目录中去掉"（：c3）"。如果 m3 大于 m1 的 161.8%，从结构目录中去掉"：5"。如果把"（：c3）"用在了 m1，m（-1）不在 m1 的价格范围内，在 m0 的中心画一个点，在这个点的右边，写上"x：c3？"，在左边写上"：s5"，代表 m0 有"失踪"x 波的可能性。

如果 m3 至少是 m2 的 100%，但小于 161.8%，m1 可能是一个锯齿形态的第 1 段，或者是一个三角形的第 1 段；放置"：5/（：F3）"在 m1 的终止点。如果 m4 是一个单波，m4 大于 m3，从结构目录中去掉"（：F3）"。

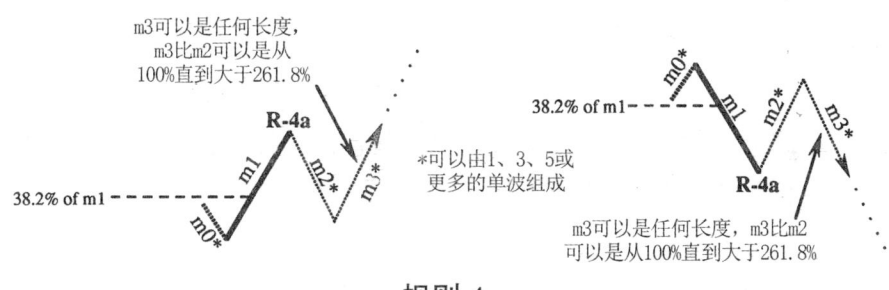

规则 4a

规则 4

条件"a"{：F3/：c3/：s5/[：sL3]}

1 类——如果 m3 至少是 m2 的 100%，但小于 161.8%。

如果 m3 被完全回调了，且 m4 回到 m3 起始点价格所用的时间比 m3 形成的时间（再加上一个时间单位）更多，m1 应该是一个调整形态的第 1 段，这个调整形态在一个 x 波（m0）之后，m1 也可能是一个调整阶段的结束，这个调整阶段是一个较大标准或非标准形态的一部分；放置":F3/:s5"在m1的终止点。如果选择":F3"，m1是一个平台调整的a波；如果选择":s5"，m1是一个锯齿形态的结束。如果m1小于m（-1）的61.8%，从结构目录中去掉":s5"。如果m0用时少于m（-1），也少于m1，从m1结构目录中去掉":s5"。

如果m3被完全回调了，且m4回到m3起始点价格所用的时间比m3形成的时间更少，m1基本上不可能完成了一个艾略特形态；放置":F3/:c3"在m1的终止点。如果m1被回调了不多于70%，m0不在m2的价格范围里，m3接近m1的161.8%，m0用了比m（-1）或者比m1更多的时间，加":s5"到结构目录中去。如果m0不在m2的价格范围里，从结构目录中去掉":c3"。如果选择":F3"，m1可能是一个调整的a波，这个调整属于一个更大的复杂图形；m0可能是一个x波。如果":c3"还有可能性，m1可能是一个扩展三角形或者是一个终结推进形态的一部分。如果":s5"是一个可能的选择，m1可能是一个第五波扩展推进形态的波3。

如果m3被回调少于100%，放置":F3/:s5"在m1的终止点。如果m2由3个以上的单波组成，m2被完全回调了，且所用的时间比m2形成的时间（再加上一个时间单位）更少，m2用时比m1多，m2用少于m1的时间穿过了连接m（-2）和m0终止点的连线，那么m1可能结束了一个锯齿形态，这个锯齿形态属于一个不规则或运行调整；加":L5"到m1终止点的结构目录中去。根据在处理次多波形态时"形态确认的两个阶段"（见第六章），确认这种情况下的":L5"。如果m0用时少于m（-1），也少于m1，从结构目录中去掉":s5"。如果选择":F3"，m1可能是一个平台或三角形调整的a波。如果":s5"是一个可能的选择，m1可能是一个锯齿形态的结束。

2 类——如果 m3 介于 m2 的 161.8% 和 261.8%（包括）之间。

如果 m（-1）大于 m1 的 261.8%，m1 基本上不可能完成了一个艾略特形态；只放置"：F3"在 m1 的终止点。

如果 m4 长于 m3，m1 极不可能完成了一个艾略特形态；只放置"：F3"在 m1 的终止点。

如果 m3 被回调少于 100%，放置"：s5"在 m1 的终止点，然后按照下面的说明，决定哪一种艾略特形态正在形成。

1. 如果 m1 被回调不大于 70%，m1 介于 m（-1）的 101%至 161.8%之间，m0 不在 m2 的价格范围内，m（-2）长于 m（-1），那么 m1 可能结束了一个趋势第五波扩展推进形态的第 3 波。如果 m1 是介于 m（-1）的 161.8%和 261.8%之间，m1 很有可能结束了一个复杂调整里一个锯齿形态，m2 结束了一个 x 波；但是，刚才说的第 3 波也还是有可能的，只要你能确定这个第 3 波是一个双重扩展推进形态（见第十二章的有关图形）的一部分，而且第 5 波是最长的。如果 m1 大于 m（-1）的 261.8%，刚说过的复杂调整那种可能是唯一正确的情况。

2. 如果 m1 被回调不大于 70%，m1 至少是 m（-1）的 100%但小于 161.8%，m0 在 m2 的部分价格范围内，m（-2）长于 m（-1），那么 m1 可能结束了一个终结第五波扩展推进形态的第 3 波。如果 m1 是介于 m（-1）的 161.8%和 261.8%（包括）之间，m1 很有可能结束了一个复杂调整里一个锯齿形态，m2 结束了一个 x 波；但是，刚才说的第 3 波也还是有可能的，只要你能确定这个第 3 波是一个双重扩展终结推进形态的一部分，而且第 5 波是最长的。如果 m1 大于 m（-1）的 261.8%，刚说过的复杂调整那种可能是唯一正确的情况。

3. 如果 m1 被回调不大于 70%，m1 小于 m（-1），m1 只能是一个锯齿形态的一部分。

4. 如果 m1 被回调大于 70%，m1 很有可能结束了一个锯齿形态；但是如果 m0 在 m2 的部分价格范围内，m3 被回调了，且所用的时间比 m3 形成的时间更少，那么 m1 可能是一个第五波扩展终结推进形态的第 3 波。

把这些情况写在你的图上。

3 类——如果 m3 大于 m2 的 261.8%。

如果 m（-1）大于 m1 的 261.8%，m1 基本上不可能完成了一个艾略特形态；只放置"：F3"在 m1 的终止点。

如果 m3 被 m4 完全回调了，m1 极不可能完成了一个艾略特形态；只放置"：F3"在 m1 的终止点。

如果 m3 被回调少于 100%，m1 极不可能开始一个艾略特形态，只放置"：s5"在 m1 的终止点。

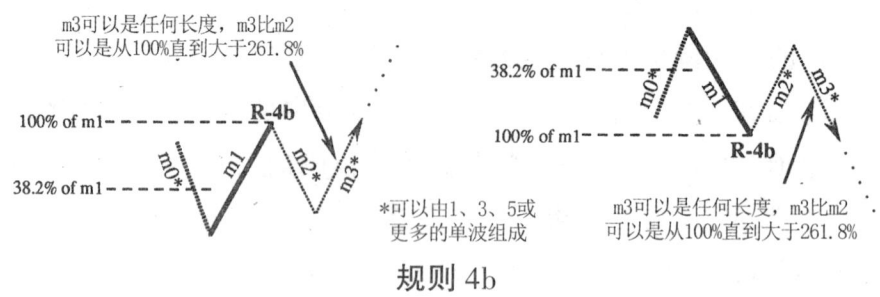

规则 4b

条件"b"{ :F3/:c3/:s5/(:sL3)/(x:c3)/[:L5] }

1 类——如果 m3 至少是 m2 的 100%，但小于 161.8%。

如果 m3 被完全回调了，且 m4 回到 m3 起始点价格所用的时间比 m3 形成的时间（再加上一个时间单位）更少，m1 基本上不可能完成一个艾略特形态；只放置":F3/:c3"在 m1 的终止点。如果以后发现":c3"是更好的选择，m1 可能是一个终结推进形态的一部分；如果 m4 超过 m3 的终止点在超过 m0 的终止点之前，m1 比 m（-1）和 m（-3）都长，m2 用少于或等于 m1 的时间，穿过了连接 m（-2）和 m0 低点的趋势线，那么 m1 可能是一个第五波扩展形态的第 5 波；加［:L5］到 m1 的终止点。

如果 m3 被完全回调了和 m4 回到 m3 起始点价格所用的时间比 m3 形成的时间更多，放置":F3/:c3/:s5"在 m1 的终止点。如果在 m2 形成的过程中，m2 超过了 m1 的终止点，放一个"x"在":c3"的前面。如果 m4 穿过 m3 的终止点在穿过 m0 的终止点之前，m1 比 m（-1）和 m（-3）都长，m2 用少于或等于 m1 的时间，穿过了连接 m（-2）和 m0 低点的趋势线，那么 m1 可能是一个第五波扩展形态的第 5 波；加［:L5］到 m1 的终止点。如果 m1 小于 m（-1）的 61.8%，从结构目录中去掉":s5"。如果 m（-1）是 161.8%或更多的 m1，m3 被回调了小于 61.8%，从结构目录中去掉":F3"。如果 m0（再加上一个时间单位）用时少于 m（-1），也少于 m1，从结构目录中去掉":s5"。

如果 m3 被回调少于 100%，m1 极不可能开始一个艾略特形态，放置"c3/:s5"在 m1 的终止点。如果在 m2 形成的过程中，m2 超过了 m1 的终止点，放一个"x"在":c3"的前面。即使不符合下面一个要求，也应该读完这一段。如果 m2 由 3 个以上的单波组成，m2 被完全回调了，且所用的时间比 m2 形成的时间更少，m2 用时多于 m1，m（-1）至少是 m0 的 161.8%，m2 用少于 m1 的时间，穿过了连接 m（-2）和 m0 终止点的连线，那么 m1 可能结束了一个锯齿形态，这个锯齿形态属于一个不规则或运行调整；加":L5"到 m1 终止点的结构目录里。根据在处理次多波形态时"形态确认的两个阶段"（见第六章），确认这种情况下的":L5"。如果 m0（再加上一个时间单位）用时少于 m（-1），也少于 m1，从结构目录中去掉":s5"。如果 m（-2）长于 m（-1），"x"不在结构目录":c3"的前面，从结构目录中去掉":c3"。如果 m5 被完全回调了，且所用的时间比 m5 形成的时间更多，从结构目录中去掉":c3"。如果":c3"还有一种可能性的话，m1 可能是一个复杂调整的 x 波，加"x:c3?"这个增加的结构标志到 m1 的结构目录中。

如果 m3 被回调少于 61.8%，m1 极不可能开始任何一个艾略特形态，放置"c3/:sL3/:s5"在 m1 的终止点。如果在 m2 形成的过程中，m2 超过了 m1 的终止点，放一个"x"在":c3"的前面。如果 m1 比 m（-1）和 m（-3）都长，m2 用少于或等于 m1 的时间，穿过了连接 m（-2）和 m0 低点的趋势线，m1 可能是一个第五波扩展形态的第 5 波；加［:L5］到 m1 的终止点。如果在价格上，从 m3 起始点到 m5 终止点的距离没有等于或大于 m1 的 161.8%，从结构目录中去掉":sL3"。如果在 m2 形成的时间（再加上一个时间单位）里，m2 没有被完全回调，从结构目录中去掉":sL3"。如果 m0（再加上一个时间单位）用时少于 m（-1），也少于 m1，从结构目录中去掉":s5"。如果 m（-2）在价格上长于 m（-1），"x"不在结构标志":c3"的前面，从结构目录中去掉":c3"。如果":c3"还有一种可能性的话，m1 可能是一个复杂调整的 x 波，加"x:c3?"这个增加的结构标志到 m1 的结构目录中。

2 类——如果 m3 介于 m2 的 161.8% 和 261.8% 之间（包括）。

如果 m（-1）大于 m1 的 261.8%，m1 极不可能完成了一个艾略特形态；只放置":F3/:c3"在 m1 的终止点。如果在 m2 形成的过程中，m2 超过了 m1 的终止点，放一个"x"在":c3"的前面。

如果 m1 比 m（-1）和 m（-3）都长，m2（再加上一个时间单位）用少于或等于 m1 的时间，穿过了连接 m（-2）和 m0 低点的趋势线，m1 可能是一个第五波扩展形态的第 5 波；加［：L5］到 m1 的终止点。

如果 m3 被回调少于 61.8%，m1 极不可能开始任何一个艾略特形态，只放置":c3/（:sL3）/（:s5）"在 m1 的终止点。如果在 m2 形成的过程中，m2 超过了 m1 的终止点，放一个"x"在":c3"的前面。如果在价格上，从 m3 起始点到 m5 终止点的距离没有等于或大于 m1 在价格上距离的 161.8%，从结构目录中去掉":sL3"。如果 m0（再加上一个时间单位）用时少于 m（-1），也少于 m1，从结构目录中去掉":s5"。如果 m2 被完全回调了，且所用的时间比 m2 形成的时间更多，从结构目录中去掉":sL3"。

注意：如果使用了":sL3"，这个三角形（它结束在 m2）是非限制（Non-Limiting）的。

如果上面提到的所有条件都不适用，放置":F3/:c3/:sL3/:s5"在 m1 的终止点。如果在 m2 形成的过程中，m2 超过了 m1 的终止点，加"x:c3"到结构目录中。如果 m1 比 m（-1）和 m（-3）都长，m2 用少于或等于 m1 的时间，穿过了连接 m（-2）和 m0 低点的趋势线，m1 可能是一个第五波扩展形态的第 5 波；加［：L5］到 m1 的终止点。如果 m1 比 m（-1）和 m3 都短，m3 被完全回调了，且 m4 回到 m3 起始点价格所用的时间比 m3 形成的时间（再加上一个时间单位）更少，从结构目录中去掉"：c3"。如果 m1 小于 m（-1）的 61.8%，从结构目录中去掉"：s5"。如果 m3 被回调了小于 61.8%，从结构目录中去掉"：F3"。如果 m0 用时少于 m（-1），也少于 m1，从结构目录中去掉"：s5"。如果 m2 被完全回调了，且所用的时间比 m2 形成的时间（再加上一个时间单位）更多，从结构目录中去掉"：sL3"。

3 类——如果 m3 大于 m2 的 261.8%。

如果 m（-1）大于 m1 的 261.8%，m1 极不可能是任何艾略特形态的结束；只放置"：c3/（：F3）"在 m1 的终止点。如果在 m2 形成的过程中，m2 超过了 m1 的终止点，放一个"x"在"：c3"的前面。

如果 m（-1）至少是 m1 的 161.8%，m0 被完全回调了，所用的时间比 m0 形成的时间更多，m1 用时大于或等于 m0 的 161.8%，几乎可以肯定 m0-m2 构成了一个不规则失败平台，放置"：c3/（：F3）"在 m1 的终止点。如果在 m2 形成的过程中，m2 超过了 m1 的终止点，放一个"x"在"：c3"的前面。

如果 m1 比 m（-1）和 m（-3）都长，m2 用少于或等于 m1 的时间，穿过了连接 m（-2）和 m0 低点的趋势线，m1 可能是一个第五波扩展形态的第 5 波；加［：L5］到 m1 的终止点。

如果 m3 被回调少于 61.8%，m1 极不可能开始任何一个艾略特形态，只放置"：F3/：c3/（：s5）"在 m1 的终止点。如果"：F3"被使用了，从 m1 开始了一个拉长平台（Elongated flat）。

如果 m1 比 m（-1）和 m（-3）都长，m2 用少于或等于 m1 的时间，穿过了连接 m（-2）和 m0 低点的趋势线，m1 可能是一个第五波扩展形态的第 5 波；加［：L5］到 m1 的终止点。如果 m0 用时少于 m（-1），也少于 m1，从结构目录中去掉"：s5"。如果在 m2 形成的过程中，m2 超过了 m1 的终止点，放一个"x"在"：c3"的前面。

如果上面提到的所有条件都不适用，放置"：F3/：sL3/：s5"在 m1 的终止点。如果 m1 比 m（-1）和 m（-3）都长，m2 用少于或等于 m1 的时间，穿过了连接 m（-2）和 m0 低点的趋势线，m1 可能是一个第五波扩展形态的第 5 波；加［：L5］到 m1 的终止点。如果 m1 小于 m（-1）的 61.8%，从结构目录中去掉"：s5"。如果 m3 被回调了小于 61.8%，从结构目录中去掉"：F3"。如果 m0 用时少于 m（-1），也少于 m1，从结构目录中去掉"：s5"。如果在 m2 形成的过程中，m2 超过了 m1 的终止点，放一个"x"在"：c3"的前面。

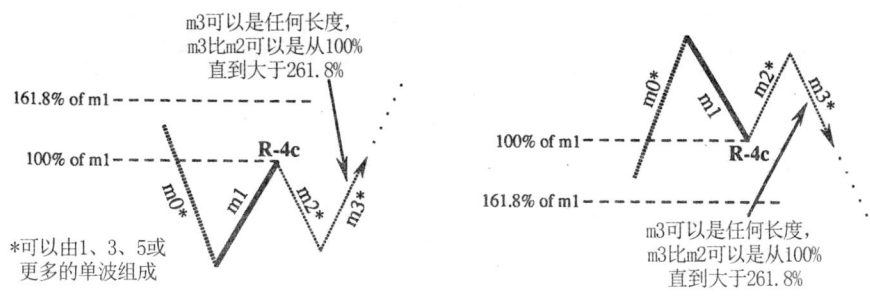

规则 4c

条件"c"｛：c3/（：F3）/（x：c3）｝

1 类——如果 m3 至少是 m2 的 100%，但小于 161.8%。

这种情况有些微妙，无法进行具体的量化，只放置"：F3/：c3"在 m1 的终止点。如果在 m2 形成的过程中，m2 超过了 m1 的终止点，放一个"x"在"：c3"的前面。m1 与周围结构的相互作用，将有助于决定在这两个结构标志中，哪一个更适合现在的情况。

2 类——如果 m3 介于 m2 的 161.8% 和 261.8% 之间（包括）。

如果 m2 被完全回调了，且所用的时间比 m2 形成的时间（再加上一个时间单位）更少，m3 大于 m1 的 161.8%，m1 有可能是一个 C 失败平台形态的中间部分，也可能是一个收缩三角形的中间部分，放置"：c3/（：F3）"在 m1 的终止点。如果在 m2 形成的过程中，m2 超过了 m1 的终止点，放一个"x"在"：c3"的前面。如果有较低可能性的"（：F3）"是正确的，m1 是一个拉长平台（Elongated flat）的一部分。

在全部其他的情况下，放置"：F3/：c3/x：c3"在 m1 的终止点。

3 类——如果 m3 大于 m2 的 261.8%。

如果 m2 被完全回调了，而且回到 m2 起始点价格所用的时间与 m2 形成的时间（再加上一个时间单位）相等或更少，几乎可以肯定 m1 是一个 C 失败平台形态的中间部分，或者是一个非限制收缩三角形的中间部分，放置"：c3/［：F3］"在 m1 的终止点。如果在 m2 形成的过程中，m2 超过了 m1 的终止点，放一个"x"在":c3"的前面。如果 m3 被回调大于 61.8%，所用的时间与 m3 形成的时间相等或更少，才应该考虑"[:F3]"的可能性。

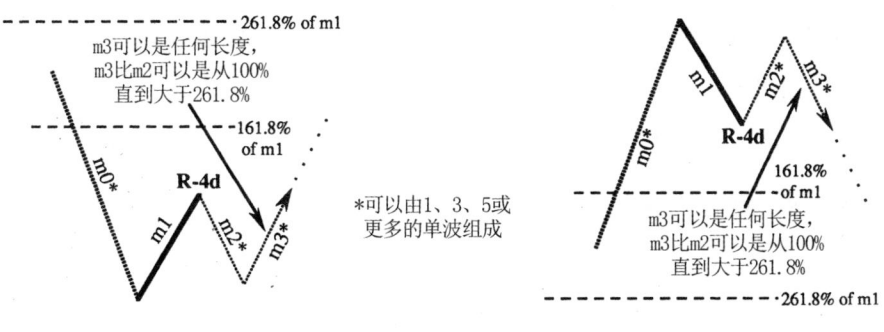

规则 4d

条件"d"｛:F3／(:c3)／(x:c3)｝

1、2 类–如果 m3 介于 m2 的 100%和 261.8%之间（包括）。

如果 m2 被完全回调了，而且回到 m2 起始点价格所用的时间与 m2 形成的时间（再加上一个时间单位）相等或更少，m3 被回调不大于 61.8%，在价格上 m3（或从 m3 起始点到 m5 终止点）的距离大于或等于 m1 的 161.8%，而所用的时间与 m1 形成的时间相等或更少，m1 可能是一个复杂调整的一部分，在这个复杂调整里，有一个"失踪"的 x 波在 m0 的中心附近；放置":F3／[:c3]"在 m1 的终止点，同时用铅笔在 m0 的中心画一个点，在这个点的右边，写上"x:c3?"，在左边写上":c:5?"，再把":F3?"放在 m0 的终止点。全部有问号的结构标志是有关联的，如果使用了一个，就必须使用全部；如果不用一个，就都不要使用。

如果 m2 被回调了，且所用的时间比 m2 形成的时间更多，可能有一个平台或三角形形态，放置":F3/:c3"在 m1 的终止点。如果在 m2 形成的过程中，m2 超过了 m1 的终止点，放一个"x"在":c3"的前面。

如果 m3 被完全回调了，而且回到 m3 起始点价格所用的时间与 m3 形成的时间（再加上一个时间单位）相等或更少，对 m1 来说，唯一合理的选择是":F3"。

如果 m3 被回调了至少 61.8%，但小于 100%，对 m1 来说，唯一合理的选择是":F3"。

如果 m3 被回调了小于 61.8%，放置":F3"在 m1 的终止点。如果 m5 不是比 m1 和 m3 都长，如果 m5 被完全回调了，而且回到 m5 起始点价格所用的时间与 m5 形成的时间（再加上一个时间单位）相等或更少，m1 可能是一个终结形态的一部分。如果 m5 比 m1 和 m3 都长，m1 可能是一个复杂双重平台形态的一部分；在这个复杂双重平台形态中，m4 是一个 x 波。记下这些可能性，在这一段的两个条件下，m1 都使用标志":F3"。

3 类——如果 m3 大于 m2 的 261.8%。

如果 m3 所用的时间与 m1 的时间相等或更少，如果 m2 被完全回调了，而且回到 m2 起始点价格所用的时间与 m2 形成的时间（再加上一个时间单位）相等或更少，很可能有一个"失踪"的 x 波藏在 m0 的中心附近；放置":c3"在 m1 的终止点。如果在 m2 形成的过程中，m2 超过了 m1 的终止点，放一个"x"在 m1 终止点的":c3"前面。如果 m3 被回调了至少 61.8%，m1 可能是一个平台形态的第一段，加":F3"到 m1 的终止点。

如果 m3 所用的时间比 m1 的时间更多，放置":F3/:c3"

在 m1 的终止点。如果在 m2 形成的过程中，m2 超过了 m1 的终止点，放一个"x"在"：c3"的前面。

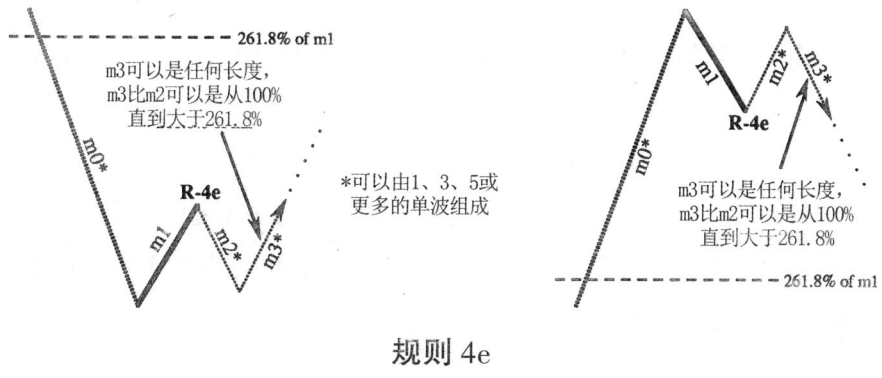

规则 4e

条件"e"｛：F3/（x：c3）/［：c3］｝

1、2 类——如果 m3 介于 m2 的 100% 和 261.8% 之间（包括）。

如果 m3 被完全回调了，而且回到 m3 起始点价格所用的时间与 m3 形成的时间（再加上一个时间单位）相等或更少，"：F3"是唯一合理的选择，放置"：F3"到 m1 的终止点。

如果 m3 不大于 m2 的 161.8%，m3 没有被完全回调，m4 被完全回调了，而且回到 m4 起始点价格所用的时间比 m4 形成的时间更少，m1 可能是一个复杂调整的 x 波，加"x：c3"到 m1 的终止点；在这种情况下，如果 m（-1）大于 m0 的 61.8%，很可能有一个"失踪"的 x 波藏在 m0 的中心附近。

如果 m2 被完全回调了，而且回到 m2 起始点价格所用的时间与 m2 形成的时间（再加上一个时间单位）相等或更少，m（-1）不大于 m0 的 61.8%，m3 被回调不大于 61.8%，在价格上 m3（或从 m3 起始点到 m5 终止点）的距离大于或等于 m1 在价格上的距离，而所用的时间与 m1 形成的时间相等或更少，m1 可能是一个复杂调整的一部分，在这个复杂调整里，有一个"失踪"的 x 波在 m0 的中心附近，或者 m1 是这个 x 波，这个 x 波是在一个锯齿形态之后；放置"：F3/［：c3］"在 m1 的终止点，同时用铅笔在 m0 的中心画一个点，在这个点的右边，写上"x：c3?"，在左边写上"：s5"。如果在 m2 形成的过程中，m2 超过了 m1 的终止点，m1 可能是一个 x 波，加"x：c3"到 m1 的结构目录中。

如果 m2 被完全回调了，而且回到 m2 起始点价格所用的时间比 m2 形成的时间更多，m（-1）不大于 m0 的 61.8%，m3 被回调不大于 61.8%，在价格上从 m3 起始点到 m5 终止点的距离大于或等于 m1 在价格上距离的 161.8%，而所用的时间与 m1 形成的时间相等或更少，m1 可能是一个复杂调整的一部分，在这个复杂调整里，有一个"失踪"的 x 波在 m0 的中心附近；放置"：F3/［：c3］"在 m1 的终止点，同时用铅笔在 m0 的中心画一个点，在这个点的右边，写上"x：c3?"，在左边写上"：s5"。如果在 m2 形成的过程中，m2 超过了 m1 的终止点，m1 可能是一个 x 波，加"x：c3"到 m1 的结构目录中。

如果 m2 被完全回调了，而且回到 m2 起始点价格所用的时间比 m2 形成的时间更多，可能有一个平台或三角形形态；放"：F3"到 m1 的终止点。

如果 m0 是一个次多波（或一个单波，这时可能有一个"失踪"的波在 m0 的中心附近），m1 可能是一个复杂调整里的 x 波，加"x：c3"到 m1 现有的结构目录中。

如果 m（-1）不大于 m0 的 61.8%，m1 可能是一个复杂调整里的 x 波，加"x：c3"到 m1 现有的结构目录中。

3 类——如果 m3 大于 m2 的 261.8%。

如果 m3 所用的时间不大于 m1 形成的时间，m2 被完全回调了，而且回到 m2 起始点价格所用的时间与 m2 形成的时间（再加上一个时间单位）相等或更少，很可能有一个"失踪"的 x 波藏在 m0 的中心附近；放置 "x：c3" 在 m1 的终止点。如果在价格上从 m3 到 m5 都没有超过 m0 的起始点，m3 被回调了至少 61.8%，m1 也很有可能是一个拉长平台形态的第一段；加 "：F3" 到 m1 的终止点。

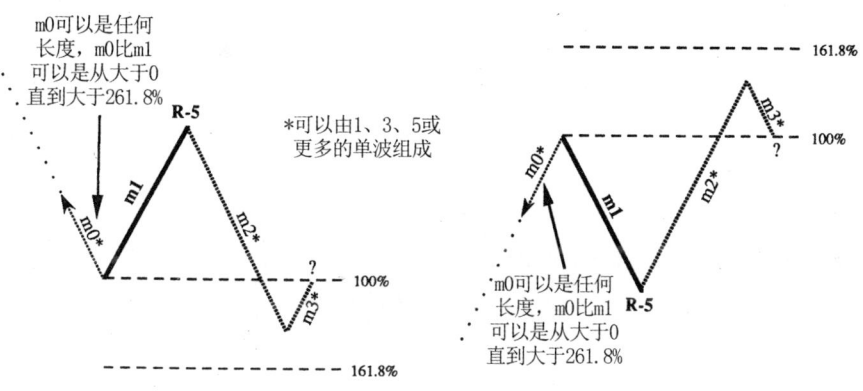

规则 5（激活要求）

规则 5 {：F3/：c3/：5/：L5/（：L3）}

条件 "a" -m0 小于 m1 的 100%。
＊＊（如果 m2 由 3 个以上的单波或波群组成）

如果 m2 的前 3 个单波回调了 m1，但不大于 m1 的 61.8%，那么一个复杂调整可能正在展开，它的第一个或第二个单波（紧接在 m1 的终止点之后）的运行方向与 m1 相反，代表了一个 x 波，或者 m1 中心包含了一个"失踪"x 波或 b 波，或者 m1 是第五波失败推进形态（趋势或终结）的波 3；放置"：5/：s5"在 m1 的终止点。如果 m2 的前 3 个单波回调了 m1 不小于 25%，加"：F3"到 m1 的终止点。

注意：如果认为 m1 中心包含一个"失踪"的 x 波，在 m1 的中心画一个点，在这个点的右边，写上"x：c3?"，在左边写上"：5?"。如果认为 m1 中心包含一个"失踪"的 b 波，在 m1 的中心画一个点，在这个点的右边，写上"b：F3?"，在左边写上"：5?"。如果认为是 b 波，在市场突然转向（与 m1 的方向相反）和回调超过 m1 的 61.8%之前，就可以马上确定这个复杂调整的终止处。

如果 m2 的前 3 个单波回调 m1 并大于 m1 的 61.8%，m1 可能完成了一个平台的波 a，这个平台有一个复杂的波 b；或者，m1 可能完成了一个第五波失败推进形态的波 3；放置"：F3/：5"在 m1 的终止点，以显示这两种可能性。

**（如果 m2 由 3 个或 3 个以下的单波或波群组成）

如果 m1 被完全回调了，而且回到 m1 起始点价格所用的时间与 m1 形成的时间（再加上一个时间单位）相等或更少，m(-2) 和 m0 不在相似的价格区间，m2 大于 m(-2)，m(-2) 和 m0 在价格上或时间上或价格和时间上有明显的不同，在比较 m(-3)、m(-1) 和 m1 的价格长度时，m(-1) 不是最短的，于是一个趋势推进形态可能结束在 m1；放置"：L5"在 m1 的终止点。

如果 m1 被完全回调了，而且回到 m1 起始点价格所用的时

间与 m1 形成的时间（再加上一个时间单位）相等或更少，m2 长于 m（-2），m（-4）长于 m（-3），那么一个锯齿或平台形态可能结束在 m1；放置"：L5"在 m1 的终止点。

如果 m1 被完全回调了，而且回到 m1 起始点价格所用的时间与 m1 形成的时间（再加上一个时间单位）相等或更少，m2 长于 m（-2），m（-3）长于 m（-2），m（-4）短于 m（-3），那么一个标准的艾略特形态可能结束在 m1，这个标准的艾略特形态是一个复杂调整的一部分，在这个复杂调整里，m（-2）是一个 x 波；放置"：L5"在 m1 的终止点，放置"x：c3？"到 m（-2）的终止点。在上面的情况中，如果 m（-1）至少是 m0 的 161.8%，这个标准的调整展开后可能是一个锯齿形态。如果 m（-1）至少是 m0 的 100%但少于 161.8%，这个标准的调整可能是一个平台。

如果 m1 被完全回调了，而且回到 m1 起始点价格所用的时间与 m1 形成的时间（再加上一个时间单位）相等或更少，m2 小于 m（-2），一个平台或锯齿形态可能结束在 m1；放置"：L5"在 m1 的终止点。

如果 m1 被完全回调了，而且回到 m1 起始点价格所用的时间与 m1 形成的时间（再加上一个时间单位）相等或更少，m（-1）长于 m（-2），m（-1）不是 m（-1）、m（-3）和 m1 之中最短的，m2 被回调不大于 61.8%，市场接近或超过了 m（-3）起始点价格所用的时间是从 m（-3）起始点到 m1 终止点所用时间的 50%或更少；在从 m（-3）起始点到 m1 终止点所用时间的 4 倍时间里，市场没有超过 m1 的终止点；从 m2 起始点到 m4 终止点在价格上的长度至少是 m1 的两倍，一个 m（-1）可能的结构标志是"：c3"，那么一个终结推进形态可能结束在 m1 的终止点；加"：L3"到 m1 的终止点。

如果 m1 被完全回调了，而且回到 m1 起始点价格所用的时间与 m1 形成的时间（再加上一个时间单位）相等或更少，m3 介于 m1 的 61.8% 和 100% 之间，那么 m1 可能是一个不规则失败平台的一部分；放": F3"到 m1 的终止点。

如果 m1 被完全回调了，而且回到 m1 起始点价格所用的时间与 m1 形成的时间（再加上一个时间单位）相等或更少，m3 长于 m2，m0 至少是 m2 的 161.8%，m3 被完全回调了而且回到 m3 起始点价格所用的时间与 m3 形成的时间相等或更少，那么 m1 可能是一个不规则平台的一部分；放": F3"到 m1 的终止点。

如果 m1 被完全回调了，而且回到 m1 起始点价格所用的时间比 m1 形成的时间更多，m2 的回调没有超过从 m（-1）起始点到 m1 终止点这个距离的 61.8%，m2 长于 m3，那么市场可能正在完成一个复杂调整，在这个复杂调整里，m1 产生了一个最极端的价格，这个最极端价格不被打破的时间至少相当于从 m0 起始点到 m2 终止点时间的两倍；放": F3"到 m1 的终止点。

如果 m1 被 m2 完全回调了，而且回到 m1 起始点价格所用的时间比 m1 形成的时间更多，m3 长于 m2，m2 没有超过从 m（-1）起始点到 m1 终止点距离的 61.8%，于是市场可能正在形成一个复杂调整（在这个复杂调整里，m1 可能是这个复杂调整中一个调整段的结束，m2 可能是一个 x 波的结束）或者一个扩展三角形；放置": F3/c3/: L5"在 m1 的终止点。

如果 m1 被 m2 完全回调了，而且回到 m1 起始点价格所用的时间比 m1 形成的时间更多，m（-2）长于 m2，那么一个锯齿（它是一个收缩三角形的一部分）可能结束在 m1；放": L5"到 m1 的终止点。

如果 m1 被 m2 完全回调了，而且回到 m1 起始点价格所用的时间比 m1 形成的时间更多，m（-1）至少是 m1 的 61.8%，m2

长于 m3，m3 被完全回调了，而且回到 m3 起始点价格所用的时间与 m3 形成的时间（再加上一个时间单位）相等或更少，那么 m1 可能是一个平台的一部分，这个平台结束了一个更大的形态；放":F3"到 m1 的终止点。

如果 m3 长于 m2，m4 长于 m3，m0 小于 m1 的 61.8%，那么 m1 可能开始了一个扩展三角形；加":F3"到 m1 终止点的结构目录中。

如果 m3 长于 m2，m4 长于 m3，m0 介于 m1 的 61.8%-100%，市场可能正在形成一个扩展三角形；加":c3"到 m1 终止点的结构目录中。

条件"b"——如果 m0 至少是 m1 的 100%，但小于 161.8%。

如果 m3 长于 m2，m0 更接近于 m1 的 100% 而不是 m1 的 161.8%，放":c3"到 m1 的终止点。如果 m（-1）长于 m0，愿意使用":c3"这个结构标志，放一个"b"在":c3"前面，得到"b:c3"，这意味着 m1 是一个平台调整的 b 波。如果 m（-1）小于 m0，m1 可能是一个复杂调整的 x 波，这样就需要加一个"x"在":c3"前面。

如果 m3 长于 m2，m0 更接近于 m1 的 161.8% 而不是 m1 的 100%，放":F3"到 m1 的终止点。如果 m（-1）长于 m0，m2 可能是一个锯齿形态的结束。如果 m（-1）小于 m0，m1 可能是一个复杂调整的 x 波，这个复杂调整结束在 m4。为了显示这两种可能性，加"b:c3"和"x:c3"到 m1 终止点的结构目录中。

如果 m3 至少是 m1 的 61.8%，m3 没有任何部分超过 m2 的终止点，m2 接近于 m0 的 61.8%，那么 m1 可能是一个不规则失败平台的第一段；如果":F3"不在 m1 终止点的结构目录中，加上":F3"。

如果 m2 被回调了小于 100%，m3 至少是 m1 的 61.8%，m3 没有任何部分超过 m2 的终止点，放":F3"到 m1 的终止点。

如果 m2 被回调了小于 61.8%，m1 和 m3 有一些相同的价格区，m4 不大于 m2 的 261.8%，m2 不是 m2、m0 和 m4 之中最短的，m4 被完全回调了，而且回调所用的时间比 m4 形成的时间（再加上一个时间单位）更少，相当于从 m0 起始点到 m4 终止点所花费时间的 50% 或更少，正在接近或超过 m0 的起始点，于是市场可能完成了一个终结形态，m4 是最后一波；放":c3"到 m1 的终止点（如果":F3"也是一个 m1 的结构标志，给它加方括号，成为"［:F3］"，这说明":c3"是一个更好的选择）。

如果 m1 被完全回调了，而且回到 m1 起始点价格所用的时间与 m1 形成的时间（再加上一个时间单位）相等或更少，m2 几乎是 m1 的 161.8%，m2 被回调了小于 61.8%，m(-1) 至少是 m0 的 61.8%，m(-2) 介于 m(-1) 的 61.8%-161.8% 之间，m(-3) 介于 m(-2) 的 61.8%-161.8% 之间，从 m2 起始点到 m4 终止点的价格距离大于 m0，那么 m1 可能完成了一个收缩三角形；加":L3"到 m1 终止点的结构目录中。

如果 m1 被完全回调了，而且回到 m1 起始点价格所用的时间与 m1 形成的时间（再加上一个时间单位）相等或更少，m1 不大于 m(-1) 的 161.8%，m2 几乎是 m1 的 161.8%，m2 被回调了小于 61.8%，从 m2 起始点到 m4 终止点的价格距离大于 m0，那么 m1 可能完成了一个平台形态；加":L5"到 m1 终止点的结构目录中。

如果 m0 长于 m(-1)，m2 被完全回调了，而且回到 m2 起始点价格所用的时间与 m2 形成的时间（再加上一个时间单位）相等或更少，m0 不是 m0、m（-2）和 m2 中最短的，市场用了从 m（-2）起始点到 m2 终止点所花费时间的 50%或更少，接近或超过了 m（-2）的起始点；加"（：sL3）"到 m1 终止点的结构目录中。在 m2 的终止点，一个终结推进形态可能完成了。

如果上面的条件都不适合你的情况，m1 又是一个单波，放置在这一节开始的全部结构标志到 m1 的终止点。如果上面的条件都不适合你的情况，m1 是一个压缩次多波（或更高复杂度的形态），可以开始阅读本章中的"位置指示符"一节，使用周围的结构标志来决定这个位置指示符，这个位置指示符应该在 m1 压缩结构标志的前面。

条件"c"——如果 m0 介于 m1 的 161.8%和 261.8%之间（包括 161.8%和 261.8%）。

如果 m3 介于 m1 的 61.8%和 161.8%之间（包括），m2 小于 m0 的 61.8%，m4 至少是 m2 的 100%，m4（或从 m4 起始点到 m6 终止点）至少是 m0 的 100%，那么 m1 可能是一个不规则平台（各种变形）或者一个运行三角形的第一段；放"：F3"到 m1 的终止点。

如果 m3 介于 m2 的 101%和 161.8%之间，一个扩展三角形不太可能正在形成，放"：c3"到 m1 的终止点。

如果 m2 被完全回调了，而且回到 m2 起始点价格所用的时间与 m2 形成的时间（再加上一个时间单位）相等或更少，m（-1）短于 m0，m0 不是 m0、m（-2）和 m2 中最短的，m（-1）和 m1 有一些相同的价格范围，市场用了从 m（-2）起始点到 m2 终止点所花费时间的 50%或更少，接近或超过了 m（-2）

的起始点，那么加"（：sL3）"到结构目录中（指示有可能在 m2 的终止点，一个终结推进形态完成了）。

如果 m2 被回调了小于 61.8%，m3 和 m1 有一些相同的价格范围，m4 短于 m2，m4 被完全回调了，而且回到 m4 起始点价格所用的时间比 m4 形成的时间（再加上一个时间单位）更少，市场从 m0 起始点到 m4 终止点所花费时间的 50% 或更少，接近或超过了 m0 的起始点，那么可能在 m4 的终止点，一个终结形态可能完成了；放"：c3"到 m1 的终止点。

如果 m1 被完全回调了，而且回到 m1 起始点价格所用的时间与 m1 形成的时间（再加上一个时间单位）相等或更少，m2 接近于 m1 的 161.8%，m2 被回调了小于 61.8%，m（-1）至少是 m0 的 61.8%，m（-2）介于 m（-1）的 61.8% 和 161.8% 之间，m（-3）介于 m（-2）的 61.8% 和 161.8% 之间，从 m2 起始点到 m4 终止点的价格长度长于 m0 的价格长度，那么 m1 可能完成了一个收缩三角形形态；加"：L3"到 m1 的结构目录中。

如果 m1 被完全回调了，而且回到 m1 起始点价格所用的时间与 m1 形成的时间（再加上一个时间单位）相等或更少，m1 接近于 m0 的 61.8%，但 m1 不大于 m（-1）的 161.8%，m2 接近于 m1 的 161.8%，m2 被回调了小于 61.8%，从 m2 起始点到 m4 终止点的价格距离长于 m0 的价格长度，那么 m1 可能完成了一个平台形态；加"：L5"到 m1 结构目录中。

如果在这一部分没有给 m1 放置任何结构标志，放"：F3"在 m1 的终止点。

条件"d"——如果 m0 是大于 m1 的 261.8%。

如果 m2 由 3 个以上的单波组成，放"：F3"在 m1 的终止点。

如果 m2 被完全回调了，而且 m3 回到 m2 起始点价格所用的时间与 m2 形成的时间（再加上一个时间单位）相等或更少，m（-2）短于 m0，在 m2 之后，市场用了从 m（-2）起始点到 m2 终止点所花费时间的 50% 或更少、接近或超过了 m（-2）的起始点，那么加"（：sL3）"到 m1 的结构目录中（指示有一种非常小的可能性：m2 结束了一个第三波扩展终结形态）。

如果 m2 被回调小于 61.8%，m1 和 m3 有一些相同的价格，m4 短于 m2，m4 被完全回调了，而且回到 m4 起始点价格所用的时间比 m4 形成的时间更少，市场用了从 m0 起始点到 m4 终止点所花费时间的 50% 或更少，接近或超过了 m0 的起始点，于是市场可能在 m4 完成了一个终结形态；放"：c3"到 m1 的终止点。

如果 m2 被回调小于 61.8%，从 m2 起始点到 m4 终止点的价格长度比 m0 更大和更垂直，m（-1）至少是 m0 的 61.8%，那么 m1 有很小可能完成了一个收缩三角形；加"（：L3）"到 m1 结构目录中。

如果 m2 被回调小于 61.8%，从 m2 起始点到 m4 终止点的价格长度比 m0 更大和更垂直，m（-1）接近等于 m0 的价格长度，m1 的时间等于或大于 m（-1），m0 所花费时间大于 m1 和大于 m（-1），那么 m1 有很小可能完成了一个"标准"的 C 失败平台；加"［：L5］"到 m1 结构目录中。

如果 m3 介于 m2 的 61.8% 和 100% 之间，m4 小于 m0 的 61.8%，m1 的时间少于 m0，那么 m1 可能是一个复杂调整里的 x 波；记下来这件事和放"x：c3"到 m1 的终止点。

如果 m3 介于 m2 的 61.8% 和 100% 之间，m4 至少是 m0 的 61.8%，放"：F3"到 m1 的终止点。

如果 m3 小于 m2 的 61.8%，放"：F3/：c3"到 m1 的终止点。

如果 m3 至少是 m1 的 61.8%但小于 100%的 m2，m4 至少和 m2 一样长，m4（或从 m4 起始点到 m6 终止点）没有超过 m3 的终止点并至少是 m0 的 61.8%，那么 m1 很有可能是一个不规则失败平台的第一段；加":F3"到 m1 的终止点。

如果到目前为止，还没有找到适合 m1 的结构标志，放":F3"到 m1 的终止点。

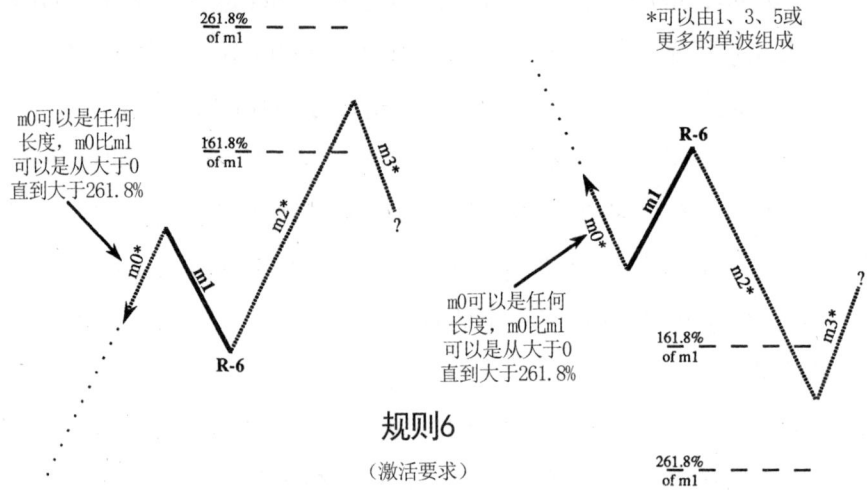

规则6
（激活要求）

规则 6 {任何结构都可能，如果找不到适合的情况，阅读本章"位置指示符"一节的内容，使用位置指示符序列。}

条件"a"—m0 小于 m1 的 100%。
＊＊（如果 m2 由 3 个以上的单波或波群组成）

如果 m2 的前 3 个单波回调了 m1，但不大于 m1 的 61.8%，一个复杂调整可能正在展开，它的第一个或第二个单波（紧接在 m1 的终止点之后）运行方向与 m1 相反，代表一个 x 波；或者在

m1 中心包含一个"失踪"x 波，或者 m1 是第五波失败推进形态（沿着走势或终结）的波 3；放置"：5/：s5"在 m1 的终止点。

注意：如果认为 m1 中心包含一个"失踪"的 x 波，在 m1 的中心画一个点，在这个点的右边，写上"：F3?"，在左边写上"：5?"，在市场突然转向（与 m1 的方向相反）和回调超过 m1 的 61.8% 之前，就可以马上确定这个复杂调整的终止处。

如果 m2 前 3 个单波的回调大于 m1 的 61.8%，m1 可能完成了一个平台的波 a，这个平台有一个复杂的波 b；或者，m1 完成了一个第五波失败推进形态的波 3；放置"：F3/：5"在 m1 的终止点，以显示这两种可能性。

**（如果 m2 由 3 个或 3 个以下的单波或波群组成）

如果 m2 被 m3 回调了，但不大于 m2 的 61.8%，放置"：L5"在 m1 的终止点。如果 m0 和 m（-2）有一些相同的价格，加"：L3"到 m1 的终止点。

如果 m2 被 m3 回调了，其回调等于或大于 m2 的 61.8%，放置"：L5"在 m1 的终止点。

如果 m1 被完全回调了，而且回到 m1 起始点价格所用的时间与 m1 形成的时间（再加上一个时间单位）相等或更少，一个走势推进形态可能结束在 m1；放置"：L5"在 m1 的终止点。

如果 m1 被完全回调了，而且回到 m1 起始点价格所用的时间与 m1 形成的时间（再加上一个时间单位）相等或更少，m3 短于 m2，m2（或从 m2 起始点到 m4 终止点）用了从 m（-3）起始点到 m1 终止点所花费时间的 50% 或更少，接近或超过了 m（-3）的起始点，m0 和 m（-2）有一些相同的价格，于是 m1 可能完成了一个终结推进形态；加"（：L3）"到 m1 的终止点。

如果 m3 介于 m2 的 61.8%和 100%（不包括）之间，": L3"被认为是合适的结构标志，m2 可能是一个 x 波；或者 m1 完成了一个终结形态，这个终结形态在一个更大的三角形内；放"x: c3?"到 m2 的终止点。

如果 m1 被完全回调了，而且回到 m1 起始点价格所用的时间比 m1 形成的时间更多，m2 没有超过 m（-2）的终止点，m（-1）至少是 m1 的 61.8%，m（-1）长于 m（-2），那么 m1 可能是一个平台形态的 a 波，这个平台形态结束了一个复杂调整，m0 是这个复杂调整的 x 波；放": F3"到 m1 的终止点，放"x: c3?"到 m0 的终止点。

条件"b"——如果 m0 至少是 m1 的 100%，但小于 161.8%。

＊＊（如果 m3 由 3 个以上的单波或波群组成）

如果 m3 的前 3 个单波回调了 m2，但不大于 m2 的 61.8%，一个复杂调整可能正在展开，它的第一个或第二个单波（紧接在 m2 的终止点之后）运行方向与 m2 相反，代表一个 x 波，或者 m2 中心包含一个"失踪"波，或者 m2 是第五波失败推进形态（沿着走势或终结）的波 3；放置": 5/: s5"在 m1 的终止点。

注意：如果认为 m2 中心包含一个"失踪"波，在 m2 的中心画一个点，在这个点的右边，写上": F3/ x: c3?"，在左边写上": 5?"。

在市场突然转向（与 m1 的方向相反）和回调超过 m2 的 61.8%的时候，就可以完全确定这个复杂调整的终止点，这个复杂调整的终止点可能在市场突然转向的开始处。

如果 m3 的前 3 个单波回调大于 m2 的 61.8%，m2 可能完成了一个平台的 a 波，这个平台有一个复杂的 b 波，或者，m1 完成了一个第五波失败推进形态的波 3；放置"：F3/：5"在 m1 的终止点，以显示这两种可能性。

＊＊（如果 m3 由 3 个或 3 个以下的单波或波群组成）

如果 m1 的时间等于或小于 m0 或者 m1 的时间等于或小于 m2，m（-1）长于 m（-2），m1 可能是一个复杂调整的 x 波；放"x：c3"到 m1 的终止点。

如果 m1 的时间等于或大于 m0 或者 m1 的时间等于或大于 m2，m0 接近 m1 的 161.8%，m1 可能是一个锯齿或推进形态的一部分，放置"：F3"在 m1 的终止点。

如果 m1 被 m2 完全回调了，而且回到 m1 起始点价格所用的时间与 m1 形成的时间（再加上一个时间单位）相等或更少，m2 在 m2 本身所用的时间里（或更少）被回调小于 61.8%或者大于 100%，m（-1）在价格和时间上至少是 m1 的 61.8%，如果 m1 是一个压缩形态并确定没有 m1 的任何部分超过 m1 的起始点，于是 m1 可能完成了一个平台的 c 波；放置"：L5"在 m1 的终止点，说明有这种可能性。

如果 m1 被 m2 完全回调了，而且回到 m1 起始点价格所用的时间与 m1 形成的时间（再加上一个时间单位）相等或更少，m2 被回调小于 61.8%，m（-1）在价格和时间上至少是 m0 的 61.8%，于是 m1 可能完成了一个收缩三角形或者几种平台的变形之一［依赖于 m（-1）的长度］；放置"：L3/：L5"在 m1 的终止点，以显示这两种可能性。如果 m1 是一个次多波和 m1 的某部分超过了 m1 的起始点，去掉"：L5"。

如果 m1 被完全回调了，而且回到 m1 起始点价格所用的时

间比 m1 形成的时间更多，m2 由 3 个或 3 个以上的单波组成，m2 长于 m（-1）和 m0，于是 m1 可能是一个三角形中间的一段；放"：c3"到 m1 的终止点。

如果 m2 被完全回调了，而且回到 m2 起始点价格所用的时间与 m2 形成的时间（再加上一个时间单位）相等或更少，在比较 m（-2）、m2 和 m0 的价格长度时，m0 不是最短的，市场用了从 m（-2）起始点到 m2 终止点所花费时间的 50% 或更少、接近或超过了 m（-2）的起始点，一个终结形态可能结束在 m2；加"：sL3"到 m1 的结构目录中。

如果 m3 介于 m2 的 101% 和 161.8% 之间，一个扩展三角形可能正在形成；如果有一个"：F3"在 m1 的结构目录中，加上括号，表示"：c3"是更好的选择。

条件"c"——如果 m0 介于 m1 的 161.8% 和 261.8% 之间（包括）。

不论其他的情况如何，但总的来说"：F3"是很有可能，放"：F3"到 m1 的终止点。

如果 m1 被 m2 完全回调了，而且回到 m1 起始点价格所用的时间与 m1 形成的时间（再加上一个时间单位）相等或更少，m2 被回调小于 61.8%，在 m0 所用的时间里，m2 超过了 m0 的长度，m（-1）介于 m0 的 61.8% 和 161.8% 之间，m2 比 m0 更长和更垂直，于是 m1 可能完成了一个收缩三角形或者一个标准的 C 失败平台；放置"：L3/（：L5）"在 m1 的终止点，以显示这两种可能性。

如果 m2 被完全回调了，而且回到 m2 起始点价格所用的时间与 m2 形成的时间（再加上一个时间单位）相等或更少，m

(-1) 和 m1 通过一些相同的价格区间，在比较 m（-2）、m2 和 m0 的价格长度时，m0 不是最短的，市场用了从 m（-2）起始点到 m2 终止点所花费时间的 50% 或更少，接近或超过了 m（-2）的起始点，于是一个终结形态可能结束在 m2；加"：sL3"到 m1 的结构目录中。

如果 m3 介于 m2 的 101% 和 161.8% 之间，一个扩展三角形不太可能正在形成；加"（：c3）"到 m1 的结构目录中。

条件"d"——如果 m0 是大于 m1 的 261.8%。

如果 m0（减一个时间单位）的时间等于或小于 m1 或者如果 m2（减一个时间单位）的时间等于或小于 m1，只要 m1 在时间上不是同时小于 m0 和 m2，于是 m1 可能是一个较大调整的第一段，或者 m1 完成了一个调整，这个调整在一个锯齿或推进形态内；放"：F3"到 m1 的终止点。

如果 m2 被回调了小于 61.8%，从 m2 起始点到 m4 终止点所用的时间等于或小于 m0 的时间，从 m2 起始点到 m4 终止点的价格长度长于 m0 的价格长度，而且比 m0 更垂直，m1 不太可能完成了一个收缩三角形形态或者一个标准的 C 失败平台；放置"（：L3）／［：L5］"在 m1 的终止点，以显示这两种可能性。

如果 m2 被完全回调了，而且回到 m2 起始点价格所用的时间与 m2 形成的时间（再加上一个时间单位）相等或更少，m（-1）和 m1 通过一些相同的价格区间，在比较 m（-2）、m2 和 m0 的价格长度时，m0 不是最短的，市场用了从 m（-2）起始点到 m2 终止点所花费时间的 50% 或更少，接近或超过了 m（-2）的起始点，于是一个终结形态可能结束在 m2；加"：sL3"到 m1 的结构目录中。

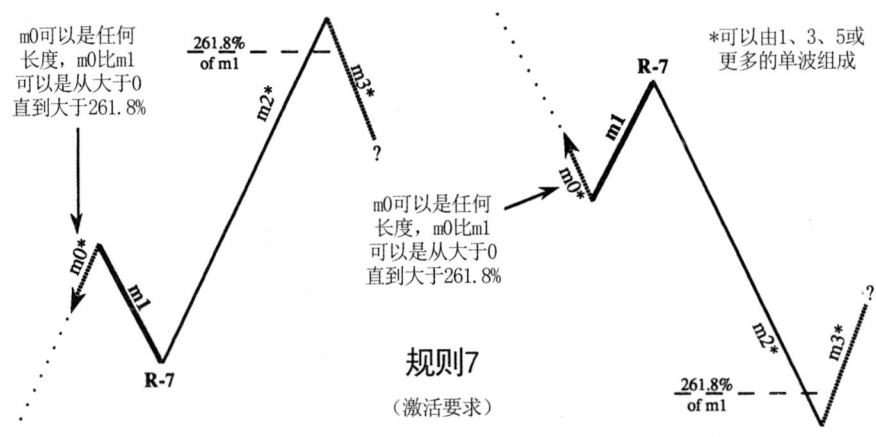

规则7
（激活要求）

规则7　任何结构都可能，如果找不到适合的情况，阅读本章"位置指示符"一节的内容，使用位置指示符序列。

条件"a"——m0 小于 m1 的 100%。

＊＊（如果 m2 由 3 个以上的单波或波群组成）

如果 m2 的前 3 个单波回调了 m1，但不大于 m1 的 61.8%，一个复杂调整可能正在展开，它的第一个或第二个单波（紧接在 m1 的终止点之后）运行方向与 m1 相反，代表一个 x 波；或者 m1 中心包含一个"失踪"x 波，或者 m1 是第五波失败推进形态（趋势或终结）的波 3；放置"：5/：s5"在 m1 的终止点，放"x：c3?"到 m2 的终止点。

注意：如果认为 m1 中心包含一个"失踪"的 x 波，在 m1 的中心画一个点，在这个点的右边，写上"：F3?"，在左边写上"：5?"，在市场突然转向（与 m1 的方向相反）和回调超过 m1 的 61.8% 之前，就可以马上确定这个复杂调整的终止处。

如果 m2 的前 3 个单波回调 m1 大于 m1 的 61.8%，m1 可能完成了一个平台的波 a，这个平台有一个复杂的波 b；或者，m1

完成了一个第五波失败推进形态的波 3；放置":F3/:5"在 m1 的终止点，以显示这两种可能性。

＊＊（如果 m2 由 3 个或 3 个以下的单波或波群组成）

不论周围的情况如何，但总的来说":L5"是很有可能，放":L5"到 m1 的终止点。

如果 m2 被 m3 回调了，但不大于 m2 的 61.8%，m(-1)长于 m(-2)，m(-2) 和 m0 通过一些相同的价格区间，于是一个终结推进形态可能结束在 m1；加"（:L3）"到已有的结构目录中。

条件"b"——如果 m0 至少是 m1 的 100%，但小于 161.8%。

＊＊（如果 m3 由 3 个以上的单波或波群组成）

如果 m3 的前 3 个单波回调了 m2，但不大于 m2 的 61.8%，一个复杂调整可能正在展开，它的第一个或第二个单波（紧接在 m2 的终止点之后）运行方向与 m1 相同，代表一个 x 波，这也可能意味着 m2 中心"失踪"了一个 b 波，或者 m2 是第五波失败推进形态（沿着走势或终结）的波 3；放置":F3/:c3/:L3/:L5"在 m1 的终止点。如果需要 5 个以上的单波，才能够回调大于 m2 的 61.8%，去掉":F3"和第五波失败推进形态波 3 的可能性。

注意：如果认为 m2 中心包含一个"失踪"波，在 m2 的中心画一个点，在这个点的右边，写上"b:F3/ x:c3?"，在左边写上":5?"。在市场突然转向（与 m1 的方向相反）和回调超过 m2 的 61.8%的时候，就可以完全确定这个复杂调整的终止点，这个复杂调整的终止点可能在市场突然转向的开始处（译者注：此话可能有问题。）。为了说明这些可能性，放"x：c3?"到这第一个和第二个单波（紧接在 m2 的终止点之后）的终止点，这第一个和第二个单波与 m1 同向运行。

如果 m3 的前 3 个单波回调大于 m2 的 61.8%，m2 可能完成了一个平台的 a 波，这个平台有一个复杂的 b 波；或者，m1 可能完成了一个第五波失败推进形态的波 3；放置"：F3/：5"在 m1 的终止点，以显示这两种可能性。

**（如果 m3 由 3 个或 3 个以下的单波或波群组成）

如果 m0 至少是 m1 的 61.8%，m3 介于 m2 的 100% 和 261.8%之间，那么 m1 可能是一个扩展三角形的一部分，放"：c3"到 m1 的终止点。如果 m4 大于 m3 的 61.8%，加"：F3"到 m1 的结构目录中。

如果 m1 不是大于 m0 的 61.8%很多，m2 被回调了，但不大于 m2 的 61.8%或者大于 m2 的 100%而所用时间等于或小于 m2 的时间，在 m0 所用时间里或更少，m2 的长度发展到等于 m0，m2 在价格上比 m0 更垂直，那么 m1 很有可能完成了一个收缩三角形或者 C 失败平台；放置"：L3/：L5"在 m1 的终止点，以显示这两种可能性。

如果 m2 被回调了至少 61.8%但小于 100%，一个拉长平台是最可能的形态，它结束在 m2；放"：c3"到 m1 的终止点。

如果 m2 被完全回调了，而且回到 m2 起始点价格所用的时间与 m2 形成的时间（再加上一个时间单位）相等或更少，一个趋势推进形态可能结束在 m2；放"：L5"到 m1 的结构目录中。

如果 m（-1）短于 m0，在比较 m（-2）、m2 和 m0 的价格长度时，m0 不是最短的，市场用了从 m（-2）起始点到 m2 终止点所花费时间的 50%或更少，接近或超过了 m（-2）的起始点，于是一个第五波扩展终结形态可能结束在 m2；加":sL3"到 m1 可能的结构目录中。

条件"c"——如果 m0 介于 m1 的 161.8%和 261.8%之间（包括）。

如果 m1 所用时间等于或大于 m0，或者 m1 所用时间等于或大于 m2，不论其他的情况如何，但总的来说":F3"是很有可能的，放":F3"到 m1 的终止点。

如果 m2 发展到 m0 相等的长度所用的时间等于（或小于）m0 发展所用的时间，m2 在价格上比 m0 更大和更垂直，m（-4）长于 m（-2），于是 m1 有可能完成了一个收缩三角形；放置":L3"在 m1 的终止点。

如果 m2 发展到 m0 相等的长度所用的时间等于（或小于）m0 发展所用的时间，m2 在价格上比 m0 更大和更垂直，m（-2）至少是 m0 的 161.8%，m（-2）至少是 m2 的 61.8%，一个 m（-1）的结构可能性是":F3"，于是 m1 有可能完成了一个不规则失败平台；放置":L5"在 m1 的终止点。

如果 m2 被完全回调了，而且回到 m2 起始点价格所用的时间与 m2 形成的时间（再加上一个时间单位）相等或更少，市场用了从 m（-2）起始点到 m2 终止点所花费时间的 50%或更少，接近或超过了 m（-2）的起始点，m（-2）短于 m0，于是一个扩展终结推进形态可能结束在 m2；加":sL3"到 m1 的终止点。

如果 m1 被完全回调了，而且回到 m1 起始点价格所用的时间与 m1 形成的时间（再加上一个时间单位）相等或更少，m2

至少是 m0 的 161.8%，m1 穿过了连接 m（−3）和 m（−1）终止点的连线，那么一个运行调整可能结束在 m1；加":L5"到 m1 的终止点。

条件"d"——如果 m0 是大于 m1 的 261.8%。

如果 m0（减一个时间单位）的时间等于或小于 m1 或者如果 m2（减一个时间单位）的时间等于或小于 m1，只要 m1 在时间上不是同时小于 m0 和 m2，于是 m1 可能是一个锯齿或推进形态的一部分；放":F3"到 m1 的终止点。

如果 m1 所用时间等于或小于 m0 或者 m1 所用时间等于或小于 m2，m（−2）至少是 m（−1）的 161.8%，m（−1）短于 m0，m1 小于从 m（−2）起始点到 m0 终止点距离的 61.8%，如果 m3 长于 m2，要确定 m4 短于 m3；如果 m3 长于 m2，要确定在 m2 终止点被超过之前，从 m（−2）起始点到 m2 终止点的 61.8% 被回调了，于是 m1 可能是一个双重锯齿或者是一个复杂调整的 x 波，这个复杂调整有一个锯齿形态的开始；放"x:c3"到 m1 的终止点。

如果 m1 所用时间等于或小于 m0 或者 m1 所用时间等于或小于 m2，m0 介于 m（−1）的 100% 和 161.8% 之间，m2 不大于 m0 的 161.8%，m4 至少是 m2 的 38.2%，如果 m3 长于 m2，要确定 m4 短于 m3，于是 m1 可能是一个复杂调整的 x 波，这个复杂调整有一个平台形态的开始，有一个平台或三角形形态的结束；放"x:c3"到 m1 的终止点。

如果 m1 所用时间等于或小于 m0 或者 m1 所用时间等于或小于 m2，放":c3"到 m1 的终止点。如果 m（−1）和 m1 在价格或时间上是大致相等，或者 m（−1）和 m1 在价格和时间上是大致相等（或者在价格和时间上都有61.8%的关系），m0大于m（-1），在比较m0、m（-2）和m2价格长度时，m0不是最短的，在m0、m（-2）和m2按价格长度排列时，其中任何一个价格长度不会大于比它稍短那个价格长度的161.8%，于是m1可能是一个复杂双重锯齿（它可能有一或两个x波）的一部分；加一个"x"到"：c3"的前面。如果在比较m0、m（-2）和m2价格长度时，m0不是最长的，这个x波可能在m1的终止点，但如果除了"：c3"之外，m1有其他结构标志的可能性，这个x波可能在m（-1）或m3的终止点。如果在比较m0、m（-2）和m2价格长度时，m0是最长的，这个x波可能"失踪"在m0的中心，在m0的中心画一个点，在这个点的右边，写上"x：c3?"，在左边写上"：s5"；在这种情况下，m（-2）可能是这个形态的开始，m2是这个形态的结束。如果从m（-2）到m2构成了一个复杂调整，有一个"失踪"的x波，那么在新波群（有与这个复杂调整相同的波浪等级）开始之前，市场应该回调这个复杂调整，从61.8%到100%。如果这个"失踪"x波的复杂调整被回调小于61.8%，然后市场超过了这个复杂调整的终止点，那么有可能从m（-2）到m2没有构成一个复杂调整，或者这个复杂调整是一个终结推进形态的一部分。

如果m1被完全回调了，而且回到m1起始点价格所用的时间与m1形成的时间（再加上一个时间单位）相等或更少，m（-1）和m1在价格和时间上是相等（或者在价格和时间上都有61.8%的关系），m2至少是m0的161.8%，m（-1）和m1没有相同的价格区，m2被完全回调了，但是回到m2起始点价格所用的时间比m2形成的时间更多，于是m1可能完成了一个运行调整；放"：L5"到m1的终止点。如果m（-2）小于m0的161.8%，m2被回调小于61.8%，已经使用了"：L5"，于是m1

同时结束了一个以上的艾略特形态，这些艾略特形态的波浪等级是连续增加的。

如果 m2 被回调小于 61.8%，在价格上 m2 比 m0 更长和更垂直，m（-1）不大于 m0 的 161.8%，m（-1）和 m1 有一些相同的价格区间，至少 m0 有一个结构可能性是":3"（包括任何变形），于是 m1 有较少的可能性结束了一个收缩三角形；放"（:L3）"到 m1 的终止点。如果 m（-1）和 m1 在价格或时间上两者是相等（或者有 61.8% 的关系），m（-1）和 m1 通过了一些相同的价格区，于是 m1 可能完成了一个不规则或 C 失败平台；放":L5"到 m1 的终止点。

如果 m2 被回调小于 61.8%，m2 的价格长度介于 m0 的 61.8% 和 161.8% 之间，m（-1）短于 m0 和 m（-1）不大于 m0 的 161.8%，那么 m1 可能是一个复杂调整形态的 x 波；在图上 m1 附近记下来这件事，如果 "x：c3" 不在 m1 的结构目录中，加上它。

如果 m2 被完全回调了，而且回到 m2 起始点价格所用的时间与 m2 形成的时间（再加上一个时间单位）相等或更少，m3 被回调不大于 61.8%，m（-1）短于 m0，m（-1）和 m1 有一些相同的价格区间，m0 不是 m0、m（-2）和 m2 中最短的，m3 用了从 m（-2）起始点到 m2 终止点所花费时间的 50% 或更少，接近或超过了 m（-2）的起始点，那么在 m2，一个终结形态可能完成了；加"：sL3"到 m1 终止点的结构目录中。

位置指示符

（减少结构目录到只有一种可能性的规则）

位置指示符用的是字母（"c、F、L、s 或 sL"），它们出现

第三章 初步分析

在大部分结构标志（：3和：5）之前。位置指示符正是做它们名字所暗示的事，它们指示一个结构标志在市场运动中的相对位置，有时是一般指示，有时是特别指示。由于存在两种结构标志（有些结构标志包含位置指示符，有些没有），要创造特别的短语来表示每种结构标志，以便准确理解这一方法。"基本结构标志"表示在那些结构标志的前面没有位置指示符（即仅仅是"：3"或"：5"等）。"定位结构标志"表示在那些结构标志的前面有位置指示符（即：F3、：c3、：s5、：L5等）。在下面的各个段落里，如果一个形态结构并不重要或是未知或是没有讨论的意义，我们只是使用短语"结构标志"，包括有这两种可能性。

如果一个波有多个结构标志的可能性，就必须使用"位置规则"，只有使用位置指示符，初学者才能正确地拼凑出可靠的波浪形态。有趣的是，艾略特波浪分析的专家们也使用这样的方法，但大多数专家已经通过实践，能够轻而易举地操作，以至于他们没有意识到他们正在利用这些概念，他们可能甚至没有意识到他们正在应用标准的艾略特波浪技术——这本书中介绍的方法。

由于有了位置规则，这样使用位置指示符开始加强了相邻波之间的联系，使貌似随机波动的市场行为表现为一种有序性，使用位置指示符是理清市场运动的另一个步骤。

如果你在图上找到一个波浪，它拥有多个结构标志的选择，要使用位置指示符来简化你的选择，这些位置指示符有助于消除多余的结构标志，只给m1的结构目录留下一个选择。在你的图上，当所有的波浪都只有一个结构标志时，在这一章后面，你将学习如何使用这些结构标志来分离出各个艾略特形态的起始点和终止点。对于那些不知道如何开始波浪分析的人来说，这部分内容将回答你的问题。

说明

在你读到这一节的时候,你图上许多单波的结构应该已经确立,不幸的是,"构成前逻辑规则"并不能总是减少结构标志到只有一种可能性,因此,在你的图上,有一些波浪可能包含两个或更多的结构标志。学习每个位置指示符的独特性质(在本节中介绍),逻辑地把一个结构标志的内在含义与其他周围的结构标志结合起来,应该使你能够消除所有多余的结构标志,使每一个波浪只有一个结构标志。

在下面的目录中,每一种结构标志被短划线("-")或2个加号("++")分开。全部用短划线("-")连接的结构标志都属于同一个标准艾略特波浪形态。如果用2个加号("++")分开,在这个双加号前面,出现的是一个完整的标准形态;在这个双加号之后,另一个标准形态开始出现。在两个双加号中间的运动是一个x波,稍后将详细说明,x波可以连接多个标准调整,形成一个更大的复杂调整(一种非标准的图形)。有关标准和非标准形态的详细说明,请参阅第八章。

在下面的"位置指示符定义和序列"里,描述了所有的"定位结构标志"。知道每个位置指示符的性质是重要的,这有助于减少一个单波的结构目录到一种可能性。有了位置指示符的知识,可以使你迅速发现和消除不符合逻辑的结构可能性。不要删除有问号(?)的定位结构标志,也不要消除基本结构标志(它们是压缩的结果),除非这些基本结构标志是在一个更大的压缩形态内。

如果一个位置指示符的定义并没有让你减少一个单波的结构目录到只有一种可能性,在下面列出的每一个标志有一个目录,告诉你这个标志与前后其他结构标志的关系。在左边的序列通常由调整形态的各种变形(:3的变形)开始,在右边的序列通常由推进形态的各种变形（:5 的变形）开始。在每一个序列的中部，有一个黑色、较大字体的定位结构标志，它表示 m1。把书上 m1 前后的结构标志记下来，比较它们同你图上 m1 前后的结构选择，你应该能够消除 m1 的不适当结构标志，最后使每一个波浪只有一个结构标志。记住：一旦一个形态被压缩，我们可能需要用它的基本结构标志（:3 或:5），而不是它的定位结构标志（:c3、:sL3、:s5 等），来构成复杂的艾略特调整；即使一个压缩波群已经有了它的定位结构标志，也需要保留它的基本结构标志，这就是原因之一。

位置指示符定义和序列

":F3"

这个结构标志是"开始的3"（First three）的缩写。一个":F3"要么出现在一个"x:c3"之后，开始了一个波浪系列，或者在两个":5"的波浪（包括各种变形在内）之间。如果你发现两个":F3"的波浪彼此连接，一个新的形态（有较小的量级）开始于第二个":F3"；在这两个":F3"波浪的起始点画点，但先不要把这两个波浪联系在一起，直到第二个":F3"波浪成为了一个次多波形态（一个次多波形态是一个艾略特形态，由3个或更多的单波组成）的一部分，需要继续扩大时。在实时情况下，一个":F3"可能出现的例子：

1. ? -F3-c3-L5（在 F3 的起始点画点）
2. ? -F3-c3-c3（在 F3 的起始点画点）
3. x:c3 ++ F3-c3-L5（在 F3 的起始点画点）
4. x:c3 ++ F3-c3-c3（在 F3 的起始点画点）
5. 5-F3-5-F3-L5（第二个 5 至少是第一个 5 的 38.2%）

6. 5-F3-5 ++ x：c3（第二个 5 至少是第一个 5 的 38.2%）

7. 5-F3-s5 ++ x：c3（s5 至少是 5 的 38.2%）

8. 5-F3-L5（L5 至少是 5 的 38.2%）

9. s5-F3-L5（L5 必须大于 s5 的 100%）

"：c3"

这个结构标志是"中间的 3"（center three）的缩写。一个"：c3"从来不能开始或结束一个波浪序列；这样，在一个"：c3"之后，市场不会出现大的剧烈运动。如果在一个波群中，第 1 波包含几个结构标志，其中之一是"：c3"，你可以删除这个"：c3"。如果有 3 或 5 个波的形态，其中最后一个波包含"：c3"的可能性，你可以删除这个"：c3"。如果使用下面从 1 到 6 的一个序列，在"：F3"波浪的起始点画点。下面是在实时情况下，一个"：c3"可能出现的例子，在每一个序列后的条件必须满足：

（译者注：下面的序列应该按书上排列）

1. F3-c3-c3-c3（第 2 个或第 3 个 c3 必须是 4 个之中最大的或最小的）

2. F3-c3-5（5 必须大于 c3；如果 5 等于或大于 F3 的 161.8%，5 应该被回调至少 61.8%）

3. F3-c3-s5 ++ x：c3（与第 2 序列的条件相同）

4. F3-c3-L5（如果 L5 短于 c3，F3 的起始点或 c3 的终止点必须被很快超过）

5. F3-c3-c3-c3-L3（最后的 c3 或 L3 应该是 5 个之中最大的或最小的）

6. F3-c3-c3-sL3-L3（L3 必须是 5 个之中最小的）

7. c3-c3-c3-L3（L3 必须是最小的，最后一个 c3 是第二个小

的；或者在 L3 和最后一个 c3 之中，有一个是 4 个之中最长的）

8. ：3-x：c3 * * -：3（x：c3 应该是小于第一个：3 的 61.8%或者大于第一个：3 的 161.8%）

9. 5 ++ x：c3 * ++ 5-F3（c3 必须小于 5）

10. 5 ++ x：c3 * ++ F3-c3（c3 必须小于 5）

11. s5 ++ x：c3 * ++ 5-F3（c3 必须小于 s5）

12. s5 ++ x：c3 * ++ F3-c3（c3 必须小于 s5）

13. L5 ++ x：c3 * ++ F3-c3（c3 必须大于 L5，F3 必须小于 c3）

* 在此位置上，"：c3"将被视为是一个复杂调整的 x 波。如果你图上"：c3"周围的结构标志与书上的序列相同，你可以添加一个"x"在"：c3"的前面。

注意：一个"：c3"可以成为一个"x：c3"，但是反过来是不允许的。

** 在此位置上，"：c3"将被视为是一个复杂调整的 x 波。如果你图上"：c3"周围的结构标志与书上的序列相同，你可以添加一个"x"在"：c3"的前面。有下划线的"：3"代表被压缩的次多波（或更高复杂度）调整，它不应包含位置指示符。

注意：一个"：c3"可以成为一个"x：c3"，但是反过来是不允许的。

"x：c3"

这个结构标志是"在 x 波位置的中间的 3"的缩写。一个"x：c3"从来不能开始或结束一个波浪序列；这样，如果在一个"x：c3"之后，市场出现大的剧烈运动（相对于周围的运动），这几乎肯定是一个非限制三角形的 a 波。一个"x：c3"通常出现在标准的艾略特形态之间，起到连接的作用，使分散的单一调整连接成更大的形态。如果在一个波群中，第 1 波包含几个结构标志，其中之一是"x：c3"，你可以删除这个"x：c3"。如果在完成 3 或 5 个波的形态时，其中最后一个波包含"x：c3"的可能性，你可以删除这个"x：c3"。

在处理被压缩的调整形态（它们的基本结构标志是"：3"）时，如下面的3、4、9系列，这里的"x：c3"复杂度不能高于出现它前后的完整艾略特形态的复杂度。"x：c3"通常比它前后的两个形态的复杂度低一级，但在偶然的情况下（如第4系列），那个中间的"：3"可能比旁边的一个或两个"x：c3"的复杂度高两级（有关复杂度和压缩，见第七章）。

下面是在实时（real-time）情况下，一个"x：c3"可能出现的例子，在每一个系列后的条件必须满足：

1. L3 ++ x：c3 ++ F3-c3（很罕见，c3必须大于L3和F3）

2. L3 ++ x：c3 ++ 5-c3（基本上不可能，c3必须大于L3和5）

3. ：3* ++ x：c3 ++：3*（最后的：3是形态的终结）

4. ：3* ++ x：c3 ++：3* ++ x：c3++：3*（最后的：3是形态的终结）

5. 5 ++ x：c3 ++ 5-F3（x：c3必须小于两个5）

6. 5 ++ x：c3 ++ F3-c3（x：c3必须小于5和F3）

7. s5 ++x：c3 ++5-F3（x：c3必须小于s5和5）

8. s5 ++x：c3 ++ F3-c3（x：c3必须小于s5和F3）

9. s5++x：c3++：3*（最后的：3是形态的终结，或者不常见的三重合成形态正在形成，如果是这种情况，在：3之后，另一个x：c3可能出现）

10. L5++x：c3++F3-c3（x：c3必须大于L5和F3）

* 代表一个被压缩的次多波（或更高复杂度）调整，它不应包含位置指示符。

第三章 初步分析

在上面的 3、4 系列里，有下划线的"：3"出现，它们表示被压缩的艾略特调整形态，这些形态有次多波的复杂度或者更高（如果你不熟悉压缩和复杂度，至少读下去到第五章结尾，然后到第七章，那里有更详细的讨论）。这些"：3"表示的调整可能是锯齿、平台或者三角形。如果在这些复杂的形态中有一个三角形，它一般是系列中的最后一个"：3"。

"：sL3"

这个结构标志是"倒数第二的 3"（second to Last three）的缩写。一个"：sL3"从来不能开始或结束一个艾略特波浪形态；这是一个有条件的结构标志，如果没有它的伙伴"：L3"，"：sL3"不能出现，无论什么时候，在你考虑使用"：sL3"时，"：L3"一定紧跟其后；这组结构标志说明两个艾略特形态之一正在形成，或者是终结形态，或者是三角形。因此，"：sL3"（和它的伙伴"：L3"）一定是 5 个连续调整（"：3"）的结构标志之一，"：sL3"是其中的倒数第二个。下面是在实时（real-time）情况下，一个"：sL3"唯一可能出现的位置：

1. c3-sL3-L3-？（L3 应该不大于：sL3 的 61.8%，或者 L3 大于：sL3 的 100%）

"：L3"

这个结构标志是"最后的 3"（Last three）的缩写。不像一个"：sL3"（它后面一定有一个"：L3"），一个"：L3"前面不必须是一个"：sL3"。如果"：L3"是最小的波，它需要自己的价格距离被完全回调而且所用的时间与":L3"形成的时间（再加上一个时间单位）相等或更少。与前面的":sL3"标志相似，一个":L3"一定是一个终结或三角形形态的一部分，因此，需要发现 5 个连接在一起的":3"的波浪，这个":L3"是这 5 个":3"中的最后一个。通过应用第五章的基本推进构成规则到一个波群，你可以决定是否市场正在形成一个终结或一个三角形；如果市场运动符合基本推进构成规则，一个终结正在形成，如果不符合，一个三角形正在展开。下面是在实时（real-time）情况下，围绕着一个":L3"可能出现的结构标志（注意：在下面的 1、2 序列中，在":c3"的前面没有"x"）：

1. F3-c3-c3-c3-L3-?（L3 必须大于第二个或第三个 c3；在 L3 的终止点画点）

2. F3-c3-c3-sL3-L3-?（L3 必须是最小的波，它必须被快速回调；在 L3 的终止点画点）

3. sL3-L3 ++ x：c3 ++ F3（sL3 和 c3 必须都大于 L3；或者 sL3 和 c3 都小于 L3）

":5"

这个结构标志就读"5"，可以表示一些推进波，这些推进波没有结束一个艾略特形态。":5"可以是一个锯齿或一个推进形态的第一段，也可以是一个复杂调整或一个推进形态的中间段。":5"是很常见的结构标志之一，可以在许多情况中出现。如果你正在观察一个系列中的第一个":5"，看到市场不能回调超过它的 61.8%，那么，接下来市场一定会超过它的终止点；如果情况不是这样，这个":5"应该被删除（只要它不是 m1 的唯一结构标志）。下面是":5"可能出现的全部系列，括号中是":5"周围的价格运动情况：

1. ? -5-F3-5（"?"指示目前形态的开始，或者在5之前没有市场运动）

2. ? -5-F3-s5-F3（s5必须长于5，两个F3都比它们前面的那个结构标志短）

2. ? -5-F3-s5 ++ x：c3（x：c3必须短于s5，F3必须短于5和s5）

3. F3-5-F3-L5（两个F3没有在相同的价格区间，L5必须长于5）

4. F3-5 ++ x：c3 ++ F3（x：c3和第一个F3必须小于5，第二个F3几乎总是长于x：c3）

5. F3-5 ++ x：c3 ++ 5（x：c3和F3必须小于第一个5，第二个5必须长于x：c3）

6. c3-5 ++ x：c3 ++ F3（x：c3或者至少是5的161.8%，或者是小于5的61.8%；如果x：c3大于5，于是F3一定小于x：c3；如果x：c3小于5，于是F3几乎总是长于x：c3）

"：s5"

这个结构标志是"特殊的5"（special five）的缩写，它给过去、现在、未来的市场运动加了一些特殊限制。一个"：s5"能够像一个"：L5"一样，但不需要"：L5"一般有一个通过倒推来确定的过程。一个"：s5"通常出现在复杂的艾略特形态中，但在很少的情况下，一个"：s5"可以是一个趋势推进形态的波3，这个趋势推进形态有一个第5波失败或者第5波扩展。如果你发现一个波只有一个":s5"结构标志,那么前两个结构标志(沿时间向过去找回去)一定与":s5"相连接;有两个序列必须在":s5"之前,它们是"5-F3"和"F3-c3"。下面是在实时(real-time)情况下,一个":s5"可能出现的例子:

1. 5-F3-s5 ++ x:c3 ++ F3 (x:c3 和第一个 F3 必须小于 s5)

2. 5-F3-s5-F3-L5 (两个 F3 必须小于 s5,L5 必须长于 s5)

3. F3-c3-s5 ++ x:c3 ++ F3 (x:c3 和 c3 必须小于 s5,F3 通常长于 x:c3)

":L5"

这个结构标志是"最后的 5"(Last five)的缩写。由于 L5 总是一个更大艾略特形态的结束,一个":L5"的出现可能意味着同时有更大波浪等级的形态结束了。如要确定一个":L5",最低限度需要 m2 穿过连接 m0 和 m(-2)终止点的趋势线,所用时间与 m1(":L5")的时间(再加上一个时间单位)相等或更少。为了把一个":L5"连接到已经过去的市场运动中,就在一个":L5"之前(时间早一些)的结构标志应该是一个":F3"或":c3"。如果你发现一个推进结构标志(:L5、:s5、5)就在一个":L5"之前,在这两个波浪的终止点画点,在你读到第四章后,可以去搜索一个可能的结构系列,它结束在前面提到的,在一个":L5"之前的":L5"":s3"":5",如果这个":L5"":s5"":5"已经被归结到了一个艾略特形态,压缩这个形态到它的基本结构(第七章讨论压缩),在它的起始点和终止点画点,然后试着连接第二个推进结构标志

（":L5"）到这个压缩形态和更早出现的结构标志。下面是在实时（real-time）条件下，一个":L5"可能出现的例子：

1. 5-F3-L5-?（F3 必须短于 5 和 L5；在 L5 的终止点画点）

2. s5-F3-L5-?（L5 必须长于 s5，L5 最好是等于或大于 s5 的 161.8%；在 L5 的终止点画点）

3. F3-c3-L5-?（如果 c3 等于或大于 F3 的 138.2%，L5 几乎肯定短于 c3；在 L5 的终止点画点）

4. F3-c3-L5 ++x：c3 ++ F3（x：c3 和 c3 必须大于 L5，F3 必须短于 x：c3）

形态分离程序

如果在你图上没有结构标志为":L5"或":L3"的波浪，可以继续每天追寻新的价格运动，应用回调和构成前规则，直到有一个波浪有一个":L5"或":L3"或两者。如果确定了一个":L5"或":L3"，可以开始使用形态分离程序。从你图上的最左边开始向右搜索第一个有一个":L5"或":L3"或两者的波浪，当你发现了这个波浪，在这个波浪的终止点画点（见图 3-31），这可能是一个艾略特形态的终止点。在这个画点的波浪过去后，下面可能是明显甚至剧烈的市场运动，这个市场运动的时间相对较短，要注意这样的情况，这是一个可靠的迹象，一个艾略特形态结束了。通过应用位置规则和本节所讨论的技术，这个画点的波浪也将帮助你确定一个艾略特形态的开始。

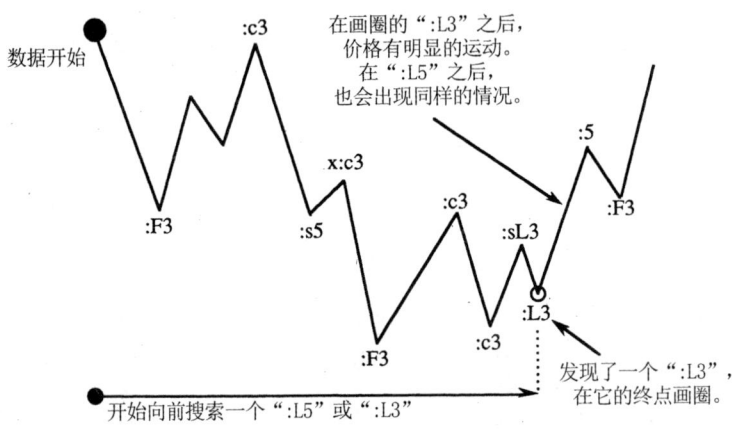

图 3-31

参考图 3-32，从画点的点向过去数 3 个结构标志，如果找到的这个波浪只有一个结构标志，而且这个结构标志是":F3""x:c3"":L3"":s5"或":L5"之中的一个，停在那里，你可能发现了一个艾略特波浪形态的开始。如果找到的这个波浪有一个以上的结构标志，或者只有一个结构标志，但不是":F3""x:c3"":L3"":s5"或":L5"之中的一个，继续向后看，直到你找到一个波浪，这个波浪只有一个结构标志，而且是":F3""x:c3"":L3"":s5"或":L5"之中的一个。参考图 3-32，你最终发现了符合要求的一个波，它是一个":F3"，在它的起始点画一个圈；如果你找到的这个波是"x:c3"":L3"":s5"或":L5"之中的一个，在这个波的终止点画一个圈。以后，当一个形态被检测和确定合格后，应该把这些在形态两边的圈涂成黑点。由于全部的艾略特形态由奇数的波浪组成，可以数一数两个圆圈之间的波浪数，如果是偶数，继续向过去看，寻找":F3""x:c3"":L3"":s5"或":L5"之中的一个；如果是奇数，你可以继续读下一段。

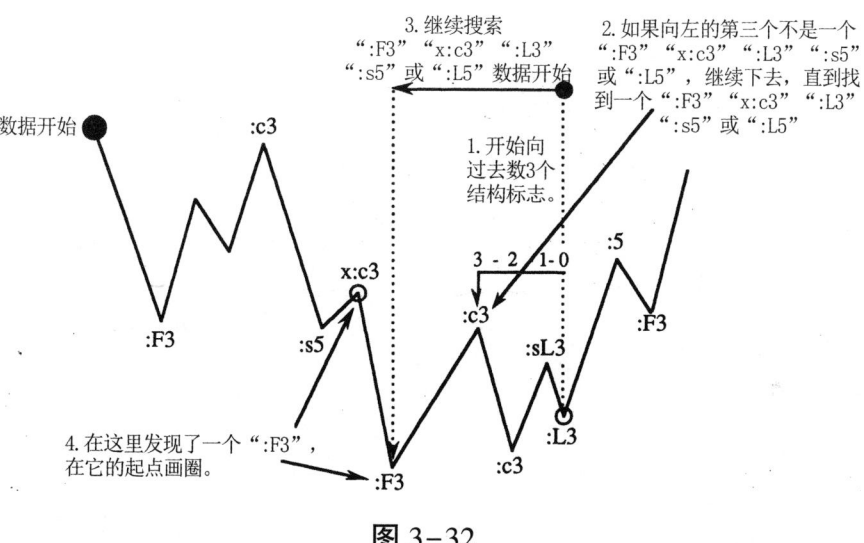

图 3-32

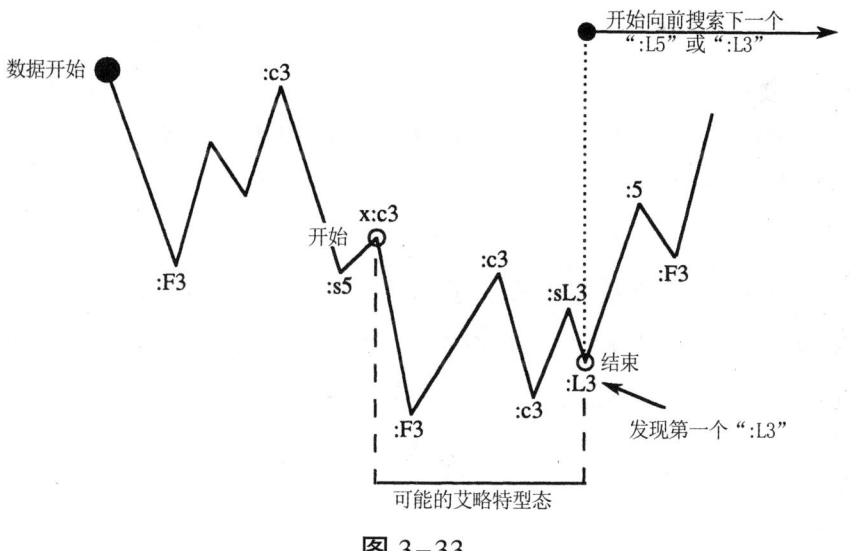

图 3-33

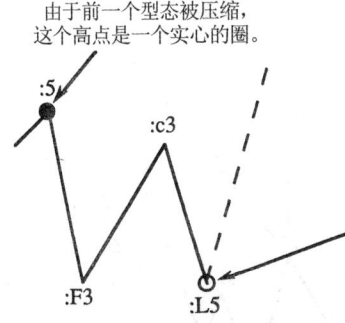

图 3-34

在你找到了一个可能的艾略特形态之后，回到你不久前画点的":L5"或":L3"，开始向右搜索，直到你找到下一个":L5"或":L3"（或两者），重复上面的过程（见图3-33）。如果找不到下一个":L5"或":L3"，进到第四章（以及第四章以后的内容），试着验证和压缩最近分离出来的形态。

在你重复这样的过程时，会有一些高点或低点已经被涂成了黑点，这意味着目前的形态实际上是从以前的黑点（图3-34）开始的，或者以前的黑点是一个压缩波群的结束，这个压缩波群从整体上说，与目前的":L5"或":L3"有相同的波浪等级［即使目前的":L5"或":L3"与这个压缩波群在复杂度上有一级之差，这种说法还是成立的（见第七章压缩和复杂度）］。这个压缩形态最终将成为一个更大形态的组成部分，这个更大形态将结束在目前的":L5"或":L3"。如果目前的":L5"或":L3"紧跟着黑点后出现，如图3-35，没有足够的波出现在这两点之间，不能产生一个艾略特形态，那么就应该把这个黑点与目前的":L5"或":L3"结合起来，这在第四章中有说明。在通常情况下，上面提到的两种情况很明显，不管哪一种情况出现，目前的"：L5"或"：L3"应该结束了一个艾略特形态。

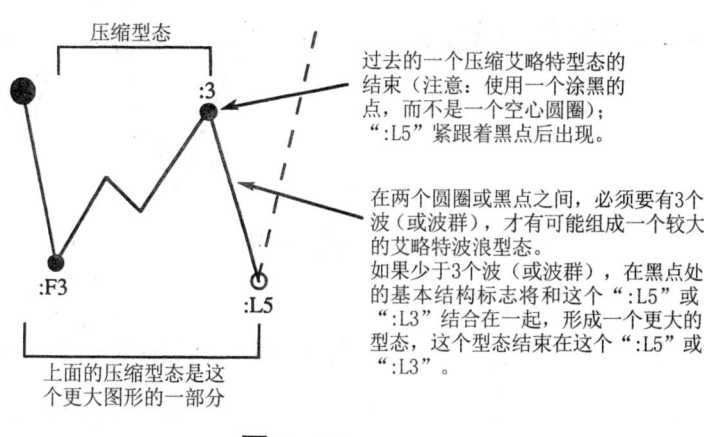

图 3-35

特殊情况

在简化结构目录的过程中，如果你发现一个压缩形态的价格运动在终止之前就超过了自身的开始点（见图 3-36），那么这个压缩形态有明确的调整性质（一个"：3"），这时不用去管构成前逻辑规则的建议。因此，如果你发现下面图 3-36 的情况出现在你的图上，在"重新评估"的过程中，不要尝试应用构成前逻辑规则，只保留压缩形态的基本结构。当试图把这些特殊的压缩形态与周围的市场运动相结合时，使用位置规则来帮助你决定是使用压缩形态的基本结构标志，还是使用位置指示符，才能将其连接到一个更大的艾略特形态中。

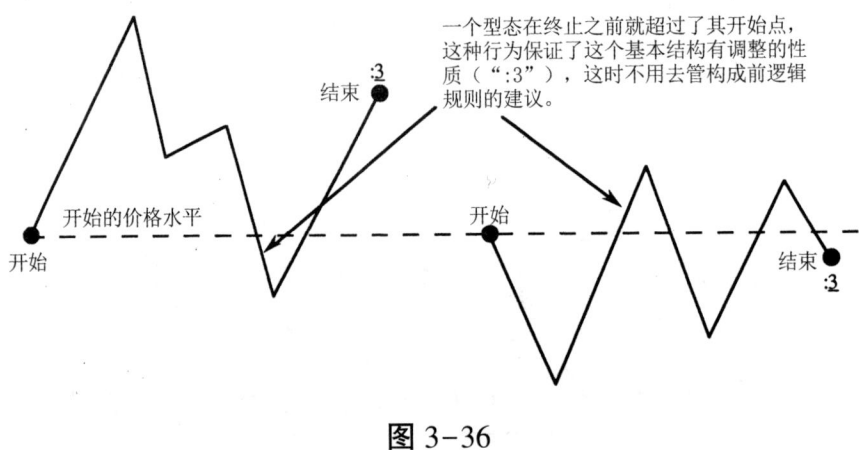

图 3-36

如果你不了解有关复杂度的问题及其他对市场行为和形态之间相互作用的影响，那么在组合多个次多波（或更高复杂度）形态时，你可能会遇到困难。要确保相邻连接的形态（由基本结构":3"或":5"表示，或者由定位结构标志":F3"":L5"等表示）之间从来没有超过一个复杂度的区别，例如，如果 m0、m1 和 m2 已经被确定为标准的艾略特波浪调整，m0 有复杂度 1，m1 有复杂度 2，m2 有复杂度 1，这三者可以连接起来，形成一个更大的标准艾略特调整。如果 m0 有复杂度 1，m1 有复杂度 2，m2 有复杂度 4，m1 和 m2 之间的复杂度有 2 级的差别，按照尼利（本书作者）方法，不容许连接 m1 和 m2。

"波浪等级"是另一个重要的概念，必须要理解，而且要使用在合并各种波浪上。如果你对波浪等级和它在价格运动中的应用不熟悉，阅读第四章的相似和平衡规则，然后再尝试合并你图上的结构标志，第四章的相似和平衡规则这一节将帮助你发现和结合有相同波浪等级的波浪。在第七章，将更详细地讨论波浪等级的概念，当你理解波浪等级多一些时，你自己也想要熟悉那一节的内容。

本章概要

　　由于第三章的复杂内容，应该做一个全面的总结。在开始分析实际市场时，首先要使用现金市场的约 60 个数据点，画出一张图来；应用比例规则，重画一张图（使用从第一张图上找到的一个重要的高点或低点作为开始）；在所有单波的终止点使用黑点，有必要时，利用中性规则；选择一个最近的单波进行分析（不要向左超过 20 个单波），应用观察规则，在每一个重要单波的终止点，放上规则、条件和分类等标识符；阅读构成前逻辑构成的有关章节 [按每个规则和条件（有时候包括分类）标识符的说明]，转变规则、条件和分类等标识符到结构标志；找到含有一个以上结构标志的单波，利用位置指示符定义和序列一节的内容，删除每个 m1 多余的结构标志，只留下一个结构标志，然后采用形态分离程序；这时，你可以进入第四章，在那里我们组合结构标志，形成波群，最后成为艾略特系列。

第四章　进一步观察

在前1章初步分析里的方法，为你搜索艾略特形态提供了坚实的基础上，如果你使用在第三章末尾列出的规则（见"形态分离程序"），将分离出来一组组的波，艾略特形态将由此产生。为了要把一组波变成艾略特形态，在分离出来的一组波里，每个波的结构标志必须严格遵守一定的序列。此外，将使用某些测试，以确保所有的波有同样的波浪等级（然后再进入第五章）。

单波组（或单波群）

正如你已经知道的，单波是艾略特波浪理论的基石。不幸的是，如果单独研究单波，只能使你从有限的角度来看待未来的市场，如果把一组单波按一定的结构标志顺序（或者说序列）排列起来（我们因此创造了"次多波 polywave"这个词），就可以更好地理解一个市场的未来可能性。每个特定的结构标志序列是由位置指示符引导的，位置指示符位于每个结构标志的前面。

就像单波一样，次多波可以有调整或推进的性质。至少需要3个单波才能构成一个调整次多波，至少要有5个单波才能构成一个推进次多波。在下面图4-1中，说明了一个理想化的调整形态，而图4-2描述了一个理想化的推进形态。如果研究一下图

4-1和4-2，就可以看到，在市场上升或下降时，推进形态出现（类似于定向行动，见第三章），而通常调整形态做横向运动（类似于非定向行动）。

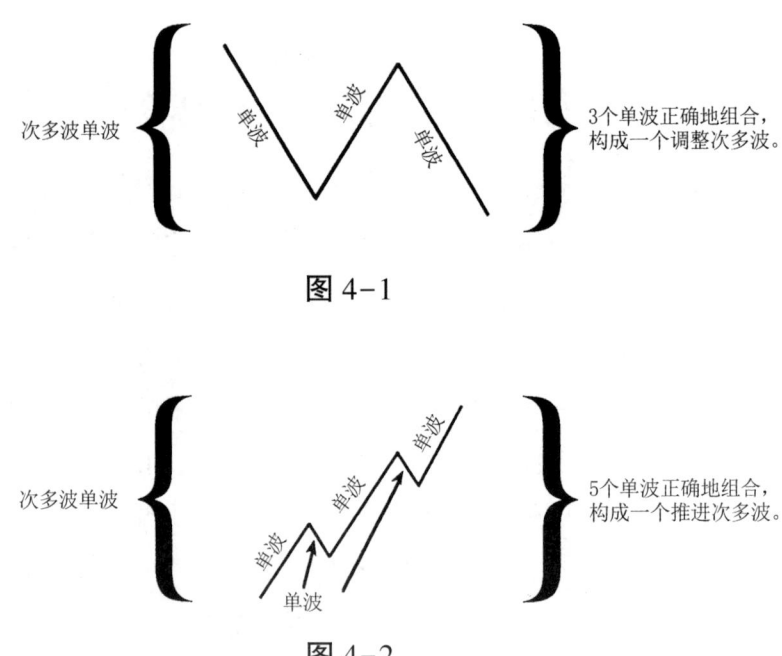

图 4-1

图 4-2

标准形态（提供给全部学生）

A.:5-:F3-:? 5-:F3-:L5　　推进形态(沿走势性质，参考第五章的"推进"一节)
B.:5-:F3-:? 5¹　　　　　　锯齿形态(调整性质，参考第五章的"锯齿"一节)
C.:F3-:c3-:? 5¹　　　　　　平台形态(调整性质，参考第五章的"平台"一节)
D.:F3-:c3-:c3-:? 3-:? 3¹　　三角形形态(调整性质，参考第五章的"三角形"一节)
E.:F3-:c3-:c3-:? 3-:L3　　终结形态(结束性质，参考第五章的"推进"一节)

¹ 如果在一个标准的调整系列中，最后一个结构标志不包含一个"L"位置指示符，这个系列需要被压缩到一个":3"，成为下面一个非标准形态的部分。

图 4-3

第四章 进一步观察

非标准形态（给水平较高的学生）

F. :3^2 ++ x:c3(较小^6) ++ :3^4　　　　任何"双重"组合（调整，见第八章）

G. :3^3 ++ x:c3(较大^7) ++ :3^3　　　　双重 3 运行（调整，见第八章）

H. :3^2 ++ x:c3(规模?^{5}) ++ :3^2 ++ x:c3(规模?^{5}) ++ :3^4

　　　　　　　　　　　　　　　任何"三重"组合（调整，见第八章）

^{2} 可以是任何标准平台、锯齿、扩展三角形（在这个"x:c3"比它前面的":3"更大时，一个锯齿不应该出现在这个"x:c3"的前面和后面）。

^{3} 可以是一个标准平台或三角形（如果第一个":3"是一个三角形，它应该是扩展三角形）。

^{4} 可以是任何标准调整形态。

^{5} 这个"x:c3"比它前面（时间上过去的）的":3"更大或更小。

^{6} 这个"x:c3"必须比它前面的":3"更小。

^{7} 这个"x:c3"必须比它前面的":3"更大。

图 4-3

由于在你的图上，大量的单波只有一个结构标志，所以可以使用第三章结尾的"形态分离程序"，找到各个波群（或说波组 wave group）。在各个波群被分离出来后，总是选择那些只包含 3 个或 5 个单波的波群，这些 3 个或 5 个连接在一起的单波可能会形成一个标准的艾略特次多波形态（在你获得经验后，在这些 3 个或 5 个连接在一起的波浪段中，可能有一个波浪段是一个被压缩的波群，或者这些波浪段都是一个个的波群）。要点：在波群被选择出来后，首先工作在整体价格和时间最小的波群上。

在一个单波的波群中，它的结构系列是最重要的，这决定了一个波群能否成为一个次多波。一个结构系列是定位结构标志合理地排列，构成了一个艾略特形态（见图 4-3 上部）。在经过压缩过程后，按照结构系列，你可以用逻辑和自然的方式合并许多简单的艾略特形态，使它们成为更加复杂的形态。

图 4-3 说明位置指示符序列和确切的数字":3"和":5"必须出现,才能产生一个标准或非标准的艾略特形态。如果你正在处理的一些波浪是被压缩的,只有自己的基本结构标志,那么这些压缩形态的基本结构标志可以等同于任何正式的同一类定位结构标志(有关"类"的定义,参阅第二章怎样给波浪分类)。任何在单波之上形态的发展必须符合 4 个标准结构系列之一或各种非标准系列之一的结构次序。[注意:前一句只提到了 4 个标准结构系列,虽然在图 4-3 中列出 5 个标准结构系列,但只有 4 个是独立的,最后一个标准系列":3-:3-:3-:3-:3"重复,可用于创建两个不同的形态,这两个形态有许多不同的方面;根据波群的形状(和在第五章介绍的条件),你能够决定在两个形态中,哪一个正在展开]。图 4-3 说明和命名了一些组合,让你可以进一步确定你图上形态的发展。注意,在图 4-3 中的一些结构标志不包含位置指示符,在没有位置指示符的问号"?"处,你可以使用任何适当的位置指示符。

当你在比较你图上被分离出来的波群与图 4-3 的时候,如果你的一个波群全由单波组成,那么在图 4-3 的上半部分,你应该找到一个标准形态是适用的。如果你已经压缩了一些价格运动,和一个"x:c3"出现在你波群的某个地方,一个非标准形态应该适用。

无论一个波群有多么大或耗费了多少时间,被分析的波群必须符合图 4-3 中列出的一个结构系列,你的目标是找到一个结构系列与你图上的波群一样。从根本上说,在你去寻找较大和可靠的波浪形态时,能够识别出一个结构系列是最重要的。一旦发现了合适的结构系列,许多附加的测试(在本节之后马上介绍,和有一些在第五章中介绍)将被进行,这样才能提升你的单波群到次多波。

相似和平衡规则

在找到一个可以接受的结构系列之后，必须考虑相似和平衡规则，所有的艾略特形态通过有相像之处而结合起来，没有"相似"之处的波不能结合起来，形成一个更大的艾略特形态。

市场运动发展在两个方向：价格和时间。如果两个相邻的波要"相似"，那么在价格上或时间上，或在价格和时间上，这两个波应该有一个特定的比例范围；要通过相似和平衡规则的检验，不需要在价格和时间上同时都有相似性。

在比较一个推进形态内的相邻波时，时间的相似比价格的相似更常见；在调整形态内，价格的相似比时间的相似更常见。决定两个相邻波是否"相似"是一个简单的数学问题。以下是如何检测相似性的说明，检测相似性要根据两个要素（价格和时间），正是它们决定了市场的运动。

价格

如果两个相邻的波有价格相似性，那么在价格上，较小的波应该不小于较大波的三分之一。

时间

如果在时间上，相邻两个波相似，那么较短时间的形态（或者波）应该不小于较长时间形态的三分之一。

如果你一直工作在你自己的图上，有一个或多个分离出来的波群，这些波群服从某一个艾略特结构系列，那么只研究那些系列，它们所有的相邻波符合相似和平衡规则中的一条或两条。如果在比较后，不符合相似和平衡规则中任何一个规则，那么这两个相邻波有相同波浪等级的可能性比较渺茫。当两个波有不相同波浪等级的时候，它们不能被直接或立即连接在一起，以形成一个较大的艾略特形态，因此首先要压缩几个或更多较小的波。

在图 4-4 里，在价格和时间两方面，相似和平衡规则都没有被遵守，这说明 m1 和 m2 有不相同的波浪等级，因此，ml 和 m2 不能直接结合起来。为了最终把 ml 和 m2 放在同一个艾略特形态中，m2 必须先要连接到有相似价格和时间的波浪，这些波将被组织起来，成为一个波群，被定义为一个可能的艾略特形态，然后还要被测试、确定，再重新评估。以后，如果与 m2 在一组的这些波浪产生了足够的持续时间或价格长度，可以和 m1 产生相关性（基于相似和平衡规则），那么 ml 和 m2 的波浪组再加上周围的运动一起，结合创造一个更大的艾略特形态。在图 4-5 中，在价格和时间两方面，相似和平衡规则都得到遵守，这说明 m1 和 m2 可能有相同的波浪等级，因此，如果结构标志是合适的，那么 ml 和 m2 可直接连接，作为一个更大的艾略特形态的一部分。

注意：仅是因为两个波遵守相似和平衡规则，并不意味着它们一定有相同的波浪等级，只是表明它们可能有相同的波浪等级。

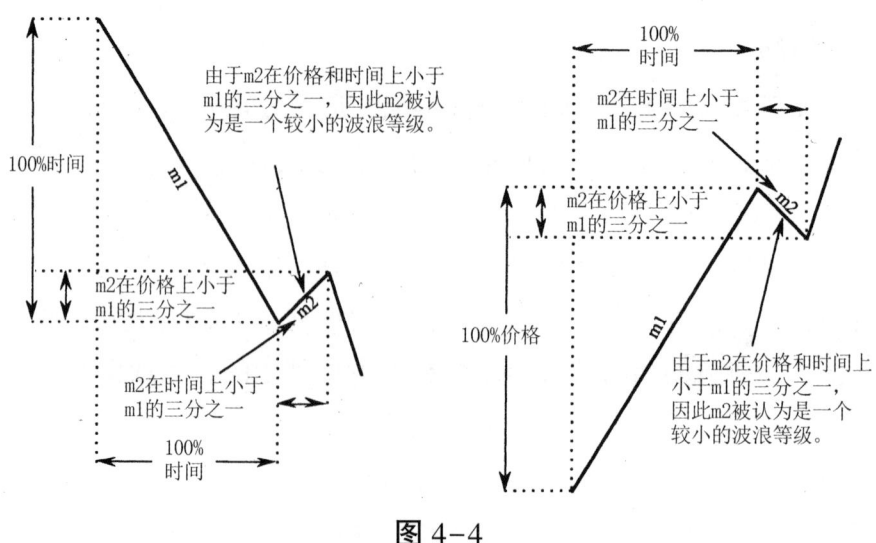

图 4-4

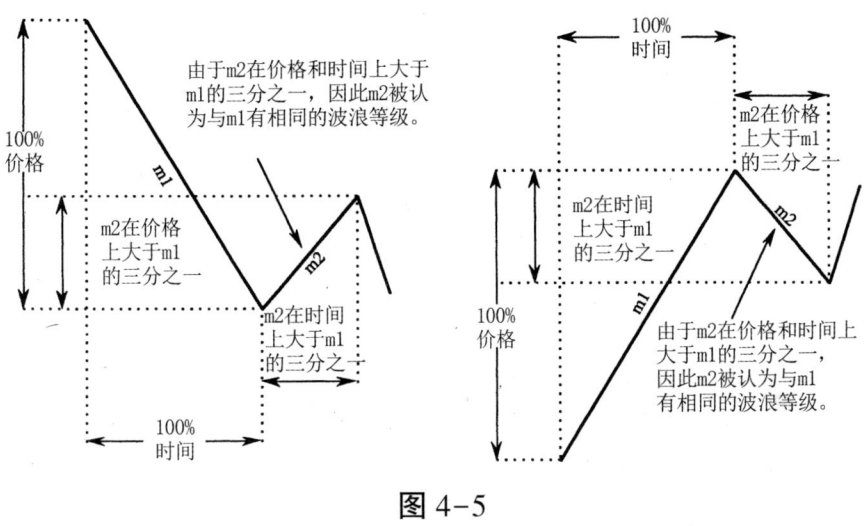

图 4-5

为了说明识别结构系列在长期分析中的作用，以及如何找到越来越大的艾略特形态，我们使用下面的回合概念。

第1回合

使用第三章中的规则和技术，在图 4-6 中的全部单波有了结构标志，将全部单波按时间顺序编号（即排序1、排序2等，或简称为1、2等），从第2波的起始点到第4波的终止点，一个结构系列"F3-c3-L5"出现，回顾一下图4-3中的表，这个系列可以被定义为一个可能的平台形态。从第9波的起始点到第11波的终止点，一个锯齿系列（5-F3-L5）出现。从第12波到第16波，形成一个推进系列。

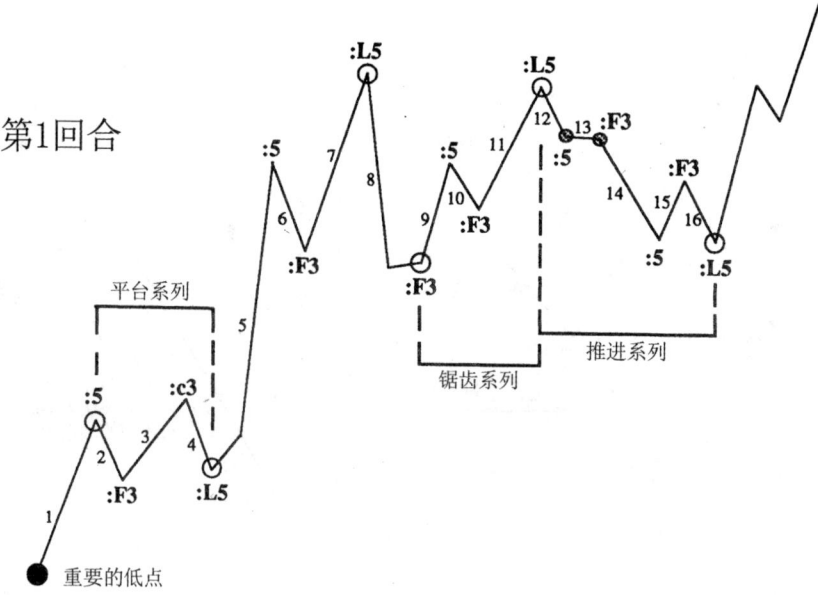

图 4-6 （图 3-18 的更新版）

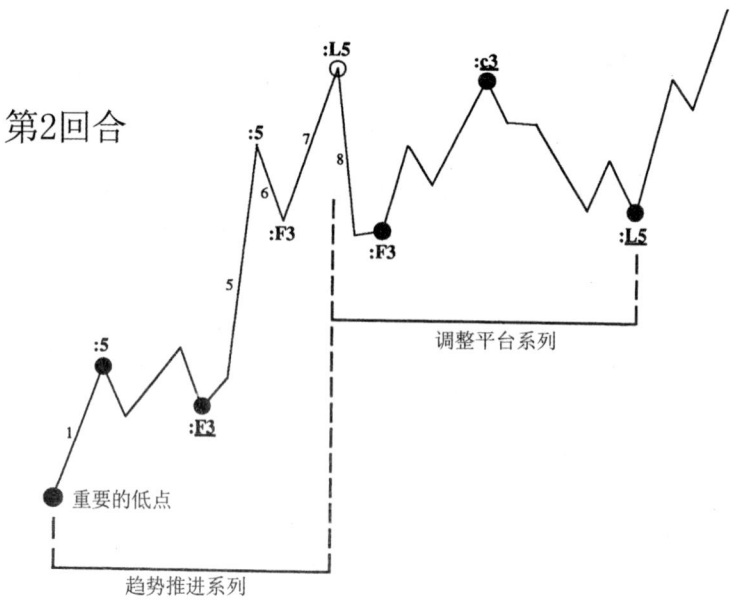

图 4-7

第2回合

在第1回合里识别出来的所有的波群（一个平台、锯齿和推进），已经被全面检查过，证明了其有效性；因此，他们被压缩（详见第七章）到它们的基本结构":3"或":5"（下划线代表复杂度，详见第七章），过去用圆圈标明的艾略特波浪形态，现在圆圈被涂黑，图4-7显示了这些变化。

在你回到第三章的回调规则时，必须把所有的压缩形态看成是一个个单一的波，只包含一个结构标志。首先，压缩形态必须经过"重新评估"，以检测可能存在的"丢失"波；此外，连接到一个压缩形态首尾的两个结构标志也必须经过评估，以便决定改变的环境（由压缩形态造成的）是否对周边的市场结构有任何的影响。

在图4-7中，完成了所有这些程序，只有结果展示出来，请注意，正像在第三章中说明的一样，在压缩形态边界之内的所有结构标志和标记已被删掉。

第3回合

在第3回合里，没有含有"L"位置指示符的结构标志出现，除非新的价格运动被画出来，一个新的"：L5"或"：L3"出现，否则没有构成形态方面的进展。目前可以从图4-8中得到的结论是：根据图4-3，一个上升趋势开始于波1（第1波），不能终止，直到另一个上涨的推进展开（确实是非常有价值的信息）。在这种情况下，你知道正确的策略是长时间停留，直到另一个上涨出现，这才满足了推进性质的要求。

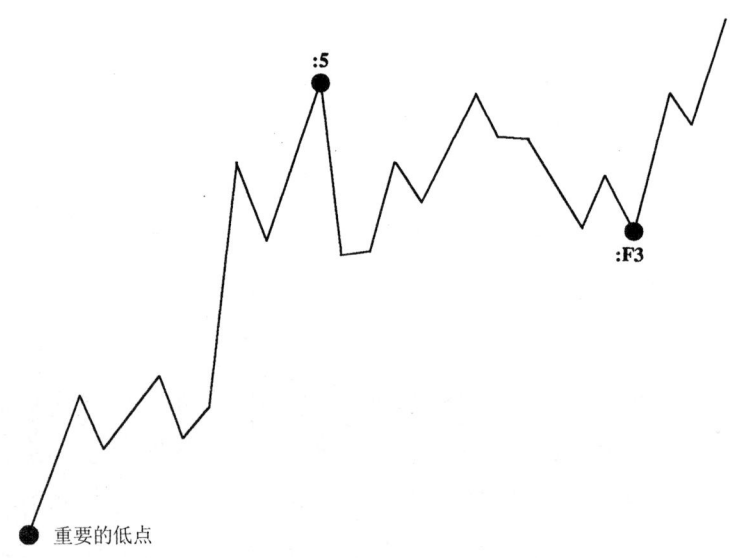

图 4-8

测试锯齿

无论何时，你发现了一个"：L5"结束了一个可能的锯齿形态，总是要意识到一个锯齿可能是一个推进形态的最后 3 段，例如，在图 4-7 里，在第一个"：F3"之后（市场从"重要的低点"在不断上升），能够找到一个"：5-：F3-：L5"的锯齿系列，在分离后，这个波群是一个合格的锯齿形态。从另一方面说，如果你把这个锯齿形态第一段之前的市场运动都连接起来，能够产生一个从"重要的低点"开始的推进系列。

每当你看到锯齿形态时，总是先检查这个锯齿形态前面的两个结构标志，以保证没有意外漏掉一个推进形态，如果通过连接从前的两个结构标志（见图 4-9），可以形成一个推进形态，总是先检测这个推进形态（应用第五章所述的准则），然后再尝试分析这个锯齿形态。如果这个推进形态服从标准的构成规则，就使用它，如果不遵守所有的规则，删除前两个结构标志，返回到锯齿的情况，检查这个锯齿的构成。如果这个锯齿符合要求，就使用它，如果这个锯齿不服从规则，跳过图上的这部分，分析其他的图形，直到周围的市场运动澄清了这里的情况。

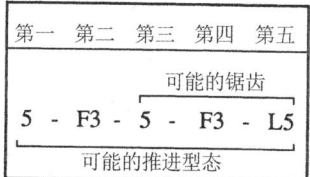

每当你看到锯齿型态时，总是先检查这个锯齿型态前面的两个结构标志，以保证没有意外漏掉一个更大的推进型态。如果可以形成一个推进型态，总是先检测这个推进型态，然后再尝试分析这个锯齿型态。如果这个推进型态不遵守所有的规则，返回到锯齿的情况。

图 4-9

下一步是什么？

一旦你到达了这里，你已经识别了一个可能的艾略特形态，现在需要一个检查，看看它是否是一个艾略特形态，如果你的波群遵循图 4-3 中的一个标准形态系列，继续阅读下面的第五章；如果你的波群遵循图 4-3 中的一个非标准形态系列，并且你觉得你有足够的经验来解决复杂的形态问题，跳到第八章。

第五章　思考的重点

到目前为止，本书的主要重点是在单波上，单波是一个很基本的概念，波浪理论运用的高级阶段需要一个"群体"的心态，也就是单波的组合，前面谈到的"结构系列"是朝这一方向迈出的一步，要继续分析过程，需要更具体的规则，进一步区分推进和调整的运动，所以对于每一个标准艾略特形态以及它的各种变形，我们将给出准确和基本的规则。

正如你从前面所知道的，每一个结构系列表示一个特定的艾略特形态，一个识别形态的更重要方法是观察形态的外观，不幸的是，由于有许多推进和调整形态的变化，所以没有"标准"的方法画出推进和调整各种变形的实际外观，艾略特本人只是用了类似于图5-1的插图，左侧的图表示推进形态，右边的图表示一种调整形态，这些不切实际的图给了初学者错误的影响，使初学者对于波浪形态缺乏正确的认识，为了避免这个问题，这本书包含了几百幅所需的图，这些图反映了现实中的波浪行为。这些图将使你迅速熟悉艾略特形态的正确外观，从而大大减少了从开始研究到实际应用理论的周期。

次多波的构成

我们一直在与"结构系列"打交道，以检测出可能的次多波形态，但到目前还没有提出规则来，可以根据次多波的类别（推进或调整）来解释次多波的外观或行为，让我们现在就开始做这件事。

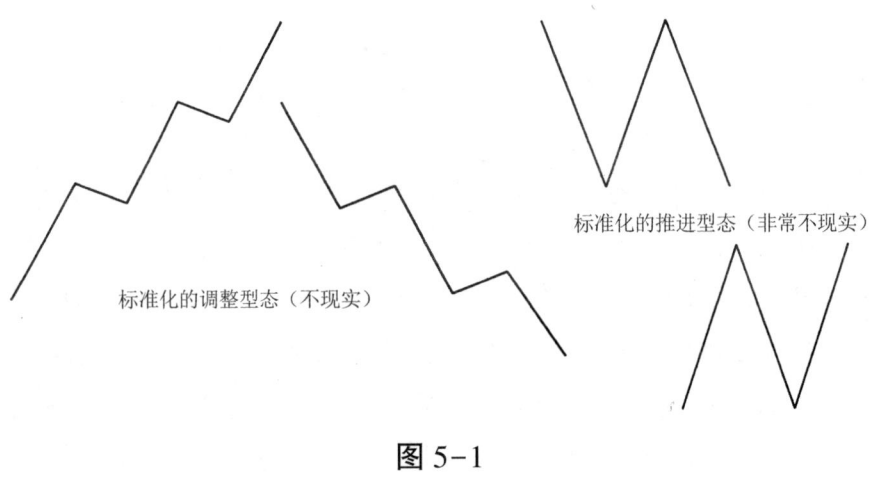

图 5-1

推进

有一些具体准则适用于推进形态，但不适用于大多数调整形态，这里提出的是行为约束规则，用来肯定（或否定不合格的）一个单波群，使这个单波群成为一个形态，这个形态有"推进的性质"。

基本构成规则

市场行为（运动）必须遵守下列规则，才能被考虑成为一个潜在的推进形态：

1. 5个相邻的段必须存在（单波或更大），并满足一个趋势或终结推进形态的结构系列要求。

2. 这5个段中要有3个段必须"猛进"，朝着同一个方向上，向上或向下。

3. 在第1段之后，第2段在相反方向上有一个轻微移动，这第2段从来不能完全回调第1段。

4. 第3段必须比第2段长。

5. 在第3段之后，第4段在相反方向上有一个轻微移动（与第2段同向），这第4段从来不能完全回调第3段。

6. 第5段几乎总是长于第4段，但只要是第4段的38.2%（在价格方向上），就可以了。在第5段短于第4段的时候，第5段被称为"失败"。

7. 在测量第1段、第3段、第5段的垂直价格长度后，比较它们，第3段不必是最长的，但也从来不能是最短的。

如果市场运动没有遵守以上任何一个规则，那么可以说是调整性质，不是推进性质，或者你的波群被错误地结合起来了。如果你正在分析的形态不遵守以上的标准，进到第五章调整一节。

在市场运动中的应用

我们现在有了一些广泛适用的规则，可以用在侦察推进行为上，为了使用它们，我们需要分析5个相邻和相似的单波。图5-2有多个"5个单波"群，让我们分析，一旦我们分析完图5-2上的每个图形，你应该去到你自己的"波图"，练习使用基本构成规则到实时单波群。基本构成规则是整个波浪理论中最关键的规则，如果你不能正确地应用这些规则到实时市场运动中，就不应该继续阅读下去。

为了使用基本构成规则，让我们看一些单波组合，决定哪些形态有推进的性质，请记住，如果有一个形态不符合全部的基本构成规则，它不可能是推进形态，而肯定是调整形态。在图5-2里：

A. 不合格。第2段完全回调了第1段（见基本构成规则中第3个规则）。

B. 没有破坏任何基本构成规则，因此可能是一个推进形态。

C. 也遵循了所有规则。

D. 只有4段，要求5段（见第1规则）。

E. 第3段是三个推进段中最短的，不可能是推进形态（见第7规则）。

F. 可以考虑。

G. 第4段完全回调了第3段，这是不容许的（见第5规则）。

H、I、J都合格（在J中，第5段比第4段短，创造一个"失败"）。

K. 不合格。第3段比第2段短（见第4规则）。

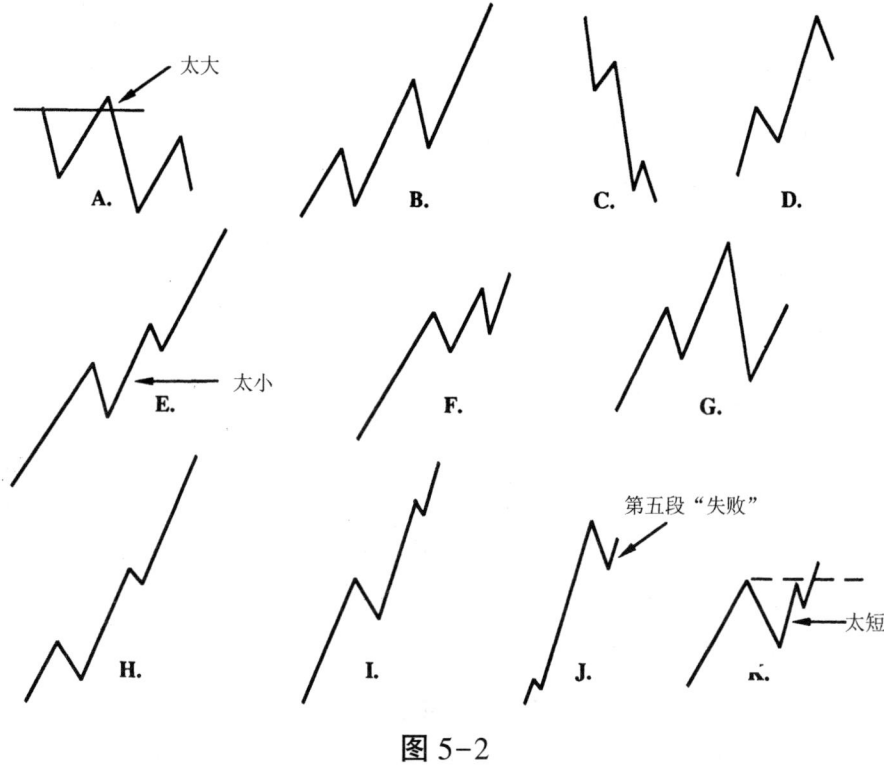

图 5-2

扩展规则——基本检测

有一个波扩展是任何推进形态的基本要素，是推进形态的独有特性，扩展一词是用来形容一个推进波群中"最长的波"。存在（或缺乏）一个扩展波是分析的"岔路口"，区别了推进和调整行为，这个检测总是确定了真正的推进形态。

如果你理解到目前为止的所有规则，你应该正在研究 5 个一群的单波（或更高复杂度，如果你的能力增加）。在这样一组波群中，有一个波浪在价格上应该明显超过所有其他波浪，这个最长的波将是扩展的候选波浪。要真正成为一个扩展波浪，这个最长的波应该在价格上至少是第二长波浪的 161.8%。

如果一个形态遵循了目前已有的、全部有关推进的规则，包括这个扩展规则，进到本章的下一节，去验证一个波群是否符合进一步的推进形态要求。

注意：如果扩展规则的测试通过了，但你还是觉得该形态是调整（基于市场后期的较大回调或其他仔细的观察，我们会在后面进一步解释），有可能在价格运动中隐藏着一个波，这形成了奇怪的调整构成（见失踪波，第十二章）。

另一方面，如果一个波群不遵守目前已有的一个有关推进的规则，这基本上确定了这个形态是调整，但有两个重要的、不常见的例外情况：

1. 当一个形态的第 1 段是最长时，它可能会略少于第 3 段的 161.8%，但在第 3 段结束时，它不会有 61.8% 的长度在第 1 段终止点之上。

2. 如果第 3 段是最长的，但不及第 1 段的 161.8%，第 5 段比第 3 段短，那么有一个很小的可能性：市场正在形成一个极为罕见的终结推进形态的变形（见第十一章，终结推进、波 3 扩展）。

当扩展规则被打破时，如果上述两种例外情况都不存在，市场绝对经历着调整，进到本章中的"调整"一节。如果上述两种情况之一确实出现了，继续你的假设，假设这个形态是推进，阅读下面的内容。

把进程标志引入到波群

如果你的形态已通过了扩展规则的测试，那你是准备好了放置进程标志，进程标志可以测试市场活动的非常具体的属性，该测试将提供足够的材料，使你有信心下结论，最后肯定一个形态。

下面介绍如何放置进程标志：形态的第一段被视为波 1，第二段是波 2，第三段是波 3，第四段是波 4，第五段是波 5。放置这些标志在你图上每一波的终止点。

有条件的构成规则

如果市场运动符合基本的推进规则，还不一定就是一个实际的推进形态，我们在前面讨论的基本推进构成规则，一般适用于所有的推进波形态，它们是开始检测推进形态的第一批规则，如果有一个形态破坏了一个"基本"推进规则，就没有必要进行下面的推进检测，可以假设这个形态是调整形态，当然还有其他可能，如你分离波群的方法有问题，或者这个波群里的波没有同样的波浪等级（参见第五章有关"波浪等级"的一节）。如果你一直工作在自己的实时价格图上，那么从此以后，所有的规则将需要利用你已经放置的进程标志。

交替规则（Rule of alternation）

交替的概念是最重要的概念之一，是波浪理论的基础之一，没有它，波浪理论基本上没有用处，它应用在几乎所有的方面（见第八章中更多的说明）。

该规则说明：把有相同波浪等级的相邻波或间隔出现的波进行比较时，它们应该在尽可能多的方面是不同的。该规则跟时间有重要的关系，如果其中一个图形（或者波）持续的时间越长，展开的越全面，则两个图形之间的不同会展示得更加全面。这种"不同"或者说"交替"可以出现在许多方面，对于推进形态来说，该规则最重要的应用是在其"反趋势"段（即波2及波4）。如果你发现市场正处于调整阶段，该规则最适用于A和B波（见后面调整形态）。在每一种图形中，最可能出现的交替方面如下：

A. 价格（在垂直方向上的数量）

B. 时间（在水平方向上的数量）

C. 回调度（前一波被回调的百分比水平）[只用于推进形态的波2和波4（包括各种推进形态）]。

D. 细分度（一个形态中分支的数量）

E. 构成（一个形态可能是平台，另一个可能是锯齿，等等）

为了要继续假设你的波群是推进形态，交替必须出现在波2和波4，交替要出现在上述的方面之一。在分析过程的这个阶段中，你可能会或者还没有分析更复杂的次多波形态，为了方便，我们在下面两页给出了简单和复杂的次多波插图。

图5-3a显示了一个推进形态的某些部位，在那些部位，交替是最关键和可靠的。

在图5-3b中，

A. 显示了第2和4波的交替出现在价格、时间和回调度上；波3是扩展波（译者注：用x表示扩展波。）

B. 第2和4波有像图A一样的交替方式，但扩展波已更改为波1。

C. 和图B有一些不同；波4在价格、时间和回调度上比波2更大或更多，现在的扩展波是波5.

D. 唯一的交替是回调度，两次调整看起来如此相似，使这个形态非常可疑，需要考虑其他的可能性，记下来，直到市场进一步行动，澄清情况。如果整个推进形态被下面的波回调了61.8%以上，但少于100%，这几乎可以保证这个形态是调整性双锯齿，有一个"失踪的x波"朝向它的中心（见第十二章"失踪波"）。如果这是你的实时图的情况，去到第八章（"复杂次多波的构成"），以继续你的分析。如果你不愿意进到更复杂的市场讨论，换一个全新的单波组，重新启动分析过程。如果这个形态被回调小于 61.8%，而且后来它的终止点被超过，推进的情况将得到加强。

E. 是一个各方面交替（第 2 和 4 波的价格、时间、回调度、复杂度和构成）的例子。

F. 则出现与图 E 相反的情况，它仍然是一个很好的交替例子。

G. 第 2 和 4 波在时间和价格的相似，需要交替以不同的方式出现。在这种情况下，交替出现在结构上［波 2 是一个双重 3 运行调整，波 4 是一个三角形（以后会谈到）］。当第 3 波是扩展波时，最常见第 2 和 4 波在时间上相似。

注意：交替是一种相对的现象，究竟是一个简单调整还是一个复杂调整，更依赖于这两个交替形态的相对关系和"外表"，而不是它们的形态，例如，见图 5-4，波 2 是一个双重 3 调整，可以被认为是一个简单形态，而波 4 是一个更大、更费时的水平三角形。

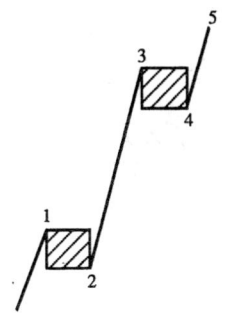 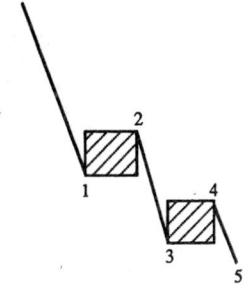

图 5-3a

为了使波 2 和波 4 正确地相互作用，在它们之间一定要有一些交替，至少有一个（希望有多个）在前面交替规则中列出的交替出现。在短期图表上，你可能只有回调度的交替，但重要的是至少有一个因素存在。在比较更大和更费时的形态时，更重要的是相邻和附近（有相同波浪等级）的市场运动出现交替。

如果这个规则得不到满足，那么市场运动很可能是一个复杂调整，有一个"失踪"的 x 在你认为是波 3 的中心（见第八章复杂调整）。如果你最近才开始你的艾略特波浪研究，不想被打乱研究进程，可以研究一个新的单波群。

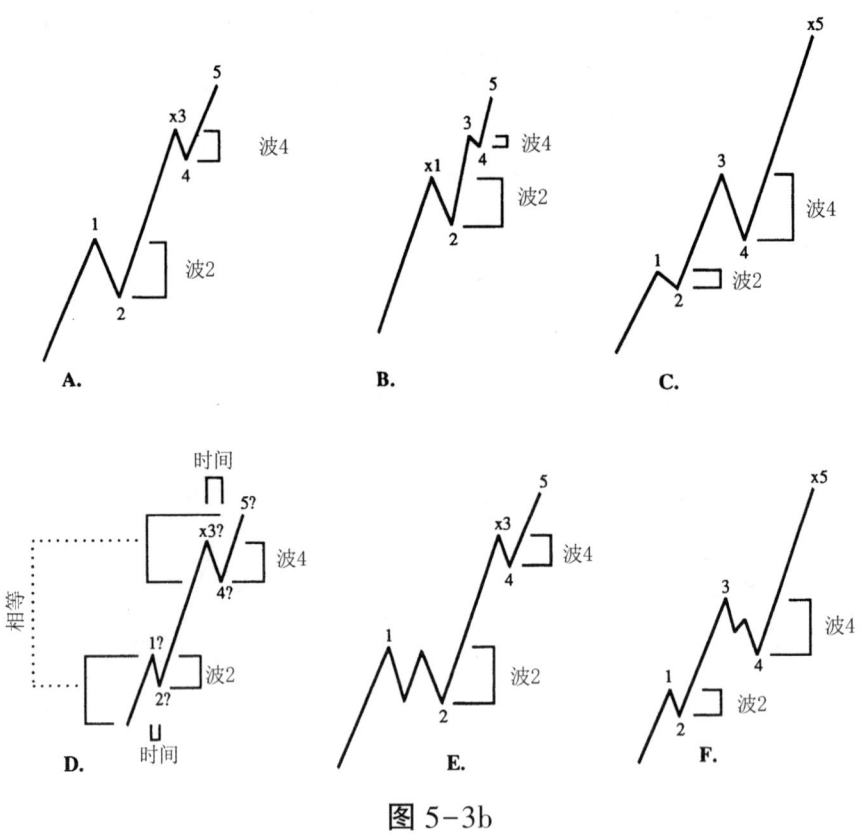

图 5-3b

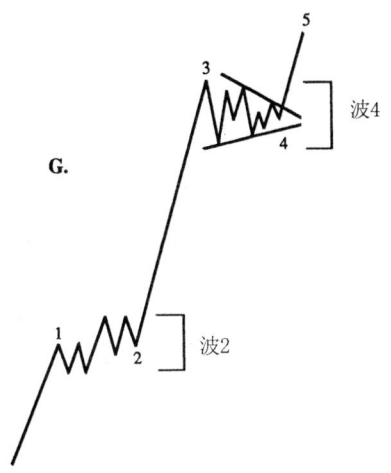

图 5-3b 续表

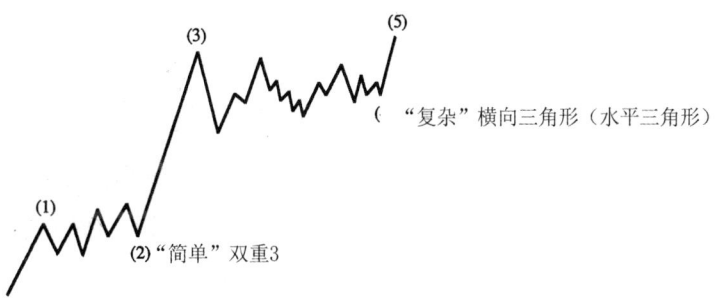

图 5-4

注意：此图只是为了说明交替规则，波（2）及波（4）相对于波（1）、波（3）及波（5）花费了过多的时间。

从这图上应该是显而易见的，形态的名字不会自动显示其本质是简单或复杂，简单与复杂是相对的，在比较时才有意义。（在本章的调整部分会讲到三角形，在第八章中将谈到复杂形态"复杂次多波、多波等的构成"）。

平等规则

我们在扩展规则里谈到：在任何推进形态里，有一波必须比其他波长很多。一旦你已经确定了最长的波，需要开始考虑平等规则，此规则仅适用于以下三个波中的两个波：波1、波3及波5。无论在一个形态中，哪一个波是扩展波，该规则是指其他两个，其组合是：

1. 如果波1扩展，该规则适用于波3和波5。
2. 如果波3扩展，该规则适用于波1和波5。
3. 如果波5扩展，该规则适用于波1和波3。

平等规则说明：两个非扩展波在价格和时间上（或时间）应趋向于相等，或者在价格和时间（或时间）上有一个斐波那契关系（通常是61.8%）。在考虑两波平等时，价格是更为重要的因素。此外，当第3波是扩展时，该规则在推进形态中显得最重要。在第3波扩展后，如果第5波失败，该规则会特别有用。如果一个形态的第1波扩展或者是一个终结推进，该规则最不好使用。

参照图5-3b，看一些有关该规则的例子。在图D中，波3扩展，所以波1和波5大约在价格和时间上相等。图B显示了第1波扩展，其中波3和波5在价格和时间上都有61.8%的关系。在图C中，第5波延长，因此波1及波3在价格上有61.8%的关系，在时间上有100%的关系。

重叠规则

重叠规则可以应用在两种不同的方式，这取决于你正在分析的是趋势推进波还是终结推进波。下面列出了这两类。

趋势推进（5-3-5-3-5）

在一个趋势推进次多波（或更高复杂度）里，波4的任何部分都不应该进入波2的价格范围内（图5-5a）。这条规则在趋势推进波和终结推进波之间，或者在趋势推进波和调整形态之间创造了最为明显、可见的区别。

终结推进（3-3-3-3-3）

与趋势推进形态相反，这条规则要求在终结推进形态中，波4的某一部分进入波2的价格范围内（图5-5b）。

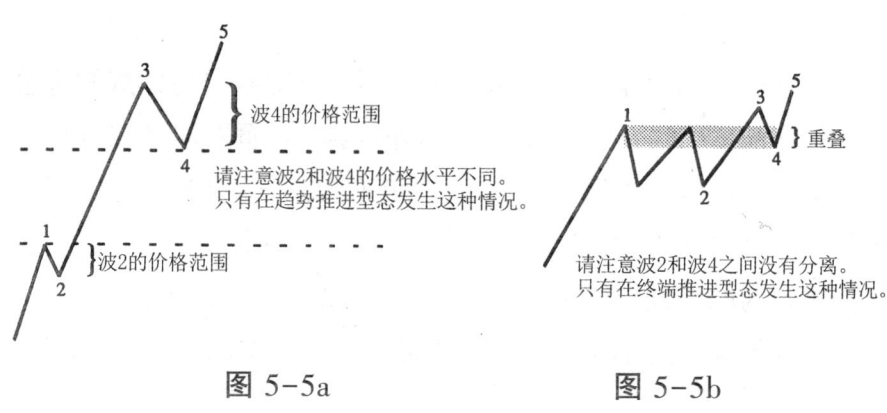

图5-5a　　　　　　　图5-5b

小结

如果你图上的价格运动通过了从第三章到重叠规则这里的所有检查和测试，这个价格运动一定是推进形态。如果这个价格运动没有通过所有的这些规则，它极可能是调整形态。到目前为止，如果一个价格运动不遵守任何一个规则（少数例外情况已经列出来过），移动到本章的调整部分，通过那里的市场行为检查目录，以决定是什么类型的调整。调整形态有多种可能性和灵活性，这使得分析过程更加费时和繁琐，而确定推进形态相对简单些。

转折点——推进

从这里继续阅读下去（限于推进部分），新增的有关推进规则出现在下面两个方面之一：

1. 一些规则变得更加微妙、需要条件、不容易掌握，要求有经验和信心，才能正确地应用。

2. 一些规则变得很容易使用，并不微妙，它们更像一个解读的补充证明，而不是坚实的证据。

从这里直到"推进"部分结束，不是全部新出现的规则都会得到遵守的，但通常会遵守（见例外规则）。如果你是在分析一个复杂的次多波或多波形态，不能够确定是否为推进形态，可以去到有关进程标志和逻辑规则的章节，在那些章节里，有对于精妙推进行为的详细要求，一旦你得到满意的结论，再回到这里，或者，如果你还是不满意，你可能需要阅读本章的调整部分。

通道

通道是分析过程中非常重要的一部分，在决定何时一个推进形态已经完成，通道起着关键的作用；在搜索波 2 和波 4 的终止点时，通道技术也是基础。

在分析一个推进形态时，有两种类型的基本通道线，它们是波 0-2 的趋势线和波 2-4 的趋势线，每一种趋势线服务于不同目的，给正在形成的推进类型以及波 2 和波 4 的调整类型提供了重要的线索。在推进形态的波 2 和波 4 是次多波或更高复杂度形态时，通道是最有用的。

图 5-6 显示了如何绘制基本通道，主要是针对波 2 的发展，在图 A 的早期阶段，使用了波 0-2 趋势线，主要为了决定第 2 波完成的时间和地点。在图 A 中，对波（1）的第一次回调最初被

认为是波（2）的结束，这是一个合理的假设，不幸的是，在波 0-2 的趋势线被打破时，市场运动仍然在波（2）的价格范围内，第 2 波肯定没有完成，市场运动和原来趋势线的接触点变为波（2）的 a 波。

如果市场运动在离开了修订后的 0-2 趋势线以后，再一次折回来，突破了修订后的趋势线（在出现任何明显的推进之前，或者如果市场运动再次进入第 2 波价格范围），波（2）可能还是没有完成，趋势线将要再次修订，以前被认为是波（2）终止点的地方可能只是一个复杂波 2 的 a、b、c 波［即波 2 可能是双重或三重 3（参考第八章，为了双重或三重 3 的复杂形态说明）］。

经过像图 B 的序列之后，调整很可能会结束了，波（3）可以开始进行。一旦你看到一个明显的推进（超过波 1 的 161.8%）之后，有一个调整高于波 1 的最高价位，第 3 波可能是在展开（或可能已经完成了）。要点：如果 0-2 趋势线（可以是任何角度的）是"真正的"，波 1 或波 3 的任何部分都不应该打破它（见图 C 左侧）。

在决定了波 3 已经终止后，你将需要开始一个类似的过程，发现波 4 的终止点。图 D 显示了必要的步骤，可以得到一个可行的结论。在图 D 中，由于波 3 比波 1 长得多，以及波 3 之后的调整在波 2 的价格范围之上，可以假定波 3 已经结束。为了决定波 4 是否已经完成，你需要画一条趋势线，通过波 2 的终止点和被认为是第 3 波高点之后的调整最低点，如果市场运动不打破或触摸波 2-4 趋势线，接着运行到新的高点，那么可能是第 5 波在展开。如果在运行到新的高点之前，市场运动打破了 2-4 趋势线，波 4 可能是尚未完成，第 1 个调整低点只是波 4 的 a 波。［注：多次修订 2-4 趋势线可能是必要的。上述程序和技术也适用于所有的向下推进运动。］

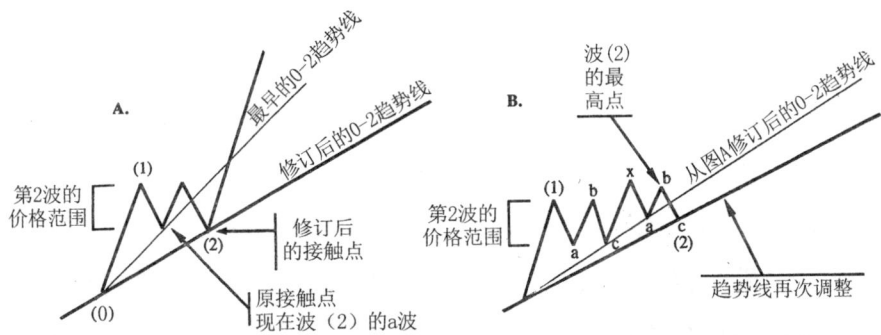

在图A中，波（1）的第一次回调最初考虑为波（2）的结束，当时这是一个正确的假设，然而，瞬间0-2的趋势线被穿过（图 A），而且发生在第2波的价格范围内，这样的价格运动表明波（2）还没有结束，原接触点变为波（2）的a波。如果在出现任何明显的进展之前，或者如果市场价格再次进入第2波价格范围内后，修订后的0-2趋势线再被打破（图B），则很可能波（2）还是没有完成，趋势线的不断变更，只是因为有一个复杂调整，它的第一轮出现了a、b、c波，这个复杂调整构成了波（2）经过像图B的波序列之后，调整可能会结束，波（3）将开始。如果你看到一个重大的进展（相对于X 波），之后是一个调整，它的所有价格在波（2）的价格范围之外，第3波应该在展开，甚至可能完成了，在经过如图B中的型态之后，波3应该比波1长得多，而且应该是一个扩展波。

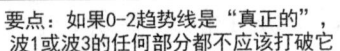

要点：如果0-2趋势线是"真正的"，波1或波3的任何部分都不应该打破它

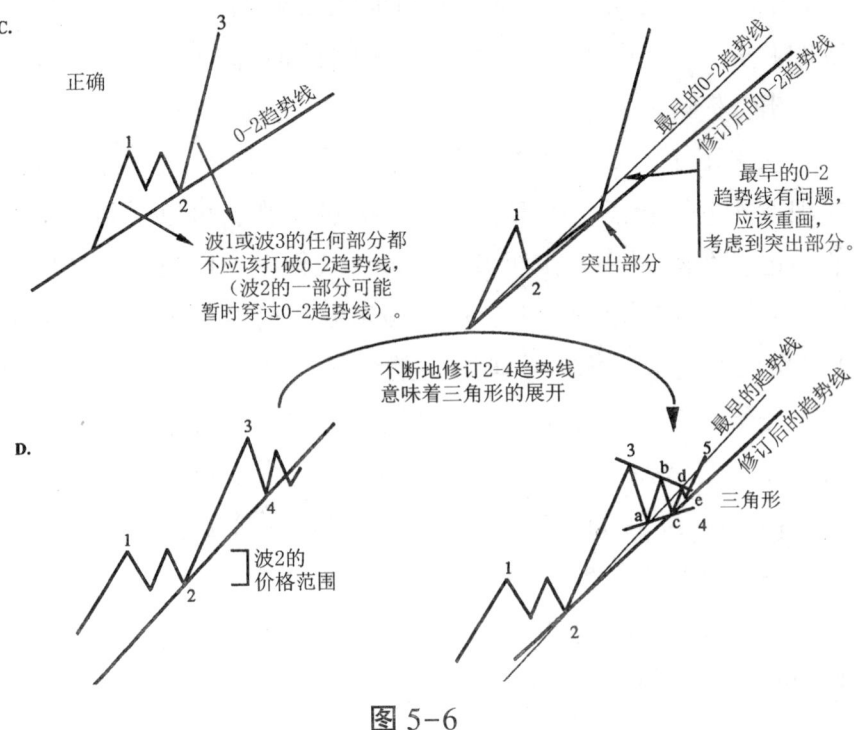

图 5-6

斐波那契关系

在一个推进形态里，如果第5波是扩展波，斐波那契关系是最常见的；如果第3波是扩展波，斐波那契关系是最少见的。更具体的讨论在高级斐波那契关系里（第十二章），现在的讨论只限于一般的观察，是根据推进形态的扩展波来分析的。

第1波扩展

最常见的情况是波3为波1的61.8%，和波5为波3的38.2%。下一个最可能的组合是和上述的相反，波3为波1的38.2%，和波5为波3的61.8%。

第3波扩展

这种情况允许数量有限的关系，通常出现在波1和波5之间。波1如果不等于波5，那么波1通常会是波5的61.8%或161.8%。如果波3扩展，那么波3必须超过波1的161.8%。

第5波扩展

在第5波扩展时，波3通常会是波1的161.8%。最常见第5波的向前推进是从波1起始点到波3终止点整个进程的161.8%，这个向前推进可以从波3或波4终止点算起。

波浪等级（degree）

为了记录市场发展的变化层次，艾略特用波浪等级来描述不同层次的波浪。有些令人失望的是，波浪等级不是绝对的，如天、星期、美元和美分。波浪等级是一个相对的概念，描述一个形态如何与另一个形态相互配合。对于最小的波浪等级，艾略特用次微波（sub-minuette）来描述。由于我们一直分析的最简单的波是单波，用次微波来描述已经分析过的单波是合逻辑的。

使用波浪等级时，也需要特定的符号。你可以看看你的图，如果你还在分析单波，去掉那些简单的推进符号（如：1、2、3、4、5），用一些特别的推进符号代替，这些特别的推进符号可以表示次微波的波浪等级，这些符号如下：

    i-表示波 1

    ii-表示波 2

    iii-表示波 3

    iv-表示波 4

    v-表示波 5

  当你的技能提高时，你将需要给更大波浪等级的形态命名和加上符号。如果你正在分析次多波（或更高复杂度）形态，在"更多关于波浪等级"一节（第七章），有如何确定波浪等级的步骤。

  注意：波浪等级是一个非常困难的概念，初学者不应该对它考虑过多，只是知道就行了，像超级循环和小型等波浪等级纯粹是主观的，在分析的早期阶段并不重要。而波与波之间的关系不是主观的，例如，如果你给一个运动标了小型级之后，它完成了一个更大的艾略特序列，这个更大的序列应该是中型级（intermediate degree）。

现实表示——推进

  在接下来的几页里，有一些图来表示现实中的推进形态，就像绘制在实时市场运动图中的一样。根据作者对于标准形态绘制的新发现，下面的图根据扩展波，来表示一个推进形态的典型形状，一个推进形态的扩展波是决定其外观的最重要因素。此外，每个图在冒号（:）左边列出了进程标志，在右边是结构标志，有时"X"出现在一些进程标志的前面（只使用在"1、3 或 5"进程标志的前面），表示这波是扩展波。

  如果你用适当的方法绘制数据（如本书在第二、三章明确描述的），则你绘制的实时市场运动将很接近，有时完全类似于下面的图；如果你使用条形图、每小时结束时的数据或其他类型的错误方法绘制数据，则你绘制的实时市场运动有时看起来像下面的图，有时不像。

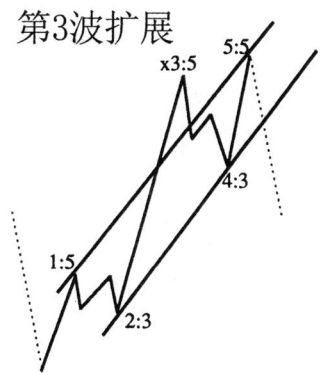

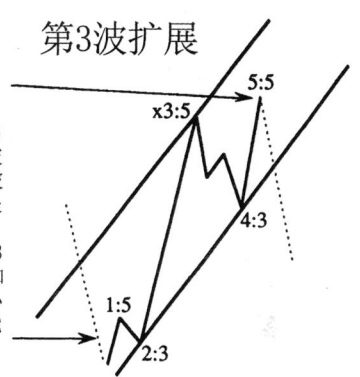

如果第5波比波4短，被叫做第5波失败。在推进型态里，第5波失败意味着第1波或第3波扩展（第5波失败和第3波扩展是最常见的两种推进型态）。在所有第3波扩展的变形中，如果第1波比第3波小得多，第5波最可能失败（见右图）。

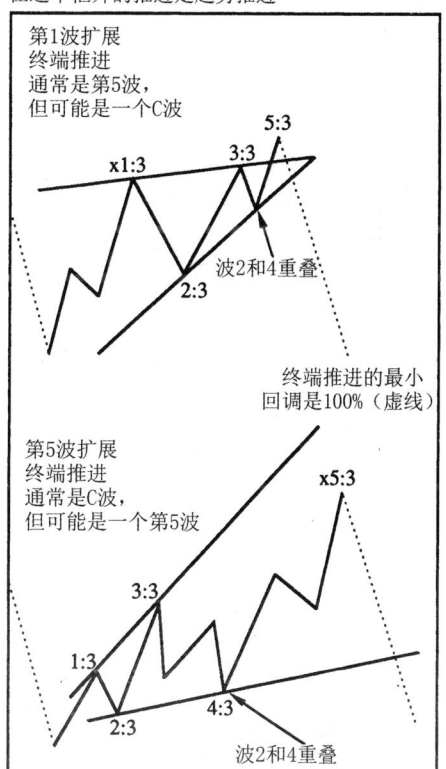

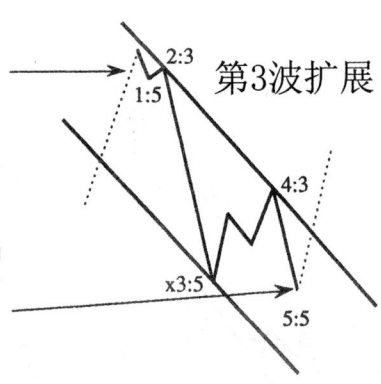

如果第5波比波4短，被叫做第5波失败。在推进型态里，第5波失败意味着第1波或第3波扩展（第5波失败和第3波扩展是最常见的两种推进型态）。在所有第3波扩展的类型中，如果第1波比第3波小得多，第5波最可能失败（见右图）。

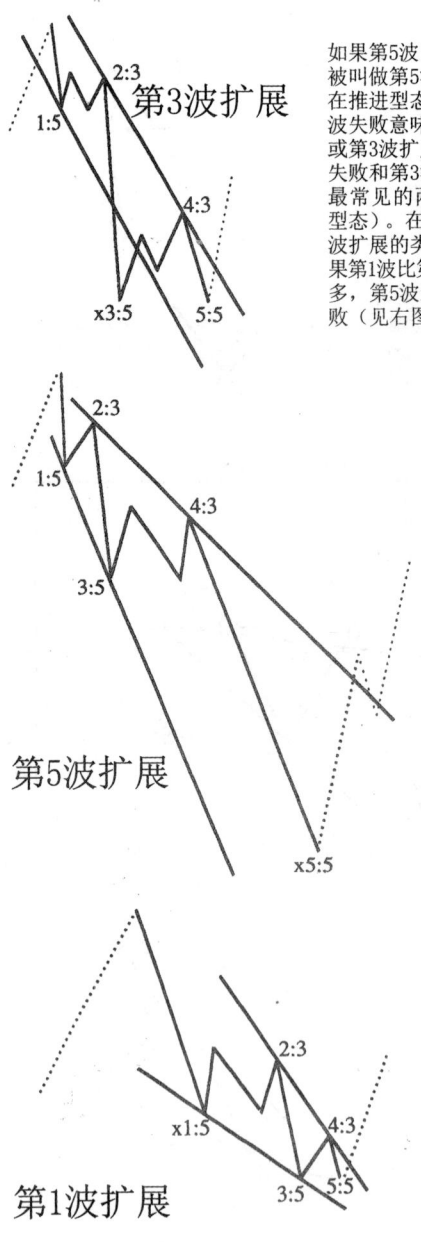

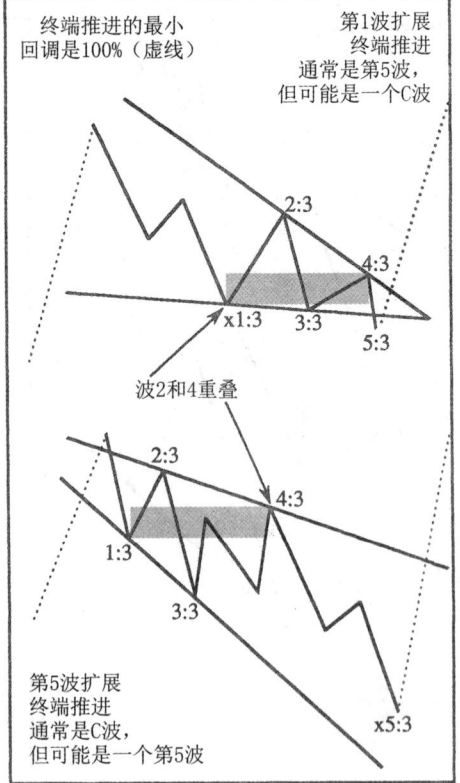

在这个框外的推进是趋势推进

终端推进的最小回调是100%（虚线）

第1波扩展
终端推进
通常是第5波，但可能是一个C波

波2和4重叠

第5波扩展
终端推进
通常是C波，但可能是一个第5波

调 整

调整是出现在推进波之间的形态。正如你已经知道的，调整通常由3个单波（或更大）段组成。如何把这些部分拼起来，形成一个标准的、可靠的艾略特形态，是本章的目的。

一般来说，调整波是比推进波更难解释的，这是由于有更多类型的调整波。解读调整波往往需要对复杂的市场运动有所认识，有时需要很大的耐心。如果无法辨别一个调整波的形态，也不要气馁，这是常见的事，只要给市场更多的时间来发展。在调整（和推进）变成像"水晶一样清晰"时，是在它们已完成或接近完成时。通常在一个形态的终止点，它是哪一种变形才成为明显的。

将进程标志引入波群

调整形态不像推进形态一样，需要大量的具体标准，才能放置进程标志，调整形态比较简单。当你到达这里的分析阶段时，你已经不需要决定一个形态是推进还是调整，因为你已经通过判断，知道它不是推进，所以它是调整，这样就可以立刻放置进程标志到价格行为。在一个调整波群里的第一个结构标志应该标明为 a 波，第二个是 b 波，第三个是 c 波。如果仍然在与单波打交道，而且有第四个和第五个单波，标志它们为 d 波和 e 波。

基本构成规则

由于有许多不同类型的调整，所以不能制定出一般规则，来涵盖所有可能出现的调整。描述所有调整的唯一方法是间接的：

如果市场运动不遵守从第三章开始到这里的所有必要的推进

规则（不包括在本章"转折点——推进"里的讨论），可以被认为是调整。

在具体的调整次多波构成里，下面的规则是必不可少的，即使是更大的形态基本上也要遵守同样的参数，这些准则帮助你从三、五个相邻的单波构成出一个调整次多波来。由于有许多不同的调整形态（和变形），对于每个形态的参数都需要单独列出。

首先，介绍在平台形态下的所有变形（B失败、C失败、普通、双重失败、拉长、不规则、不规则失败、运行），然后讨论锯齿形态，最后讨论三角形，三角形是最困难和最重要的调整形态。

为了继续你的分析，回到你一直在研究的单波群，比较你图上的"系列"与下面列出的3个系列，然后在本节内，找到相应的调整形态（如平台、锯齿等），按标题阅读。

锯齿 5-3-5
平台 3-3-5
三角形 3-3-3-3-3

如果你没有在研究自己的图，或者这是你第一次阅读本节，只要读一下就可以了。

平台（3-3-5）

让我们从定义一个平台中每个波的最小回调开始，以确保这个"系列"是适当构成的。如果下面的要求不能满足，回到你的图上,选择一个按照第三章方法分离出来的新波组(群),从第四章进一步观察重新开始。

在观察的 3 个单波(或更高复杂度的形态,如果你具备了如此能力)必须符合以下的标准,才能考虑为平台形态:

1. B 波必须回调 A 波至少 61.8%。(见图 5-19)

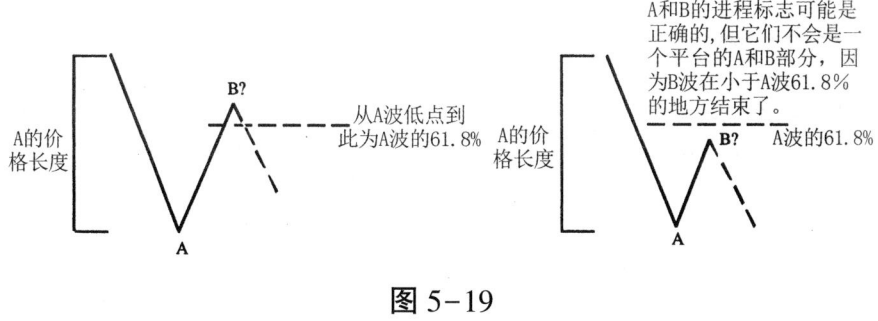

图 5-19

2. C 波必须至少是 A 波的 38.2%(见图 5-20)。

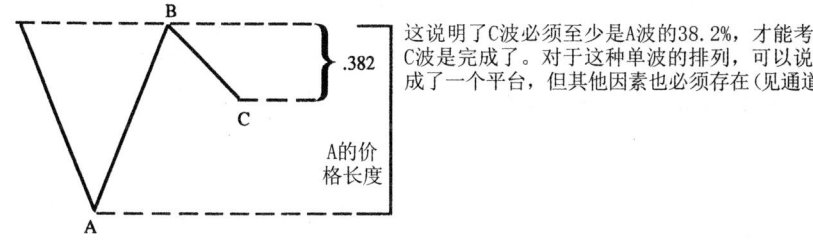

图 5-20

在所有的艾略特形态中,平台形态有最多的变形。要获得一个大致的看法,知道什么变形正在展开,应该使用下面的技术:绘制两条水平平行线,一条通过第一个单波的最高点,另第一条通过第一个单波的最低点（见图5-21），这将提供一个准确的测量工具来发现不同平台类型之间的差异。

如果b波离开了它的起始点，穿过了对面的水平线，市场行动表明一个"强于正常"的平台正在形成（参考下面的强B波）；如果b波回调了81%-100%的a波，参考下面的正常B波；如果b波回调了61.8%-80%的a波，参考下面的弱B波。

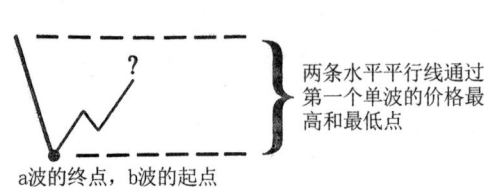 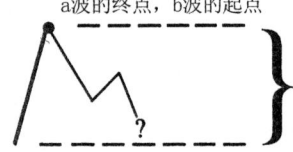

图 5-21

强 B 波

要看b波相对于a波的大小，c波有可能超过b波的起始点，如果b波介于101%-123.6%的a波，还存在一个比较好的机会，c波有可能完全回调b波；如果b波在上述范围内，c波是b波的100%或更多，c波不超过a波的161.8%，那么市场正在形成一个不规则调整。如果c波超过a波的161.8%，说明这个形态是一个拉长的平台。

如果b波超过a波的123.6%，c波很少有机会回调整个b波，如果回调了整个b波，这仍然是一个不规则形态。当b波超过a波的138.2%时，c波没有机会回调整个b波了（一个三角波的c波可能回调整个b波，但不是一个平台的c波）；只要c波有一部分跌入水平平行线范围内，但没有完全回调b波，这个形态应该被认为是不规则失败；如果c波没有进入水平平行线范围内，这个形态应该被认为是一个运行调整。

第五章 思考的重点

如果已经知道了平台的具体类型*，进到本章"有条件的构成规则"，进一步检查这个形态。

正常 B 波

如果 B 波在 A 波的 81%-100%（包括）之内，被认为是"正常的"。在此条件下，C 波将最有可能回调整个 B 波。如果 C 波的长度在 B 波的 100%-138.2%之内，这个形态应被视为是一个普通平台。如果 C 波超过 B 波的 138.2%，市场正在形成一个拉长平台。如果 C 波小于 B 波的 100%，这个形态是一个 C 失败*。

*在你研究的早期阶段，知道什么类型的平台形态正在形成，没有很大的用处，但在以后会是有益的，将大有帮助。如果你觉得已经理解了你读过的、到目前为止的内容，想学习一些新的"确定形态"的指导方针，可以在这时去参考第十章和第十一章的内容，然后返回到第五章。

弱 B 波

弱 B 波的特点是 B 波回调 A 波不到正常水平，所以归类为弱 B 波，它必须回调 61.8%-80%（含）的 A 波。如果 C 波小于 100%的 B 波，这个形态应称为双重失败。如果 C 波是 100%-138.2%的 B 波，这个形态应被称为是 B 失败。如果 C 波超过 138.2%的 B 波，它会再次属于一个拉长平台*。

锯齿（5-3-5）

锯齿形态的变形有限。锯齿和其复杂组合（见第八章）是可以在短时间内"类似于"推进活动的唯一调整形态。为了避免误解，非常具体的限制必须放置在锯齿的行为上。以下是对锯齿形态的最低要求。

1. A 波的回调应不超过刚过去的，大 A 波 1 个波浪等级的推进波（如果存在）的 61.8%（见图 5-22a）。

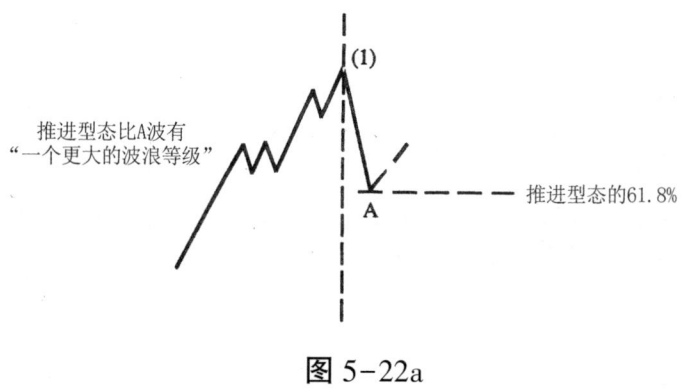

图 5-22a

2. B 波应至少回调了 1% 的 A 波（图 5-22b）。

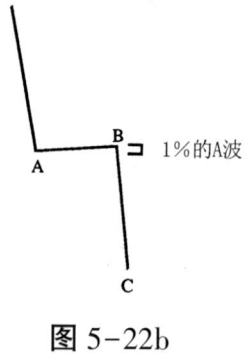

图 5-22b

3. 波 C 必须要移动，即使只是轻微超出 A 波的终止点（图 5-23）。

如果你的波组符合这三个最低参数，现在检查锯齿中 B 波应该遵守的最高限额。

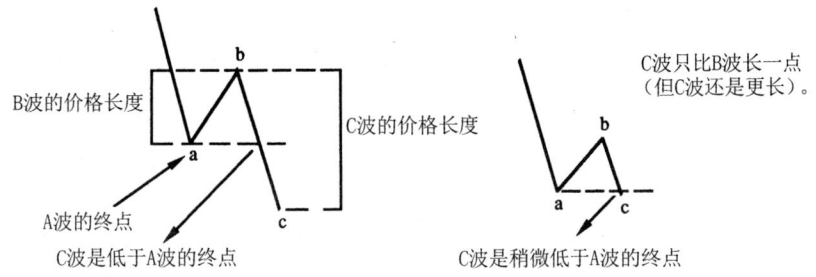

图 5-23

1. 在正常情况下，b 波不应该回调超过 a 波的 61.8%。
2. 如果 b 波的一部分在回调时超过了 a 波的 61.8%，该部分还不是 b 波的结束，而只是一个更复杂调整中 b 波的第一段，b 波将结束在 a 波的 61.8% 或更少（见图 5-24）。

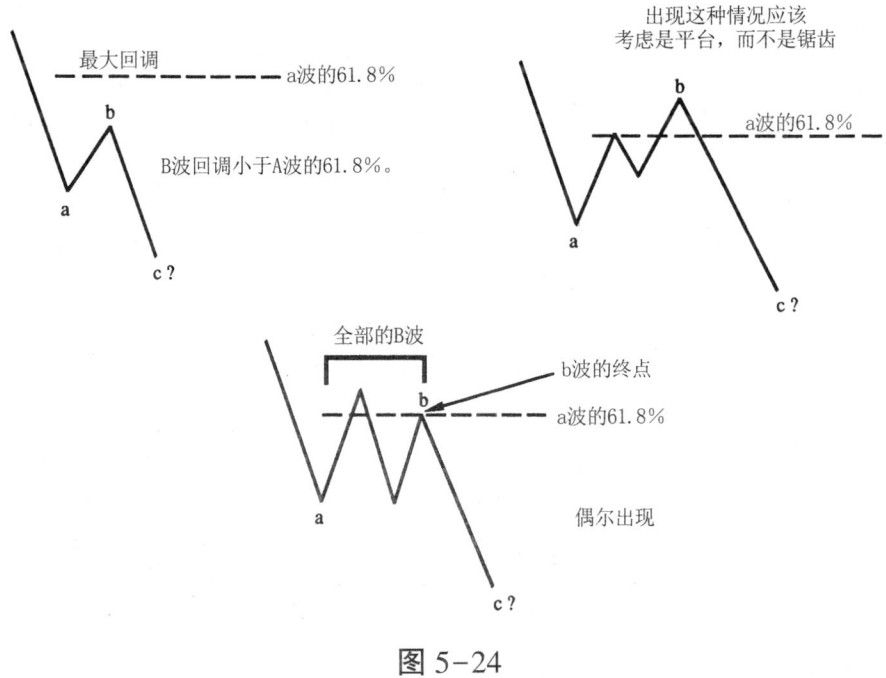

图 5-24

波 c 的长度是一个划分锯齿类别的决定性因素，它的长度告诉了有关当前和未来市场行动的许多事情。如果你看到锯齿的 c 波小于 a 波的 61.8%，参考截短的锯齿。如果 c 波结束在这样的一点，这一点离 a 波终止点的价格距离大于 a 波的 161.8%，参考"拉长的锯齿"一节（处理这种形态要小心，它可能是一个推进的部分）。在任何其他情况下，请参阅"正常锯齿"。

正常锯齿

在一个正常的锯齿中，c 波可以是 a 波的 61.8% 到 161.8%（内部和外部，要了解细节，请参阅第十二章"内部"）。下面描述和说明了形成正常锯齿的必要条件。

1. 波 b（当从它的终止点测量时）的回调不得超过 A 波的 61.8%。图 5-24 显示了几种情况（符合要求和不符合要求）。

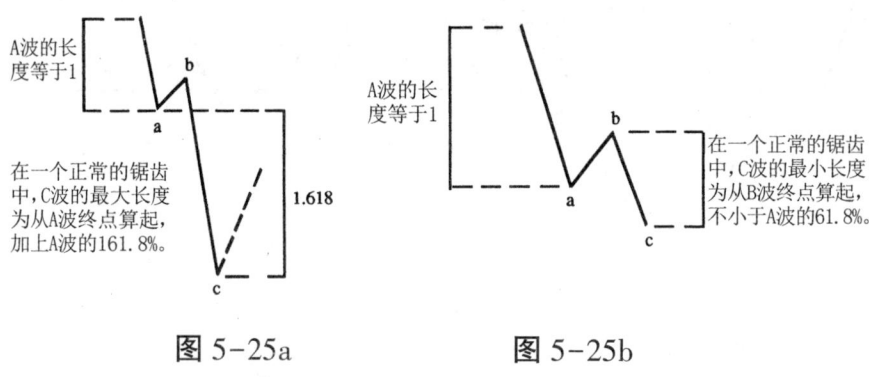

图 5-25a   图 5-25b

2. c 波应不超过 a 波的 161.8%（从 a 波终止点算起）（图 5-25a），但从内部算起，c 波至少应为 a 波的 61.8%（见图 5-25b）。

当有一个移动，你认为是一个 c 波，但超过了上述的限额，参阅"拉长的锯齿"和"推进"（或"推进"）。

截短的锯齿

这是最稀有的锯齿变形，它必须满足以下条件：

1. c波不能少于a波的38.2%，但应小于a波的61.8%。

2. 在这个锯齿完成后，市场必须回调至少81%的整个锯齿，最好是回调100%以上（图5-26）。

这是必需的，因为极短的c波暗示了反趋势的强度。

3. 这个形态最有可能是一个三角形的5个段之一，或者是一个三角形中一个段中的一部分。

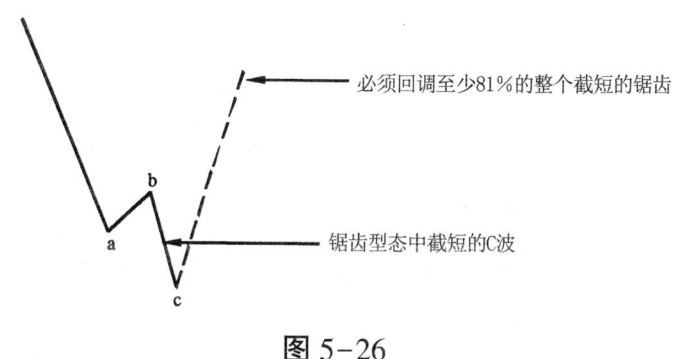

图 5-26

拉长的锯齿

拉长锯齿的特点是有超大的c波。如前所述，锯齿在短时间内类似于推进活动，在所有的锯齿变形中，拉长的锯齿最像推进运动，在它们正在展开时，要辨认它们非常困难，要肯定它们的形态存在风险，通常只能在事后证实。有一点好处是它们只出现在复杂的次多波（或更高复杂度）收缩三角形的早期阶段（见第八章），或者复杂的次多波（或更高复杂度）扩展三角形的后期阶段。

每当一个c波超过a波的161.8%时，很有可能假定a-b-c

波是一个五段推进形态的 1-2-3。有助于区别这两种不同形态的标准是回调程度，在拉长的锯齿之后，市场应该先回调超过 c 波的 61.8%，然后继续运动超过 c 波的终止点。如果这些条件得到满足，可以假设这个形态是一个拉长的锯齿，如果这些条件得不到满足，有可能是推进波。返回前面的初步分析章，添加一些相邻单波到你现在正在分析的波群，看看是否能形成一个推进系列（同时参阅第四章测试锯齿），如果不能，去到一个新的单波群，从头再开始分析。最终，通过使用所有在这本书中介绍的技术，如果你还有无法确定的形态，那么在它周围价格运动被确定后，这个形态也会成为清楚的。

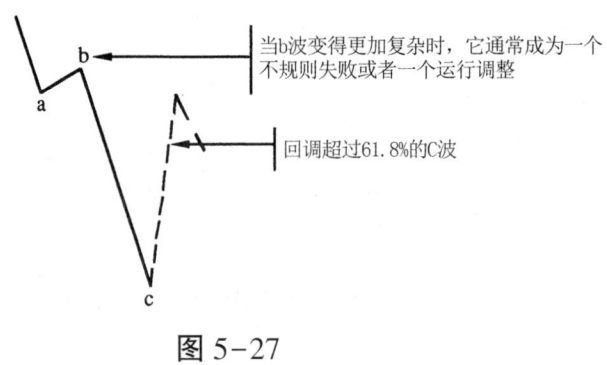

图 5-27

三角形（3-3-3-3-3）

在波浪理论中，一些最难分析的形态是三角形的变形，它们没有完成的具体时间限度，绝对肯定在三角形之后的运动方向往往是不可能的。其可取之处是，在它们完成后，它们对目前的市场位置提供了大量信息，并为三角形之后的市场运动提供了大量的线索。

尽管分析三角形有困难，但三角形是一种最常见的艾略特形态，因此，对它们深入了解是需要的。学习尽快确定三角形的方法，可以节省不少时间和不必要的交易损失（尤其是在有交易选择权时）。以下是有关三角形的最重要规则和特征，大多数这些规则（它们是基本的）是第一次出现，所以一定要密切关注。

以下是对三角形所有变形的最基本要求：

1. 艾略特说一个三角形有5段，不多不少。不管每一段是多么复杂还是简单，这个规则都适用。按照每一段出现的顺序，用5个字母表示：（a、b、c、d、e）（见图5-29）。

2. 三角形的每一段是（或在单波情况下象征）一个完整的调整阶段（一个"：3"）。

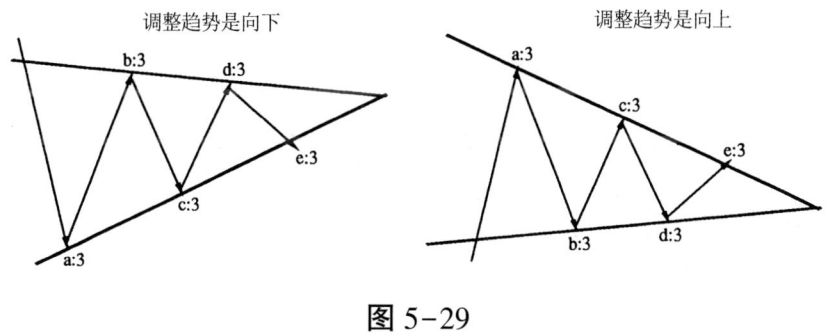

图 5-29

3. 一个推进形态的趋势是上涨或下跌，不像推进形态，一个三角形的5段将振荡反复在同一价格范围内（重叠），有一点扩展与收缩（图5-30）。

4. 三角形可以稍微向上或向下漂移，但不会影响这些一般准则（参见图5-31）。

5. 波b的长度必须介于a波的38.2%-261.8%之间。注意：b波不太可能是a波的100%。

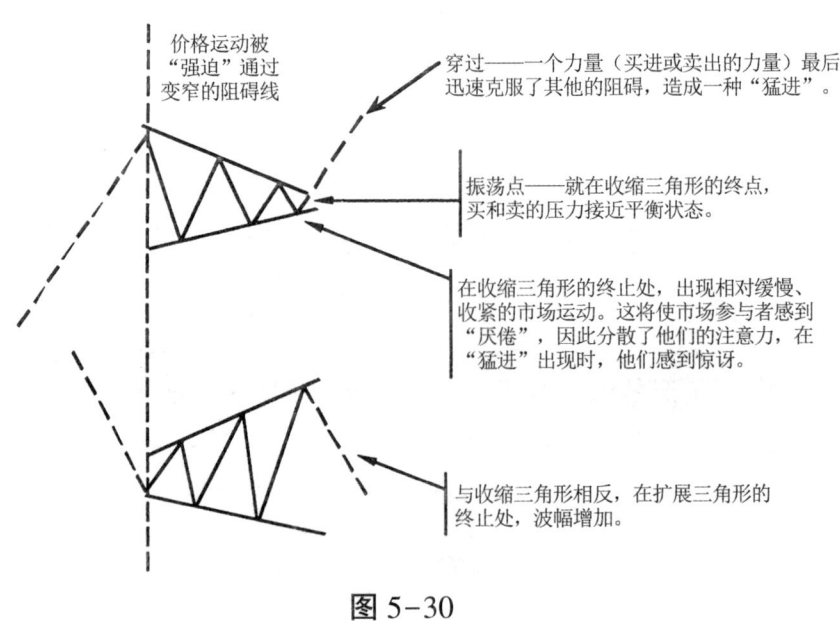

图 5-30

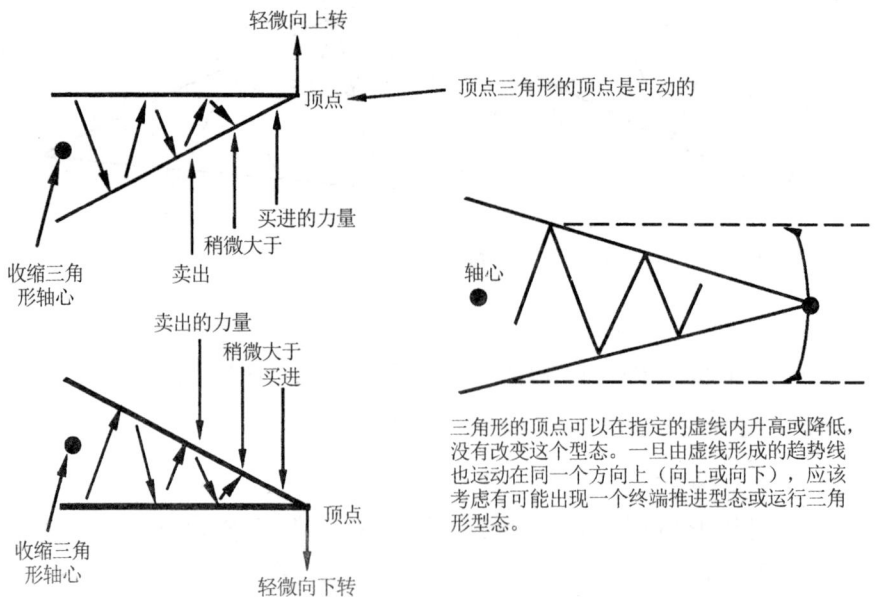

图 5-31

6. 在一个三角形的5段中，有4段是前一波的回调，这些回调段是b、c、d、e，在这4个回调段中，有3段必须至少回调前一波的50%（见图5-32）。在一个罕见的运行三角形中，有可能不完全满足50%的要求。

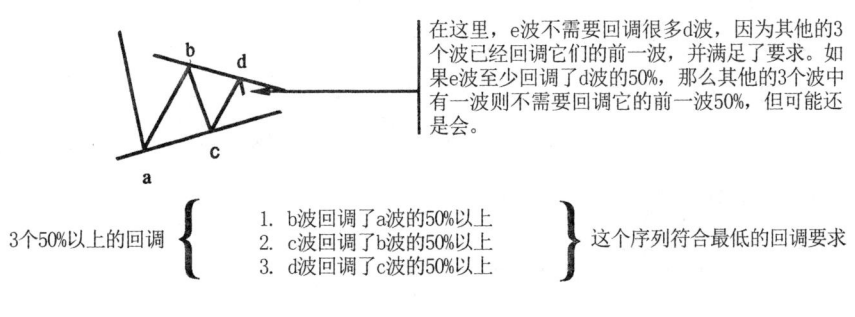

图 5-32

7. 一个三角形有6个重要的参考点，它们有同等的波浪等级：

i. a波的起始点，即所谓"0"（零）点
ii. a波的终止点，"a"点
iii. b波的终止点，"b"点
iv. c波的终止点，"c"点
v. d波的终止点，"d"点
vi. e波的终止点，"e"点

在一个三角形的收缩趋势线中，应该只有4个终止点（同等波浪等级的）被用来形成通道。

注意：非限制三角形通常遵循这一规则，但也有偶尔的例外，可能出现第5个接触点（见图5-33，这个规则的说明）。

每个黑点代表一个可能的接触点,你可以用它来画收敛的趋势线,框住三角形。只有4个拐点(6个点中)能够同时接触收敛的趋势线。

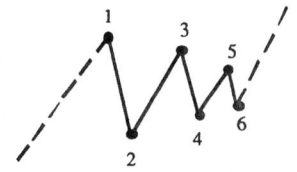

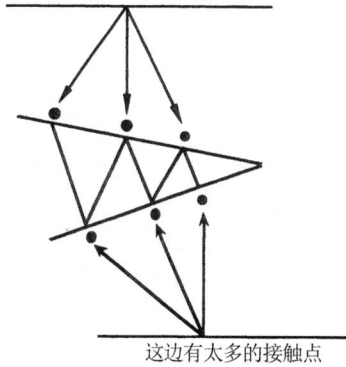

这个型态没有资格作为一个适当的三角形,如果市场运动确实形成这样的通道,这个运动可以成为一个三角形的一部分,几乎可以肯定在右下角的最后一点不是一个三角形的结束。

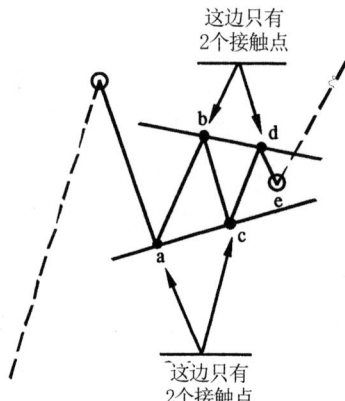

在一个正常的水平收缩三角形中,通道应该是这样的

注意有相同波浪等级的两个点没有接触趋势线,a波的起点(也是三角形的开始)和e波的终点(也是三角形的结束)

图 5-33

8. 通过三角形中 b 和 d 的通道线应该被认为是基本线,它的功能类似于在推进波里的2-4趋势线。作为一般规则,在一个三角形中,b 和 d 的趋势线不应该被 c 或 e 的任何部分穿过(图5-34a)。换言之,应该有一个不被打扰的路径从 b 波到 d 波,和从 d 波直到 e 波的结束。图 5-34b 说明穿过 b-d 趋势线的运动是不

能接受的。

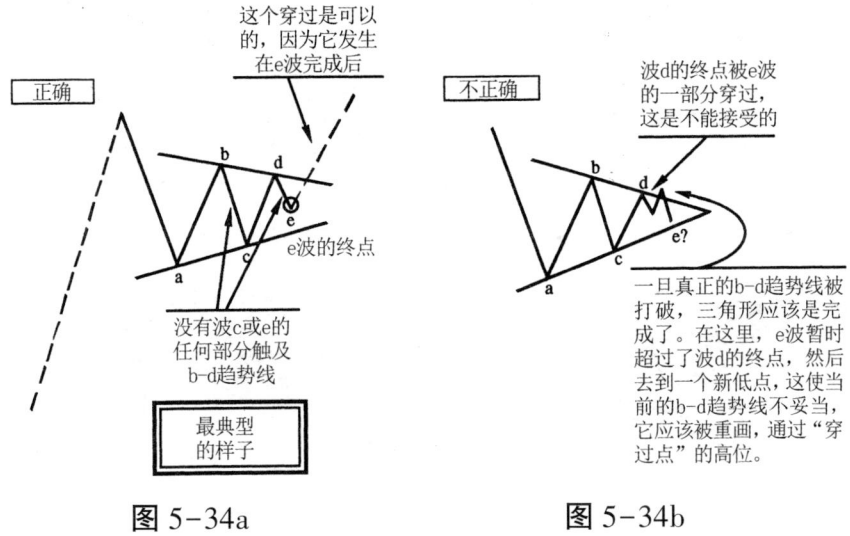

图 5-34a   图 5-34b

收缩三角形（一般说明）

收缩三角形目前是最普通的三角形，下面是一个收缩三角形应该具有的元素。

最低限度的要求（适用于全部收缩三角形）：

1. 在一个收缩三角形完成后，接着有一个"猛进"出现，它必须至少是这个三角形最宽幅度波的75%，在"正常"情况下，它不超过这个三角形最宽幅度波的125%（图5-35）。

2. 在一个收缩三角形里，这个猛进必须超过三角形的最高或最低价格（图5-36）。

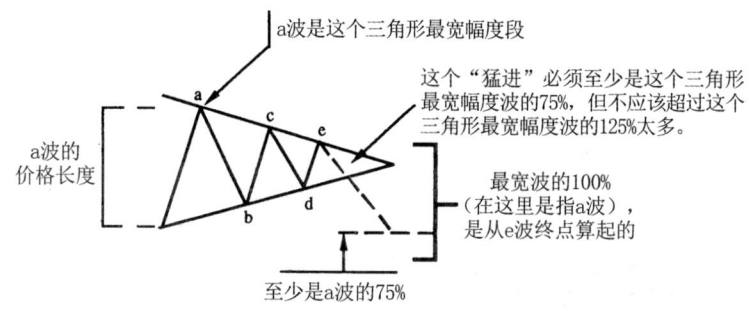

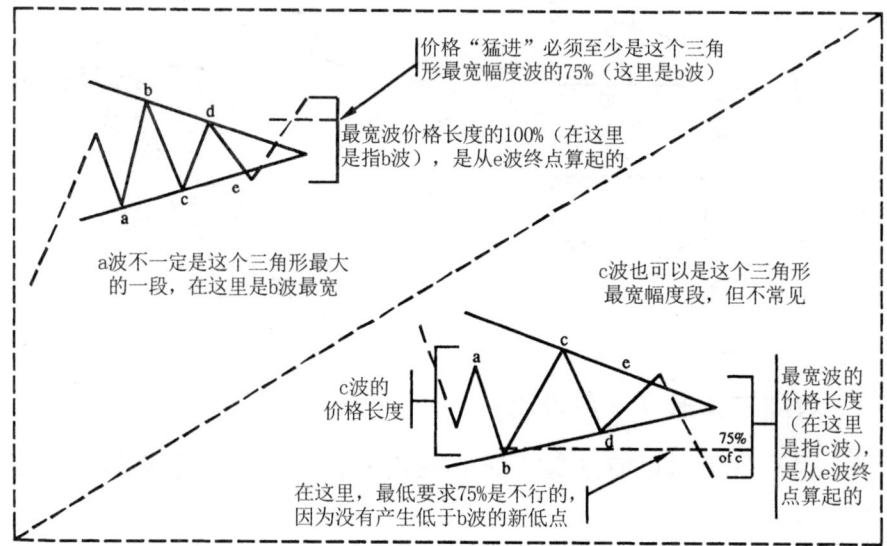

图 5-35

当一个三角形即将完成时,绘制两条平行的水平线,一条通过三角形的最高价格水平,另一条通过最低的价格。根据下面的准则,这些平行线将有助于你预测在三角形完成后会发生什么事情。唯一可能的例外是,这个三角形出现移动,而且移动明显地与猛进方向相反。

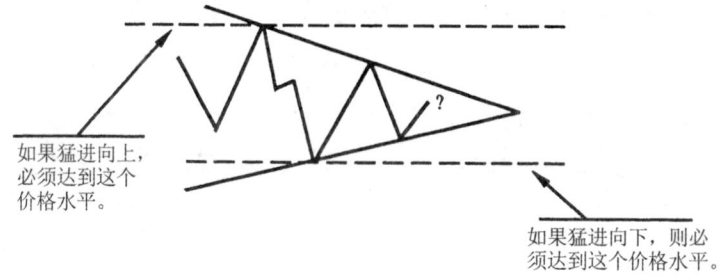

图 5-36

3. 在收缩三角形里，e 波必须是最小波（基于价格，而不是时间），见图 5-37.

图 5-37

一、有限制（具体说明）

"有限制"是一种三角形的类型，它是艾略特发现的，艾略特在他的著作中谈过它。它们出现在第 4 波和 b 波，在一个有限制三角形完成后，接着的市场运动受到非常具体的参数限制，因而得名"有限制"。在有限制三角形形态中，e 波的终止点应该出现在三角形顶点之前的 20%-40% 里（译者注：在这里，作者没有明确说明，根据后面的内容来推测，可能应该说：测量从三角形开始到 e 波终止点的时间，在 20%-40% 的这个时间里，从 e 波的终止点开始算起，两条收敛趋势线相交的顶点应该出现。）下面是有限制三角形的 3 种变形和具体的形成规则，这些规则使它们成为特殊的。

水平变形

在收缩三角形中，水平三角形是最普通的。当市场服从下面的规则时，表明正在形成一个水平三角形。

1. 水平三角形的趋势线必须对着价格方向（见图 5-38）（译者注：价格方向是垂直的。）

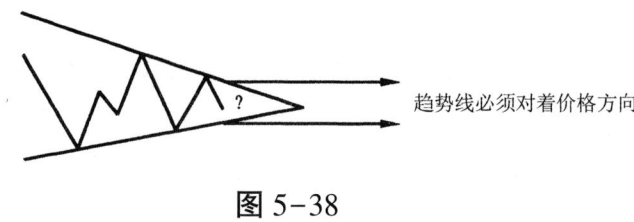

图 5-38

2. 水平三角形的顶点必须出现在三角形最长段的 61.8% 范围内，在三角形最长段的中间（见图 5-39）。

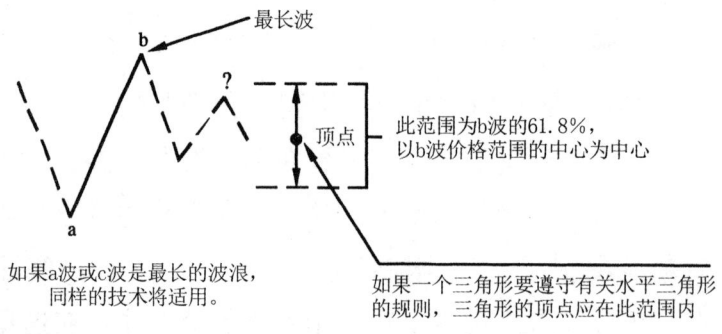

图 5-39

3. 波 d 必须比波 c 小（见图 5-40）。

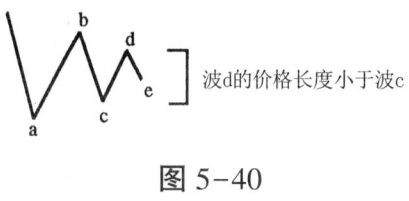

图 5-40

4. 波 e 必须比波 d 小（见图 5-37）。

不规则变形

这种类型的三角形意味着比水平三角形有稍微更大的"猛进"和速度潜能。在一个不规则变形的形成里,关键因素是 b 波,它必须长于 a 波。如果市场运动服从下面的参数,表示一个不规则变形已形成:

1. b 波应不超过 a 波的 261.8%,通常小于 a 波的 161.8%。在任何三角形中,a 波和 b 波一般没有很准确的斐波那契关系。

2. 波 c、波 d、波 e 都必须比前面刚过去的一波小。

3. 这种三角形的两条趋势线应该有相反的方向。

运行变形

这是波浪理论中最容易被错误解读的形态之一,它和双重 3 运行调整一样容易被错误解读。运行三角形的重要特点如下:

1. 波 b 长于波 a,也是三角形中最长的波。

2. 波 c 小于波 b。

3. 波 d 大于波 c。

4. 波 e 小于波 d。

5. 两条趋势线将同时向上或向下倾斜。

6. 在三角形之后的"猛进"比三角形中最大幅度的一段要大得多,有时会高达 261.8%,但不会再多。

二、非限制(具体说明)

在收缩非限制和收缩有限制三角形之间有很少的差异,上面所有的规则都应该可以适用于两者,下面列出的是一些细微的差别,这些细微的差别使这两种形态分离。下面这个清单是作者完全原创的,作者花费了数年的时间,仔细量化了三角形的行为。

通道——在收敛趋势线方面,一个非限制三角形与有限制三角形略有不同,这种不同发生在上面的 3 种变形里,所有这些不同都是明显的:

1. 一个非限制三角形最常见和明显的行为是"非常接近"两条收敛趋势线的顶点,"非常接近"是由以下计算来量化的。测量了从三角形开始到 e 波结束的时间,如果在小于 20% 的这个时间里,从波 e 的终止点开始算起,两条收敛趋势线相交的顶点出现,这就是上述声明的"非常接近"的意思。

2. 测量了从三角形开始到 e 波结束的时间,如果在大于 40% 的这个时间里,从波 e 的终止点算起,两条收敛趋势线的顶点出现,也应当被认为是一个非限制三角形,由于这时三角形的形成还不是很明显,预测更加困难。

3. 非限制三角形还有最后一种出现方式,就是一个在猛进之后的调整进入了两条收敛趋势线的顶点时区。在一个有限制三角形里,顶点拥有的"时区"通常是"猛进"结束的地方＊(除非这个猛进形成了一个终结形态)。最常见的方式是:在三角形之后的猛进很猛,在顶点时区出现之前,这个猛进已经达到了它的应有的价格长度(根据这个三角形的最大波计算出来的),接下来有一个调整回调,进入顶点时区,直到"耗尽"顶点时区中的时间。

如果在一个三角形快要结束时、或者刚结束,上述三种情况之一出现,应考虑这个三角形有非限制三角形的性质。

＊这个概念最早出现在《艾略特波浪原理:市场行为的关键》(A·J·弗罗斯特和 R·R·普莱切特著。新经典图书馆出版社,美国弗罗里达州盖思斯维尔市。)

三角形之后的猛进

在一个非限制三角形里,对于猛进的长度是没有规定的,在一个猛进达到了三角形最长段的价格长度时,这个猛进可能有所变化(通常如此),但一般是短暂的,这个猛进通常会回到原来的方向上,继续前进,通过考察相关的更大形态形成情况,才能对这个猛进的长度做出判断。

扩展三角形(一般说明)

在非常大的复杂调整中,扩展三角形是最常见的。扩展三角形是这样的:5个调整段连续出现,从左到右,每一段或者"几乎"每一段都比已经过去的前一段有更长的价格长度。上一句这个词"几乎"是来源于观察的,在扩展三角形中,经常有一段(在运行扩展三角形中,也可能是两段)比前一段小(图5-41)。

适用于所有扩展三角形的一般规则如下:

1. 在 a 或 b 波总是三角形的最小段。

2. e 波几乎总是这个形态最大的波。

3. 扩展三角形不能作为 b 波,出现在锯齿里;也不能是一个更大三角形的 b、c、d 波。

4. e 波通常是最耗时和复杂的一段。e 波最典型的构成(如果有亚结构的话)是一个锯齿(在小的扩展三角形里),在更大的扩展三角形形态中,e 波是复杂的调整组合。

5. 通过 a 波和 c 波顶部绘制趋势线,e 波总是穿过这条趋势线。

6. b-d 趋势线的功能与它在收缩三角形中的一样。

7. 在扩展三角形中,冲出三角形的"猛进"应该小于这个三角形的最大波(在这种情况下,是 e 波),除非这个"猛进"结束了一个有力的、更大的调整。

8. 从 e 波向左的前 3 个波必须至少是它们右边、后面一波的 50%。

就像收缩三角形一样，扩展三角形分为两个不同的类别：有限制和非限制。有同样名字的目的是让事情尽可能简单，但不像收缩三角形一样，这两个名称对于扩展三角形过去后的市场运动情况，没有太多的说明。（如像上面第 7 条所说的那种说明：在扩展三角形中，"猛进"应该小于这个三角形的最大波。）在扩展三角形中，有限制和非限制这两个名称仅仅表明这个三角形是在标准的波位置还是一个更复杂调整的一部分，这个更复杂调整有首尾相连的多个形态。

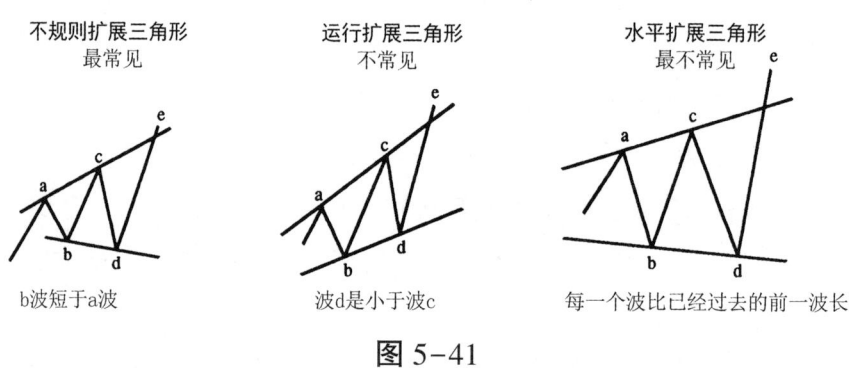

图 5-41

有限制（具体说明）

"有限制"一词始终指作为一个第 4 波或 b 波的三角形。就个人而言，我从来没有见过一个"在第 4 波的扩展三角波"，但必须在逻辑上假定它们存在，也应该认为是十分罕见的。可以看到少数在 b 波位置的有限制扩展三角形，以下是一些可能适用的描述：

1. 有限制扩展三角形作为一个 b 波，只可能在不规则失败或

C 失败平台形态中出现。

2. 在有限制扩展三角形之后的"猛进"是很小的，这个回调大约是从三角形最高点到最低点价格长度的 61.8%。

水平变形

一个完美的水平扩展三角形是最不常见的，为什么？因为它违反了市场累积或分散的自然趋势，如果一个市场不断产生新的高点和新的低点，就没有了趋势，市场就是在一个基本面的（而不是技术上）不稳定状态，没有大的经济力量来推动市场来回摇摆，这是一个不太可能的市场位置，尤其是在很长的一段时间内。作为个人的评估，我认为时间越长，越不可能形成一个水平扩展三角形。

创建一个水平扩展三角形的参数如下：

（1）a 波必须是这个形态中的最小波。

（2）波 b、c、d、e 必须超过它前一波的起始点（它可能是最高或最低价格，也可能不是）。

（3）如果画一条通过波 a 和 c 的趋势线，e 波可能会穿过它。

不规则变形

不规则扩展三角形比水平扩展三角形略微常见些，它有几个特点：

（1）波 b 比波 a 小和所有其余的波比它们的前一波大，或者，波 d 小于波 c 和所有其余的波比它们的前一波大。

（2）不规则扩展三角形持续的时间越长，其通道越有可能向上或向下倾斜。

运行变形

运行三角形呈现一种趋势，原因是 b 波比 a 波稍大一点、d

波比 c 波短一点。它的趋势线不是去到相对的方向，而是都走在同一方向，但还是发散。在这种形态中，e 波有可能进行得很快。如果除了 c 波（它比 b 波小），所有的波都比以前的一波大，另一种变形出现。

非限制（具体说明）

非限制扩展三角形是指形成在更为复杂形态内的三角形，例如，如果一个调整有一个或多个 x 波，它的第一或最后一段可能是一个非限制扩展三角形，在扩展三角形规则的第 7 条里，说明在扩展三角形之后的猛进不同于收缩三角形的，由于扩展三角形的猛进没有其中最大波（e 波）一样大，很明显这样的猛进无法启动一个新的重要上升或下降，这是一个 x 波发展的理想情况，一个非限制扩展三角形的猛进通常是一个 x 波，但它也可能是一个终结形态的第 5 波，或者是一个三重 3 或三重组合的第 2 个 x 波。

非限制扩展三角形就像有限制扩展三角形一样发展起来，但在顶点有些不同（顶点出现在三角形的左边），首先测量整个三角形消耗的时间，用 a 波起始点的时刻减去整个三角形消耗时间的 40%（在时间上向过去推），得到一个时刻，顶点将出现在这个时刻的左边（就是说顶点出现的要早一点），通常，从 a 波的起始点向过去推，在整个三角形消耗时间的 20% 范围内，顶点将出现。

有条件的构成规则——调整形态

交替

价格

在一个调整里，很少使用交替规则中的价格关系，为什么呢？因为在调整里，大量的波有接近相同的价格长度。当把交替规则用于调整时，价格关系在锯齿形态有最大效用。在锯齿形态里，a波和b波应在价格上交替，b波应该是a波的61.8%或更少，这就是在调整形态里大致的价格交替程度。如果你的调整是由单波和次多波（或更高复杂度）组成，现在也应考虑细分度和构成的交替。

时间

在一个调整里，时间的交替变化是很有效的，要正确应用的话，必须要比较连接在一起的3个调整段，在这连接在一起的3个调整段中，前两个形态的时间长度通常会很不同，第一个形态可能用了"n"个时间单位，而第二个需要n的1.618倍或更多，或n（0.618或更少）个时间单位，第三个调整段要么等于前两段中的一个，跟前两段中的一个有61.8%或161.8%的关系，要么等于前两段消耗时间的总和。欲了解更多有关这一问题的细节，请参阅第九章"时间规则"一节。

注意：如果一个次多波只消耗了3个时间单位，时间的交替变化是不可能出现的，缺少时间交替是一个提醒，可能会有一个更好的方式来安排其中的单波，但如果这个次多波表现正常，可以被认为是一个合格的形态。

转折点——调整

从这里继续阅读下去，有关调整形成的规则出现在下面两个方向之一：

1. 一些规则变得更加微妙、需要条件、不容易使用，要求有经验。

2. 一些规则变得不太可靠，它们更像一个解释的补充证明，而不是坚实的决定性证据。

当你的分析能力增加后，考虑更加全面，从而提高你对于实时市场的分析精度和预测能力。建议初次学习波浪理论的学生，停在这里，重读本书前面的章节，学习、实践、努力掌握本书已经叙述过的所有规则和技术。本书下面的内容将专门对市场行为进行更复杂的讨论，如果没有掌握基本知识，没必要学习更加困难的内容。

通道

在沟通各个调整段时，重要的参考点是b波。对于锯齿和平台来说，总是画一条趋势线，从a波的开始到b波的结束（称为0-B趋势线），再画一条平行线，通过a波终止点。如果你正在分析的是一个锯齿，c波可能穿过或不碰到那条平行线，它不应该接触在那条平行趋势线上；如果它确实接触那条平行趋势线，这表明这个锯齿将是一个更复杂调整的一部分，这个更复杂调整可能是一个双重、三重组合，或者是双重、三重锯齿形态（有关这个概念的详情，请参阅图9-2）。一旦0-B趋势线被穿过，这个c波（和这个c波所在的形态）可能是结束了。对于三角形，绘制趋势线跨越b波和d波的终止点。当B-D趋势线被穿过时，这个三角形可能是结束了。更先进的通道技术是包括在第十二章。

斐波那契关系

在"最后一步"的形态类型检查中，有斐波那契关系，它将帮助肯定一种形态。几乎所有的艾略特形态都有自己独特的斐波那契关系组合，这是波浪理论中更不容易分析的方面之一，因为有多种可能的关系。首先，这种关系取决于市场总的调整类型，然后，每一种类型的各种变形有微妙的差异（在第十二章中讨论先进的斐波那契观念）。

下面列出了每一种"标准"的调整类型，在每一种类型的标题下，有对一般关系的描述，有对一种类型中各种变形的关系描述。

平台（3-3-5）

在所有的调整形态中，平台形态最少表现出斐波那契关系，原因是每一波长度约等于前一波。而当一个平台的b波比a波大很多或小很多时，这种关系就开始出现。下面是一个基本关系的目录。（如需了解更详细的斐波那契关系，请参考第十二章中"先进的斐波那契关系"）

强b波

当b波超过a波的端点后，基本上受限于138.2%（不是真正的斐波那契比率，而是两个不同斐波那契比率的组合，1.00和0.382）或161.8%的关系之内，但不会达到这两个数字。通常，如果b波的长度超过a波，特别是当b波明显更长时，a波和c波在价格上将接近相等。如果c波确与a波有斐波那契比率关系，这个比例将是161.8%或61.8%。

正常b波

这种平台形态最不可能表现出斐波那契关系，唯一可能会出现这种关系的情况是，c波失败或拉长，如果失败了，非常可能c波是a波的61.8%，在极少数情况下，c波是a波的38.2%，但这是最低要求。

如果c波拉长，c波和a波不太可能有任何的关系，如果有的话，将是161.8%和261.8%。

弱b波

这种情况允许最大可能数目的斐波那契关系。如果a波和b波有关系，这将是61.8%；a波和c波可能有同一数量的关系（内部或外部，参阅第十二章中"先进的斐波那契关系"）。c波也可以是b波的61.8%。

锯齿（5-3-5）

由于锯齿形态没有很多变形（相对于平台和三角形而言），只存在少数关系的可能性。

正常锯齿

相邻的波之间不一定有斐波那契关系，如果 a 波和 b 波确实有关系，它将是 61.8% 或 38.2%。更可靠的关系将发生在 a 波和 c 波之间，a 波可能是 c 波的 61.8%、100% 或 161.8%，（内部或外部，见第十二章"先进的斐波那契关系"）。

拉长的锯齿

当一个锯齿被授予称号"拉长"时，这意味着 c 波比 a 波长很多。通常，一个拉长的 c 波与 a 波没有关系，如果有的话，那将是 261.8%。

截短的锯齿

在截短的锯齿里，唯一的关系可能发生在 a 波和 c 波之间，c 波可能是 a 波的 38.2%。

三角形（3-3-3-3-3）

三角形比任何其他的"标准"艾略特调整有更多的波浪段，这样，它们展示多个斐波那契关系的概率很高。事实上，如果一个收缩三角形没有斐波那契关系，应被视为是不可能的。在通常情况下，斐波那契关系在三角形里，和在其他形态中一样，表现在间隔的波，最常见的是 a 波、c 波和 e 波有 61.8% 和 38.2% 的关系，而 b 波和 d 波有 61.8% 的关系。仅有两个相邻的波经常有斐波那契关系，它们是 d 波和 e 波（通常是 0.618）。

请注意：如果 b 波是 a 波的 61.8%，可能不是一个三角形。

波浪等级

看一看你的图，如果你正在分析单波，转变你图上的简单调整标志到特殊的标志，这些特殊的标志表示次微波（sub-minuette）的波浪等级（a-b-c-d-e-x）。对于全部是单波的形态来说，给每一段标上次微波的波浪等级。如果你已经超越了单波阶段，就需要把较小的形态（已经被仔细分析和标志过）结合成更大的形态，然后决定波浪等级的标志，怎么来做呢？一般来说，如果有3个同样波浪等级的形态合成了一个调整形态，这个调整形态大了一个波浪等级（三角形是个例外，因为它们需要5段，以完成一个大一级的波浪等级调整）。用3个小型波浪等级（Minor degree）的形态结合成一个较大的艾略特形态，这个较大的艾略特形态高了一个波浪等级，这3个小型波浪等级标志将被一个中型波浪等级标志所替换。（有关波浪等级的更详细讨论，请参阅第七章。）

现实表示——调整

在接下来的几页图里，显示了在简单和复杂次多波规模上最常见的波排列，每个类型中的变形是分开绘制的。在观看三角形部分时，请记住第五章中有关轴心和转动的讨论。

如果你按照本书描述的方式绘制数据（见第二章和第三章），你的实时市场运动图将接近于、或者类似于下面的图。如果你使用条形图、每小时结束时的数据、期货数据或其他类型的错误方法绘制数据，则你绘制的实时市场运动有时看起来像下面的图，有时不像，你绘制的实时市场价格行为也不会完全遵守本书中的规则。

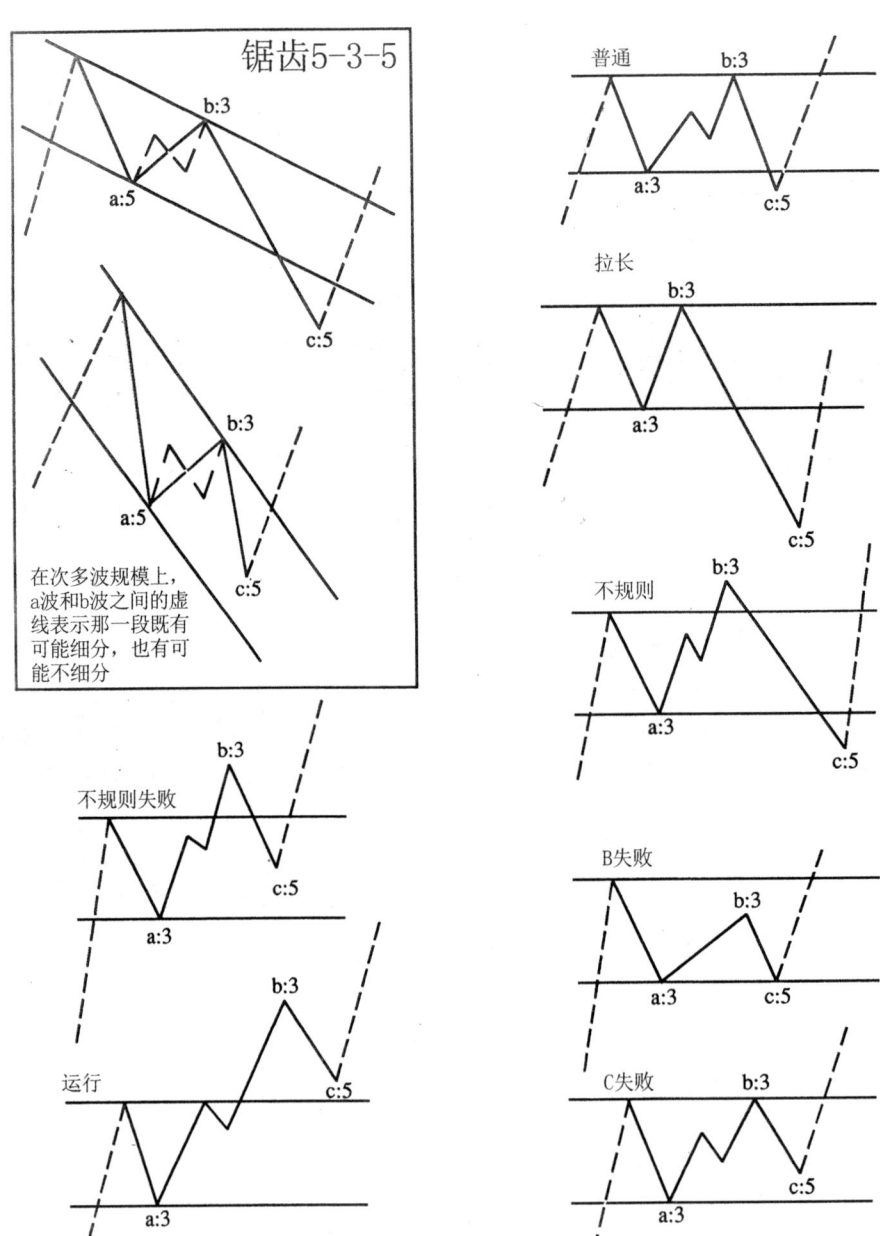

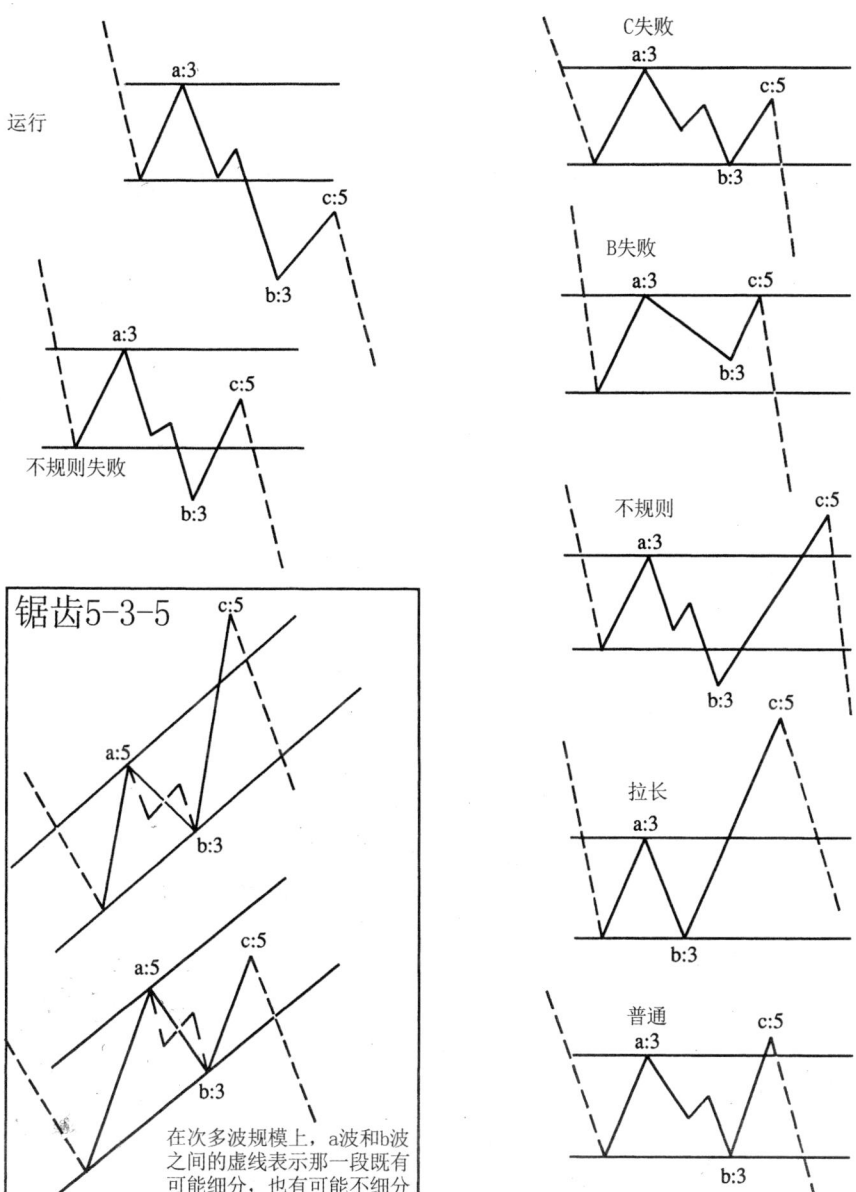

平台（所有类型）向上调整3-3-5

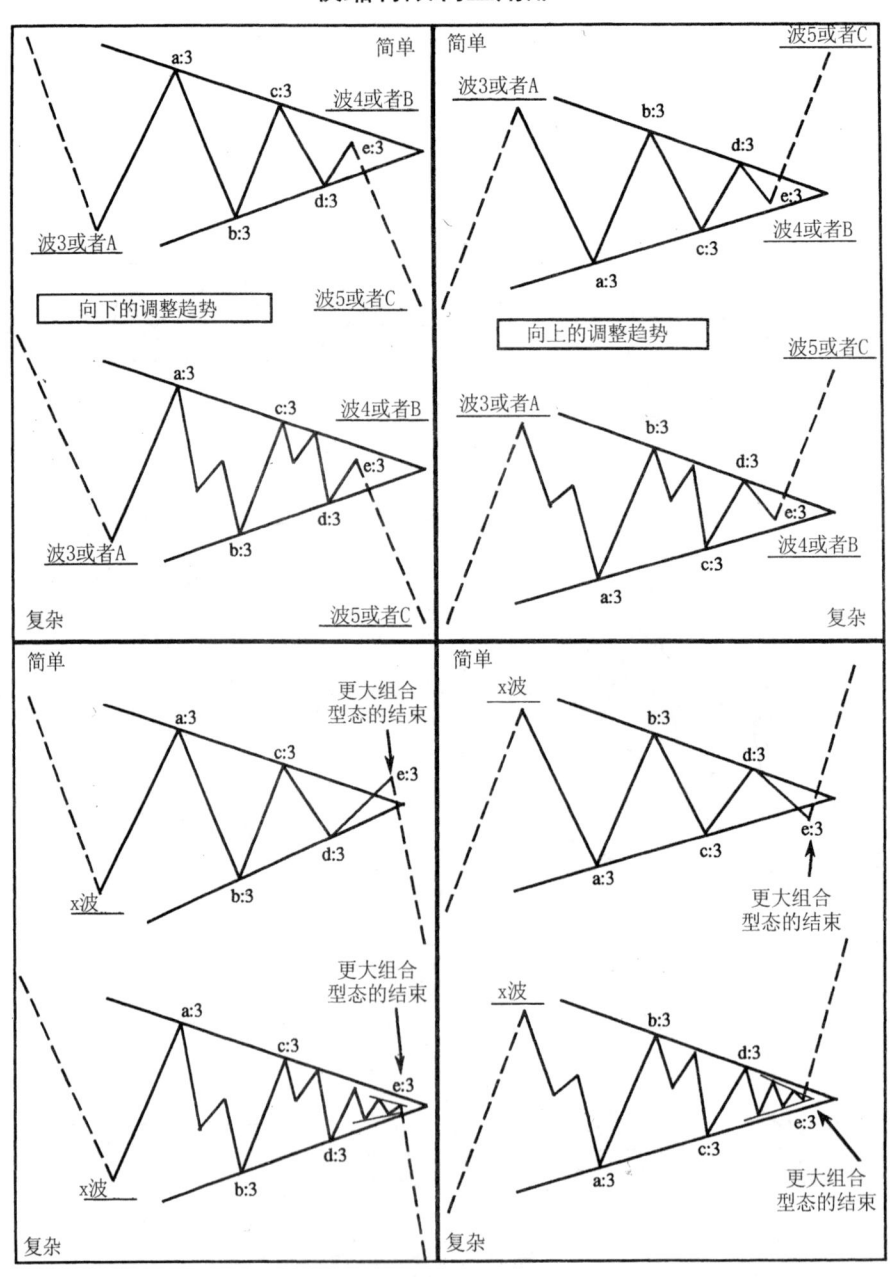

扩展有限制三角形

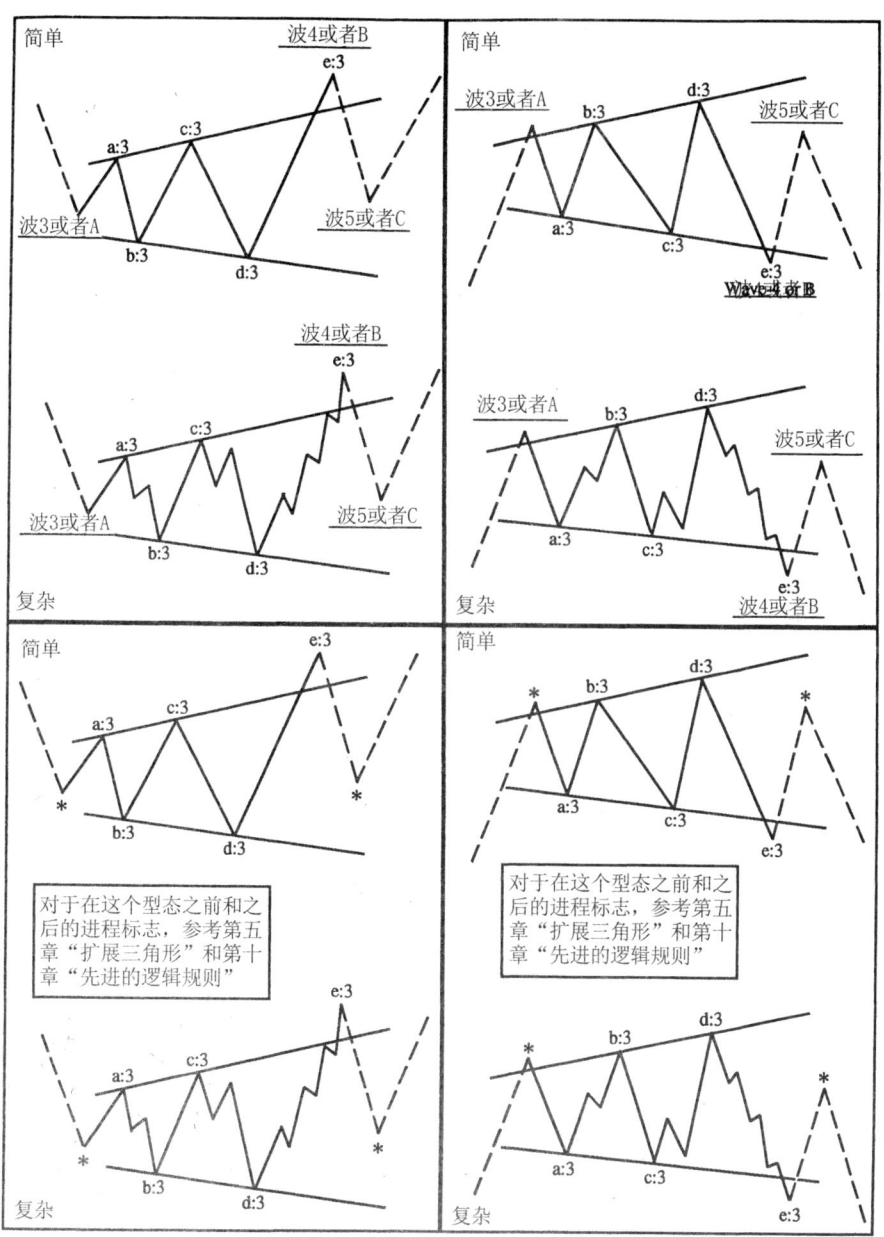

扩展非限制三角形

中场一览

从这本书的开始起，我们的重点是一步一步地讲解正确地发现单波，组合单波群到标准的艾略特次多波形态。我们用一个非常合乎逻辑的方式来组织每个章节和标题，以便客观、有方法地应用各种规则到实时价格运动。随着你对波浪理论的理解，需要使用更复杂的规则和技术，才能够正确地处理更大的波浪形态。

本书的后面7章一般被称为尼利扩展，这里不要混淆这个词"扩展"，这有时指一个推进形态的最长一个波，在尼利扩展里，"扩展"这个词是用来表示由作者发展的、新的基本技术和概念，你应该使用这些技术和概念来构成波浪形态。在未来的7章中，并不是每一个提到的概念都是全新的，有少量以前讲到的东西被正确地再次阐述，以前已知的一些概念被大大扩展，然而下面大多数的想法是全新的，应该对你分析艾略特波浪非常有帮助。由于现在关于这一领域的研究资料流行（书籍，刊物等），有可能在这里介绍的某些概念在过去某个时候已经被别人介绍过，但作者目前还不知道这样的情况。

从这里开始，介绍的概念和技术更加贴近市场行为和更加微妙，有许多规则、观察和检查技术需要知道当前分析的形态出现前和完成后的市场行为，如果你还没有熟练地掌握次多波的构成（及相关规则），建议你复习前几章的规则和练习应用这些规则到实时市场运动中。

为了使你"品尝"一下本书的余下部分，我列出了下面的一些重要议题：最后确定次多波形态、简化次多波到更简单和更易于管理的形式、根据复杂度排列次多波、组合次多波（使用进程标志）到更大、标准或非标准的艾略特形态、整合几个次多波来形成多波（multiwave）（或非标准的次多波）形态，还有很多其他内容。如果你从前面的5章里已经学到了很多知识，那么下面的7章会更丰富。

从第六章到第十二章基本上是艾略特波浪理论的尼利扩展。

第六章 构成后逻辑规则

要检验对一个形态已有的判断是否成立,涉及到逻辑规则,通过多年精心观察市场,我改进了逻辑规则。这些逻辑规则要求在一个形态过去之后,要出现由这个形态所暗示的某种特定的运动,你预期的市场行为必须出现,或者你对一个形态已有的判断有缺陷(这些缺陷有时可以被查明原因,因为有时一种形态或市场环境允许例外发生,见第九章例外规则)。换句话说,所有的市场运动都必须有合理的解释,所有的市场运动都必须在逻辑上与相邻的运动可以结合在一起,在一种形态之后的市场运动也必须符合特定的要求。

如果你在一直跟着你自己的价格图学习规则,现在需要使用构成后逻辑规则(更先进的规则被讨论在第十章"先进的逻辑规则")。判定哪些规则适用,要根据形态的发展,是推进还是调整。如果现在你是在分析你自己的图,请参照下面适当的标题,进行阅读,否则就一直读下去。

推进

形态确认的两个阶段

第一阶段 穿过 2-4 趋势线

第一,要运用构成后逻辑规则在一个推进形态刚结束的时候。绘制一条趋势线通过 2 波和 4 波的终止点，为了要确认你发现的推进形态是真实的，在推进形态之后的市场运动必须穿过 2-4 趋势线，而且所用时间应该与第 5 波相同或更少（见图 6-1）；如果需要更多的时间，则第 5 波正在发展为一个终结形态，或者波 4 没有完成，或者你对这个推进的解释是错误的。

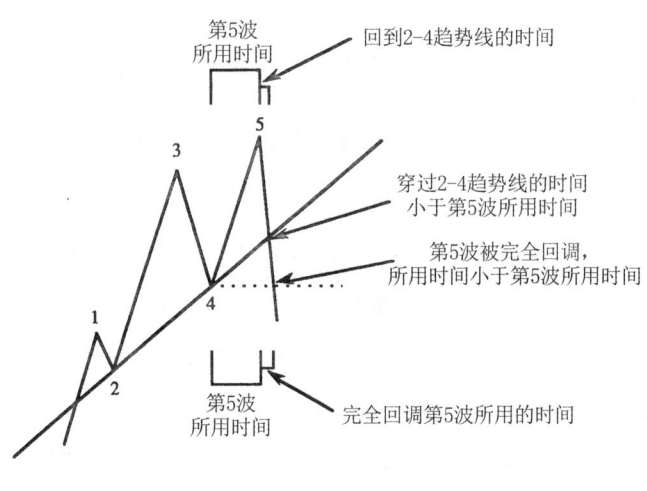

图 6-1

第二阶段 对第 5 波回调的要求

第二，看看推进形态中哪一个波扩展，依据这个扩展波，价格行为将返回到一个支撑或阻力位，而这个支撑或阻力位是由波 2 或波 4 的价格范围决定的。下面是一个最大和最小回调的预期，这依赖于是哪一种推进形态的变形。

第 1 波扩展

在这种推进形态的变形完成后，回调必须回到波 4 的终止点，艾略特说：回调通常会回到波 2 的价格范围内。如果第一个扩展是波 1 或波 5 时，在一个较大的推进形态里，确实如艾略特所讲的；如果第一个扩展是波 3 时，价格运动（视情况）可能无法返回到波 2 的价格范围内。如果市场运动超过了波 2 的终止点，这整个推进形态结束了一个更大的推进或调整。

第 3 波扩展

价格必须返回到这个已完成推进形态的第 4 波范围内，通常在接近第 4 波终止点的地方结束。如果回调超过了整个形态的 61.8%，这个第 3 波扩展推进形态还完成了一个波浪等级高一级的推进波。

第 5 波扩展

在第 5 波扩展形态完成后，一个调整出现，必须回调第 5 波的至少 61.8%，如果这个趋势是仍然有效的（译者注：这个趋势 trend 可能也有指形态 pattern 的意思。），也不应该完全回调第 5 波。如果这个第 5 波扩展被完全回调了，它表明这个扩展结束了一个更大的趋势，这里有可能发生的不同方式：

1. 这个第 5 波扩展形态是一个更大推进的一部分，这个更大的推进也是一个第五波扩展。

2. 这个第五波扩展是一个平台或锯齿形态的 c 波。（译者注：这里的"第 5 波扩展"指"扩展的第 5 波"。）

第 5 波失败

在波 5 短于波 4 时，一个第 5 波失败出现，这种情况意味着反趋势的力量很大。如果第 5 波失败，下面跟着的市场运动应该完全回调这个推进形态，如果这个推进形态是向上（向下），直到这个推进形态被完全回调后，在市场上不应该有新的高点（低点）。

如果在这个推进形态之后，价格运动不符合上述适用的行为要求，你对形态的解读可能是错误的，改变进程标志可能是需要的，也许要重新开始全部波的识别过程和结构标志过程（如果是这样，返回到第三章）。

要提醒一句：如果直至这一点，在你图上的市场行动符合所有适用于推进形态的规则，不要因为一个问题，就很快扔掉你的整个分析，一般来说，简单地改变进程标志将使你回到正轨。市场在穿过2-4趋势线后，如果不遵守规则，最常见的原因是第4波没有实际完成（见第五章推进"通道"一节中对"波4"的解释；也参考第十二章"定位进程标志的变化"）。

调整

形态确认的要求

不像推进形态，确认调整形态不需要一系列有序的特殊回调。在确认调整形态的阶段中，只是要比较 a 波和 b 波的长短。由于复杂调整要用标准的艾略特形态结束，所以要确认一个复杂调整的结束，只是要确认一个标准的艾略特调整，这个标准的艾略特调整终止了这个复杂调整。要完全确认一个形态，总是涉及到两个阶段，如果在这两个阶段得到确认后，应该说你图上的调整形态是合格的。如果只通过了一个确认阶段，这个形态仍然可以是合理的，但应该认为这是一个警告，要寻找更合适的可能性。根据你目前正在研究的调整形态，见下面的叙述。

平台和锯齿

b 波短于 a 波

在这种情况下，画一条趋势线通过 a 波的起始点和 b 波的终止点，为了满足第一阶段确认的要求，肯定这个调整的真实性，在调整形态完成后，市场运动必须穿过这条"0-B"（见图6-2）

趋势线，而所用的时间要等于 c 波的时间（或更少）。如果需要更多的时间，则 c 波是正在发展进到一个终结形态，或者波 4（c 波的）没有完成，或者你对调整的解释是错误的。如果第一阶段的确认得到满足，第二阶段的确认需要 c 波被完全回调，而所用的时间要等于 c 波的时间（或更少）。在图 6-2 里，b 波是有目的画的，以便它是 a 波的 61.8%，这使得一个图形有两个功能，可以用来说明平台的确认和锯齿的确认。

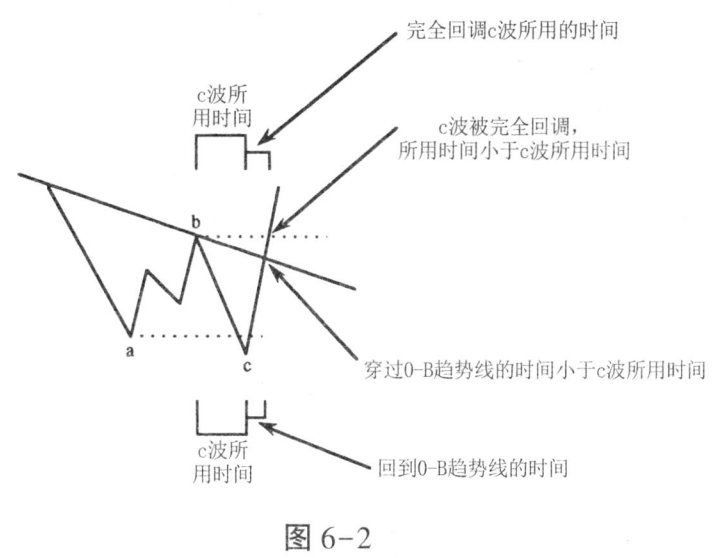

图 6-2

b 波长于 a 波

在这种情况下，第一阶段的确认需要 c 波被完全回调，而所用的时间要等于 c 波的时间（或更少）。要满足第二阶段的确认，市场运动必须穿过"0-B"趋势线，而所用的时间要等于 c 波的时间（或更少）（见图 6-3）。b 波越大，市场将更加难以实现这第二阶段的确认，因此，对于具有非常大 b 波的运行调整和不规则失败来说，在进行第二阶段确认时，要放宽对于时间的要求。

三角形

有两个三角形类别:"扩展"和"收缩"。根据三角形完成后的市场行为,可以很容易地确认收缩三角形。要确认扩展三角形是否合格,可以通过"不确认"来进行,换句话说,在一个扩展三角形的 e 波之后,市场应该不完全回调 e 波(显然同时消除了穿过 B-D 趋势线的机会),或者也没有用比 e 波形成时间更多的时间来完全回调 e 波。下面列出了确认收缩三角形的两个顺序阶段。

第一阶段

在三角形里,使用一个 B-D 趋势线,而不是 O-B 趋势线。要获得确认,市场必须打破 B-D 趋势线,而所用的时间要等于 e 波的时间(或更少)。

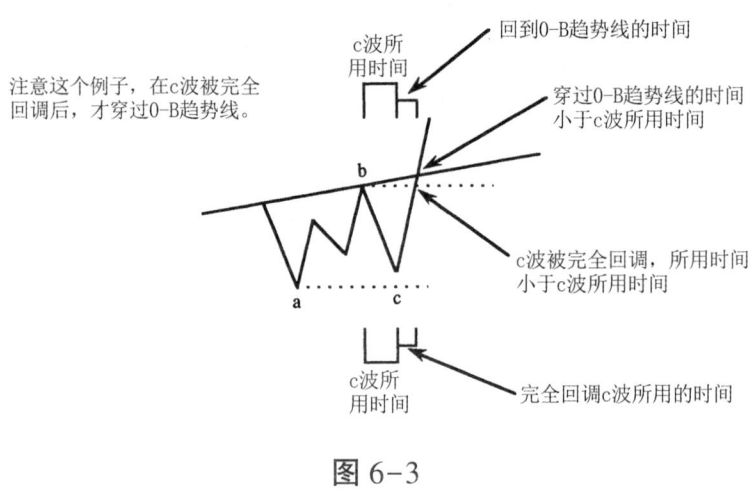

图 6-3

第二阶段

在收缩三角形之后的"猛进"应该超过三角形最高或最低的价格水平。(这个概念已经在第五章讨论过)。从三角形 e 波的终止点开始,这个"猛进"所用时间应小于这个三角形所用时间的50%(非限制三角形不受这个50%时间规则的限制)。

全部艾略特波浪形态暗示着一定水平的强或弱(见第十章,在"先进的逻辑规则"标题下,有"形态的暗示")。当一个形态完成后,市场必须做出相应的响应,这个响应要符合这个形态的暗示,例如,当一个运行调整完成后,跟着的市场运动需要很猛(向上或向下),它应该有一个价格长度等于或大于这个运行调整之前一波(或波群)的161.8%或更多。要查看运行调整的图,看第五章现实表示。

你怎样知道其他形态的表现呢?有多个调整类型,每一个调整类型中众多变形,不可能在第六章讨论这个问题,如果你是在一个更高的层次和准备学习一些新的概念,可以研究第十章的"先进的逻辑规则"。

如果你没有准备好,不能应付新的章节,就继续采用已经学习过的方法,但在尝试形成你的形态时,应该意识到逻辑的概念;换句话说,不要让弱势调整出现在一个强大运动之前,也不要让一个强势调整出现在一个弱势移动之前,否则会与这个调整形态的暗示相矛盾,最终说明对形态的解释有问题。随着实践和敏锐的观察,这一概念将变得更容易应用。

第七章 总结

通过小心翼翼地跟随从第三章初步分析到第五章思考的重点各章中的所有步骤，仔细观察第六章构成后逻辑规则的结果，你应该知道你研究（从第三章开始）的波浪组合究竟是有推进还是调整的性质，另外，这个波浪组合是什么样的艾略特形态变形，现在也应该是比较明确的。由于这一研究结果，你研究的这个形态的合理性应该是毫无疑问了，到目前为止，你已经确定了一个合格的艾略特形态，并且已经掌握了大多数处理形态的程序，只有少数事情留下了：

1. 如何将完整的形态简化，使其在未来更容易使用？
2. 如何决定简化后形态的波浪等级称号和符号？

为了回答第一个问题，可以使用压缩过程。压缩可以使你简化一个形态的结构系列到它的基本结构（简单的一个"：3"或"：5"），使用复杂规则，这是由作者开发的一种技术，这个基本结构必须被"分层次"，分层次依赖于每一波段的细分度，这些波段组成了被压缩的形态。当你的技能发展时，这种技术将大大有助于把大型和复杂的形态正确地组合起来。要回答第二个问题，学习在本章结尾处的一节"更多关于波浪等级"，将使你能推断出每一个压缩形态正确的波浪等级称号和符号。

压缩程序

"压缩"是用来形容一个重要的、迄今没有定义的艾略特程序，它是一种技术，被用来减少一个完整的单波、次多波或多波等系列到一个单一的推进或调整结构（"：3"或"：5"）。由于这个概念的动态性质，任何完整的艾略特形态，无论大小，都可以被作为一个单一的推进（：5）或调整（：3）事件来处理和标志。使用压缩技术来不断简化形态是必要的，否则形态的发展将变得难以管理。在没有考虑过以前讨论的所有准则（即结构、识别系列、基本的和有条件的构成规则、通道、斐波那契比率、构成后逻辑规则，等等）之前，不能使用这种技术，在所有的基本规则和程序都实施了之后，才可以应用压缩技术。

下面是一个目录，说明如何根据所有艾略特形态的结构系列来进行简化。

A. 5-3-5-3-5 = 趋势推进形态 = "：5"

B. 5-3-5 = 锯齿形态 = "：3"

C. 3-3-5 = 平台形态 = "：3"

D. 3-3-3-3-3 = 三角形形态 = "：3"

E. 3-3-3-3-3 = 终结推进形态 = "：5"

F. 所有包含 x 波的形态（就在压缩被实施前）可以被减少到一个"：3"

当一个正确构成的艾略特形态完成后，这个形态的结构系列可以被压缩成一个数字（一个基本结构标志），表示在每一个系列的右边。如果你努力地练习压缩技术，较大和长期的形态可以被放在一起，就跟结合短期的形态一样容易，有时甚至更容易。

下面是一个标准形态被压缩成一个单一的结构标志（见图7-1和图7-2）。

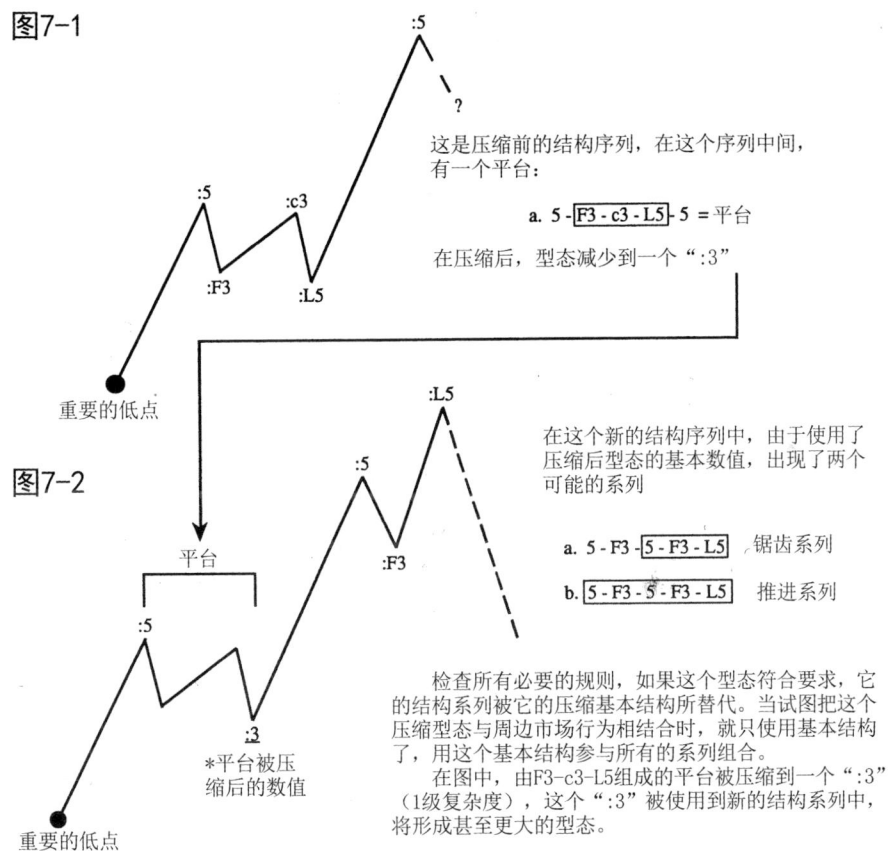

注意：在压缩完成后，要重新评估这个形态的基本结构。返回到第三章，假定这个压缩形态是一个单波，应用必要的规则，去发现这个波群的结构系列，如果这样会产生一个形态的基本结构不同于这个形态的性质（推进或调整），一个"失踪"波可能存在，记下来，然后评估这个压缩形态两端的单波（或波群），

随后，进入到第四章的程序，恢复正常的分析过程。（注意：不要评估在形成中超出自身起始点的形态，详细情况见第三章特殊情况）。

重组

在压缩完成后，要使用这个波群的基本结构（同时应用第四章的内容），去构成较大的标准或非标准结构系列。

例如：在图7-1中的单波群，每一个单波都有结构标志，经过适当的观察和运用适当的检查，你决定其中的平台形态是合格的，因此，它被压缩产生一个基本结构": 3"。当你返回到第三章，使用这个压缩后的基本结构连同它周边的形态（可能压缩，也可能没压缩）组成更大的形态。在探索一个新的结构系列之前，应该确保至少有5段带结构标志的波可以使用，在图7-1，在平台压缩后，只有3个有结构标志的波依然存在，因此，在图7-2中增加了2个额外的单波。在图7-2，从波群顶部的": L5"向过去搜索，只有压缩平台的基本结构值可以被用来作为新的结构系列的一部分。

整合

整合是一个术语，用来描述转移短期、压缩的结构到较长期的图上，慢慢拼凑在一起，形成更大的形态。例如，在一张短期图上，一个次多波形态完成后，你要把这个形态和它的压缩结构标志放在一张时间稍长的长期图上，最终有许多次多波和它们的基本结构值出现在这张时间稍长的长期图上，用组合单波完全一样的方法，把这些次多波整合到一起，形成更大的形态。做这样的整合时，只需要增加少数几个结构系列，这在下1章（复杂次多波、多波或更高的构成）中将讲到。

整合概念的另一个应用是交叉参照信息（即比较长期和短期图上的价格/时间预测，以达成一致的预测），这样可以对市场未来的走势进行最符合逻辑和准确的评估。通过简化过程和交叉比较价格和时间的预测，你通常可以减少对市场的一些可能解释，以至形成一个单一的选择，至少，你应该能够减少选择的数量，使你的交易跟上市场的趋势。

进程标志——重新审视

在转移短期图上的结构信息到长期图上时，不要转移与这个形态相关的进程标志，为什么呢？因为进程标志只是用于具体的和短期的目的，进程标志通过提供一个市场运动必须遵守的特征排列，来巩固和确认（或无效）你的几个相邻单波、次多波等的组合。进程标志是进行压缩程序的重要组成部分，在一个形态符合所有必要的特征，并被正确地压缩后，虽然进程标志（1-2-3-4-5 或 a-b-c 等）曾经把市场运动组合成为一个艾略特形态，但现在已经不是很重要了，而基本结构（:3 或 :5）是目前最重要的考虑因素，在形成较大的复杂次多波或者多波形态时，是基本结构引导你正确地前进。

复杂度规则

这个规则是由作者开发的另一种工具，它提供了一个形态细分归类的标准，它协助组合大的形态和决定一个波段相对的波浪等级称号。当形态越来越大和越来越费时后，很难知道哪些形态能和其他形态相结合，形成更大的形态（这跟波浪等级有关系）。基本上，所有分析开始时是组合单波，形成次多波，然后组合次多波到多波，等等。当你进步后，不管是在压缩前，还是压缩后，你都要记录每一个形态的复杂度，否则每个形态（在视觉上和结构上）的管理将变得越来越困难。

当你刚开始研究艾略特波浪理论时，复杂度不是一个重要的概念，但它会变得越来越重要，因为你开始跟踪长期波浪形态。在发现具有相同波浪等级的较大形态方面，复杂度的确定将起着重要的作用，一般而言，有相同复杂度或者一个相邻等级复杂度的形态，才可以被认为是有同等的波浪等级（在本章的后面，将更详细地解释波浪等级的概念）。

在形态发展的早期阶段，一个形态的复杂度是比较容易确定的，它跟一个价格运动可见的、可以被细分的数量有关，一个单一的单波有一个"0"级复杂度（见图7-3）。安排3或5个单波成一个次多波，构成了一个形态的发展，这个次多波的复杂度成为1级（见图7-5a）。在一个次多波里，如果有一个趋势推进形态，从它之中可以再分离出来一个较小的推进序列，那么这个次多波成为了一个多波，其复杂度为2。

发现复杂度为3级（及更高）的形态，不是那么容易，一个较大形态的复杂度基本上是依赖于这个形态中较小推进段的复杂度。在你要组合较大的形态时，"复杂度确定"的技术将让你不犯错误，例如，你不能指望在图7-4a中的直线与图7-4b中的形态有相同的波浪等级，这当然是一个明显的例子。当一个形态涵盖几个月或几年时，如果不用下面介绍的技术，将很难发现其复杂度。接下来的几页将描述如何确定不同规模形态的复杂度。

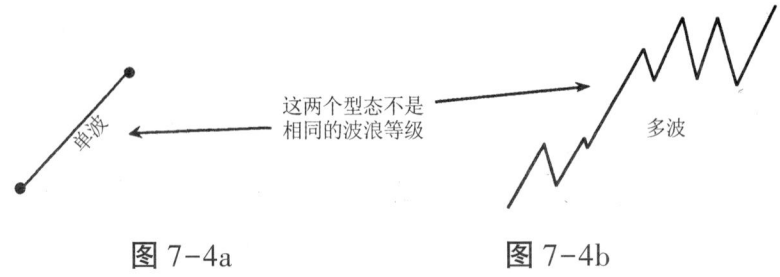

图7-4a　　　　　图7-4b

单波

一个单波的复杂度是容易确定的,由于没有明显的被细分下去的可能,一个单波的复杂度始终是"0"级。在整合单波的过程中,可以认为所有单波的复杂度是"0"。

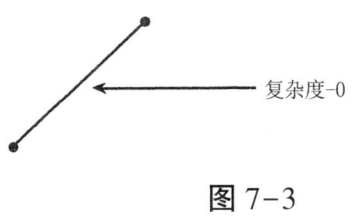

图 7-3

次多波

每当市场完成一个艾略特形态后,如果这个形态明显有可以细分的部分,并符合所有适用的规则,其复杂度必须自动为 1 级或更高。换言之,任何复杂性大于单波的形态有复杂度 1 级或更高。用结构标志的下划线来表示复杂度(下划线的数量越多,形态的复杂度越高),没有下划线是 0 级,一条下划线是复杂度 1 级,2 条下划线是复杂度 2 级,等等。

一个简单的次多波由 3 或 5 个单波组成,在图 7-5a 中,有两个简单的次多波(一个调整,一个推进)被绘制出来,这是典型的艾略特形态。由于这两个形态可以细分,它们立即得到复杂度 1 级的评级。为了要确认这个形态是否有更高的复杂度,那就有必要调查这个运动中的推进段,要挑选最复杂的推进段,在图 7-5a 中,所有的推进形态(:5)都是单波,前面提到单波是 0 级,这个 0 加上已经得到的 1 级,产生最后的结果,在图 7-5a 中的两个形态都是 1 级。

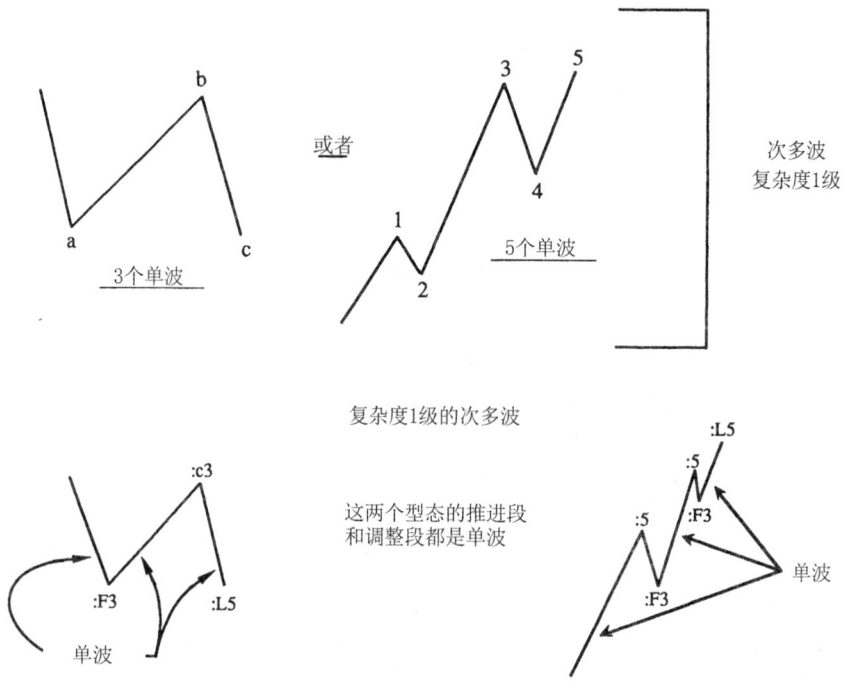

图 7-5a

为了确保没有误解,增加了几个例子,在图 7-5b 中,两个形态都是复杂度 1 级。虽然每一个形态中的调整段(平台中的 b 波和推进形态中的波 2、波 4)可以被细分,但这些形态中推进段的复杂度都是 0,这意味着整个运动的复杂度是 1 级。

多波

全部的多波是复杂度为 2 级的形态。次多波和多波的主要区别在哪里呢?在一个多波里,至少有一个(通常只有一个)":5"本身分裂成一个推进次多波(图 7-6a),在少数特殊情况下,有一个以上的推进次多波形态。一个调整多波是在图 7-6b 里。

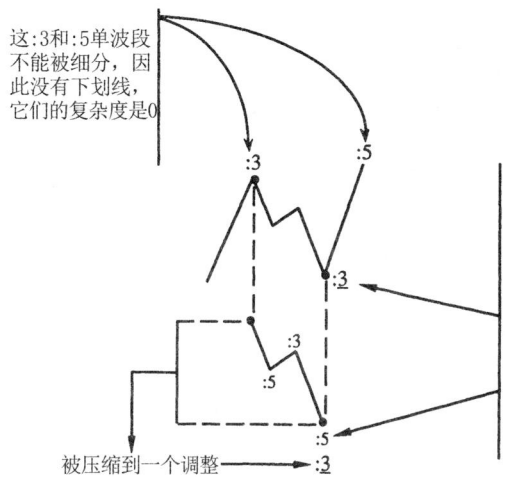

这:3和:5单波段不能被细分,因此没有下划线,它们的复杂度是0

在这里,这个":3"是有下划线的,因为它能够被细分为3段,但它的复杂度不能超过1级,原因是它不包含一个可以被细分的推进型态。

有可以被细分的调整型态不能提高较大型态的复杂度,要提高复杂度,总是需要有一个可以被细分的":5"。如果一个型态有推进段,这个型态自动成为复杂度1级,把这个型态中最复杂的推进型态的复杂度,加上已经自动得到的1级,成为这个型态的复杂度。

由于这里的型态不包含一个推进型态,那个":5"段有0级复杂度,加0到自动获得的1级,结果还是1级复杂度。

被压缩到一个调整

复杂调整次多波

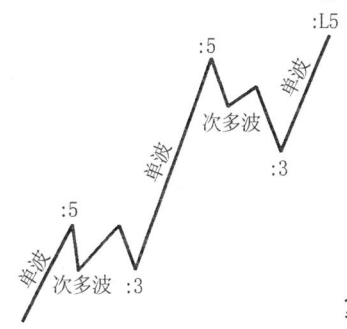

:5=整个推进被压缩后的数值

发现调整型态复杂度的规则也适用于波2和波4是次多波的推进型态,注意这里的两个调整波复杂度是1,推进段都是不能细分的。由于这个型态有可以细分的部分,已经自动获得复杂度1级,但其中最复杂的推进段都是0级,把两者加在一起,这个型态的复杂度是1级。

复杂推进次多波

图 7-5b

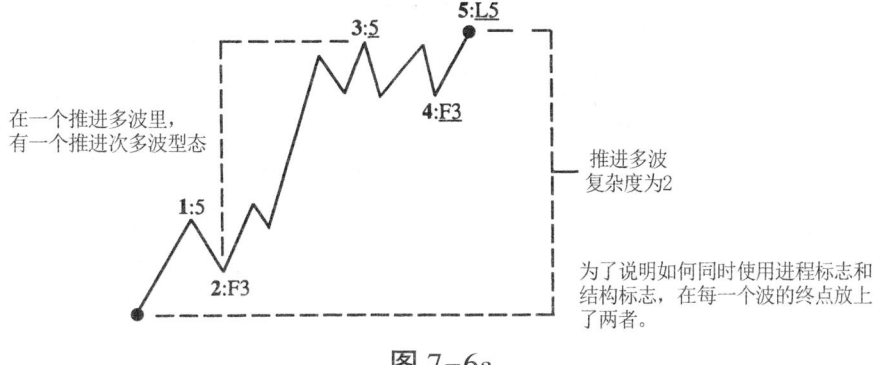

在一个推进多波里,有一个推进次多波型态

推进多波复杂度为2

为了说明如何同时使用进程标志和结构标志,在每一个波的终点放上了两者。

图 7-6a

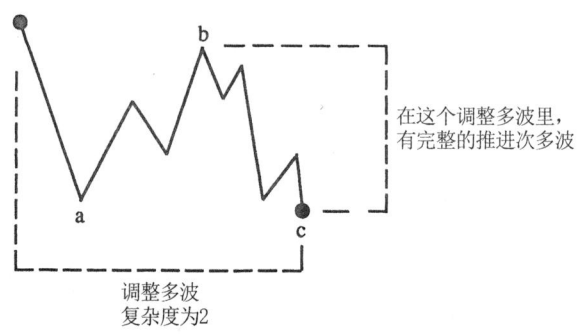

图 7-6b

参见图 7-6c，看看如何决定这个形态的复杂度。首先，观察这个形态能否细分，确实可以，自动得到 1 级复杂度；其次，考察每一个推进段，注意其复杂度，在 3 个有相同波浪等级的推进形态中，选择复杂度最高的一个，这个形态最复杂的段是波 3，它是复杂度 1 级，加这个 1 到自动得到的 1 级复杂度，有了 2 级复杂度，这是这个形态的复杂度。图 7-6d 给出了确定调整多波复杂度的过程。

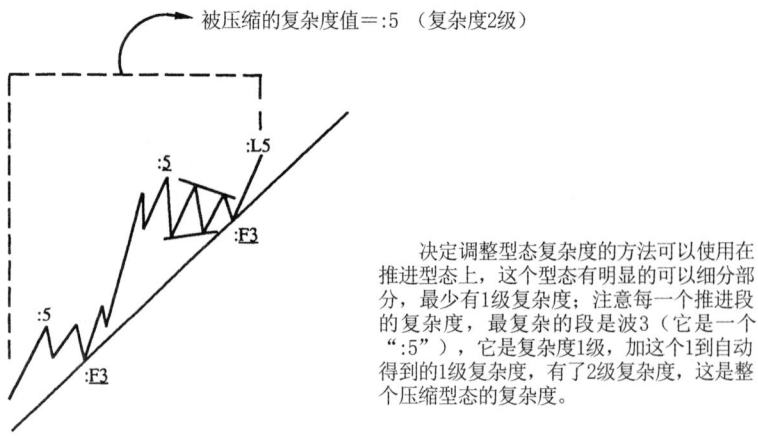

图 7-6c

这个型态有明显的可以细分部分，最少有1级复杂度；注意在两个推进型态中，第二个趋势推进型态有最高的复杂度，这个最后的推进波有1级复杂度，加上自动得到的1级，这个锯齿型态的复杂度是2级。注意：每一条下划线代表一级复杂度。

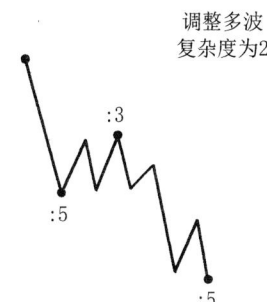

图 7-6d

在图7-6e中，讨论如何决定一个复杂多波的复杂度，请注意，这里有一点技巧，这个形态的复杂度低于它的外观。

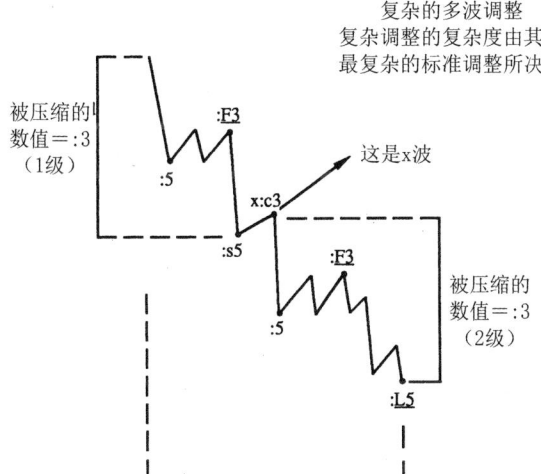

这整个型态被压缩到其中最复杂标准艾略特型态的复杂度，第二个锯齿是最复杂的标准型态，它的2级复杂度也是这整个较大型态的复杂度。

图 7-6e

大波（Macrowaves）

大波不如单波、次多波、多波那样，可以比较准确地描述市场的复杂度。当波浪持续的时间越长时，其形态也会变得越来越复杂，从外观上讲，最终有一个图形会出现，在那里很难在两个相邻复杂度之间做出选择，由于这个原因，没有必要再命名太复杂的波浪，在多波以上的复杂形态都被称为大波。

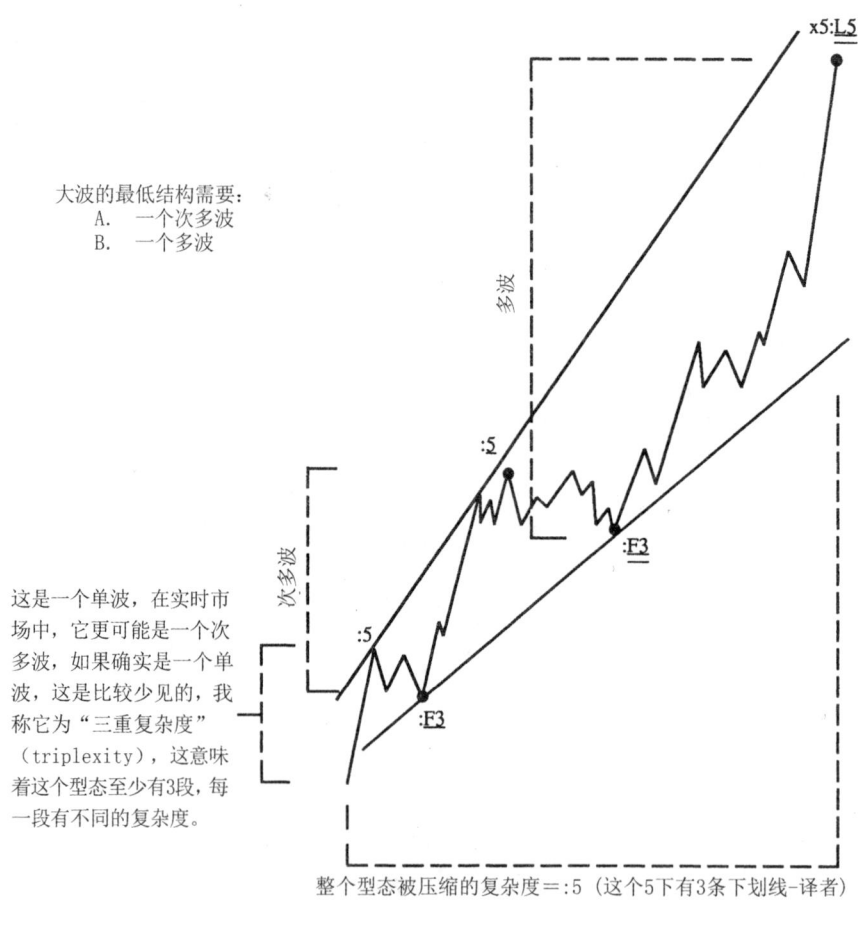

图 7-7

一个形态至少要有一个多波和一个次多波才能被称为大波（通常是一个多波和2个次多波，见图7-7）。为了推导图7-7中形态的复杂度，首先使用"自动"规则，由于可以看到整个形态可以被细分，这个形态至少有复杂度1级；然后考察大波里的每一个推进段（有同样波浪等级的），选择其中复杂度最高的，加上已经自动获得的1级，在这里，最后的推进有复杂度2级，加上已经自动获得的1级，得到复杂度3级。由于这是一个大波的最简单构成，全部的大波一定有复杂度3级或更高。

更多关于波浪等级

如果你问技术人员有关金融或农业市场的波浪等级定义，你可能得到不具体的定义，如短期、中长期、长期，有人可能清楚地告诉你每一种波浪等级所用的时间（当然是他自己的意见），有人可能认为从短期到长期就是要有点耐心，这样的回答不能满足有认真态度的学生要求。

如果你期望准确地预测市场，就需要知道有关市场行为的准确定义，另外，有关波浪等级的准确定义也有利于与其他人讨论市场情况。知道一个形态相对的波浪等级对于正确地应用许多规则，整合短期和长期图上的信息，压缩一个形态到它的基本结构都是重要的。

直到目前，波浪等级的概念是被有意忽略的，主要是为了防止混淆。要很好地掌握艾略特波浪理论中的许多概念，需要正确地理解波浪等级的概念。在你还在组合单波到次多波时，波浪等级并不重要，而在你整合短期、中长期、长期图表时，波浪等级才显得重要。

波浪等级的称号

在你组合几个单波、次多波、多波或大波形成更大的推进或调整形态时，必须要考虑波浪等级，组合后的形态要比其组成的波有更高的波浪等级，换句话说，在3个或5个波段结合成一个更大的艾略特形态后，这个更大的形态有高一级的波浪等级，因此，在一个形态内可见的组成部分总是要比整个形态至少低1个波浪等级。

除非你把一个波浪等级的称号给了你图上的一个形态，否则讨论波浪等级就没有意义。波浪等级的称号基本上由你来决定，但建议你在你的第一张、有着最小时间跨度的图上，命名最开始的一些单波为次微级（sub-minuette），这是这些单波的波浪等级。一旦有一个波有了称号，这就有了比较形态波浪等级的参考点。

下面是波浪等级称号和符号的有序排列目录，其中波浪等级的称号目录与艾略特原来设计的一样（本书作者只是加了2个）。

称号：

次纹级（sub-micro） *

纹级（micro） *

次微级（sub-minuette）

微级（Minuette）

细级（Minute）

小型级（Minor）

中型级（Intermediate）

基本级（Primary）

循环级（Cycle）

超级循环级（Supercycle）

特大超级循环级（Grand Supercycle）

＊对艾略特原来设计的增加。

（译者注：以上的称号目录列出了波浪等级，参照了以前的译法，由于以前有人已经把 Minuette 译成"微级"，这里只能选一个新词，把 micro 译成"纹级"，请谅解。）

这个称号目录是波浪等级从小到大（从上到下）的排列，从上面开始，波浪等级放置在越来越大的长方形中，显示规模的增加。这些长方形呈现金字塔式的形状，使你感到形态之间的关系。

什么时候使用目录顶部增加的波浪等级称号呢？当形成一种波浪形态被允许使用的时间成分扩展和收缩时，这种波浪形态的复杂度也在扩展和收缩，在你的原始图上，你用次微波来表示单波形态，随着时间的增加，这些次微波也可能最终表示复杂度更高的形态，从前次微波只是指单波，而最终也可能表示次多波，当市场增加了完成一个具体波浪等级形态被允许使用的时间成分后，这种情况出现了。次微波形态中出现的组成部分需要选用更低的波浪等级称号，这些组成部分将使用纹级的符号；如果一个纹波可以细分，就使用次纹级的称号和符号。

波浪等级符号

一个波浪等级符号同时代表了一个进程标志（说明形态的位置）和一个波浪等级称号（波浪等级称号相对松散地描述了一个形态的价格和时间参数及其细分度，当然这是相当于高一级或低一级的波浪等级称号而言的）。

在接下来的图里，又一次列出了所有的等级称号，同时也列出了具体的进程标志符号，说明这些进程标志符号表示那一级波浪等级称号和符号；在图 7-8 中的这些符号与艾略特原来使用的符号不完全一样，作者设计了一个更合乎逻辑的标志系统，使记忆更加容易。

	推进		调整	
		符号		
GSC-特大超级循环级(Grand Supercycle)	⬛i	- ⬛v	⬛a	- ⬛c
SC-超级循环级(Supercycle)	[1]	- [5]	[A]	- [C]
C-循环级(Cycle)	[i]	- [v]	[a]	- [c]
P-基本级（Primary）	①	- ⑤	Ⓐ	- Ⓒ
In-中型级（Intermediate）	ⓘ	- ⓥ	ⓐ	- ⓒ
Mnr-小型级（Minor）	(1)	- (5)	(A)	- (C)
Mnt-细级（Minute）	(i)	- (v)	(a)	- (c)
Mnut-微级（Minuette）	1	- 5	A	- C
SM-次微级（sub-minuette）	i	- v	a	- c
Mc-纹级(micro)	.1	- .5	.A	- .C
SMc-次纹级（sub-micro）	.i	- .v	.a	- .c

图 7-8

复习

如果两个（或更多）形态是可以组合的，它们必须有同样的波浪等级。每当一个艾略特形态被组合时，它是自动地暗示其中每一段有同样的波浪等级（但不一定有相同的复杂度）。如果两个波有同样的波浪等级，则它们必须具备一些价格和时间（或时间）的相似性（见第四章"相似和平衡规则"）。在理想情况下，有同样波浪等级的两个波，在时间和价格上都有相似之处。在实际情况中，如果后来的有同样波浪等级的波不能与前一波在价格上相似，市场将出现补偿情况，就是后来的波所持续的时间接近（或超过）先前的一波。如果后一波在时间上未进入"相似和平衡规则"中表示的关系范围，则它的价格将调整，接近（或超过）先前一波的价格。如果一个波既没有时间也没有价格进入相邻波的"关系范围"，两波几乎肯定没有同样的波浪等级。

另一种发现"相同波浪等级"的方法涉及到复杂度。有同样波浪等级的两个形态必须有相同的复杂度或相邻的复杂度。[注：有一个极罕见的例外情况，可能发生在三重组合调整的中间部分和环绕它的一个或两个 x 波之间。]当研究的形态高于 2 级或 3 级复杂度时，这个概念变得非常有用，它会让你的形态保持适当的关系，避免不正确地整合形态。

在你开始应用波浪等级标志的时候，建议你在你的最小图上用次微波来描述单波（在第五章这应该已经完成了）。在进入到有关压缩的 1 章后，一个压缩形态的波浪等级将比它被压缩前各段中的最高等级高一级，这适用于每次压缩。例如，你第一次研究（或正在研究）的波群应该由 3 个或 5 个次微级单波组成，在这个波群被压缩成一个单一的结构标志之后，这个形态作为一个整体，将提高到波浪等级中的微级。

什么是波？——再探

在这本书开始，我们从单波的意思来理解"波"的概念，直到本章"总结"的结束时，我们才能够给"波"更普遍的描述，它涉及到每一波浪等级的形态（单波、次多波、多波、大波）：

一个波是两个有"相同波浪等级的"、相邻的进程标志之间的距离。

例如，在进程标志的（1）和（2）或 A 和 B 之间的运动是一个波。这不同于前面给出的有关单波的定义，在对于单波的定义中，价格改变了方向的相邻两个点之间的运动被定义为单波。现在你知道了"波"的一般定义，我们为什么不能早点提供"波"的一般定义呢？你应该也是很清楚的。

艾略特波浪分析中，整个尼利方法的流程图

在下面的图中，是一个完整的尼利方法"流程图"。看到第七章的结尾，你已经了解艾略特波浪分析过程的全部主要步骤（在流程图上，每个步骤有清楚的界定）。在第八章到第十二章的内容中，我们要提供给你更多具体的信息，帮助你正确地设计和检查每一个艾略特形态，但这些内容没有在流程图的一般分析过程中明确标出来。这张流程图应使你很好地理解如何（和有序地）应用艾略特和尼利的方法到价格运动中。在你熟悉了第一至第七章之后，只要随着尼利方法的流程图，可能就可以精确地组合任何艾略特波浪形态。

第七章 总结

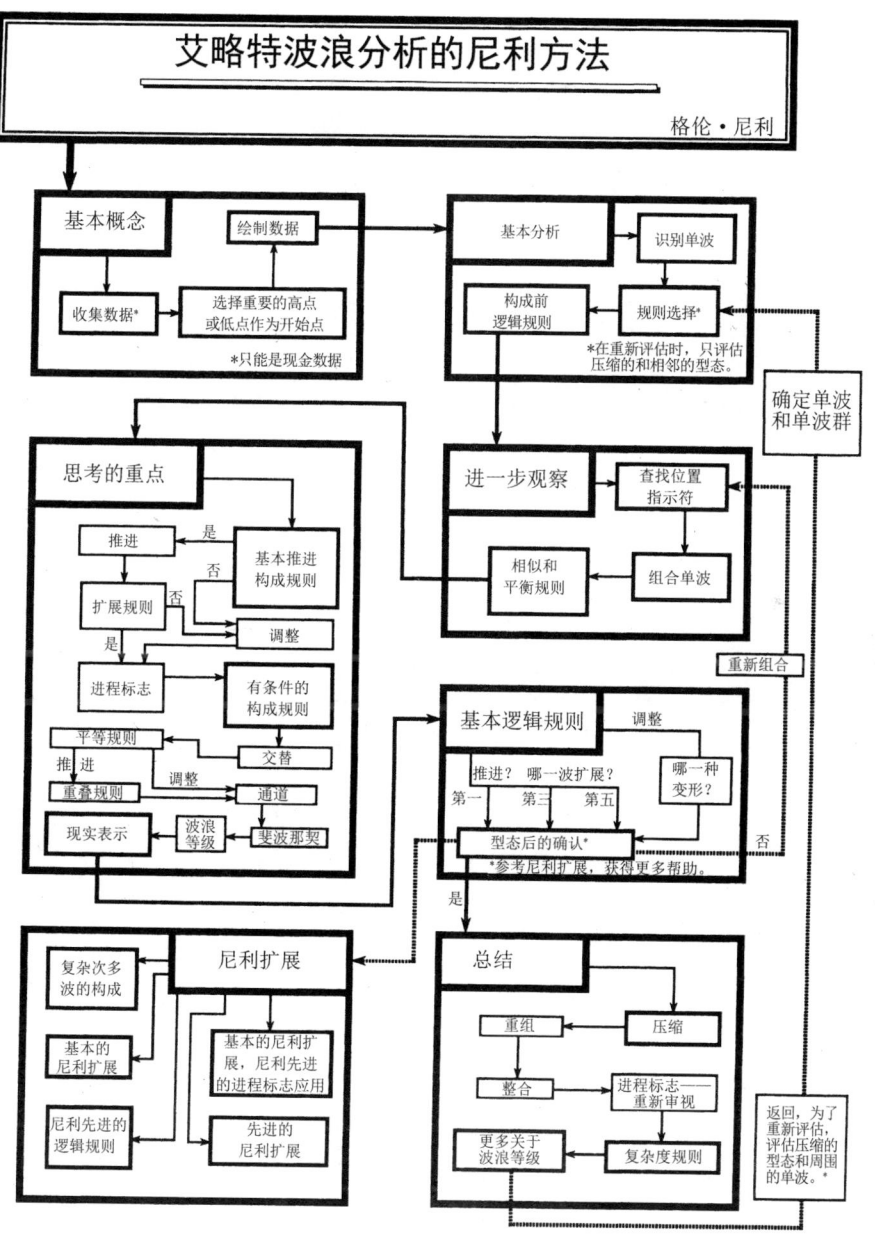

第八章 复杂次多波、多波等的构成

在实时价格图上确定了一个或几个次多波形态之后,为了增加你对未来市场的预测能力,你需要组合一组次多波形成一个复杂次多波,或者结合单波和次多波形成一个多波形态。

复杂次多波的构成

复杂次多波有两类。第一类是标准类型,是一个推进或调整形态,而在它们中最可以被细分的波只是一个调整次多波。前面这句话与推进次多波无关,因为包含一个推进次多波的形态是一个多波形态(或更高复杂度)。

第二类是非标准类型,必须遵循特殊的规则,在一定的情况下,才会出现非标准类型。组合几个次多波(或更高复杂度)才有可能出现非标准类型,没有经过压缩的单波组合不可能形成非标准类型。

标准类型

在正常情况下,一个标准推进或调整次多波不是由严格的3个或5个单波组成,通常,一个调整段(不是任何推进段)本身是一个次多波(见图8-1),这使得在一个推进形态里的两个分离调整段(波2和波4)更好地交替,或者一个调整形态里两个相邻的波段(波A和波B)更好地交替。

在一个次多波包含一个或几个调整次多波时,被认为是一个复杂次多波。一个复杂次多波要想维持下去,则需要其中没有一个结构标志为":5"的波段可以被细分；如果有一个结构标志为":5"的波段可以被细分，成为一个次多波，则这个形态被认为是一个多波（参见图3-20a"多波的构成"）。

不管一个次多波全是由单波组成，还是由一或两个调整次多波组成，在第五章中所有相关的构成规则一样可以使用。

非标准类型

至少要有2个调整次多波形态（被压缩到它们的基本结构":3"），它们被一个单波或次多波调整段所分开，这才可能出现非标准类型的复杂次多波。把这些基本结构标志组合起来，就像在第四章中把单波组合起来一样，这可以帮助你组合相邻的形态。

由于次多波有更复杂的结构（相对于单波来说），它们可以用单波做不到的方式影响其他的次多波。例如，要决定一个单波的结构，需要观察市场对它的回调，而在研究次多波时，其结构是已知的，不需要等着看市场的反应，这个事实带来了另外的相互作用的可能性，下面将要谈到。

增加的回调规则

如果你是在跟着你自己的图，看见一个被确定的压缩调整次多波，它被跟着的单波或调整次多波所回调，其回调小于61.8%，或超过161.8%，然后另一个调整次多波紧接着出现，要知道这样的情况意味着什么，和怎样把这样的波群转变到一个合格的艾略特图形，请参考下面的"说明"一节。

如果上述的回调关系等情况没有出现，应该考虑你研究的次多波群是一个标准类型，回到前面的"标准类型"，然后去到第四章，研究你的次多波群，就好像它是一个单波群，应用所有同样的规则和程序。一个波群的大小或消耗时间长短一般不会影响分析它的方法，持续数年的形态还是可以被细分为平台、三角形、推进等等，在研究这样大的形态时，结构标志起着重要的作用，可以保持正确的波与波之间的关系和形态的完整。

说明

所有非标准的市场行动涉及到 x 波。一个 x 波是一个调整形态（总是），它分隔两个标准的艾略特调整，搜索有行为指示功能的 x 波是寻找非标准形态的关键。

你怎么识别 x 波的行为呢？有两个重要的情况。

情况 1：在市场里，当两个压缩的调整（次多波或更高复杂度）被一个调整波（单波或更高复杂度和有标准或非标准的性质）分开，这个调整波回调了第一个调整低于 61.8%，这是一个最强的信号，一个 x 波出现了，这个调整波（x 波）的复杂度通常比它分开的那两个调整的复杂度低 1 级。

情况 2：如果 3 个被压缩的次多波调整形态连在一起出现，而且第二个调整是第一个调整的 161.8%（或更多），则第二个调整有非常高的概率是一个 x 波。在这种情况下，所有的调整通常有相同的复杂度，如果其中有一个调整有更高的复杂度，它通常是整个形态中最后的一个。

如果你看到任何上述情况之一，市场可能是正在创造一个非标准的形态。在这时，将需要恢复你压缩的次多波、多波或大波，回到压缩前的结构系列，即如果这个波群的第一个调整是一个锯齿，你压缩它到一个"3"，现在反向这个过程，返回到其原来的"：5-：3-：5"的情况。

如果要继续分析下去，需要注意你的波群符合以上两个情况中哪一个，如果符合情况 1，看下面的标题"有小 x 波的复杂调整"；如果符合情况 2，看下面的标题"有大 x 波的复杂调整"。

有小 x 波的复杂调整

当一个非标准波浪形态展开时，这个 x 波的价格很有可能比刚过去的调整段更小（小于 61.8%），这种非标准的变形往往会产生一个推进形态的外观，但如果密切注意细节，应该排除这种可能性（详见第十二章中的仿效和失踪波）。

每个非标准形态，根据其结构系列，被赋予不同的名称。下面列出的是含有小 x 波的非标准结构系列组合，在左边，列出了每个调整段压缩前的结构，在右边，是整个图形的压缩值。在最右边的图形，关联到左边的形态。在每一个图形里，有一个正确和不正确的解释，旨在帮助你，避免误解市场。

表 A

1. (5-3-5) + (x 波) + (5-3-5) = 双重锯齿 = ": 3"　　　　　　　图 8-2a
2. (5-3-5) + (x 波) + (3-3-3-3-3，只是收缩三角形) = 双重组合 = ": 3"
　　　　　　　　　　　　　　　　　　　　　　　　　　　　　　图 8-2b
3. (5-3-5) + (x 波) + (3-3-5) = 双重组合 = ": 3"　　　　　　　图 8-3
4. (3-3-5) + (x 波) + (3-3-5) = 双重平面 = ": 3"　　　　　　　图 8-4
5. (3-3-5) + (x 波) + (3-3-3-3-3，只是收缩三角形) = 双重组合 = ": 3"
　　　　　　　　　　　　　　　　　　　　　　　　　　　　　　图 8-5
6. (5-3-5) + (x 波) + (5-3-5) + (x 波) + (5-3-5) = 三重锯齿 = ": 3"
　　　　　　　　　　　　　　　　　　　　　　　　　　　　　　图 8-6
7. (5-3-5) + (x 波) + (5-3-5) + (x 波) + (3-3-3-3-3，只是收缩三角形)
   = 三重组合 = ": 3"　　　　　　　　　　　　　　　　　　　图 8-7
8. (5-3-5) + (x 波) + (3-3-5) + (x 波) + (3-3-3-3-3，只是收缩三角形)
   = 三重组合 = ": 3"　　　　　　　　　　　　　　　　　　　图 8-8

在上面的每个序列中，x 波的结构没有显示出来，这是因为 x 波可以是任何调整形态，都不会影响这个更大形态的名称以及整体外观。当一个 x 波两边的形态消耗足够长一段时间时，这个 x 波甚至可以是一个非标准形态。在阅读下面表 B 的内容时，要记住，一个 x 波通常会与它之前的形态在形态方面交替变化，例如，如果第一个调整是一个锯齿，x 波将可能是一个单波、平台或三角形；如果第一个调整是一个平台，x 波将可能是一个单波、锯齿或非标准形态（可能不是一个三角形）；例外情况确实发生，但它们比较少见。

第八章　复杂次多波、多波等的构成

当一个次多波持续的时间加长时，这个次多波中的一个调整部分开始出现细分成分（波2或波4），一个推进型态的偶数段总是先开始可以细分（除非这个推进型态是终端型态）。

调整段波4首先开始分裂，成为一个次多波。

在这图里，波a和波c都是单波，波b是第一个调整段分裂成一个次多波。
注意：在一个调整中，波b通常先开始分裂，这样的结果是波b通常比波a更复杂和消耗更多的时间。

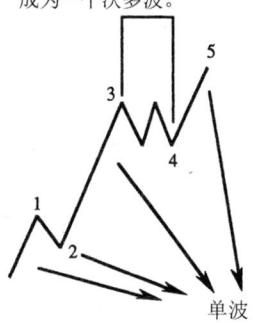
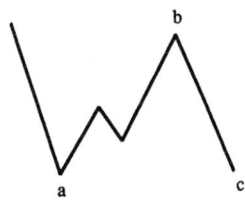

图 8-1

不正确的解读

认为波（1）、1、3、5或波（2）、2、4是一个波群。但这些波在价格、时间、复杂度方面太相似了，这种看法不能成立。要记住，在一个推进型态中，有一个波必须扩展。另外，这个型态的通道太好了，这是一个很强的标志，整个下降是调整，而不是推进。（见第十二章"复杂型态的通道"）

这个x波可以比周边的两个b波更大或更小，但通常是更小

正确的解读

第一个锯齿

第二个锯齿

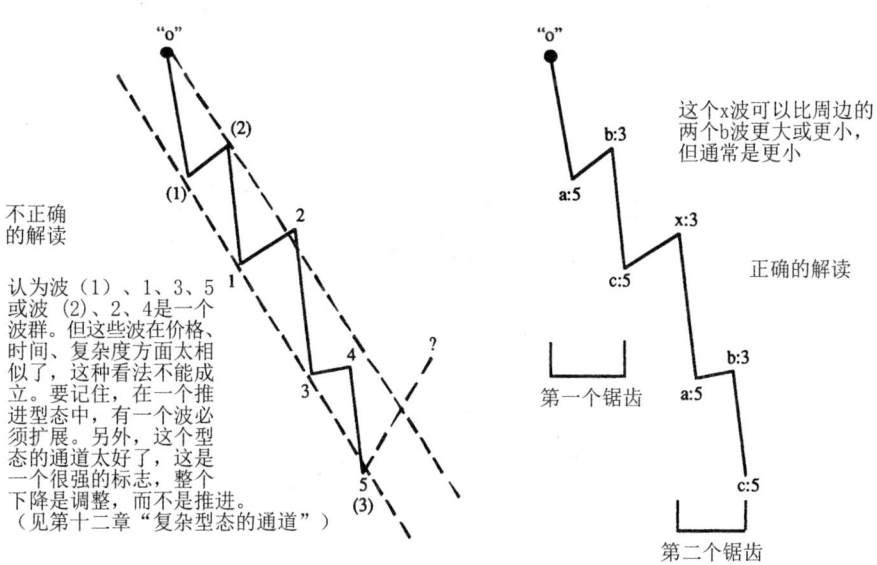

图 8-2a　双重锯齿

— 257 —

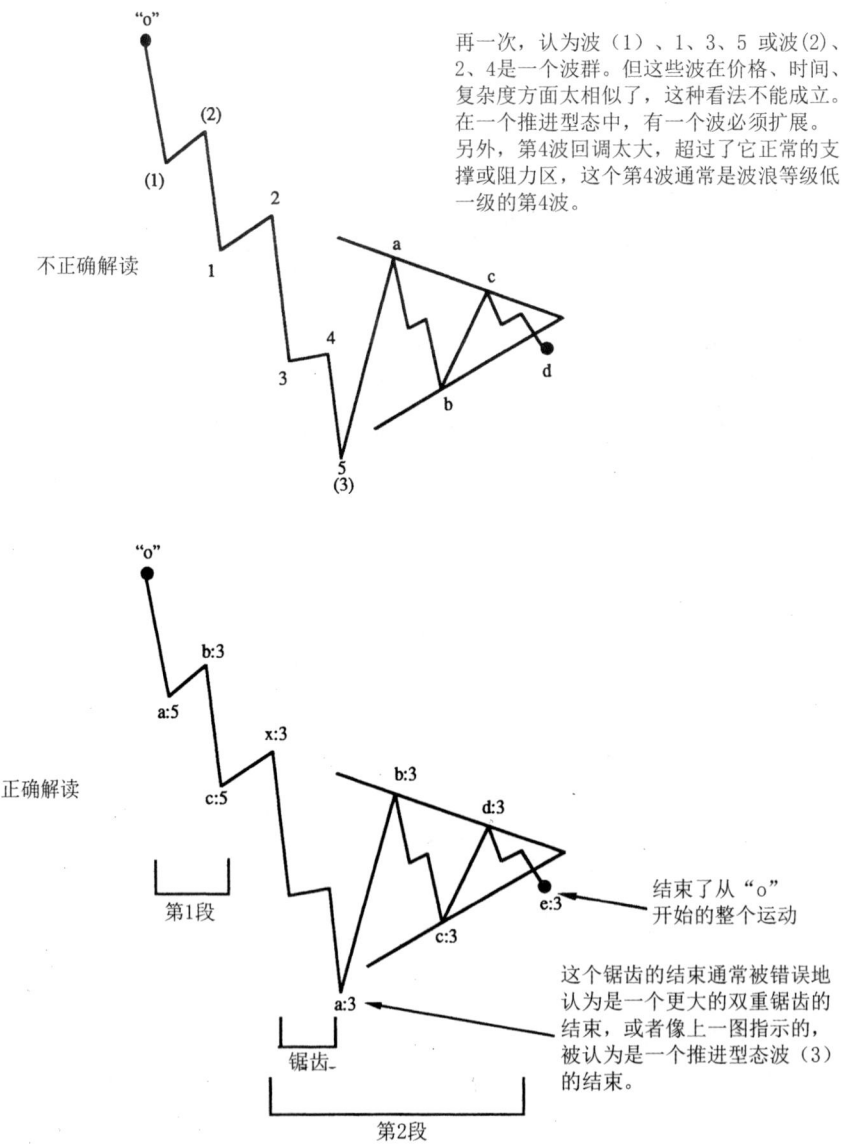

图 8-2b 双重组合（由一个三角形结束）

第八章 复杂次多波、多波等的构成

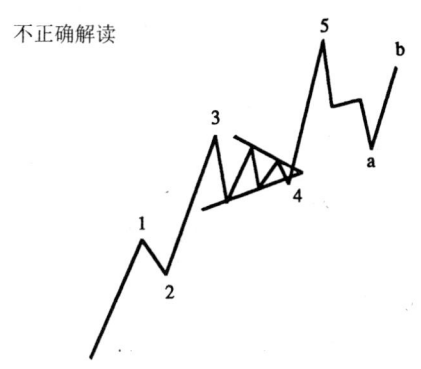

不正确解读

将这个型态解读成是一个推进，是不正确的，因为这里波（3）是这个波群里最短的推进波（不可能是）；即使波（3）长于波（1），第4波三角形之后的猛进是太大了，任何三角形的猛进超过200%，基本上是一个非限制三角形，这不是第4波或b波的三角形。另外，每一个上升段的价格和时间长度都太相似了，不能属于同一个推进型态。

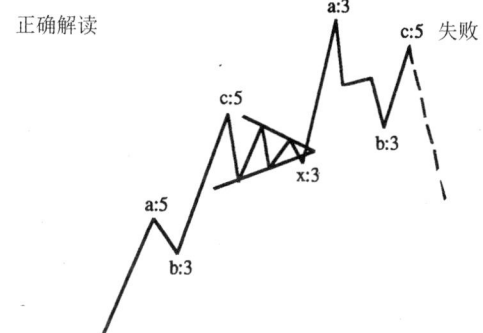

正确解读

如果最后一个型态是一个平台，并且是c波失败，一个三角形（或单波）最可能出现在x波的位置上，另外最可能的是x波是一个单波（只要整个型态不是太复杂）。x波的复杂度应该至少与它前面的c波相同，但不应该超过整个型态中最复杂的标准型态的复杂度。

图8-3 双重组合（由一个平台结束）

不正确解读 正确解读

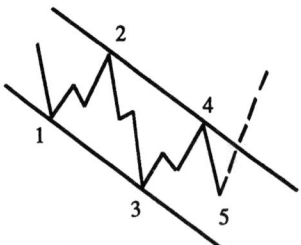
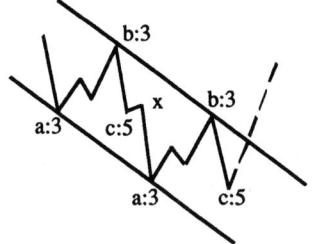

如果你认为这是一个推进型态，那你完全没有读懂这本书。这个型态完全不符合有关推进型态的规则。波2回调波1太多了；波3看起来像一个调整，而不是推进；波2和4之间没有交替。

这是认识这一型态的唯一方法！

图 8-4 双重平台

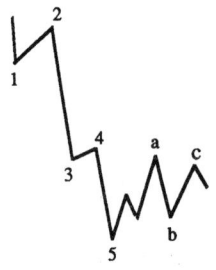

不正确解读

波2回调波1太多了；波1和波5没有遵守平等规则；c波相对于a波来说，太简单了，除非正在形成一个三角形；即使第3波是最长的，也很难满足第3波扩展的要求，在正常情况下，扩展波（这里是第3波）是下一个最长推进段的161.8% 或更多，在这里，波3小于波5的161.8%。

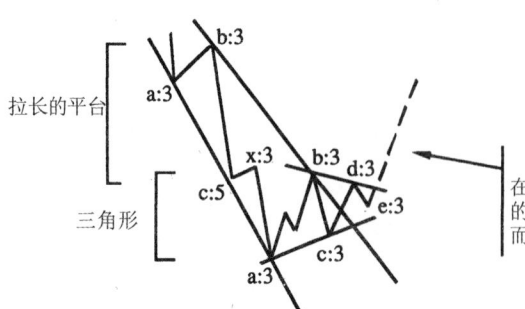

正确解读

在型态之后的市场运动是最重要的证据，一个复杂调整完成了，而不是推进型态。

图 8-5 双重组合

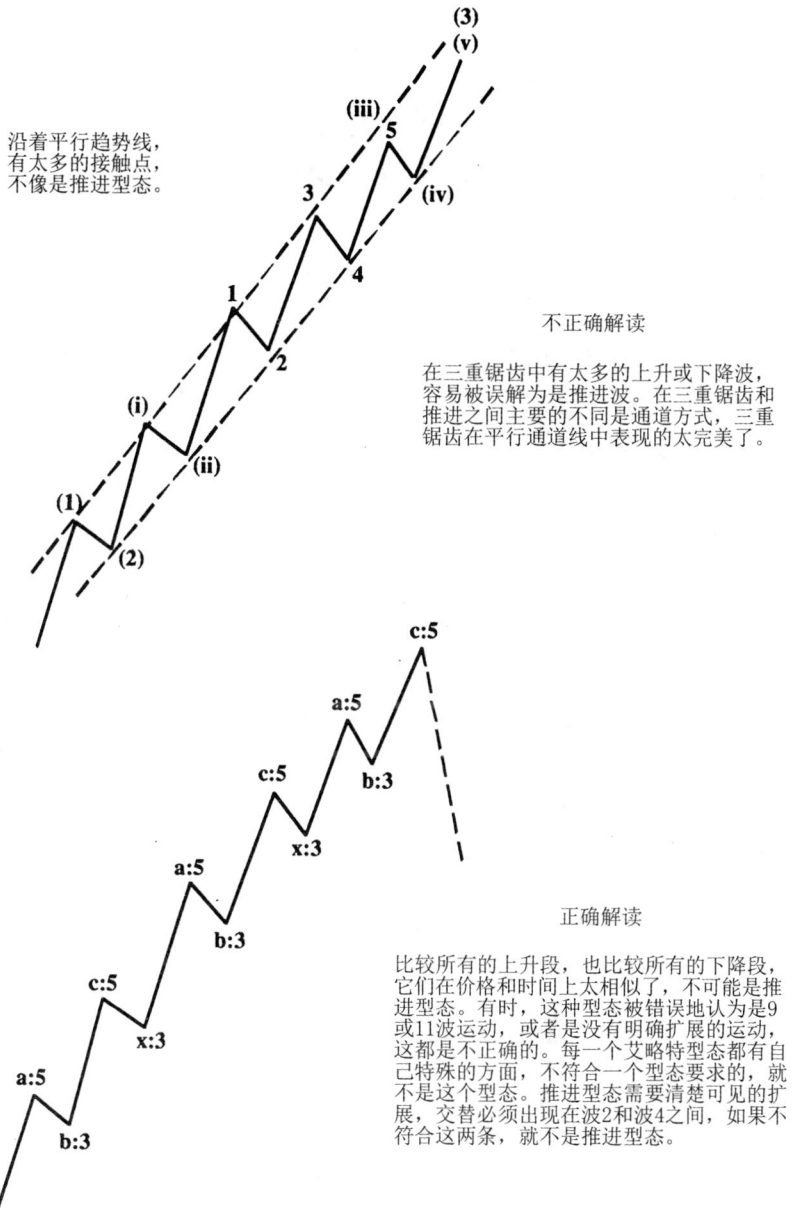

图 8-6 三重锯齿

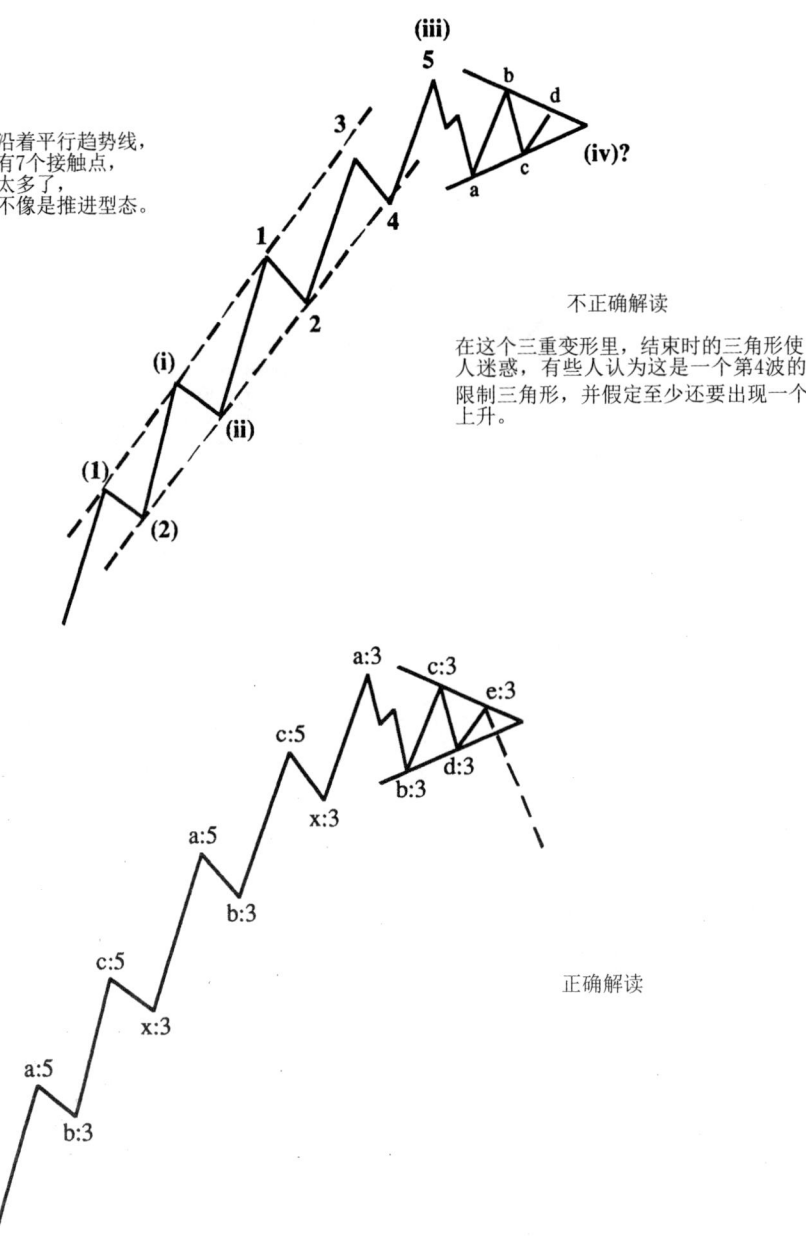

图 8-7　三重组合

第八章 复杂次多波、多波等的构成

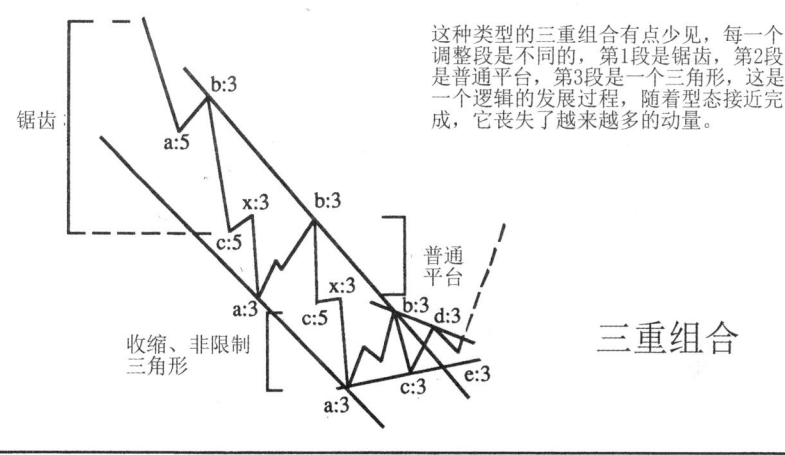

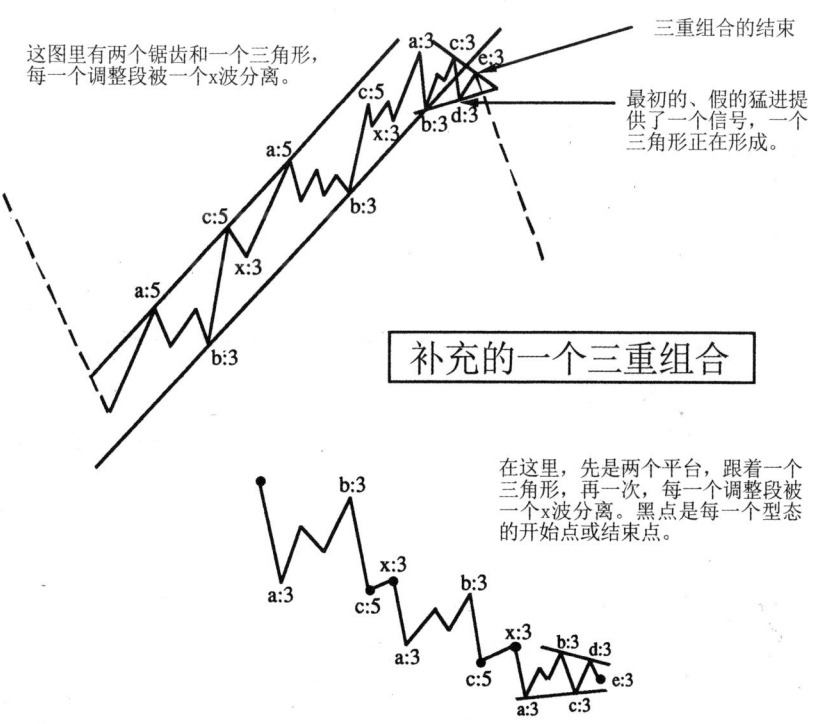

图 8-8 三重组合用补充

下面是可能在 x 波位置的调整，其结构系列如下：

表 B

1. 5-3-5 锯齿

2. 3-3-5 平台（所有变形，除了拉长）

3. 3-3-3-3-3 三角形（只是收缩非限制）

4. 3？这个系列（主要的已经列出了）代表了一个调整单波，它可以是一个"简单"双重和三重形态里的 x 波。请记住，x 波几乎总是一个复杂形态里的最小调整形态（时间上），不管它们的价格是否小于或大于它之前的调整。

5. 当 x 波小于它之前的调整和不是上述形态之一时，它的构成属于第二类非标准类型（见第十章，"力量排序"图。在此提醒你，为了正确地连接一个复杂 x 波与它之前的调整，要使用逻辑规则确保适当的整合。)

有大 x 波的复杂调整

当一个复杂形态里的 x 波大于它之前的调整（价格上）时，这整个形态的类型是一个双重或三重 3 形态（triple three pattern）。下面列出的是这些非标准形态，连同它们的名字和压缩结构，其中的 x 波大于它之前的调整。

1. (3-3-5) + (x 波) + (3-3-3-3-3，只是收缩三角形) = 双重 3 组合 = 3　　　　　　　　　　　　图 8-9

2. (3-3-5) + (x 波) + (3-3-5) = 双重 3 = 3　　图 8-10

3. (3-3-5) + (x 波) + (3-3-5) + (x 波) + (3-3-3-3-3，只是收缩三角形) = 三重 3 组合 = 3　　　　图 8-11

4. (3-3-5) + (x 波) + (3-3-5) + (x 波) + (3-3-5) = 三重 3 = 3　　　　　　　　　　　　　　　图 8-12

第八章 复杂次多波、多波等的构成

以上非标准形态的排列从最可能的开始,到最小可能的。三重3组合如前所述,应被视为罕见,当你看到这样的形态时,它很可能像图8-11或图8-12.

回顾

一旦你确定了一个非标准形态变形的类型,进到第十章的逻辑规则,检查与该特定形态相关的属性目录,考察非标准形态章节的"现实"图,看看你正在研究的形态是否与书中的相似,记住,精确的相似不仅是不必要的,也是不可能的。然后,进到第七章,完成你的评价。

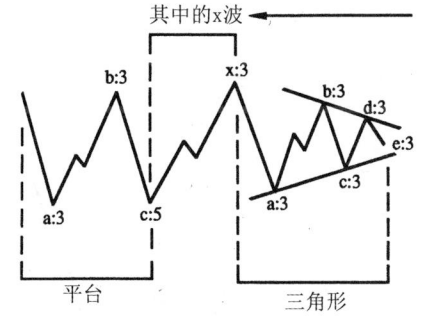

图8-9 双重3组合(这种形式是罕见的)

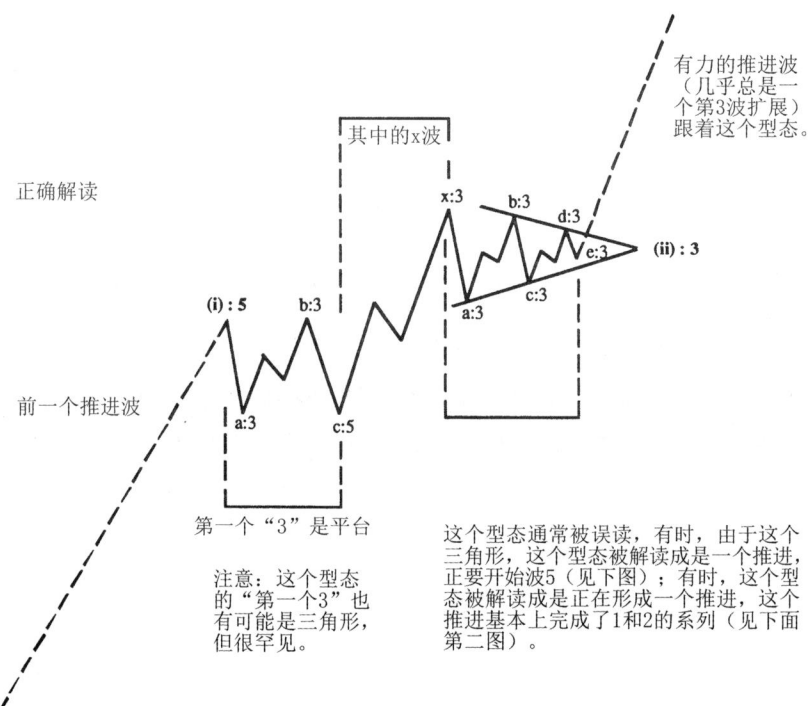

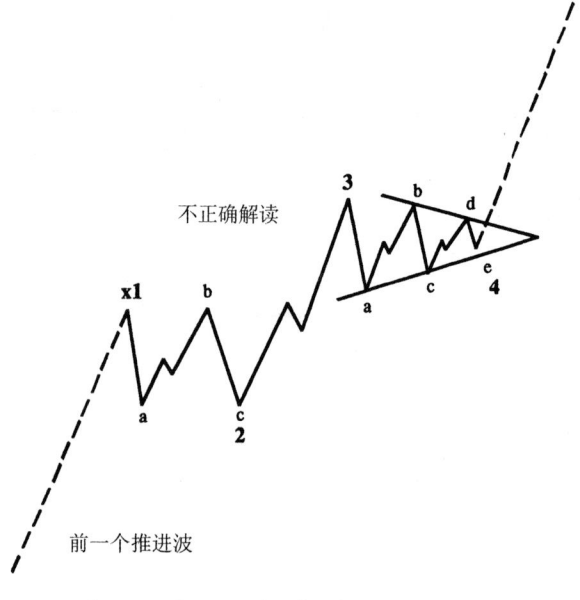

图 8-9　双重 3 组合（运行变形）

第八章 复杂次多波、多波等的构成

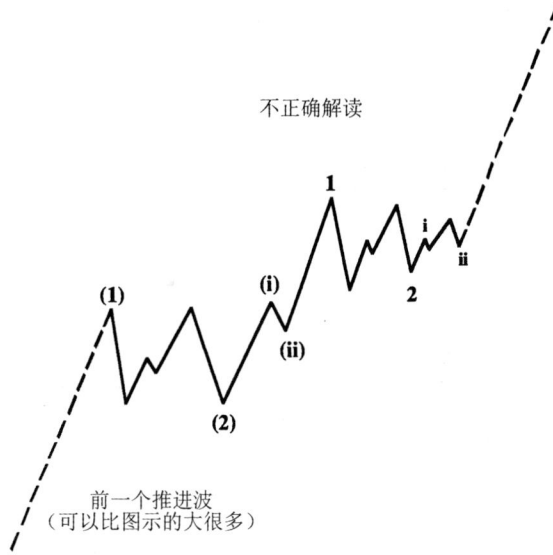

不正确解读

这种解读充满了错误，不知如何说起，为了要有一个可靠的1和2的系列（波浪等级减少的），在一个有力的"第3波的第3波"开始之前，需要市场运动像一条抛物线，每一个较小波浪等级的第2波应该有较小的时间和价格，有更有力的结构，比前一个较大波浪等级的第2波回调更少（就百分比而言）。同样，每一个较小波浪等级的第1波应该有较小的时间和价格，比前一个、波浪等级高一级的第1波用更大的斜率上升。

明显的，这个图不符合参数要求。注意：一个真正的1和2的系列（在同一张图上同时可见的）超过了第二组，是很难见到的。

前一个推进波
（可以比图示的大很多）

图 8-9

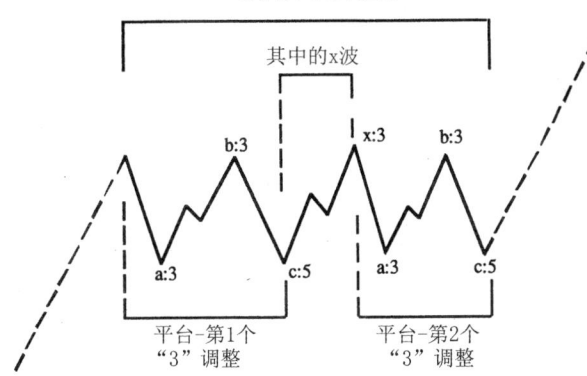

双重3
（这种形式是罕见的）

这个型态不常见，但可以是一个锯齿的b波，或者是一个较小的x波，即使那样，这个型态也很有可能随相关的波浪等级高一级的型态变化。

图 8-10

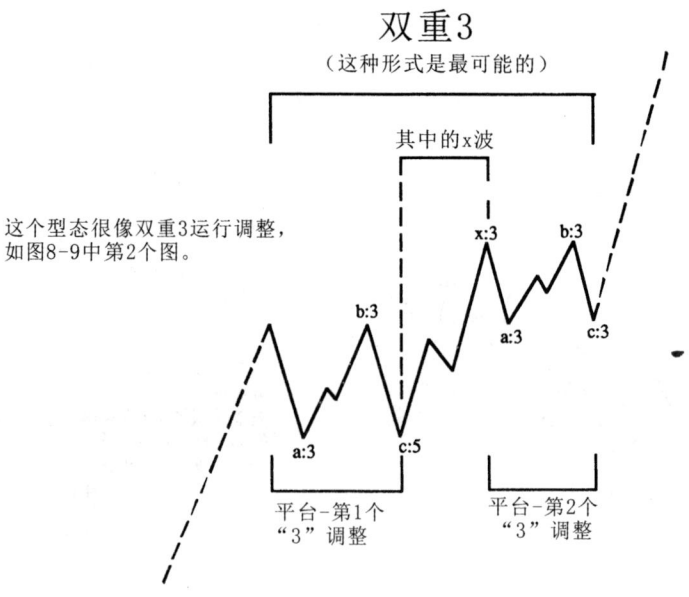

图 8-10

图 8-11

第八章 复杂次多波、多波等的构成

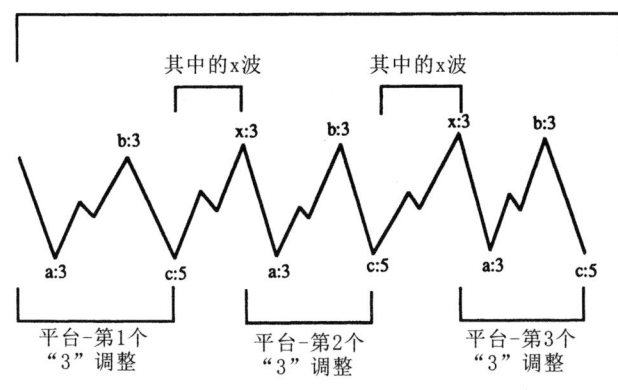

图 8-12

多波的构成

多波与复杂次多波稍有不同,它需要一个推进段分裂成次多波。根据你正在分析的形态类别,阅读下面推进或调整标题下的内容。

推进

在一个次多波里,全部有":5"的波是单波。在一个多波里,有一个(或更多)的":5"是次多波。要形成一个多波,几个条件是必需的,如下:

1. 在推进形态的 3 个推进波(1,3 或 5)里,有一个、只有一个必须是次多波,另外两个推进波应该是单波。

2. 至少有一个调整段(无论是波 2 或波 4)必须是次多波,而其他可能是单波或次多波。

3. 持续时间最长的调整段(波 2 或波 4)应该正好出现在扩展波之前或之后。如果第 1 波扩展,波 2 应持续最长的时间;如果第 5 波扩展,波 4 比波 2 持续更长的时间;如果第 3 波扩展,就没有什么区别（可以是波2或波4），只要确保这两波出现交替就行了。

图 8-13a 显示了一个很常见的多波形态。第 3 波是扩展波和是可以被细分（见第八章"扩展对比细分"，讨论细分的概念和运作规则）的、唯一沿趋势推进的次多波。波 1 和波 5 是两个趋势单波（见上面规则第 1 条）。波 4 是最大的调整形态，在第 3 波扩展后立即出现（见上面规则第 3 条）。在图 8-13b 中，显示了波 1 和波 5 扩展后的情况，这些多波也遵守同样的规则。

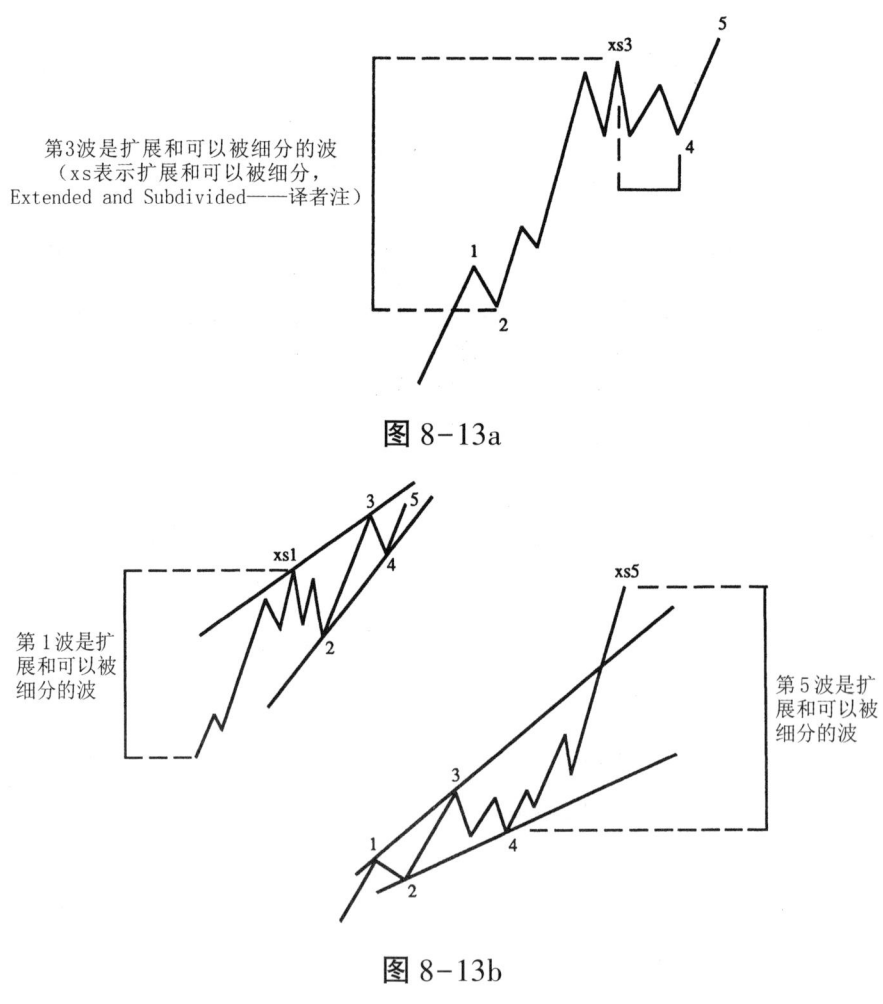

图 8-13a

图 8-13b

第八章 复杂次多波、多波等的构成

调整

对调整多波的要求类似于对推进多波的要求，它们是：

1. 在这个较大的形态里，有一个或两个":5"必须明显可以被细分，成为一个次多波（见图8-14）。如果只有一个":5"可以被细分，它必须是一个平台或锯齿（所有类型）的c波。

2. 一个多波的b波很有可能是一个调整次多波。

同样，正如在推进部分所指出的，从这本书开始的、所有适用于调整的规则，也适用于各种类型的多波。

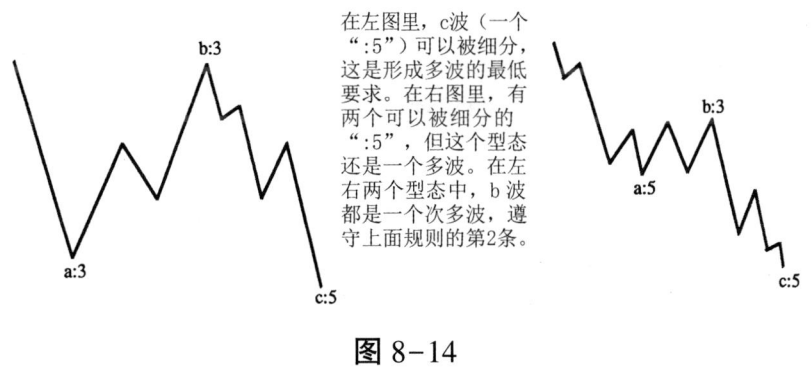

在左图里，c波（一个":5"）可以被细分，这是形成多波的最低要求。在右图里，有两个可以被细分的":5"，但这个型态还是一个多波。在左右两个型态中，b波都是一个次多波，遵守上面规则的第2条。

图 8-14

复杂多波的构成

对复杂多波的讨论，基本上与对复杂次多波的讨论相同，唯一的区别是复杂多波由一些多波组成，而不是由一些次多波组成。如果你看到一个调整多波被下一个调整回调了161.8%或更多，或者被下一个调整段回调小于 61.8%，那么一个复杂形态正在形成。采用在复杂次多波一节中讨论过的相同规则及原则。

大波的构成

由于市场的不断运动，一组多波将最终形成一个大波。幸运的是，在前面有关多波的章节中，我们在推进和调整标题解释的过程，在构成大波中，同样适用，唯一的区别被解释在下面的推进和调整标题下。

推进

形成大波的最低要求是：至少有一个":5"的段（波1、波3或波5）必须是多波，剩下的":5"里还有一个必须是一个次多波，通常会有2个次多波，但在少数情况下，最小的波可能是一个单波，这就形成了一个"三重复杂度"的情况。"三重复杂度"（triplexity）这个词是作者创造的，这意味着3个不同等级的复杂度存在于同一形态中。只有在一个推进形态里的第5波扩展和可以被细分时，或者，在一个平台或锯齿里的 c 波是最复杂的形态时，三重复杂度才有可能出现。有关三重复杂度的说明，见图 7-7。

调整

要形成一个大波调整，至少有一个波必须是多波和有一个波是次多波。如果只有一个多波出现在一个调整里，它应该是一个平台或锯齿的 c 波。所有适用于多波和次多波的其他规则也适用于大波。

更多关于交替

细分度

在第五章中,提出了交替的概念,现在有关这个规则的简单方面(时间、价格、回调度)应该是知道的,有关交替规则更深的内容(细分度和构成,在第五章中提到过)将在这里介绍,以确保没有不清楚的地方。首先说明细分度,细分度与一个形态分支(细分)的数量有关,用在与相邻形态比较时。细分度这个概念很难用于高度发展的形态,但在次多波和多波水平上,是很有用的,可以作为检测的标准,我们愿意看到的情况是,一个波可以被细分,另一个不行,下面是在推进和调整中的例子(图8-15)。

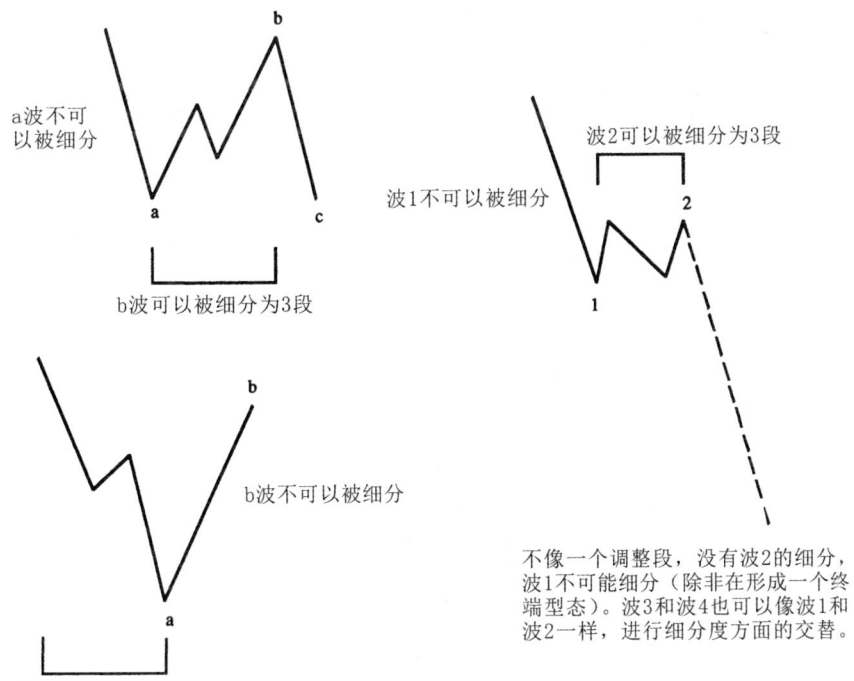

图 8-15

构成

如果在一个推进或调整形态里，相邻的两个波都可以细分，这就必须考虑其他的交替，这样才能保证图形的正确。交替可以出现在构成方面，如果一个形态是锯齿，下一个形态应该不会再是锯齿（图8-16a）；如果市场完成了一个推进形态，可以预期下一个相同波浪等级的运动应该总是一个调整形态（图8-16b）。

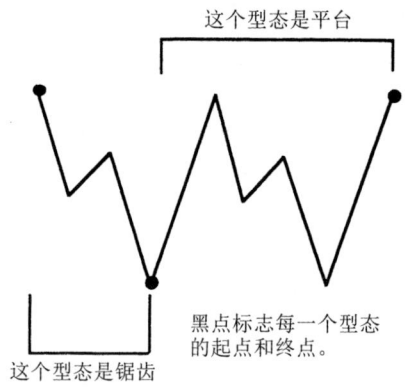

图8-16a

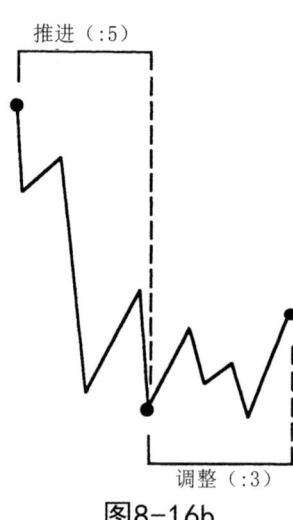

图8-16b

这上下两个型态展示了构成交替，在图8-16a中，两个不同的调整型态是交替；在图8-16b中，推进型态和调整型态是一种交替，在图8-16b中的交替比较容易识别。

更多关于扩展

扩展对比细分

大多数使用艾略特理论分析股市的人认为：扩展包括两个不可分割的方面，一方面是波浪的长度，另一方面是形态可以细分的数量。经过多年的研究，我发现扩展和细分这两个因素是独立的现象。扩展一词应该只是描述一个推进序列里最长的趋势推进波（波1、波3或波5），不应该假设形态里最长的波就是最可以被细分的，在极少数情况下，最长的波是一个较简单的形态（根据复杂度评级），而第二长的段是可以被细分的，这表明扩展规则和细分规则应分开使用（见第九章独立规则）。诚然，这两个规则（扩展和细分）通常会同时出现在同一波（90%的时间），但并非总是如此。图8-17显示了这两个规则同时影响着同一波。图8-18显示了这两个规则独立行动。图8-19显示了这些规则不适用，也显示了这些规则不能独立使用。

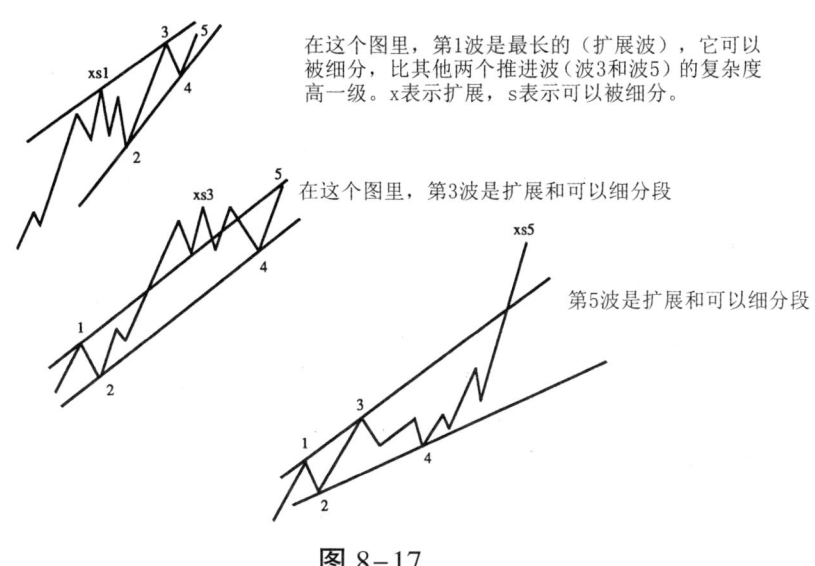

在这个图里，第1波是最长的（扩展波），它可以被细分，比其他两个推进波（波3和波5）的复杂度高一级。x表示扩展，s表示可以被细分。

在这个图里，第3波是扩展和可以细分段

第5波是扩展和可以细分段

图 8-17

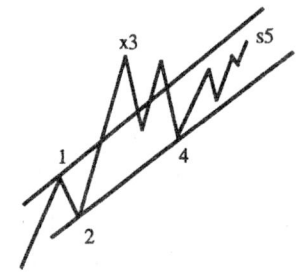

最常见的扩展和细分的分离,
第3波是扩展,第5波可以细分。

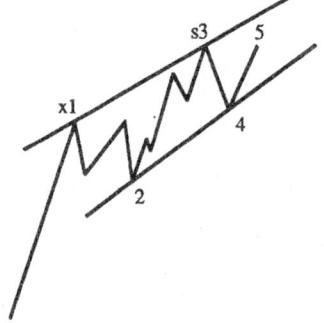

第2种最常见的,
第1波是扩展,第3波可以细分。

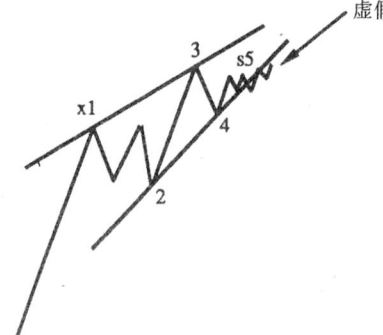

最少见的。如果你看到这样的图,这最后的推进(波5)可能是一个终端推进,作为一个规则,在最后的推进是一个终端型态时,它在结束前,将多次穿过这条基本线(连接两个调整段,波2和波4)。

图 8-18

第八章 复杂次多波、多波等的构成

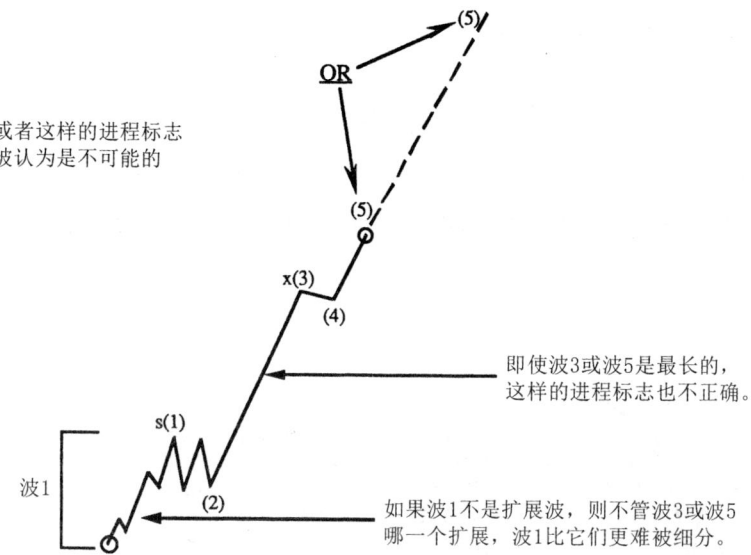

图8-19中上面的型态是可能出现的，但必须改变进程标志，图中的高点（圆圈）不可能是推进波的终点。下面的图是正确标志的，在实时市场中，这些标志的波浪等级可能不同，但波浪等级之间的关系是不变的。

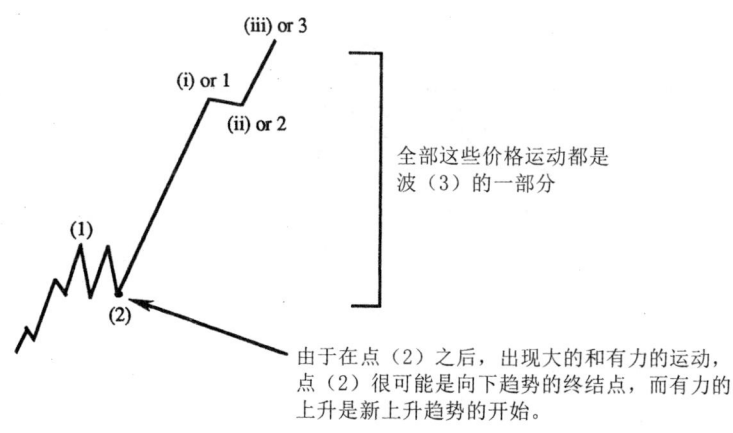

图 8-19

识别扩展波的重要性

在决定一个推进形态的外观、关系和行为方面，扩展波是最有意义的元素，如果能及时识别出扩展波，就可以在形态的通道和哪一个调整段（2 或 4）是最复杂的方面，获得很多信息。让我们看根据扩展波形成的 4 个主要推进变形，见图 8-20。

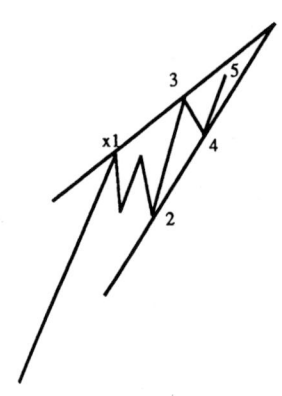

在第1波最长时，型态成为向上的楔形，上边的趋势线通常跨过第1波和第3波的终点。在终端推进里，第5波通常穿过上趋势线，这种型态不像一个终端推进，第5波通常低于和离开上趋势线。在第1波最长时，第2波应该比第4波更复杂。

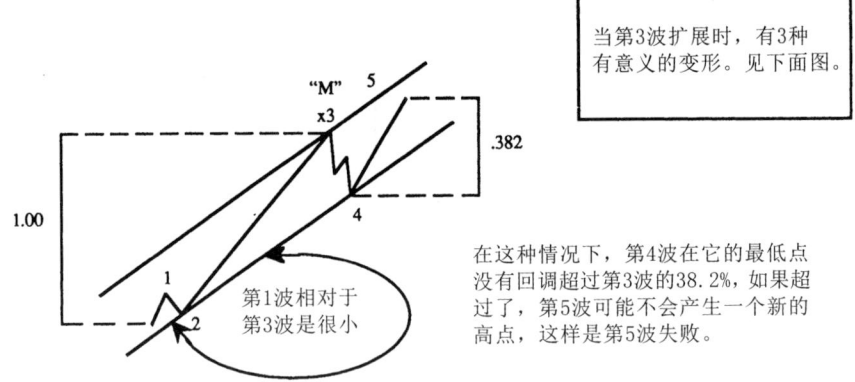

当第3波扩展时，有3种有意义的变形。见下面图。

在这种情况下，第4波在它的最低点没有回调超过第3波的38.2%，如果超过了，第5波可能不会产生一个新的高点，这样是第5波失败。

在第1波相对于扩展的第3波是很小时，这种型态出现，第5波通常是一个整个运动（从波1的起点到波3的终点）的38.2%；如果大于38.2%（如61.8%），这个运动是一个锯齿，而且波1和波2可能属于前一个型态；也有较小的可能性，它们是第1个推进（到"M"）的意外附加成分（见第十二章"失踪波"）。

图 8-20

第八章 复杂次多波、多波等的构成

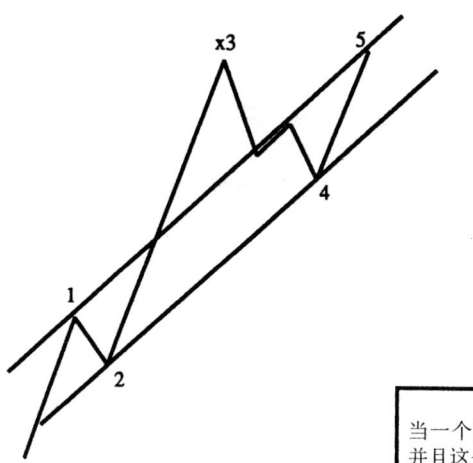

当一个型态的通道像这个图或下图,并且这个型态结束了一个更大的型态,很有可能第5波不超过第3波的终点,如果确实不超过,就是第5波失败。

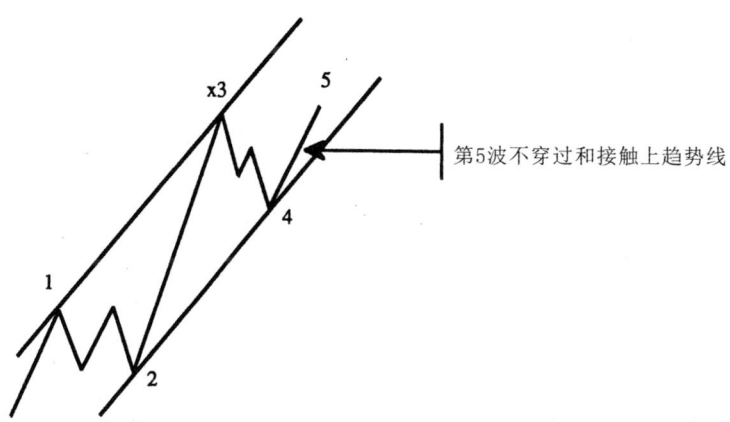

第5波不穿过和接触上趋势线

在这个图里,第3波上涨速度比上一图慢(接近上图的波1),这样,第3波没有打破平行线通道,在这种情况下,比较肯定第5波不穿过和接触上趋势线。

图 8-20(续)

当第5波扩展时，经常穿过上趋势线（"虚假的穿过"），但接下来就是一个快速回调，回调整个第5波的61.8%-95%。

当第5波是最长时，第1波和第3波通常是相等的，或者在时间上有61.8%的关系，第3波必须比第1波长一点，但不应该超过从第1波顶部算起的、161.8%的第1波，通常波1和波3有内部的161.8%关系（价格上）。*

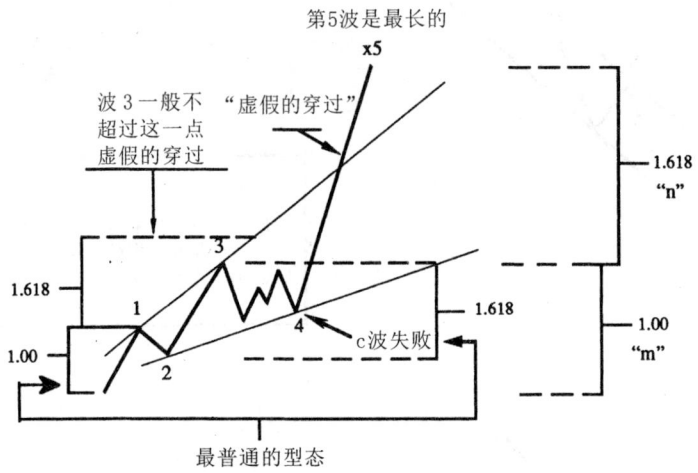

当第5波是扩展波时，测量从波1起点到波3终点的距离，第5波通常超过波3终点的长度为那个距离的161.8%，在图中为"m"和"n"的外部关系。*
有时，第5波从内部联系到"m"，从第4波终点开始算起，第5波的长度为"m"的长度，或者161.8%的"m"的长度。比较少见的是第5波的长度为"m"长度的100%或者261.8%。

当第5波是扩展波时，波4比波2更复杂、消耗时间更多。当第5波是扩展波时，波4有点奇怪，它通常回调一大段波3，大约是波3的40%到61.8%。波4由于这个大回调的反作用，波4本身通常用一个c失败结束（见图），或者，以一种复杂调整的方式，用一个非限制三角形，结束在波4的最低点之上。

*参考第十二章中的"先进的斐波那契关系"一节

图 8-20（续）

知道从哪里开始一个图形

当一个形态的复杂度超过1级时，在推进形态内的趋势推进波开始发展成推进次多波，由于试图破译超出2级复杂度的运动出现困难，所以要知道一个推进序列的完成时间，需要严格遵守许多规则、通道技术和斐波那契关系（都在这本书中有论述）。正确的分析需要知道推进形态如何开始和结束，以及它们如何结合其他形态，要做到这一点，你必须首先正确地解读小的推进形态。

当开始分析一个市场的价格行为时，你可能想要建立长期价格图，如果这样做，由于一个常见的错误，就是从一个主要的高点或低点开始一个图形，你可能很容易地曲解了市场（见图8-21及图8-22）。如果从不正确的点开始解读市场，就很难正确地预测未来发生什么，不管你相信与否，大多数大的艾略特形态不是完成在最高或最低价格，这是由波浪理论一种内在性质所决定的，有独特性，经常容易被误解。我说这是独特的，因为大多数其他技术认为最高或最低的价格或时间点是重要的，可以从那里开始。在波浪理论里，通常一些低于高点或者高于低点的点是更重要的，可以用来进行具体的分析。由于许多学习艾略特理论的人认为：一个形态要在一个高点或低点之后结束。这使得他们在分析较长时期价格图时遇到困难。

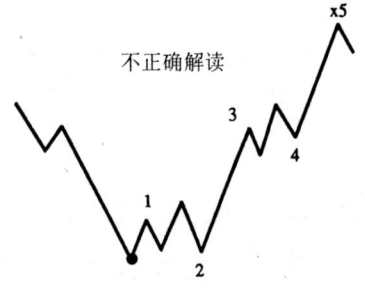

一个没有经验的人可能想从低点黑点开始，他可能像图中一样地标志波浪，但这是不正确的解读。

1. 波2和波4都是表明了强度，与交替规则相矛盾。
2. 波2回调波1，超过波1的61.8%，与一个不规则调整的强度不符。
3. 波3和5的价格长度太接近，这与扩展规则不符。
4. 最后，开始分析的低点不是这个向下运动的终止点。

图 8-21

如果你刚开始分析一个市场的价格运动，由于一个常见的错误，你可能容易错误解读；这个常见的错误就是从一个主要的高点或低点开始组合波浪。不管你相信与否，大多数的艾略特型态不是完成在最高或最低价格。

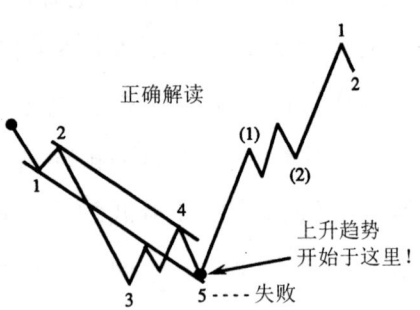

由于第5波失败，向上的趋势开始于最低点之上。

图 8-22

第八章 复杂次多波、多波等的构成

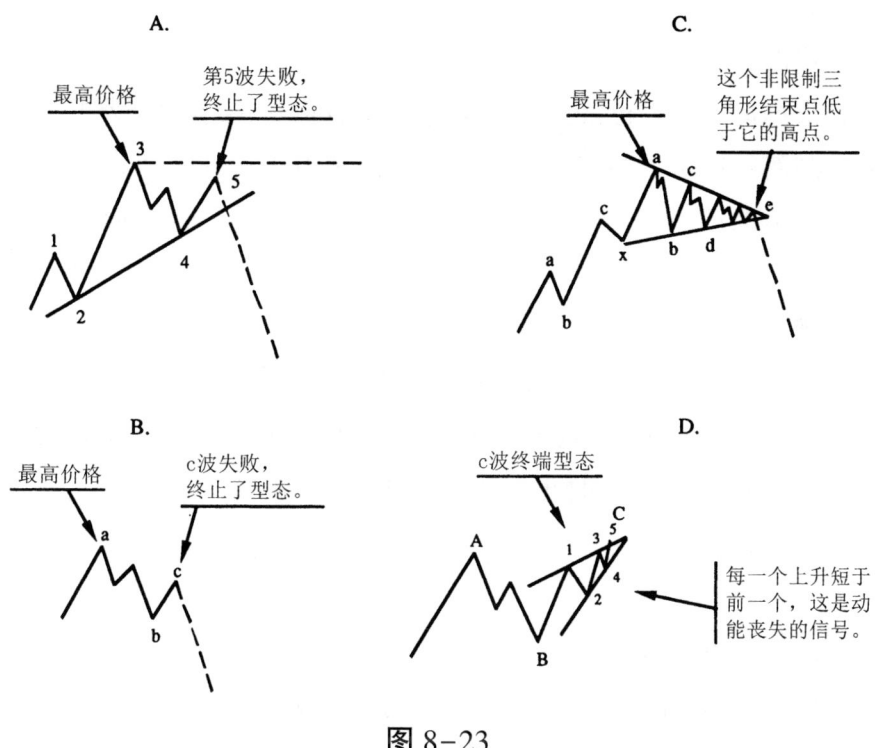

图 8-23

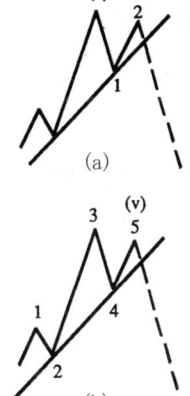

如果不正确地解读，你可能认为第2波基本上完全回调了波1（即超过61.8%），事实上，第2波回调第1波超过61.8%（即使再少一点），都是少见的。

怎样才能证明图8-24b比图8-24a正确呢？在图8-24a中，波2回调波1太多了，这暗示波2必须以一定的方式细分，这就是波2的c波不能超过波2的a波的终点，否则一个大的运动不能开始。在图8-24a中的虚线说明波2没有细分。

在图8-24b中，在第5波失败后，由于这种上升无力的暗示，会产生一个急剧的反趋势运动。由于一个快速下滑确实出现了（图中的虚线），这个推进型态被很快回调，这确定了第5波失败的判断是正确的。

图 8-24

如果你不是从一个艾略特形态的终止点开始一个新的形态，你的分析可能误入歧途很长一段时间，最终，你应该能够认识到这个错误，并进行适当的调整。不幸的是，当你检测到一个错误时，市场运动可能已经接近完成了，或者你可能已经因为不准确的预测而亏损了。当然，所有这一切，是由于从一个"视觉"上的重要顶部或底部开始分析的，而它不是一个艾略特形态的终止点。

越是合并艾略特形态形成较大的形态时，越有可能较大的形态结束在最高（最低）价格以下（以上）（见图8-22），为什么会这样呢？在一个大趋势结束时，市场开始失去势头，正是由于这种势头的损失，有时无法在一个形态结束时产生新高或新低点。失去势头一般表现为四种形式：

a. 一个推进形态包含有第5波失败
b. 一个平台形态用一个c波失败来结束
c. 一个复杂或罕见的图形由一个收缩、非限制三角形结束
d. 一个推进由一个终结形态结束

使用相同的字母顺序，已经绘图列出了以上的形式（图8-23）

在四种情况中有三种（a、b和c）情况，形态不是结束在最高或最低价格。在终结形态（d），如果它的第5波细分，丧失了动能，也可能结束在低于高点或高于低点的地方，就像a、b和c的情况。

如果一个形态被完全回调，市场达到的最高价格不是这个艾略特形态的终止点，那么终止点会出现在这个高点之后，而不是之前。总是注意跟随重要的高或低点的第二高点或低点，艾略特

形态有可能结束在这样的点。此外，注意在一个重要的高点或低点之后明显的盘整，这样的盘整可能表现为一个非限制性三角形，这个三角形结束了形态。

选择错误的开始点，往往在应用艾略特规则时产生不正确的结论，图 8-24 演示了这种可能性。许多人容易犯的另一个错误，就是有关 1 和 2 的系列，这个系列是波浪等级逐渐减少的，当市场运动接近一个第 3 波扩展的中心时，这种系列有时出现，一般来说，第 3 波是最常见的扩展波（见图 8-25）。

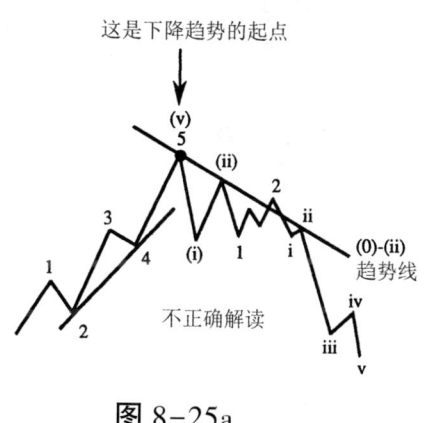

图 8-25a

在图 8-25a 中，有一些严重的逻辑和规则错误，有如下几点：

1. 波 1、波 3 和波 5 有太接近的价格长度。
2. 波 2 和波 4 没有很好地交替。
3. 在下降过程中，波 2 比波（ii）花费了更多的时间，产生了更大的回调百分比。这表明市场并不是越来越弱（当你接近正在下降的第 3 波中心时，这是必须的），而是越来越强。
4. 波 2 穿过了（0）-（ii）趋势线，说明波（ii）没有结束，或者是这种解释有问题。

图 8-25b 用适当的方式来标记上述运动。注意市场在开始并没有迅速下降，直到在三角形的顶点，时间"用完"了，对于这种非限制三角形来说，这种情况很典型。

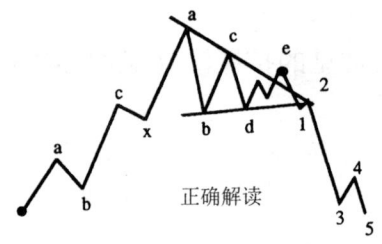

图 8-25b

第九章　　基本的尼利扩展

在本书的一开始就提到，有许多尼利扩展的内容被加到这本书的相应段落里。几乎所有第三章中讨论的技术，是我在多年电话课程教学中发展起来的。这一步步的、有目标的分析过程，它是"掌握艾略特波浪理论"这本书的核心，也是我在电话课程教学中创建的。一些新的、描述性的词语被创造出来或重新定义（如单波、次多波、复杂度、压缩等），帮助人们更准确的交流。在这本书中，有关进程标志和逻辑规则的部分、有关一种新型三角形的概念以及它独特的形成规则，以及量化三角形运动方面的重大进步等，这些内容全是对艾略特波浪理论的重要补充，也是尼利方法的组成部分。此外，所有在第九章中的规则也属于上述的尼利扩展内容。

在第九章中讨论的规则不如以前讨论的规则那么重要，但可以增加你解读形态的信心水平，在很多时候，应用这些精细的规则，将帮助你决定哪一种选择的可能性最大。

趋势线接触点

此规则将帮助你迅速分辨推进和复杂的调整活动。该规则指出:"在一个由 5 段组成的形态中(它有 6 个可能的"相同波浪等级"的接触点),总共只有 4 个点可同时接触两条相对的趋势线"(见图 9-1)。此规则适用于推进(趋势和终结)和三角形形态,因为两者都由 5 段组成。

注意:在三角形的标题下,讨论过一点这个规则(第五章)。

如何最好地利用这个规则呢?在一段长时间里,当一个形态正在发展为复杂的次多波、多波或大波时,如果在平行趋势线上出现 4 个以上的接触点,这有力地表明这是一个调整活动,而不是推进活动,通常,这个调整将是一个双重或三重锯齿或组合。虽然不常见,但一个推进可能有超过 4 点接触了两条趋势线(它们可能是收敛、发散或平行),但不是所有的这些接触点有相同的波浪等级,请记住,该规则只适用于有相同波浪等级的波。

该规则也适用于其他标准的调整形态。所有标准的调整有 4 个可能的接触点,其中只有 3 点应该触摸平行趋势线。如果在任何标准调整中(除三角形外),有相同波浪等级的 4 点接触了平行趋势线,这是一个可靠的迹象,表明这个调整将是一个复杂、非标准图形的一部分。这个规则应用在锯齿时,是最有用的(见图 9-2)。

第九章 基本的尼利扩展

在非限制三角形的形成中,有时可能要灵活应用"接触点"规则。

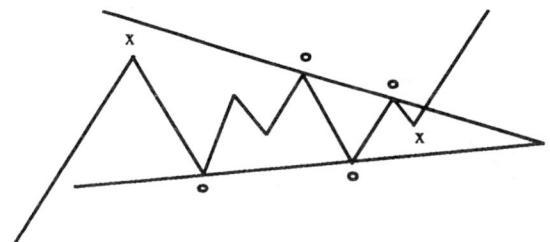

有圆圈的4点要接触两条相对的趋势线,有x的点不接触。

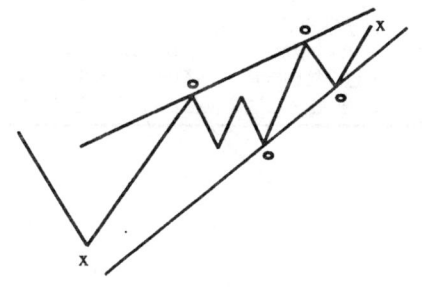

在这里,有6个点组成一个推进,总共只有4个点接触上、下趋势线,有x的点不接触。

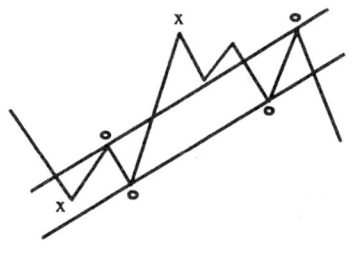

又一次,仅4个有相同波浪等级的不同点接触了平行趋势线,有x的点不接触。

图 9-1

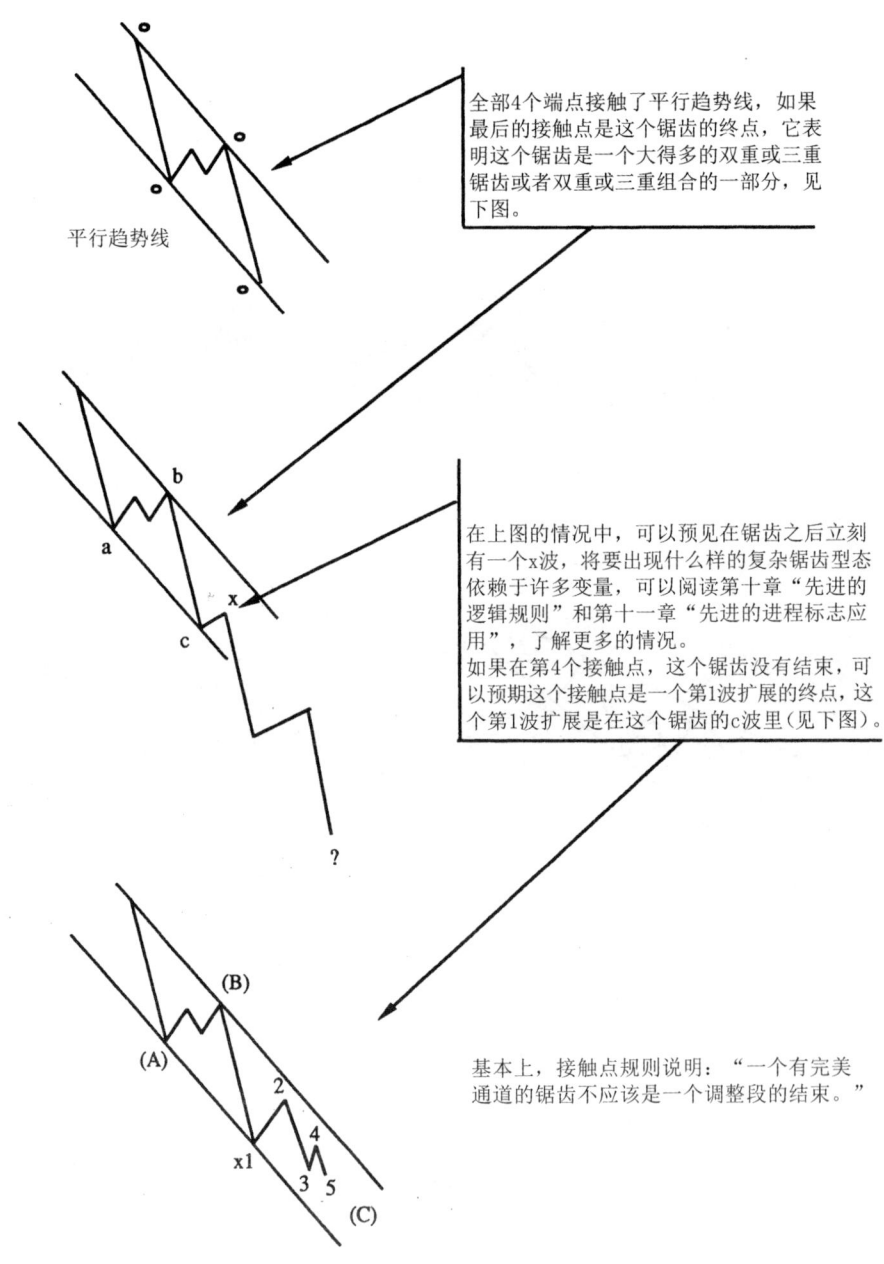

图 9-2

时间规则

在波浪形态外观形成的过程中，时间起着重要的作用。艾略特发现在一个推进形态中，两个不扩展的波常常花费相同的时间。此外，他还注意到锯齿形态中的a波和c波在时间上接近相等。我经过多年的观察，发现有很多利用时间的方法，这些方法可以加速分析的过程。

在最简单的形式下，时间规则可以表述为：在时间上，3个相邻的波（相同波浪等级）不可能同时相等（见图9-3）。

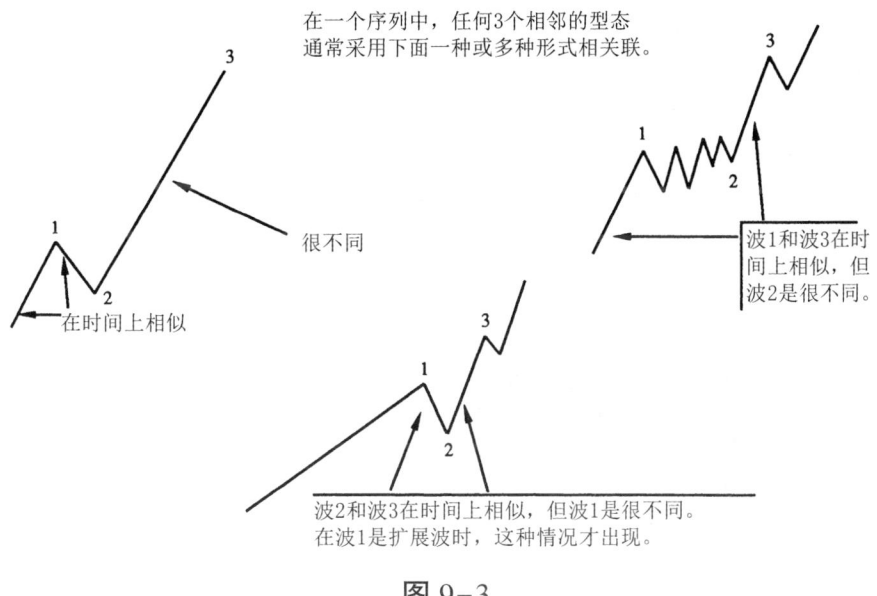

图9-3

观察：在时间上，一个序列中的任何3个相邻的形态通常采用下面一种形式相关联：

1. 如果一个形态开始的两段在时间上相等，那么第3段花费的时间将远远大于或小于这个时间，通常，第3段将消耗开始的两小段相加的时间。

2. 如果第2段远大于第1段的时间，那么第3段的时间将等于第1段的时间，或是它的61.8%或161.8%。

3. 如果这3段都没有相同的持续时间，它们可能在时间上有斐波那契关系。

参见图9-4，看上述规则如何影响一个平台的发展。

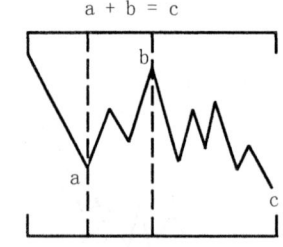

1. 如果一个调整的最后一波（c波）拉长或是一个终端型态，通常波a和波b在时间上相似，这最后一段（c波）将是长很多。在这里，两个小波时间之和等于这个长波。

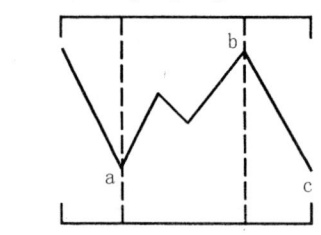

2. 最典型的平台组成，波a和波c在时间上相等，波b很长。

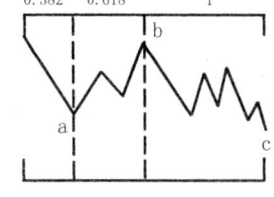

3. 通常，如果没有两个波在时间上相等，那么它们有61.8% 或 38.2%的关系。

图9-4

时间规则的应用

如果 2 个相邻形态在时间上相等，跟着的第 3 段也消耗了这个时间，你可以肯定（在简单次多波以上的形态）这个第 3 段没有完成或者这 3 段不是相同的波浪等级（见图 9-5）。

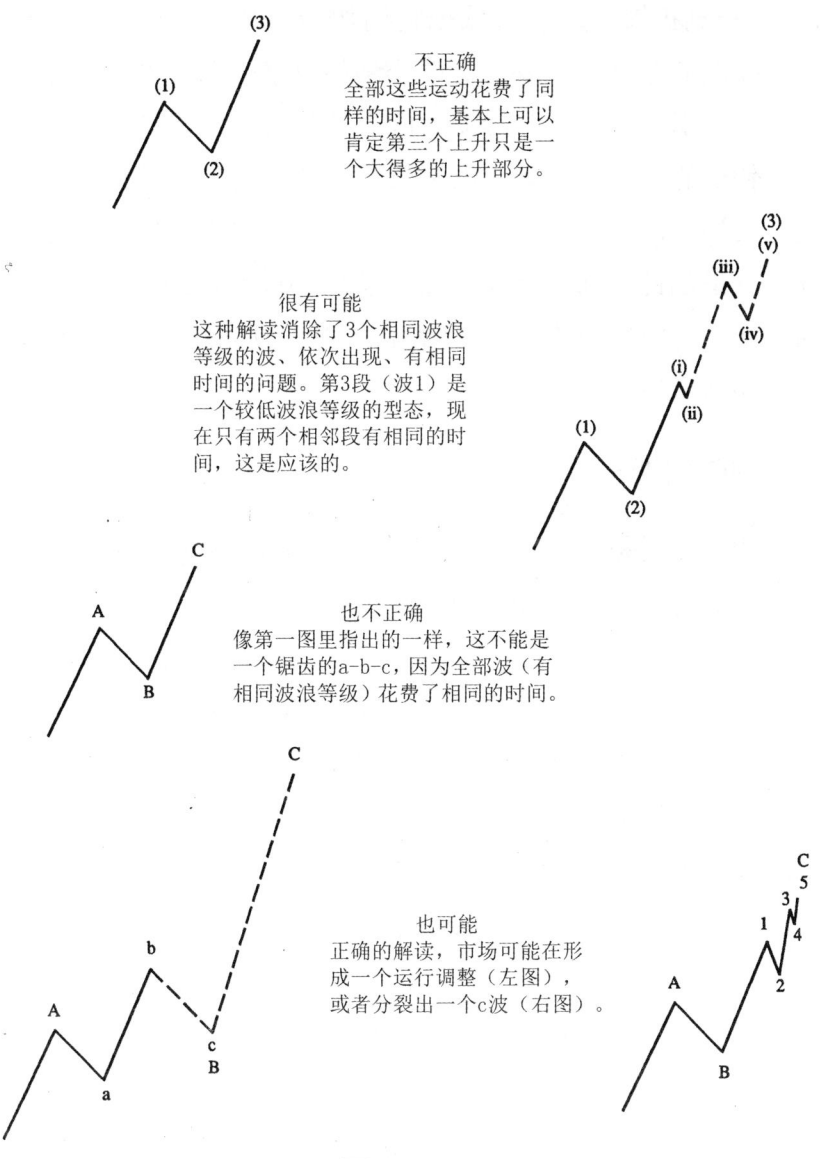

图 9-5

独立规则

独立规则适用于这个理论所有的其他规则，这些规则有些已经介绍，有些将要介绍。在应用所有的艾略特规则和指导原则（以及尼利扩展）时，应该把它们作为互相独立的规定，用在每一个波浪形态上（只要有足够详细的价格运动，可以应用它们）。换言之，不要形成思维习惯，认为某些特征的出现必然要引起另一些特征的出现。例如：大多数艾略特分析人员相信扩展和细分是同义词，通常，这两个概念在同一时间出现在同一形态上，但并非总是如此。每一个有关扩展和细分的规则应被视为是独立的，如果它们同时在同一运动上出现，没问题，如果它们没有，这个运动形态依然有效。

同时出现

这个规则是需要的，它可以巩固这本书介绍的所有其他规则。所谓的"同时出现"，就是说在一个特定的情况下，一些艾略特规则适用，这些适用的规则必须"同时"成立，才能产生一个可靠的解读。要应用此规则，可以开始应用在第三章"基本分析"中的规则和技术上，然后继续通过第四章"进一步观察"、第五章"思考的重点"等等，如果通常与一个形态有关的任何规则没有显示出来，则很有可能在形成另一个形态。符合适用的全部或大多数参数的形态应被视为是最好的解读。不要忘记，即使检查形态后的行为（post-pattern）也是调查过程的一部分，为的是找到最好的选择。

例外规则

第一方面

有时,在重要的市场拐点或"不寻常"的条件下,在形态构成方面,通常是一个重要的规则可能不适用或不被遵循,一个重要的规则是指从第三章到第五章的推进或调整中的"转折点"(但不包括)之前出现的任何一个规则。出现"不寻常"条件的情况是:

1. 一个多波或更大形态的结束。
2. 一个终结(倾斜三角形)形态的第5波或C波。(译者注:请参考第八章图8-23中的D。)
3. 一个运动与一个收缩或扩展三角形相关联,或者一个运动用一个收缩或扩展三角形结束。

到目前为止还没有提及过,三角形和终结形态几乎对所有的规则、情况和条件(即时间、价格、通道、进程标志、斐波那契关系等等)是例外的,无论何时,每当一个重要的规则被打破,很可能跟一个三角形或终结形态有关系。

如果在一个市场运动中,一个主要的规则没有被观察到,对于这个运动的解读可能还是可以被接受的,只要这个规则的失败有一定的原因,这些原因可能来自上述的"不寻常"条件(1、2或3)。从第三章到第五章的推进或调整中的"转折点"(但不包括)之前出现的任何一个规则都有其极端重要性,不容许有两项重要规则同时被打破,如果有一个以上的重要规则被"打破",有关的解读应该被放弃。

第二方面

例外规则的另一个方面说明：

"一个规则的失败有一个具体的原因，这个原因通常产生出另一个规则。"

下面是发生这种情况的两个例子：

1. 一个推进波的 2-4 趋势线应该永远不会被波 3 的任何部分打破，也几乎不被任何波 5 的部分打破。如果 2-4 趋势线被波 5 的一部分打破，这将激活一个规则，这个规则是："市场一定正在形成一个终结推进形态。"突破一条真正 2-4 趋势线的正当理由是来自一个终结形态。

2. 如果已经进入了一个三角形的顶点时区，而三角形之后的"猛进"还没有停止上升或下降，那么市场正在形成一个终结形态或者这个三角形是非限制的类型。

维护"结构"完整的必要性

应用"进程标志"的关键考虑因素是结构，只有严格地注重细节，并正确地结合过去的波浪结构，才可能准确、连贯地解读一个市场。在分析较大的形态时，情况变得更加困难，需要正确地分离出每一段，把它们分类成推进和调整（:3 或 :5）。即使目前尚不清楚市场正在形成哪一个形态，坚持过去已证实的价格"结构"是必须的，最终，这个艾略特形态会变得清楚，而这通常发生在形态的结尾。

锁定结构

在确定了一个可靠的艾略特形态后，然后进行压缩过程，非常重要的是不要让被简化的结构（只是一个 :3 或 :5）在以后随便改变。一般来说，你应该从不改变一个经过正确压缩的形态结构，通常，为了创造一个你想要的解读，你可能想做改变，但作为一项规则，从来不要这样做。

与一般艾略特分析师和大众的意见相反，我们认为分析师不应该随意改变一个形态的结构，以适应当前的意见、市场的基本面、技术指标等等。波浪形态的发展依赖于交易所中所有买和卖订单的综合结果，全国各地的炒股人在分析了基本面、技术面、天象算卦、交易量、未平仓量、看涨情绪等等后，送出了买卖订单，尽管有各种事件发生，但市场本身并不能运动，除非有人开始买或卖，当这两者走到一起时，产生了一个"正式"的供应/需求价格水平。没有任何争议，价格运动是所有市场外部事件影响的最终结果，因此是最好的未来市场发展的指示。

市场交易价格的高低不是没有原因的，一个交易之所以出现，因为它满足了交易的双方：买方和卖方。波的形态是许多交易合成的最终结果，改变一个已经建立的形态结构，以适应你的感觉，或者是因为你对市场的情况感到困惑，这些都是没有理由的。改变以前的波浪结构，以便完成你"相信"它应该完成的形态或让形态提前完成，几乎总是会产生一个不正确的形态解读。

根据波浪原理，只有在市场结束了最后一个波之时，你才能以极度的信心确定一个价格的方向。要明确一个个重要波浪结束点的唯一的方法是执行下列操作：

1. 对你图上每一个单独的单波结束点画一个黑点（当你变得更有经验时，这一步可以淘汰）。

2. 研究回调规则，然后使用构成前逻辑规则，在每一个转折点仔细地放置适当的结构标志。

3. 在几个邻近的单波中寻找一组结构，这组结构要符合可接受的艾略特系列（标准或非标准形态的系列）。

4. 一旦发现了一个系列，进入第五章相应的段落（有关推进或调整的段落）。

5. 应用全部适用于该类别（推进或调整）的总的基本规则。

6. 放置进程标志在这个形态上，继续通过"有条件的构成规则"一节。

7. 检查所有适用的规则和标准（见第十章"先进的逻辑规则"和第十一章"先进的进程标志应用"），肯定所有波浪行为的细节（交替、斐波那契关系等）符合要求。如果通过了这些测试，进入下一步骤。

8. 压缩这个形态到基本结构"：3"或"：5"（见第七章压缩）。

9. 如果你研究的全是单波，提高这个压缩形态的复杂度到1级（给：5或：3加一条下划线）。如果你的研究已经超出了单波，提高这个压缩形态的基本结构的复杂度到适当的水平，参见第七章的"复杂度"。

10. 在完成了压缩和复杂度的工作之后，又开始重复这个过程，返回到上面的步骤2，确定这个新压缩形态对它周围单波（或者更高）结构标志的可能影响。＊然后继续到步骤3，等等。经过不断地返回到步骤2，你有了众多的压缩形态，这些压缩形态都有一个单一的基本结构标志，最终，这些单一的基本结构标志会像以前的单波一样，形成同样的结构系列，唯一的区别是这样的结构系列将代表一个复杂度更高的形态。到现在为止，所有讨论过的规则，和整个这本书中的规则，应用在这些更为复杂的形态上，就像应用在简单形态上一样（除非另有说明）。在研究这些经过压缩的系列时，就好像它们是单波一样，在去发现一个系列时，应用"相似规则……"等。在研究更复杂的形态时，唯一增加的步骤是检查第八章"复杂次多波、多波等的构成"中的规则，应该遵守这些规则。

如果要把压缩的结构标志放置在你的图上，那么这种图涵盖时间的长度应该比原来的单波图要长，在你的这种较长时期图上，只标记每个压缩次多波的单一结构，不需要其中每个单波的结构。

波动理论是一个相对的现象。一个形态是复杂或简单，并不重要，关键是这个形态有推进还是调整的性质，这将告诉你如何处理、组合和解读市场运动，并进行交易。

*参见第七章"压缩程序"中有关重新评估的详细论述。

在市场运动接近一个系列的终止点之前，猜测什么是适当的进程标志，只能是一种猜测，即便你不知道一个波浪形态的进程标志，你照样可以交易盈利！根据波浪理论，在交易时，可以利用":5"的趋势方向（推进方向）。除非你有至少3或5个结构标志，否则不可能完成一个艾略特形态，因而不可能完全地确定一个正在形成形态的名称。

总之，你不应该对一个市场未来的行为有任何先入为主的观念，唯一客观地分析市场的方法是：坚持以前已经确定的波浪结构，当一个可识别的系列完成后，当这个形态符合所有的重要标准后，才去组合这个形态。不要浪费时间去不断猜测，不要按照你的个人愿意去进行交易。

"进程"标志的可变性（形态的扩大）

现在应该是显而易见的，为什么我们在这本书的前面注意结构问题，而不是进程标志问题，但可能还不是很明确，为什么结构现在还是你关注的焦点。

正如在上一节中所提到的，进程标志对于一个形态来说是最后一步，而不是第一步，还没有提及的是："使用进程标志的目的是确定了一个形态，在此之后，它们在澄清更大的图形方面不再有帮助了。"

一旦一个形态完成后，压缩（见第七章）是必要的，以减少这个较大的图形到它的基本结构，有了这个基本结构，才能够整合这个形态与其他的压缩段，形成一个更大的图形；即便知道了这个压缩形态中每一段的进程标志，这时已经没有意义，在一张较长期的图上，你必须使用这个压缩形态的基本结构来确定这个压缩段是一个更大系列的哪一部分。

第十章　先进的逻辑规则

对一个形态的解读能否成立，最后的关键因素之一涉及到市场行为之间的逻辑关系。对于波浪理论的这个领域，很多人不予重视，作者用了超过5年的时间，从艾略特波浪的角度，极尽能力和观察，研究出了这些逻辑规则，这些逻辑规则的本质是：在一个形态过去后，接着的市场运动必须有一些特定的行为，这些行为依赖于这个刚过去的形态。

例如：在一个终结推进形态完成后，反作用应该是很猛烈，应该在小于这个终结推进花费的50%时间里，回调整个终结形态。如果不服从这个规则，表明目前的解读有重大的缺陷。如果你认为你在市场里发现了一个终结形态，但在这个终结之后，市场没有出现刚才描述的行为，说明一个终结形态从来没有像预测的那样存在过。

从较广阔的角度来看，这些逻辑规则涉及到把各个单独的艾略特形态用合理、连贯和一致的方式组合起来。大多数这些逻辑规则跟每一种调整形态以及变形的内在强弱的暗示有关，这些逻辑规则形成了"全套逻辑上的标准"。在下面的表里，有许多情况，在这些情况中，一个形态的暗示对正确地解读这个形态是很重要的。

形态暗示

所有的艾略特形态都暗示和传输一个具体数量的"力量"到未来的市场运动中。此外,许多形态需要特别的形态后(post-pattern)行为,这包括下一个形态的最低价格长度和最少花费时间。

下面的表列出了每种调整形态以及它们的力量等级。力量等级表明这个形态所暗示的强弱度,用一个数值范围从-3到+3表示,有最低力量等级的市场运动非常不利于价格的继续上升;有+3等级的形态非常有利于市场的继续上升。对于有相同"力量"等级的两个调整形态来说,如果力量等级都是正的,那么离中性越远的调整形态越强;如果力量等级都是负的,那么离中性越远的调整形态越弱。

根据力量等级的回调

在逻辑整合的过程中,知道一个调整的"力量"是非常重要的,它让你精确地知道一个调整一定、应该、可能、不应该或者不会被下一个运动完全回调。有一些调整很弱(或强),它们不能终止一个运动。如果一个形态在向上时结束,并有+1至+3等级,那么就不应该被下一个形态(相同波浪等级的)完全回调。说明:根据作者的经验,在三角形和终结形态中的一段对下一段没有这种暗示功能(对于每一个形态规则来说,总是有一个例外),例如,如果一个双重锯齿是一个三角形或终结形态的整个一段,它可能被下一段(相同波浪等级的)完全回调,此外,下一段可能会比双重锯齿简单。由于这一现象,可以推导出一个重要的规则:如果一个形态有一个(+1、+2、+3)或(-1、-2、

-3) 的力量等级, 被一个力量等级接近零的形态 (相同波浪等级的) 完全回调, 那么市场正在发出信号, 一个三角形或终结形态 (所有的变种; 扩展或收缩三角形, 第一、第三或第五扩展) 正在形成。

力量等级:		在型态完成时 向下	
1. 三重锯齿	+3	-3	
2. 三重组合	+3	-3	
3. 三重平台	+3	-3	非标准图形 (第一类)
4. 双重锯齿	+2	-2	
5. 双重组合	+2	-2	
6. 双重平台	+2	-2	
7. 拉长的锯齿	+1(在一个三角形里=0)	-1	
8. 拉长的平台	+1(在一个三角形里=0)	-1	
9. 锯齿	0	0	
10. B失败	0	0	
11. 普通	0	0	标准图形
12. C失败	-1(在一个三角形里=0)	+1	
13. 不规则	-1(在一个三角形里=0)	+1	
14. 不规则失败	-2(在一个三角形里=0)	+2	
15. 双重3	-2	+2	
16. 三重3	-2	+2	
17. 运行调整	-3	+3	非标准图形 (第二类)
18. 双重3运行调整	-3	+3	
19. 三重3运行调整	-3	+3	

译者注: 一般来说, 在这本书中, 形态 (pattern) 与图形 (formation) 的意思接近, 有时混用, 可参考第四章图4-3。

要认识到: 只有压缩了一个形态的所有组成形态, 才能够正确地使用这个形态的力量等级。通过压缩一个运动, 你可能会到达最大允许的形态, 而这时力量等级才能够可靠地起作用, 例如, 让我们假设一个双重锯齿最近完成了, 如果这个双重锯齿出现在一个更大形态的任何地方, 从第一到倒数第二段, 这时使用力量等级是可靠的, 在这些点的任何一个点上, 压缩过程显示一个完成的双重锯齿是一个单独的形态,但是,如果有一个双重锯齿出现在一个更复杂形态(如一个终结推进)的最后一段,那么这个双重锯齿的力量等级将出现问题,因为这时完成的最大形态是终结推进而不是双重锯齿。换句话说,在一个形态是一个更大图形的最后部分时,这个较小的形态是不重要的,只有这时完成的最大形态的力量等级起作用。

一个运动力量等级的绝对值越高,就越不可能被完全回调,以下是每一力量等级被预计的回调比例:

1. "0"级没有暗示任何具体的回调值,几乎任何回调水平是可能的,从略高于0%到超越前一形态的100%。

2. (+1,-1)级允许下一个相同波浪等级的完成形态有不超过90%左右的回调。

3. (+2,-2)表明有不超过大约80%的回调。

4. (+3,-3)被回调最小,大约60%-70%。

下面列出了所有的艾略特调整形态(除了三角形,不久它也会被讨论)。对照前面的力量等级表,如果一个调整形态的最后一段结束时向上,那么#19的形态将被认为是最弱的,而形态#1将是最强的;如果一个调整形态的最后一段结束时向下,那么情况正好相反。

在下一个标题下,列出了每一种艾略特形态的"特殊情况",这些准则将指导你把价格运动"凝固"成绝对可靠的艾略特形态。

全部调整(除了三角形)

在市场里,最大的价格运动出现在调整之后,这使得一个调整形态暗示的重要性远远超过了一个推进形态。

三重锯齿

这是最有力的调整形态。如果它的运动是向下的，意味着市场目前是非常弱。如果它的运动是向上的，市场目前是强劲。很少看到三重锯齿，但是，当它出现时，它通常是一个终结或三角形的最长部分。在它是一个终结形态的部分时，它绝对是扩展部分。根据市场的情况，如果一个终结不可能形成，三重锯齿只能选择是一个三角形的最大部分。如果一个三重锯齿是一个平台或收缩三角形的部分，这个三重锯齿从来不会被下面相同波浪等级的形态完全回调。

三重组合

此形态可以是锯齿、平台（经常是拉长的）和三角形的组合。这种形态一般由一个三角形结束，两个 x 波都可以是三角形，但不要求。前两个调整（一个启动了这个运动和一个接在第一个 x 波之后）不应该是三角形。当一个三重组合出现在一个三角形里时，将是三角形中最大的波，这是指价格而言，在时间上也可能是。三重组合也可以出现在其他形态里，但只有一个，就是一个终结推进。当一个三重组合作为一个终结的扩展第 5 波时，这是唯一的时间，市场应该完全回调一个三重组合，虽然这个回调将有一个更大的波浪等级。

三重平台

在三重平台之后的形态不应完全回调它，除非这个三重平台是一个第 5 波扩展的终结形态的最后一段（即波 5），即使这样，这个回调形态将有一个更大的波浪等级。三重平台不应该被相同波浪等级的形态完全回调。这种形态很少见，你可能会看不到一个，包括在这里是为了全面。

双重锯齿

这个形态不应该被下面的运动完全回调，除非这个形态是一个第 5 波扩展的终结的最后一段。

双重组合

就像一个三重组合，双重组合几乎总是由一个三角形结束，或者，在更简单（1 级复杂度形态）形态中，由一个 c 波失败结束。如果由双重组合完成了一个更大的图形（如终结推进——第 1、第 3 或第 5 波扩展），这个双重组合有可能被完全回调，但通常不会。如果 x 波之后的调整段是一个"标准的"C 失败或者运行三角形，那么整个调整有可能被完全回调。

双重平台

这不是很常见的形态，但它们确实有可能出现。除非双重平台由一个"标准的"C 波失败结束，或者，双重平台结束了一个更大的图形（如终结推进及任何变形等），否则跟在双重平台后面的形态不太可能完全回调它。跟在双重平台后面的形态应该比跟在双重锯齿后面的快一点。

拉长的锯齿

这是由作者命名的，一个拉长的锯齿形态几乎全部出现在三角形和终结推进形态里，它通常是这些形态中的整个一段，它可能是收缩三角形的任何一波（除了 e 波）或扩展三角形的任何一波（除了 a 波）。紧跟在一个拉长锯齿后面的、有相同波浪等级的波，应该不会完全回调这个拉长的锯齿。

拉长的平台

这是最有趣的和被歪曲的艾略特形态之一，事实上，这种形态几乎只出现在三角形里，这是作者的一个发现。它有时也可能出现在终结推进形态中。它在三角形里时，几乎总是整个的一段，如果不是整个一段，它将成为"波浪等级低一级"的一段，出现在一个复杂调整中，而这个复杂调整将是一个三角形的整个一段。

锯齿

这种形态位列最常见形态的前三名里，要成为一个锯齿，c波应不低于a波的61.8%，也不能大于a波的161.8%。

c波最长

在这里所列出的三种锯齿中，如果这种锯齿正在向下运动，它有最弱的暗示，如果这种锯齿正在向上运动，它有最强的暗示。它不太可能被完全回调，除非下一波（相同波浪等级）是更为复杂和费时的，或者这种锯齿完成了一个调整阶段。

c波相等

这个形态有可能被完全回调，但也不一定。这是最经常出现的调整形态之一，在这个形态后什么事情都可能发生。

c波较短

这形态几乎肯定会被完全回调，除非下面接着的是一个x波。它并没有真正提供下一个形态的任何线索。

B 失败

在波浪理论中，B 失败是最中性的形态。没有什么特别的信息出现，在这个形态后什么事情都可能发生。

普通

这又是一个相当中性的形态。它可以在允许一个调整出现的任何地方出现，它对未来市场没有任何暗示，但确实比锯齿有力量。

不规则

不管很多读者怎样认为，这种形态其实是相当不正常和罕见。它创建了一个"自我矛盾"的状态，为什么？当一个形态里的 b 波超过了 a 波的开始时，它显示了波浪等级高一级趋势的力量。当 c 波转身，超过了 b 波的开始后，就否定了 b 波表现出来的力量，创造了一个不合逻辑的情况，这种行为在终结和三角形中是可以接受的，但不是在平台中（一个不规则正是一个平台）。

C 失败

这形态必须被下面相同波浪等级的运动完全回调。如果 C 失败完成了一个调整阶段，接下来是一个推进波，那么这个推进波要比已经过去的前一个同方向、相同波浪等级的推进波更大。如果 C 失败不是一个更大调整的结束，下面的反弹应该是一个双重 3 运行调整的 x 波，也有较小的可能是一个运行调整的 b 波。

不规则失败

这种形态必须被完全回调。从这一点开始，被列出的形态开始指示"力量"的方向与形态结束的方向相反。通常这种形态将出现作为波 2（趋势推进形态的），然后跟着一个扩展的第 3 波，在一个不规则失败之后，推进波应该比前一个推进波更大，通常有 161.8%的关系。

双重 3

作为一个普遍的规则,这种调整持续的时间越长,接下来的运动越有力。双重 3 作为 b 波比作为第 2 波更常见,为什么?如果第 2 波是一个复杂(非标准)调整,第 3 波最有可能是扩展,这个扩展的内在力量将影响波 2 的形成,一般来说,这种内在力量将"拉扯"这个双重 3,让它在下面第 3 波扩展的方向上延伸,使其成为双重 3 运行调整,而不仅仅是一个双重 3。

如果接下来是一个 c 波,这个 c 波一般不会像第 3 波扩展那样大,这个 c 波内在力量的缺乏,使得这个双重 3 避免了拉扯,因此阻止了双重 3 变成一个运行形态。

双重 3 运行调整对于波浪等级高一级的趋势来说,暗示着很大的强度,因此,你只可能看到它出现在第 4 波的位置,跟着的第 5 波会是一个扩展波。在双重 3 之后的推进波应该至少是前一个推进波(就是出现在双重 3 之前的推进波)的 161.8%。

三重 3

三重 3 是一个几乎不存在的现象。如果你看到一个三重 3,它之后的推进波应至少是前一个推进波(如果有的话)的 261.8%。几乎没有例外,双重 3 和三重 3 轻微漂移在它们前一波相反的方向上。

运行调整

跟着一个运行调整的运动一定是一个推进形态的扩展波,或者是一个平台或锯齿的拉长的 c 波。在一个运行调整完成后,市场应该开始下一个推进波,而不应该继续形成更复杂的双重 3 或三重3。在一个运行调整完成后，接下来的推进波应大于前一个推进波的161.8%，通常是前一个推进波的261.8%或以上。

双重3运行调整

这种形态似乎比任何其他形态会引起更多的混乱和争议，这个故事最有趣的部分是：双重3运行调整几乎从来没有被正确解读过。在它形成的过程中，一些艾略特分析师认为它是一个1和2的系列，有些人会解释它为终结推进形态，有些人会说这是一个复杂调整，如双重锯齿。对于这些看法，要正确地决定，最重要的方面是看波浪结构（:3或:5）。许多分析家往往忽视严格遵守结构的要求，他们根据大致的形状和外表，就随便拼凑一个解读，往往没有可靠的结构证据，为了折腾这些懒人，有些形态会仿效其他形态现身，由此造成重大的错误判断。幸运的是，如果密切注意细节，通常会产生正确的解释。为了避免误解这种形态，另一个关键是使用通道（见第十二章"通道"）。

在一个双重3运行调整之后，接着必须是一个推进，这个推进应该大于前一个推进的161.8%，超过261.8%是常见的。基本上，这形态出现的唯一地方是波2；此外，这种图形几乎总是由一个三角形结束。

三重3运行调整

很明显这是极其罕见的形态。双重3运行调整已经累积了很大的力量，如果再期望市场会继续拖延下去，是不切实际的。记住，市场的发展永远不会超出三重3调整阶段，因此，市场不能"继续无限制地创造x波。"这曾经是我客户的一个问题。如果你看到一个三重3运行调整，预计下面的推进至少是前一个推进波的261.8%。

第十章　先进的逻辑规则

三角形

三角形的不寻常性质使它们自成一类。（非限制三角形是由作者开发的一个类别。）

收缩

一个"猛进"（有力量、剧烈的价格运动）总是跟着一个收缩三角形，收缩三角形有不同的变形，可大可小，消耗时间有长有短，一个三角形之后的猛进应总是超过由三角形形成的最高或最低价格，除非三角形向 b 波反方向漂移。依靠细微的形成差异，收缩三角形可以是第 4 波或 b 波（见有限制三角形），或者是，一个 x 波或一个复杂调整的最后阶段（见下面非限制三角形）。

三角形创建（或确定）市场的重要支撑或阻力区。一旦完成了一个三角形，在该三角形顶点的价格水平将有力地阻止任何上升，或者对任何下降给予支撑，当市场打破了这种"障碍"之后，一般将出现剧烈变动。由三角形创建的（或认识到的）重要的支撑或阻力总是一个可靠的点，可以寻找斐波那契关系，特别是，如果这个三角形是一个锯齿的 b 波。

三角形顶点的影响力（价格沿水平方向延伸）通常只能承受 2 或 3 次打破，如果市场来回穿过三角形顶点的价格水平，多于 3 次，市场指示这个价格水平丧失了意义。

1. **有限制**

大多数调整形态的暗示很依赖于过去的推进或调整形态，而有限制三角形是可以"自我说明的"，在一个有限制三角形之后的运动由三角形的最宽一段和构成三角形的收敛趋势线创造的顶点位置所决定＊，这两个因素提供了一个可靠的价格与时间窗口，它很容易验证（或废止）一个有限制三角形。如果真正是一个有限制三角形，那么在猛进之后的市场表现应该回到平衡点，而且通常会超过它。

　　根据框住三角形的两条趋势线的倾斜度，猛进（从e波的终止点算起）可高达三角形最宽一段的261.8%，也可能少到75%。两条收敛的趋势线相交形成了一个顶点，猛进应该几乎准确地结束在这个时间区内（不是从价格上）。如果所有的迹象表明一个三角形是b波或第4波，但是指标在猛进之后掉头的表现并没有回到或越过平衡点的水平，而同时市场价格表现已经超过掉头前的最高或最低价格水平，这时一定有一个终结形态正在形成（适用于这两种情况）或一个x波在展开（只适用于三角形为b波的情况）。

　　如果出现一个有限制的b波三角波，而猛进下面的运动，在进入了顶点时区后，没有马上超过穿过点，那么在这个猛进之后，可能是一个x波正在形成。

　　a. 水平

　　在三角形之后的猛进应约等于三角形的最宽一波，加或减25%。这种三角形的变形暗示着正常市场情况。

　　b. 不规则

　　由于在这些形态中，b波超过了a波的端点，它意味着这种形态比水平形态更有力（在任一价格方向上）。这种变形后的猛进可高达三角形最宽一波的161.8%。

　　c. 运行

　　这是最有力的三角形形态。这种变形的猛进可高达三角形最宽一波的261.8%。如果三角形向上漂移，市场情况异常强劲（可能产生高潮）；如果三角形向下漂移，市场情况异常虚弱。

2. 非限制

一个非限制三角形对于三角形之后的运动，没有具体的价格和时间限制。决定这种形态"暗示"的唯一方法是研究这个调整前的运动，如果一个调整由一个三角形结束，这意味着这个调整一定是构成复杂的（任何双重或三重形态）。在这种形态之后，如果有相同波浪等级的推进波出现，它应至少与前面的推进波长度相同。

一个非限制三角形的猛进能够而且通常大大超过三角形的宽度，尽管如此，在猛进的开始，市场通常试图仿效"正常"的猛进行为，最初的猛进会在接近三角形宽度的时候中断，然后调头；有限制三角形和非限制三角形的不同发生在下面，正如在有限制一节中提到的，在猛进之后，三角形的顶点（就价格而言）应该被触及或超过；在非限制三角形里，调头以后，运动将不回到三角形的顶点（就价格而言），而且最终将超过初始猛进的终止点。另一个有限制和非限制形态的主要不同是：在非限制形态后的猛进不在顶点占据的时区里结束。

扩展三角形

扩展形态的有趣特点是，它们基本上暗示着与收缩形态相反的特性。扩展三角形后的"猛进"（实际上是用词不当），应该比三角形的最宽一段小。如果这个形态出现在 b 波的位置，一个 C 波失败是不可避免的。即使扩展三角形形态完成了一个更大的形态，下面的运动也不太可能完全回调这个三角形的 e 波，如果完全回调了，也应该消耗比 e 波更多的时间。

1. 有限制

在扩展三角形的变形之间有很少的差异，有限制和非限制类的区别在于有限制形态为第 4 波或 b 波，而余下的都属于非限制类。唯一可靠的暗示是这个形态不应该被完全回调。

2. 非限制

这种变形可以成为 x 波，或者，一个复杂调整形态的第 1 段或最后阶段，最常见的是一个复杂调整的第 1 段，它在这个位置上，不会被下一个相同波浪等级的运动完全回调；如果它是一个复杂调整的最后阶段，虽然这不是太可能，但这时它必须被完全回调。

推进

推进形态暗示的未来市场情况没有太多用处，唯一可预见的是一个推进之后的相同波浪等级运动可以回调多少，非常困难预测一个推进之后跟着什么类型的调整。下面是描述推进之后行为的内容，主要是从回调方面来谈的。

这个概念最早出现在《艾略特波浪原理：市场行为的关键》（A·J·弗罗斯特和 R·R·普莱切特著。新经典图书馆出版社，美国弗罗里达州盖思斯维尔市。）

趋势

在一个趋势推进波结束后，除非它是一个更大形态的波 5 或 c 波，否则应该从来不会被完全回调。如果一个趋势推进是一个更大形态的波 a、波 1 或波 3，接下来的运动不应该回调这个推进大于 61.8%。

如果回调超过了一个推进形态的 61.8%，和这个推进是一个波浪等级高一级形态的波 1，可以期望一个复杂（相对于波 1）

耗时的第 2 波调整正在展开，这个调整包含一个 c 波失败。如果一个推进形态是一个更大形态的波 3，并且被波 4 回调接近或略微超过 61.8%，可以预计第 5 波失败出现。如果波 4 没有回调波 3 太大，等于 61.8% 或更少，波 4 比波 2 更复杂和消耗时间更多，波 3 不超过波 1 的 261.8%，一个第 5 波扩展是可能的。

第 1 波扩展

对于一个第 1 波扩展的推进形态来说，接下来的运动应该回调到波 4 的终止点（波 4 是在刚完成的推进内）。如果一个推进形态完成了一个更大推进波的波（1）或波（5），市场应该回到（或超过）前一个推进的波 2 的价格区。

第 3 波扩展

如果在一个推进波内，第 3 波扩展，反作用应该至少回到这个推进波的第 4 波区（从最高到最低价格之间的任何地方）。如果一个推进形态（第 3 波扩展）完成了一个更大形态的波（5），这整个推进形态应该被回调超过 61.8%。如果一个推进形态（第 3 波扩展）完成了一个更大推进形态的波（1）或波（3），这个推进形态（第 3 波扩展）应该被回调小于 61.8%。

第 5 波扩展

扩展的第 5 波是唯一的扩展波，应该总是被下面相同波浪等级的波回调超过 61.8%，无论这个第 5 波是一个更大形态的什么部分。一个第 5 波扩展不应该被下面相同波浪等级的波完全回调，除非这个第 5 波结束了一个调整的 c 波。一个第 5 波扩展不太可能被接着的甚至波浪等级高一级的运动完全回调，它是有这个特点的少数形态之一。

终结推进

在一个终结推进后，市场一定会用这个终结形态消耗的 50%

或更少的时间，完全回调这个终结形态，通常，只是需要25%的时间（有几个百分点的误差）。一个终结形态总是完成了一个更大的图形，一个终结形态产生的高或低价格水平应持续约它消耗时间的两倍（或更多）。如果一个终结是一个推进形态的第5波，通常这个较大的推进形态也将被完全回调。

第十一章 进的进程标志应用

艾略特波浪理论可以高精确度（有时候）地预测未来价格的主要原因之一，是由于它有严格的限制规则，通过这些限制规则，可以确定市场将要出现的某些特定行为。这一部分的内容应有助于进一步澄清当前的市场定位，并协助你预测其今后的行为。对一个市场运动前后的具体要求是被列在本章，以帮助你正确地连接一个形态与下一个形态。只有在考虑过全部的基本分析方面（即回调、结构系列、通道、交替、斐波那契关系等）之后，再考虑应用这章里的内容。

要正确地应用进程标志，需要对市场行为有一个广阔的了解，一旦你使用进程标志在一个市场运动上，你马上暗示了某种特定的时间、价格、结构、复杂度、规模、速度和冲力的特征，进程标志所标明的这个市场行为必须拥有这些内在的特征。不能期望初学者轻易地理解这些特征，显然，使用进程标志需要很多学习，不能只是看看一个运动被回调了多少。

要有信心地放置进程标志在价格运动上，你必须了解每个艾略特形态和变形的微妙暗示和轻微的不同。当市场运动接近一个趋势推进或调整形态的中部时，尤其重要的是考虑市场"结构"的基本方面，为什么呢？因为正是在这些时间，进程标志会出现多种可能性，不容易确定一个选择（也可能找不到选择）。

只有在你理解了基本原理,可以区分由单波组成的趋势推进和调整,学会了如何组成单波结构的系列,学会了如何连接运动,形成标准的艾略特形态,那你是准备好了,可以学习这1章"先进的进程标志应用"。进程标志是对于一个形态解读的最后检查。为了正确地应用进程标志,你需要检查一个各种准则的清单,这些准则有基本的准则,也有精妙的准则,有时这个清单还是挺长,这份清单将固定已经比较合适的趋势段和调整段的组合,使这个组合成为更大的、合格的艾略特形态。

每一个进程标志固有的特性使经验丰富的艾略特分析师能够最终确定现在的市场结构和预测未来的运动。使用了进程标志,使市场运动有了一种形式,这些运动有序地排列(即1、2、3、4、5,a、b、c),提供了一个有关未来市场行为的路线图(尽管有时粗糙)。如果对你来说,这个主题是新的,这应该是显而易见的,只有在理解了每一个进程标志的暗示之后,才能够讨论这部分内容。

接下来的内容是为了帮助你快速和可靠地转换你图上的波浪"结构"到"进程"标志。在下一节里,有一个特性的检查目录,每次你放一个进程标志到一个实时的市场运动时,必须要参考这个检查目录,每一个目录中包含了一组特性,用来说明每一个进程标志对过去以及未来市场运动的暗示,它们都是根据逻辑归纳和演绎得出的,可以试着去理解这些目录内涵的概念,一旦你理解了这些概念,你将能够从逻辑上解释艾略特价格形态的相互作用,使你感觉好像记住了这整个内容。

为了尝试新的做法,在每一种艾略特形态之下列出了每一种进程标志,正是通过这个目录,我希望消除投资界的看法:艾略特波浪理论允许有太多的可能性和太多的例外。其实,与投资界的看法正好相反,只是到现在为止,还没有人提供过这样的"净化过程"。

推进形态

一个推进只能出现在特殊的进程标志的位置上，波2、波4、波b、波d、波e或波x从来不能是一个推进形态。

趋势

波1扩展

在扩展的波1后面的运动（波2）不能回调超过波1的38.2%太多。波2将不可能是一个锯齿形态，如果你确实看到一个锯齿形式在第1波扩展之后，最有可能是一个更大的平台调整的a波完成了，这个平台是波2。波2不能是一个运行调整。波5必须是3个猛进波（1、3、5）里最短的。波2很有可能是比波4更复杂和费时，并且可能是整个系列（1-5）中最复杂和费时的形态。如果形态是在次多波以上，波1很有可能是可以细分的波（是3个猛进中最复杂的）。如果波1不是可以被细分的形态，那么波3一定是。

波1不扩展

波2能回调波1多达99%，如果确实如此，和波1是一个次多波或更高复杂度形态，波2将细分为一个a-b-c的图形，其中c波失败（不管波1是不是可以细分，波2可能细分）。

如果你在一个拖长的上升或下降之后，看到第一个波1正在展开，对于这个波1的终止点没有具体的价格要求。如果这是一个更大的第3或第5波的波1，那么这个波1应该接近（最好超过）波浪等级高一级的前一个推进波的终止点，但第3波一定长于波1。如果形态是在复杂度1级之上，那么第3或第5波将是可以细分的，而不是波1，这并不意味着波1将不能细分，而只是意味着波1不是这组中唯一出现细分的波，换句话说，波3或波5将更加可能出现细分。

波2

如果波1原来是（或者被认为是）序列中最长的波，第2波不能回调第1波超过38.2%太多。如果第1波不是最长的波，波2可回调波1多达99%。如果波1是一个次多波或更高复杂度形态，波2一定可以细分，成为一个次多波或更高复杂度形态。如果波2细分和a波（在波2里）回调波1超过61.8%，这整个调整必然会变成一个双重失败或一个C失败，这个C失败出现在波1的61.8%或更少的地方。

波3扩展

在一个序列里，波3最有可能扩展。如果波（3）是可以被细分的波，波（3）的第3波最有可能也扩展。要想在波2完成后，没有形成一个更小的第2波，就马上出现一个第3波扩展，那么这个波2应该有力量等级1（+或-）或更高。如果第3波是一个次多波，其中较小的第2波（在扩展的"3波的3波"之前）将有类似的结构。在那些特定的条件下，需要较小的波2比大的波2消耗较少的时间、有较小的价格长度和回调得更少（按波1的百分比计算）。此外，较大的0-2趋势线不应被较小的波2调整所打破。总是意识到，如果第3波扩展，波5可能失败。

波3不扩展

如果波3不是3个猛进波里最长的，波1或波5将比波3有较短的价格长度。如果波3比波1短，那么波1将扩展，波5短于波3。如果波5扩展，波1将短于波3。当第一个波扩展时，波3应该在波1终止点之上（或以下，如果市场是趋势向下）

61.8%左右的地方结束。

波 4

如果第 5 波扩展，波 4 应该比波 2 更复杂和费时，可能比波 2 的复杂度高一级。如果波 1 扩展，波 4 应比波 2 有更简单的结构、更小的价格和时间。如果第 5 波扩展，波 4 应该回调波 3 比波 2 回调波 1 的百分比更大。通常，如果第 5 波扩展，波 4 将回调 50%-61.8%的波 3。如果在推进序列里，第 5 波失败，第 4 波应该是最复杂的形态，并应回调超过 38.2%的波 3（高达 61.8%是允许的）。

波 5 扩展

波 5 至少应等于从波 1 开始（点"0"）到波 3 终止点的价格距离。波 3 终止点算起，到第 5 波扩展的终止点，这个距离最长不得超过从点"0"到波 3 终止点价格距离的 261.8%。当考虑到波 2 和 4 时，波 4 应有更大的价格/时间，有最复杂的结构。波 1 发展的斜率角度最大，波 3 紧随其后，波 5 有最慢的速度。一个第 5 波扩展不能被完全回调，除非它是一个调整的 c 波或者是一个更大第 5 波扩展的结束。

波 5 不扩展

这个第 5 波应被下一个调整阶段回调接近 100%或更多。如果这个序列中的波 1 扩展和这个序列结束了波浪等级高一级形态的波（1）或波（a），在波 5 之后的调整应该回到第 2 波的价格区。如果这个序列完成了波浪等级高一级形态的波（3），在波 5 之后的调整可能停在第 4 波的价格区内。

第 5 波失败

作为一般的规则，在第 3 波是扩展时，第 5 波失败才可能出现。第 4 波应该是两个调整中最复杂的，波 4 应回调波 3 多于波

2回调波1。几乎总是波1和5在价格和时间上几乎相同,在较少的情况下,波1和5在价格和(或)时间上有61.8%的关系。在一个推进形态中,第5波失败只出现在下列情形之一:

　　a. 如果一个推进形态(其中包含第5波失败)本身是一个更大推进形态的第5波(见图11-1)。

　　b. 如果一个推进形态(蕴含第5波失败)是一个波浪等级高一级(只是一级)形态的c波(见图11-2)。

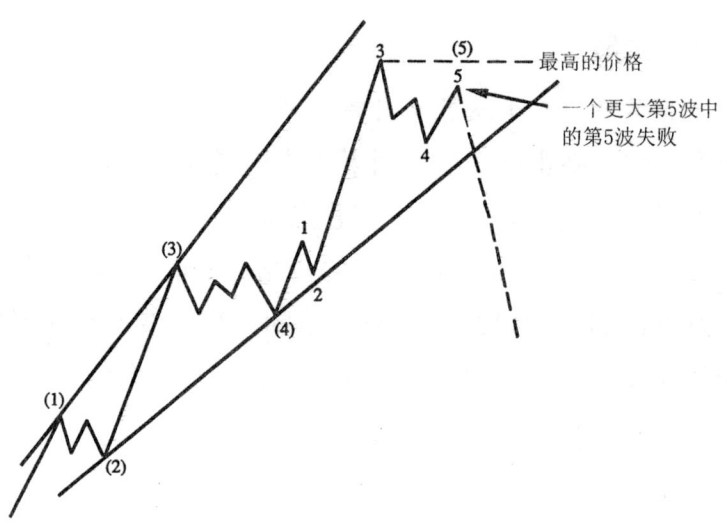

图 11-1

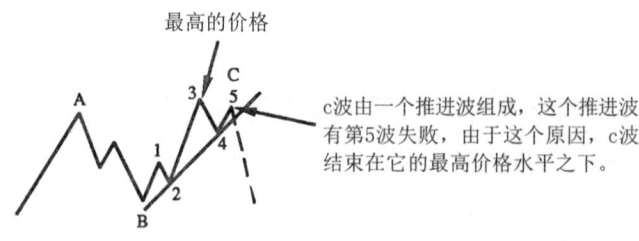

图 11-2

c. 在极少情况下，你可能会看到一个更大的第 3 波中有一个较小的第 5 波失败。在这种情况发生时，市场是正在形成一个"重要"的顶部或底部，"重要"当然是一个相对的概念。在这种情况下，意味着是一个多波形态，或可能更高的形态，如果你看到像这样的事件，那个较大的第 5 波也将失败，较大的第 5 波甚至比第 3 波中的波 5 更远离一个高或低点。如果在较大第 3 波的结束有一个较小的第 5 波失败，这暗示着很强的反趋势力量，在这样的事件后，长期的顶部或底部应该准备就绪。

注意：笔者从未见过在一个更大的第 3 波结束是第 5 波失败，但通过逻辑推理和长期探索波的行为，上述的假设应该是合理的。

终结形态

艾略特称这种形态为"倾斜三角形"（diagonal Triangle）（译者注：也有译为主波的斜三角形、楔形）。为了避免任何"倾斜三角形"与"水平三角形"的拉扯不清，我认为有必要重新命名这个形态，这个形态的新名字"终结推进"更精确地描述了这个形态和它的暗示。我对习惯了旧词的读者道歉，但我不得不对新来的读者用这个方法，用了这个新词，可以从更大的方面更好地了解这一现象和它的地位。由于终结和三角形形态的结构系列相同，它们往往表现出类似的行为特征，决定性的因素是终结形态符合全部基本的推进构成规则，水平三角形不可能遵循全部相同的规则。（对于终结形态变形的图，参考第五章，188 页）

波 1 扩展

在一个终结形态里，第 1 波扩展是目前最常见的。从第 1 波的终止点测量，波 2 不应该回调超过波 1 的 61.8%。波 3 应该没有太超过波1的61.8%，但至少是波1的38.2%。波5不能超过波3的99%，但更有可能只有61.8%至38.2%。在价格上，波4通常是波2的61.8%，在时间上，波4与波2相等或有61.8%的关系。2-4趋势线应清楚和易于识别，在有些情况下，2-4趋势线可能会体验一个"虚假的穿过"，就是如果第5波是一个拉长的平台、一个有C失败的调整、一个水平三角形，或者一个c波有终结形态，这个c波在第5波里。

波1不扩展

波2能回调波1多达99%。当波1不扩展时，终结形态最有可能是一个调整的c波（不包括三角波的c波），而不是一个推进形态的第5波。

波2

如果第1波扩展，波2不应该终止于一个点小于波1的61.8%。如果第1波不扩展，波2可以回调波1的99%。如果第1波扩展，波2应该比波4消耗更多的时间和有更大的价格长度，并成为两个调整中最复杂的那个。

波3扩展

这种可能最稀有，在终结形态里，当波3"扩展"时（不同于所有其他情况），它不能比波1长太多，波2必须回调波1超过61.8%，而第4波要回调波3的38.2%（最好少一些）。2-4趋势线应该有正常的表现，应该画一条1-5的趋势线，它将由第3波打破。第5波应该不超过波3的61.8%。你可能只看到这种形态作为一个序列中的c波，而不是一个推进形态的第5波。

波3不扩展

如果波3不扩展，第1波很有可能扩展，如果第1波扩展，波3不应该超过第1波的61.8%太多和波5不应超过波3的

61.8%太多。如果波1小于波3（但不低于61.8%），第5波可能会扩展，这将需要波4进到波1的价格区，并且在价格和（或）时间上，波4比波2是更大的；第5波至少应等于波1-波3的价格，从波3的终止点算起，到第5波的终止点，这段距离不应超过波1-波3的161.8%太多。

波4

第4波不能回调超过波3的61.8%，除非第5波将扩展，即使如此，这也是非常罕见的。如果第5波扩展，波4可能会比波2需要更多的时间和有更大的价格长度，以及出现更多细分部分。在价格和/或时间上，波2和波4可能有61.8%关系。

波5扩展

如果一个终结形态构成了一个更大推进形态的第5波，而且这个更大形态的第5波也扩展，或者一个终结形态构成了除了水平三角形之外的任何调整的c波，这种波5扩展的终结形态应该才可能出现。为了区分这种形态与扩展运行三角形，一些重要的观察是必要的，不同于扩展运行三角形，如果那个波浪等级高一级的形态呈上升趋势，一个终结必须略微向上漂移，使得波1、波3和波5有更高的高点，使波2和波4有更高的低点（反之亦然，如果那个波浪等级高一级的形态是向下）。在一个扩展运行三角形里，第1段一定比第2段短，在第5波扩展的终结形态里，在波3不应超过波1的161.8%时，第5波应该至少是波1和波3的100%，波4应该至少回调波3的一半，可至99%（即使不太可能）。

波5不扩展

如果第5波不扩展，就不应超过波3的61.8%，它不应该是三个猛进里复杂度最高的波。第5波应该打破连接波1和波3的趋势线，2-4 趋势线应该是"干净"的，直到波 5 完成后，不应该被打破（除非波 5 是一个三角形）。波 4 应该比波 2 消耗更少的时间和有较小的价格长度。

调整形态

为了避免在下面每一节中重复相同的语句，应该知道没有调整形态可能出现在任何趋势推进的进程标志的位置，即波 1、波 3、波 5、锯齿中的 a 波、一个锯齿或平台（所有变形）中的 c 波的位置上。下面开始说明平台调整形态。

平台

平台可以有许多方式展现自己，这取决于形态之间微小的强度差异。所有属于平台的形态有相同的结构系列 3-3-5（即两个相邻的调整段，跟着一个第三的推进段）。在此之前，我们研究了对平台形态的最低要求和最大限度，在本节中，将有多一点的细节，以及每一种情况的具体暗示。

当 b 波开始回调 a 波低于 100% 或超过 100% 时，平台主题的变形出现了，b 波相对于 a 波越大，c 波将回调 b 波越少和 a 波与 c 波越相似。b 波回调 a 波越小，c 波就越大。在图 11-3 里，有 3 个图，根据 b 波回调 a 波从 100% 到 61.8% 的不同，显示了 c 波如何行动。（请记住，根据 b 波回调 a 波的程度，这些是 c 波相对于 b 波长度的最低要求。）

B 失败

这个术语描述了一种形态，其中 a 波是调整段，但 b 波只回调了 a 波的 61.8%-81%（见图 11-4）。

最低要求

（对c波长度的最低要求，根据了b波的长度）

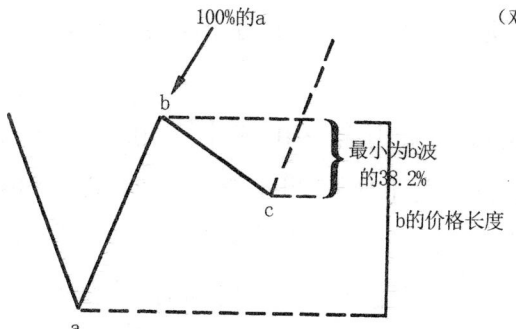

在图11-3里的3个图，当b波回调a波越来越少时，c波将倾向于增加长度，消耗更多时间。

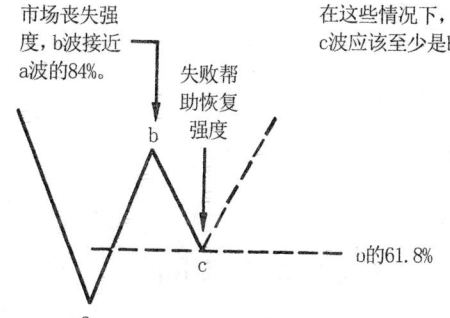

在这些情况下，c波应该至少是b波的61.8%。

从减弱的b波处，c波获得强度，c波的斜率成为更大，记住，这里的c波可以更大，这个图是说明允许的最低限度。

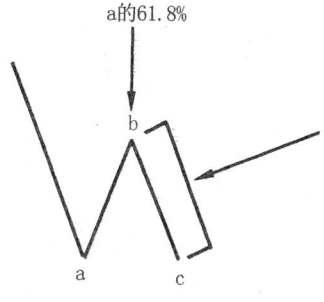

当b波回调a波的61.8%或更少时，这几乎确定了c波回调全部b波，但这并不意味着c波必须去到a波的最低点，记住，a波可以在高于它自己的最低点处完成。

图 11-3

如果 b 波不能回调 a 波超过 81%，表明市场暂时的疲软，当 b 波是如此虚弱时，你可以期望 c 波（只要它是推进）回调至少 61.8% 的 b 波。

当 a 波是一个双重锯齿或双重组合（由一个三角形完成），一个 B 失败总是出现，它的特点是 b 波回调 a 波至少 61.8%，但低于 81%。在 B 失败形态里，c 波必须回调全部 b 波，否则，这个形态就是双重失败。不要求波 a、波 b、波 c 之间有特定的斐波那契价格关系，但 a 波和 c 波可能有 61.8% 的关系。在某种可能的程度上，a 波和 b 波应该在时间、构成和复杂度上交替，这要依据各自所消耗的时间。这形态可能出现在：

波：任何 2、4、a、b

波：一个水平三角形的 c、d、e

一种罕见的运行双重平台的部分

C 失败

无论什么时候，如果一个 c 波不能回调全部 b 波，一个 c 波失败出现了。通常，但不总是，当 b 波回调了全部或几乎全部 a 波时，C 失败出现了。一个 C 失败是一个明确的标志，说明了反趋势的强度（参见图 11-5）。

当一个 C 失败出现时，c 波不应该是这个调整形态中最短的"时间形态"，但它经常会是 3 个调整形态段中消耗时间最长的，此外，它还可以等于 a 波或 b 波（参见图 11-6）。

当一个 C 失败出现时，它经常会是一个终结推进，一个终结推进有一个完美的方式去消耗时间，还不损害价格水平（见图 11-7）。

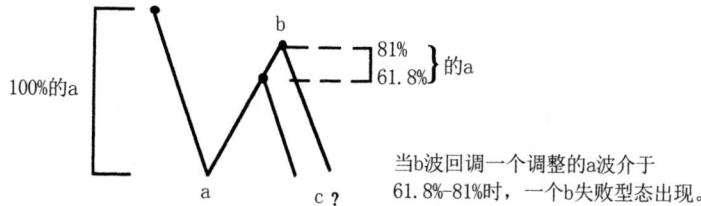

图 11-4

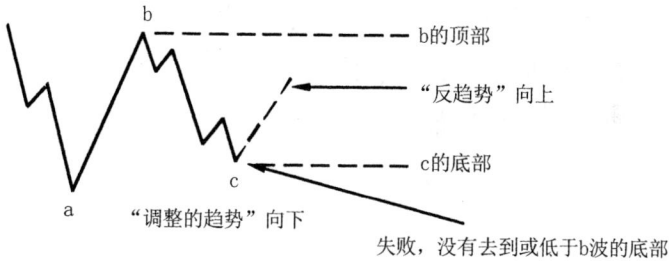

图 11-5

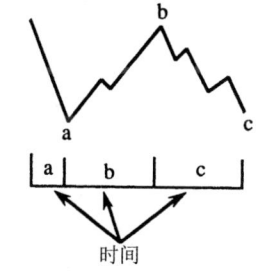
在时间上，a波是型态中最短的。

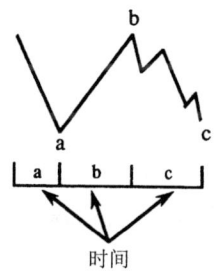
b波和c波有相同的时间。

图 11-6

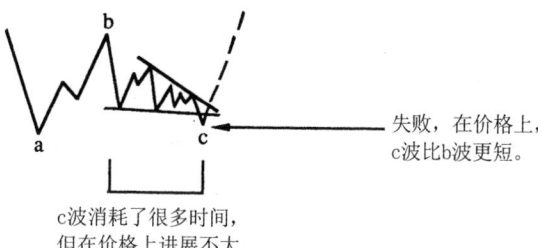

图 11-7

C 失败，而小于 b 波的 61.8%，应该是很罕见的，当它发生时，b 波应有最长的时间，波 a 和波 c 的时间相等（图 11-8）。

在 C 失败形态里，b 波应该比 a 波更可以细分，通常它将是一个双重锯齿。c 波应为 a 波的 61.8%，或者在一个 61.8% 的区域内。b 波一定不超过 a 波的最高点，如果超过了，参考不规则失败形态。当然，c 波必须是推进的（5）。此形态可以是：

波：任何 2、4、a、b

波：5（终结推进的）

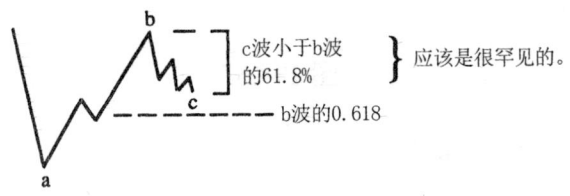

图 11-8

普通（common）

图 11-9 说明了平台形态的典型形状。在一个普通形态里，所有波的价格长度约相等（见图 11-9）。

在需要调整形态的地方，普通形态可以随时出现。波 b 应不超过 100% 的波 a，但必须回调至少 81% 的波 a，波 c 必须回调全部波 b。波 c 应该稍微超出波 a 的终止点，但不超过 10% 或 20%。这不是一个异常强大的形态，但它确实意味着比锯齿更大的强度。

时间、构成和复杂度的交替是最重要的考虑因素。在多数时间里，b 波是 3 个段中最费时的，它比 a 波更可以细分（复杂）。

波 c 必须是推进性质的。

这种形态可以出现在以下的地方：

波：任何 2、4、a、b

波：水平三角形的 c、d、e 或者是一种罕见的运行双重平台的部分

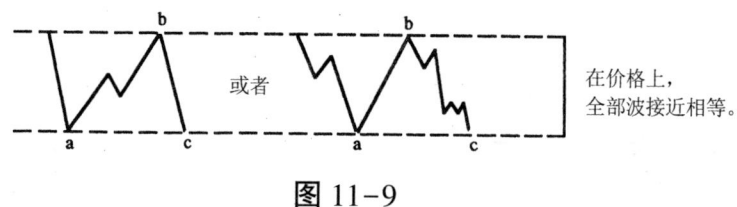

图 11-9

双重失败

这描述了一种罕见的情况，b 波未能回调超过 81% 的 a 波和 c 波未能回调全部 b 波（见图 11-10）。它一般只能发生在 a 波是一个双重组合，跟着的 b 波是一个有力的锯齿，c 波将无法回调全部 b 波。另一种可能性是，a 波是一个三重组合和 b 波是一个双重锯齿或组合，这将阻止了 c 波回调全部 b 波（在第十章"先进的逻辑规则"中讨论过理由），参考图 11-11.

通常，一个平台的 a 波有助于建立一个双重失败的外表（见"仿效"一节），这通常发生在 a 波是一个双重组合形态，有一个水平三角形的结束（研究图 11-12）。

在一般意义上说，由于这个形态不断地收缩，会类似水平三角形，密切关注价格的细节是至关重要的，可以帮助决定是 B 失败还是水平三角形。在 B 失败里，c 波是一个推进形态。在水平三角形中，c 波是一个调整形态。几乎没有例外，在这些形态之中，a 波将是一个双重锯齿或双重组合（一个形态由非限制三角

形结束)。c 波一般是 a 波的 61.8% 或者在 a 波的 61.8% 价格区内（从 a 波起始点算起）。可能出现的地方：

波：任何 2、4
波：a（在一个不规则或三角形形态里）
波：b（在一个锯齿、普通或拉长形态里）
一种罕见的运行双重平台的第 1 调整段

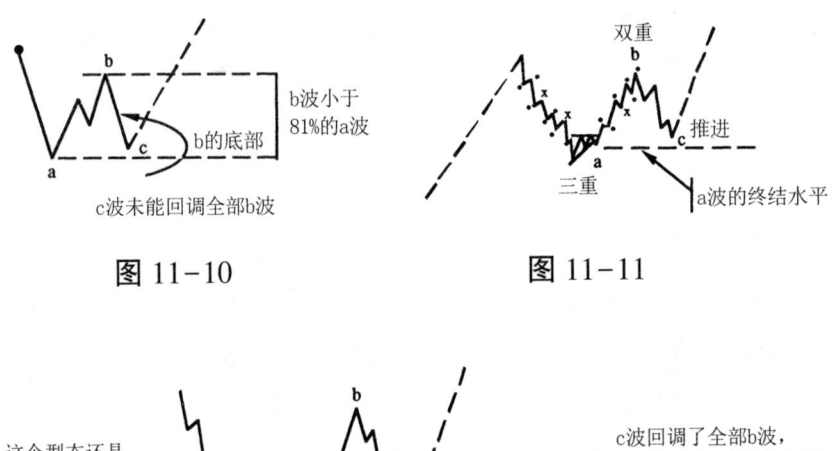

图 11-10　　　　　　　　图 11-11

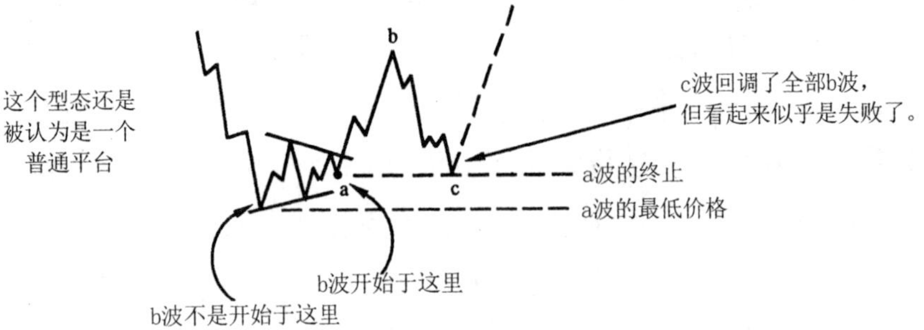

图 11-12　普通平台

拉长的

拉长形态遵守平台形态的一般规则，同时遵守以下附加的准则：

1. 波 c 必须超过 138.2% 的波 b（最好超过 161.8%），见图

11-13.

2. 波a和波b应在价格和（或）时间上相似（这是很少的情况之一，交替对这两个相邻波可能没有产生重大影响），而波c比它们都大很多（参考图11-14）。

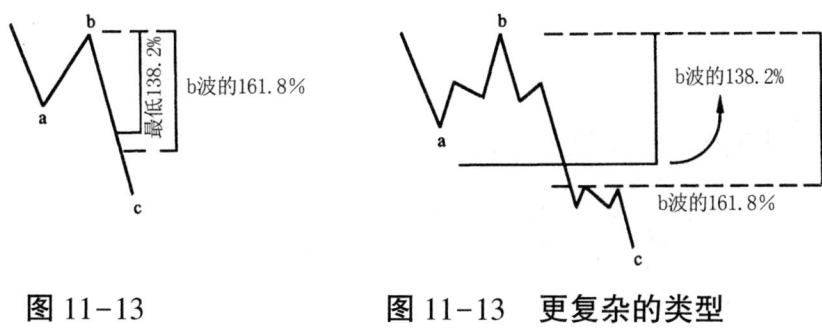

图 11-13　　　　　　图 11-13　更复杂的类型

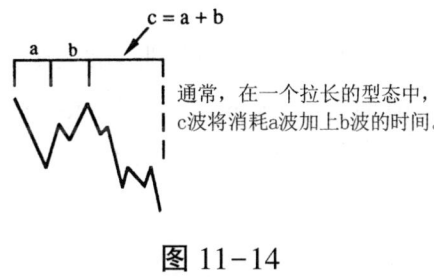

图 11-14

据笔者发现，在特殊情况下，拉长的形态才出现，这种形态（几乎没有例外）会作为一个三角形的整个一段或作为一个三角形中一段的部分（参见图11-15）。

这种形态几乎都是出现在三角形中，完全是由于三角形的行为方式。在一个三角形的早期发展阶段，市场行为往往是非常的不稳定，市场拥抱这个趋势一会儿，然后在购买或出售上摇摆，又跳到相反的方向上（图11-16说明了这个概念）。

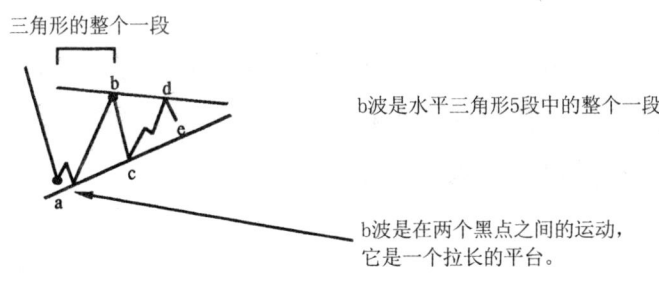

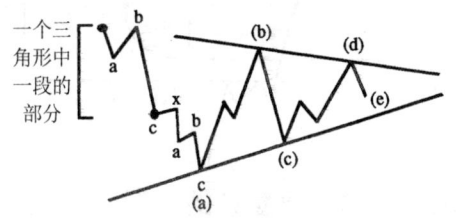

图 11-15

拉长的平台是非常重要的三角形形成的预警信号，一旦你看到这样的形态，一般最好不要交易，直到你确信这个三角形已完成。要形成这种形态，波 a 和波 b 必须在价格上相似（波 b 必须回调至少 61.8% 的波 a）和一般在时间上接近（或有 61.8% 的关系），c 波的价格长度要大很多。出现的地点如下：

波：终结推进的 1、3 或 5 波

波：一个水平三角形的 a、b、c、d

波：一个扩展水平三角形的 e 波，有可能（但不是很可能）这个 e 波是一个第 5 波扩展终结推进的波 5

波：可能是一个双重平台的第一个调整段，这个双重平台很可能是一个水平三角形或终结推进的整个一段

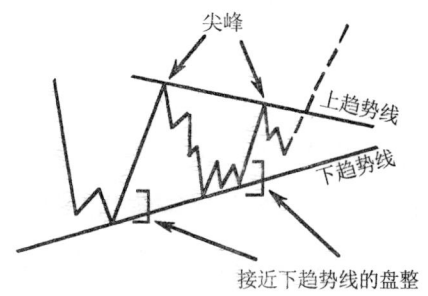

图 11-16　不规则

这是最容易认识和定义的形态之一。在一个实时的、正确绘制的现金数据图上,这个形态不是很常见,有些读者可能会惊讶地看到这种说法。以下是这种形态的参数。

最低要求:

1. 波 b 必须至少是 101% 的波 a。(见图 11-17)
2. 波 c 必须至少是 101% 的波 b。(见图 11-18)

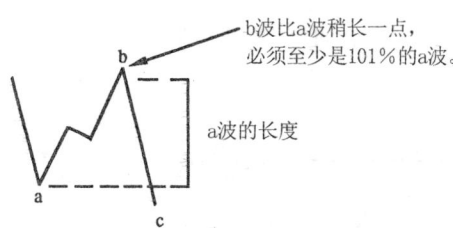

图 11-17

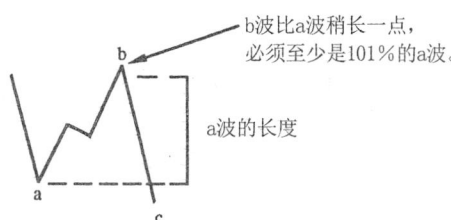

图 11-18

当b波越长（相对于a波），则c波长于b波的概率大幅下降。一个不规则形态必须遵守下列规则。

最高限额：

1. b波不应超过138.2%的a波，如果超过了，这个形态大概不会是一个不规则，而是一个不规则失败（见下面的标题），换句话说，c波将不回调全部b波。如果b波超过138.2%的a波，c波不太可能回调全部b波，在这种情况下，这个形态将被称为一个不规则失败（参考图11-19）。

2. 在不规则调整里，b波应该比a波更可能细分（见图11-19）。

在a波通常是某种平台时，b波几乎总是一个锯齿（或更少可能，一个调整的组合），c波必须是推进，如果c波是调整，你可能遇到了一个有大c波的扩展三角形或者收缩三角形。此形态可以被发现在：

波：任何2、4、a、b

波：c、d、e（在一个水平三角形里）

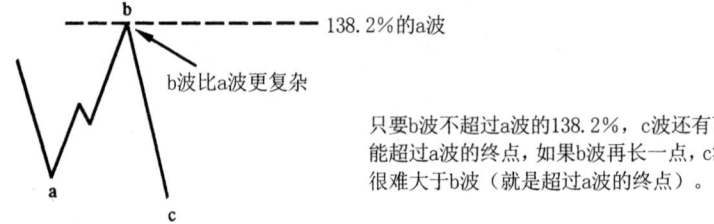

图 11-19

不规则失败

当b波超过a波的138.2%时，这种形态开始很有可能出现（见图11-20）。b波越长，a波与c波越相似（见图11-21）。这

第十一章 进的进程标志应用

种形态暗示了形态之后市场行为的力量。b 波必须大于 a 波，c 波必须不能回调全部 b 波，c 波一般与 a 波相等或有斐波那契关系（价格和时间上）。这种形态应该有下列进程标志之一：

波：2、4（在一个扩展波之前）
波：b（在一个平台拉长的 c 波之前）
波：b（在一个锯齿中，其中 c 波至少是 a 波的 161.8%）

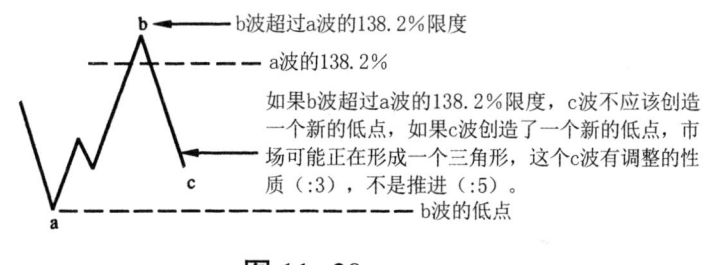

图 11-20

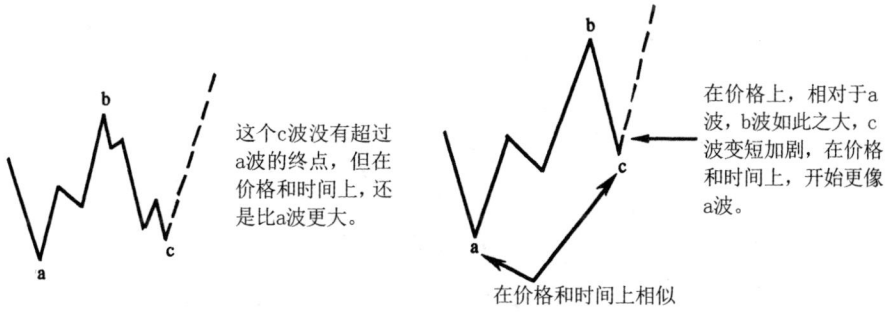

图 11-21

运行

运行是最有力的标准调整，对形态后的市场行为有非常具体的要求。最重要的是，在运行调整后的运动要比运行调整前的运动（相同波浪等级）上升或下降得更快。在运行调整后跟着的运动应该总是这个完整的艾略特形态中最长的一段。运行可能会出现的地方：

波：2（就在一个扩展的第 3 波之前）

波：4（就在一个扩展的第 5 波之前）——这个不常见

波：b（在一个拉长的 c 波之前，这整个 a-b-c 很可能是一个三角形的整个一段，或是一个复杂调整的完整一段，这个复杂调整是一个三角形的整个一段）

波：b（在一个锯齿中，这个锯齿是一个三角形的部分，这个三角形的波浪等级只高一至二级）

波：×（被认为是非常不可能的，但有可能出现在一个复杂调整系列中最长的调整波群之前）

在一个运行调整里，b 波必须是最大的波，a 波和 c 波在价格和时间上将倾向于相等，b 波不必跟 a 波有关系，但如果有，可能会是 a 波的 261.8%（更多有关运行调整的内容，参考第五章）。

锯齿

不像平台，锯齿没有很多变形。锯齿的构成少，要求也不多，但严格，有关锯齿的两个重要方面是：c 波跟 a 波的长度关系，c 波与 a 波的细分比较。以下图显示了这两方面和其他规则（同时起作用），它们形成了现实的锯齿形态（见图 11-22）。

a 波

a 波必须是一个推进结构，不应被 b 波回调超过 61.8%（从 b 波终止点看）。如果你确信 a 波是推进的，但 b 波的回调超过了 61.8%，则该回调只是一个 B 波中的 a 波（波浪等级低一级），这个 B 波中的 c 波会失败。如果 B 波的一部分回调了 81% 或更多的 a 波，那么你应该重新检查你对 a 波的分析，它最有可能属于"失踪波规则"，在这个规则中，a 波（只看一眼，像一个推进）最好被解读为一个调整性的双重锯齿或双重组合。

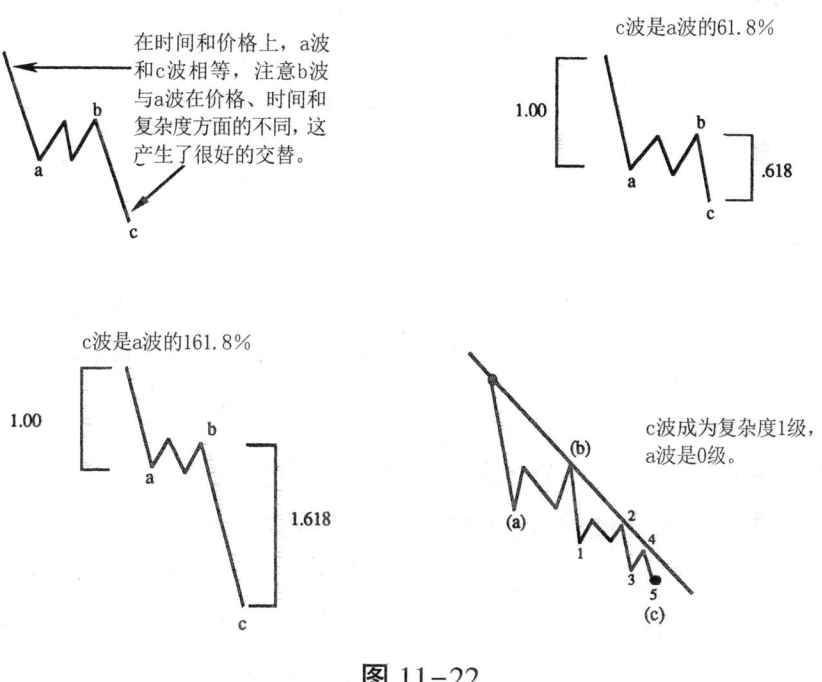

图 11-22

b 波

b 波绝对必须是调整（3），且不应回调超过 a 波的 61.8%。b 波不应该是一个运行调整，除非有这样 b 波的锯齿是在一个三角形里。如果你认为一个 b 波会是一个运行调整，很可能它是一个推进波的波 2。在一个锯齿里，b 波除了不能是一个双重或三重锯齿、或者一个运行双重或三重平台和它们的组合，几乎可以是任何其他的调整形态。如果你看到在一个推进性的 a 波（在一个锯齿中）之后，有刚才提到的形态出现，那么这些复杂的运动，只会是 b 波调整的一部分，而不是整个调整。

c 波

当一个锯齿（其中 c 波是一部分）不是一个三角形（波浪等级只高一级或二级）的一部分时，c 波的价格长度应介于 a 波的 61.8% 和 161.8% 之间。如果整个锯齿是一个三角形（波浪等级只高一级或二级）的一部分，c 波可以超过这些限制，但并不要求这样做。如果 c 波超过了这些限制，较好地指示了一个三角形（波浪等级高一级或二级）在形成。

三角形

在经过很多年实时市场分析和交易之后，很显然，艾略特有关三角形的规则不能全面描述所有的市场盘整阶段，这些阶段出现在收敛的趋势线之间。现在已经很明显，两大类三角形（收缩与扩展）需要进一步划分，第一个子类我称之为有限制三角形，这些三角形构成了艾略特描述过的著名的类型：b 波和第 4 波；正如其名称所示，这些三角形对三角形之后的市场行为有一定的限制。

另一个子类我称之为非限制三角形，这些三角形相对比较陌生，它们出现在波浪序列里一个不寻常的地方。非限制三角形对三角形之后的市场行为只有轻微的限制。非限制三角形形成与有限制三角形的形成略有不同，为了要正确地发现那种三角形正在形成，密切注意细节是必须的。在下面几页中，将讨论这两者。

下面的规则都是有关三角形的，由于破译次多波的活动是整个理论的基础，所以大部分规则是考虑到次多波的，但是这些规则也可用于多波或大波领域。

注：在任何情况下，d 波不能是任何三角形形态中最大的波。在任何情况下，一个三角形中的 3 个段（同一波浪等级）不能在价格长度上相等（加或减 5%）。在扩展三角形中，在可能的 5 个

回调里（包括对三角形之前相同波浪等级形态的回调），只需要有4个是100%或以上，有一个可能不是完全回调的。一个收缩三角形中的任何一段（除了e段）本身不能是一个收缩三角形。在下面提到a、b、c、d可以是任何调整形态时，它是说除了三角形之外的任何调整形态（除非另有说明）。

收缩三角形

收缩三角形是最常见的三角形，它们有两大类：有限制和非限制。每个类别下有几个变形。

1. 有限制

如果你想要掌握艾略特理论，懂得有限制和非限制两者之间的一般区别是很重要的。全部有限制三角形有一个非常类似的构成，最重要的特征之一是结束三角形的e波，它在到达三角点的顶点之前就很好地终止了（见图11-23）。

另一个因素，是我发现的关于有限制三角形的时间特点，三角形的顶点应该结束在一个时区内，这个时区相当于三角形消耗时间的20%-40%加到e波的终止点（参见图11-24）。

这种三角形的顶点有最大的可能完成在38.2%[0.6182（平方）]左右的时区。如前所述，在三角形完成后，它产生了所谓的"猛进"，猛进的程度是给三角形分类的关键，在有限制三角形里，猛进通常由三角形最宽的一段（+或-25%）限制住。只有在极少数情况下，或当三角形进入"不正常"的类别时，"猛进"才可能超过上述限额。如果一个三角形不依照图11-25中所讨论的参数时，一种不正常状态出现了，如果三角形作为最后的b波或第4波出现在一个市场最终主要的顶部或底部之前时，极少数的情况才会出现。

收缩有限制三角形只出现在两个进程标志的位置：作为第4波或b波。这是最有名的类型，是艾略特发现的。有其他类型的三角形，艾略特没有发现。下面紧接着的是收缩有限制三角形的不同变形，之后，我们将继续进到不是广为人知的领域：非限制三角形和扩展三角形。

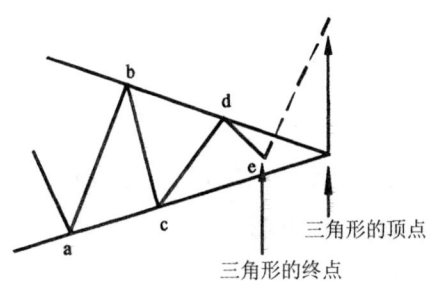

图 11-23

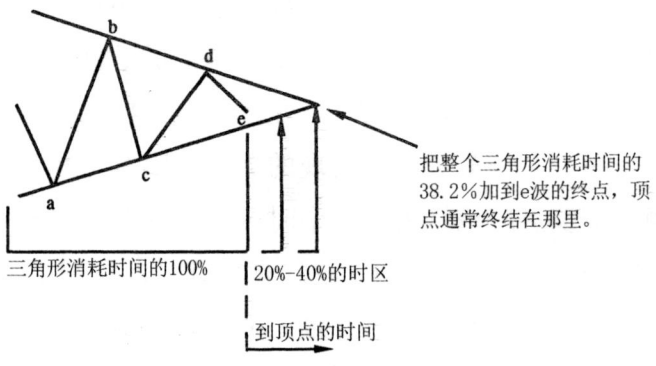

图 11-24

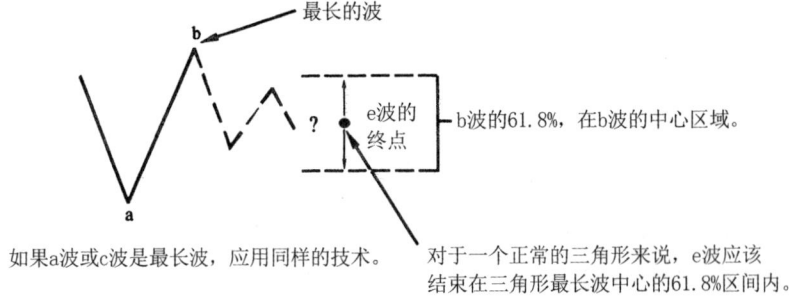

图 11-25

a. 水平三角形

这种三角形的每一段应至少是前一段的 38.2%（不包括 e 波）。b 波可以是不超过 a 波的 261.8%，c 波可以是不超过 b 波的 161.8%，d 波必须比 c 波短，和 e 波必须比 d 波短。

a 波

a 波并不一定是最大的（价格上），但绝对不能是最小的波。如果 a 波不是一个最大的波，b 波几乎肯定会是，a 波应不低于 b 波的 50%。如果 a 波小于 b 波，a 波将最有可能成为一个平台和 b 波是锯齿，或者，a 波是一个简单的锯齿，b 波最有可能是一个复杂的调整形态（双重锯齿或组合，或者运行双重平台。一个三重锯齿或组合不太可能出现在这种三角形的 b 波）。

b 波

如果 b 波比 a 波小，那么所有其他形态必须比前一段更小（从左至右）。如果 b 波比 a 波大，虽然机会是很小的（但确实存在），就是 c 波可能会稍微大于 b 波，并仍然保持收缩三角形的形式。如果 c 波比 b 波大，d 波就必须小于 c 波，否则你进入了扩展三角形的领域，应该进到那一节。换句话说，在这种三角形中，一旦有一段小于前一段，余下的段都必须小于它们的前一段，如果不是这样，那么市场不是在形成一个收缩水平三角形，也许是一些其他类型的三角形。注：b 波不应该小于 a 波的 38.2% 或大于 a 波的 261.8%。有可能出现不符合上述准则的例外，但它们是罕见的，要放弃准则时，要小心。

c 波

c 波是有机会大于前一波（b 波）的最后一个波（在收缩水平有限制三角形里），这很少发生，但不是不可能。如果 c 波是最大的价格运动，趋势线将跨过 c 波和 e 波。

d 波

d 波必须短于 c 波，但它至少应为 c 波的 38.2%，它可能比 c 波消耗更多的时间，但不应该有更大的复杂度（只有相同的复杂度或低一级是可以接受的）。

e 波

e 波必须在价格上小于 d 波，它可以比波 d 消耗更短或更长的时间，但不应该是形态中有最长时间的调整段。

b. 不规则

不规则三角形的特点是在 b 波，在价格上，它必须长于 a 波。在 b 波后，所有的波不断减小，直到三角形结束。

a 波

在时间上，除了少数例外，a 波应该比 b 波少。在价格上，b 波应不超过 a 波的 161.8%。c 波必须充分回到 b 波的价格 "区"，以使较短的 e 波也可以完成在 b 波的价格区。a 波可以是除三重锯齿或拉长平台的任何调整形态。为了避免混淆，我再次提醒一个三角形的 a、b、c、d 波本身从来不能是一个三角形，e 波是三角形中唯一的一段可以是一个较小的三角形。

b 波

b 波必须长于 a 波，它最有可能不大于 a 波的 161.8% 太多，但一定不大于 a 波的 261.8%。如果 a 波没有出现细分，b 波最可能是一个锯齿；如果 a 波细分为一个锯齿，那么 b 波可能是一个双重锯齿；如果 a 波是一个平台，b 波将可能是一个单一的锯齿。b 波应不超过前一个推进波的 61.8%。b 波可以是任何平台或锯齿形态，也可以是任何复杂调整，如一个双重或一个三重，或者一个组合。

c 波

c 波必须小于 b 波，但必须回调至少 38.2% 的 b 波。c 波的最低点可能会回到 a 波的价格区。如果 b 波是一个双重锯齿，c

波应该是一个锯齿，或者是一个有拉长的 c 波的平台。如果 b 波是一个锯齿，然后 c 波将可能是一个平台（任何类型）或单波。

d 波

d 波必须短于 c 波，它可能会比 c 波占用更多的时间，它必须回调至少 38.2% 的 c 波。d 波可以是任何调整形态，只要它与 c 波出现交替就行。

e 波

e 波必须小于 d 波，e 波很有可能是三角形中最小的价格波，没有它回调 d 波的任何具体的数额，但它必须运动在 d 波的相反方向至少一个时间单位，必须终止在 d 波的价格区。

不像三角形的其他 4 段（a、b、c、d 波），e 波本身能是一个三角形，但 e 波三角形在非限制三角形中比在有限制三角形中更常见得多。e 波的终止点对于相关的那个波浪等级高一级的形态来说，可能处于一个重要的黄金分割点（斐波那契点）；如果这个波浪等级高一级的形态是一个锯齿（这意味着这个三角形是一个 B 波），那么 e 波的终止点可能在从这个锯齿的起始点到终止点整个运动的 61.8% 处（从起始点算起）。如果波浪等级高一级的形态是一个平台，e 波的终止点将可能在这个平台的 a 波的 61.8% 处。如果三角形是一个推进形态的第 4 波，e 波的终止点可能会出现在这个三角形 a 波的 38.2% 或 61.8% 处。

c. **运行**

运行三角形可以从 b 波和 d 波的行为上发现，b 波将长于 a 波和 d 波将长于 c 波。这种三角形的猛进大于正常值，它至少应为三角形最宽一段的 161.8%，但不得超过 261.8%。当这种三角形出现时，这通常标志着一个重大上升或衰退即将结束。如果三角形后的猛进超过 200%，那么你能比较肯定一个重要的顶部或底部会出现。

a 波

a 波应不低于 b 波的 38.2%。a 波可能是一个单波或者一个平台，如果它是一个锯齿，那么 b 波需要是一个双重锯齿（也可能三重锯齿）。在这种类型的三角形中，a 波不能是一个双重或三重锯齿、一个三角形或有拉长的 c 波的平台。最常见的 a 波调整是一个单波或者任何平台（不包括拉长的平台）。a 波不应该回调前一形态的 61.8%（如果有一个推进波在三角形之前），如果回调了，表明虚弱，这将与运行三角形所暗示的强度相矛盾。在正常情况下，a 波不应回调前一个推进形态（如果有一个）超过 38.2% 太多。

b 波

如果有一个推进性质的 a 波是在一个运行 b 波三角形之前（译者注：运行 b 波三角形是指一个运行三角形作为 b 波。），这个三角形中的 b 波应不超过三角形 a 波的 261.8%。除非所有三角形中的段是单波，否则三角形的 b 波应该是一个锯齿、双重锯齿或者偶尔一个三重锯齿。b 波必须是三角形中最大的段，因此，c 波显然不能回调所有的 b 波。如果 a 波是一个平台，b 波将可能比 a 波消耗较少的时间。如果 a 波是一个任何其他形态（包括单波），b 波应消耗更多的时间。

c 波

c 波必须小于 b 波。c 波不能比一个双重锯齿或双重组合更复杂，它可能是一个三重锯齿。c 波的终止点很有可能将回落到 a 波覆盖的价格。

d 波

d 波必须大于 c 波，这意味着 d 波当然要超过 b 波的终止点。d 波不应该是一个三重锯齿，它基本上可以是任何其他的调整形态。d 波不应该被 e 波完全回调，由于在 e 波之后会出现有强度的运动，e 波的终止点不应该回调 d 波的 61.8%，如果 e 波的某一部分回调了 d 波的 61.8%以上，这个 e 波将发展成为一个平台，这个平台有一个 C 失败，或者在偶尔的情况下，这个 e 波能成为一个收缩三角形，只要别挤进收敛趋势线的顶点里就行（见关于有限制水平三角形构成的讨论）。

e 波

e 波必须小于 d 波，但它可以比 d 波消耗更多的时间，特别如果它是一个三角形的话，只要别挤进那个更大的三角形的顶点就行（见水平三角形的构成参数）。如果一个运行三角形形成了一个更大的（b）波，e 波的终止点非常普遍出现在那个更大调整上升长度的 61.8%或 38.2%的位置上（图 11-26）。

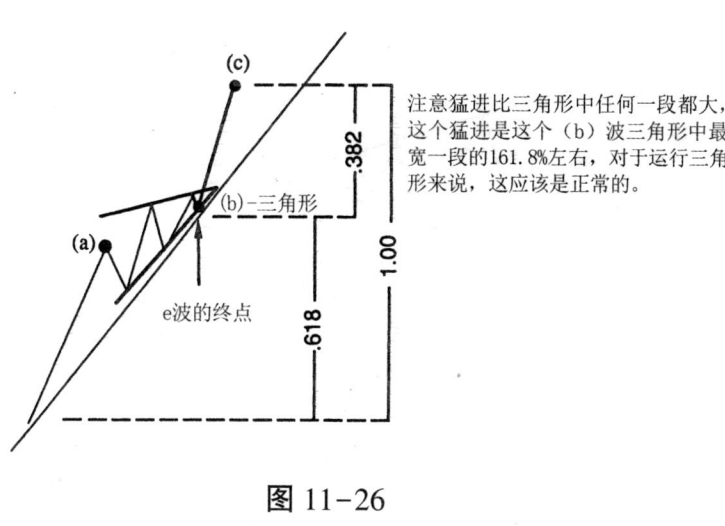

图 11-26

2. 非限制三角形

我的一些最重要的发现是关于非限制三角形的（这些三角形不出现在第 4 波和 b 波的位置）。理解非限制三角形的形成对于正确地分析复杂的调整是非常重要的，此外，这也基本上消除了错误的看法：一个三角形是一个双重或三重组合的一部分，也是一个第4波或b波。非限制三角形出现在复杂调整（各种双重或三重组合）的结束，可以是x波、一个更大三角形的e波，或作为一个终结推进形态的第5波。当市场收缩挤进收敛趋势线的顶点时，这是非限制三角形出现的最可靠指示（见图11-27），当一个较大的非限制三角形的e波也是一个非限制三角形时，这是最符合条件的。作为一般规则，非限制三角形比有限制三角形更容易辨认，这是由于它们倾向于盘整更长的时间，让每个人都"知道"正在形成一个三角形，然后你要来决定三角形后的猛进是否大致等于或大于三角形中最大的一段、猛进将上涨或下跌。

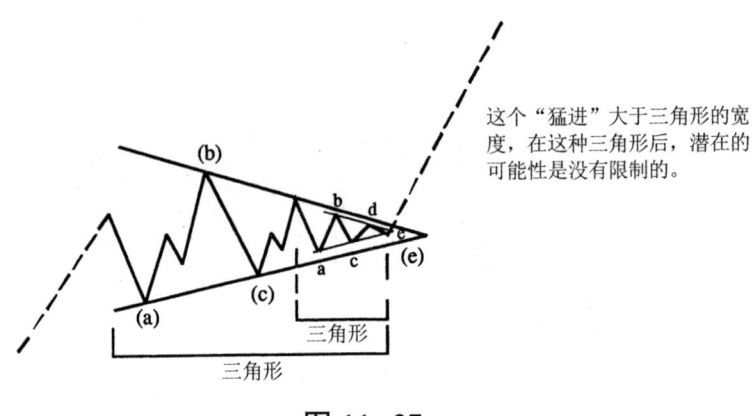

图 11-27

由于艾略特原来的准则，在一个非限制三角形出现时，许多学生会陷入错误的境地，艾略特没写过三角形可能出现在除b波和第4波之外的其他位置，这让许多实践者处于危险的地位，他们认为所有的三角形是第4波或b波。请记住，第4波或b波三角形之后的猛进不会比三角形的最大段大许多，非限制三角形是不服从该规则的，基于这个原因，如果一个人按照是第4波或b波三角形的想法来选择猛进的终止点，而实际上是一个非限制三角形的话，他可能会面对持续的上升或下降而发呆。

以上适用于有限制三角形某一类型的所有规则，也适用于同一类型的非限制三角形，例如，一个不规则有限制三角形每一段需遵守的规则也适用于不规则非限制三角形的每一段，只有少数几个增加的行为特点，需要提及，现在根据进程标志，将它们列出。

a 波

在这些形态中，a 波几乎总是三角形中最猛烈的部分（即它在最短的时间内涵盖了最大的价格距离）。通常，a 波是一段时间里最激烈的市场行动，这个原因是这些三角形回调的是调整形态而不是推进形态，在一个调整后，出现有力和剧烈的回调比在推进后出现同样的回调，会更容易被接受和符合逻辑。如果 a 波是猛烈的，那么 b 波应分解成一个更加复杂和缓慢发展的浪潮。

e 波

一个非限制三角形的最后一段 e 波具有很强的趋势又成为一个非限制三角形，这创造了一个三角形在一个更大三角形的结束，这是最好的方式使市场收敛进到那个较大三角形的趋势线顶点。

在非限制三角形的 3 个类型中，你会经常在实时市场中看到水平非限制三角形。对于三角形的外观和猛进的更完整的说明，参考第五章和第十章中有关三角形的内容。

注意：任何非限制三角形（除非它是一个 x 波）必须终止一个更大的调整段，如果你发现它在任何位置（除 x 波位置外），你可以压缩整个更大的运动到一个"3"。

非限制三角形出现在一些常见和不常见的地方是：

1. 一个水平三角形的 e 波（返回到图 11-27）。

2. 一个双重或三重 3 的最后调整段（见图 11-28）。

3. 一个运行双重 3 的最后调整段（见图 11-29），这是最棘手和最常见的地方之一。

4. 一个双重或三重组合的最后调整段（见图 11-30）。

5. 一个终结推进的第 5 波（图 11-31）。

6. 一个复杂调整的 x 波（见图 11-32）。

如果你没有注意到，上面第 1-5 条表明了三角形的出现终结了一个形态，第 6 条是一个非限制三角形唯一的一次出现在一个运动的中间。

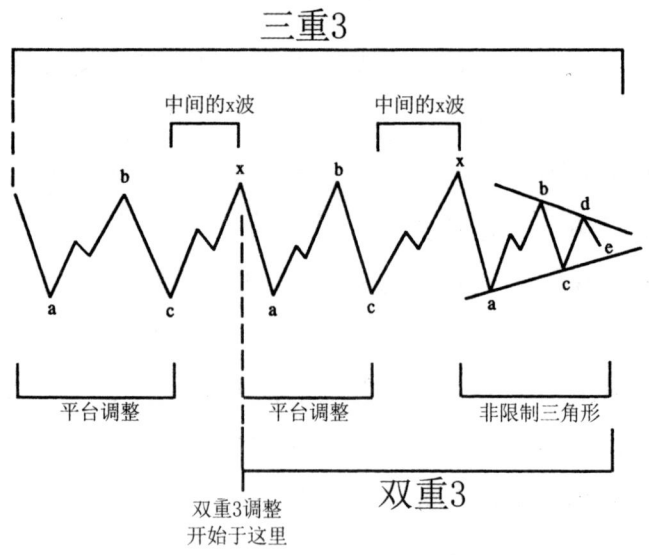

图 11-28

第十一章 进的进程标志应用

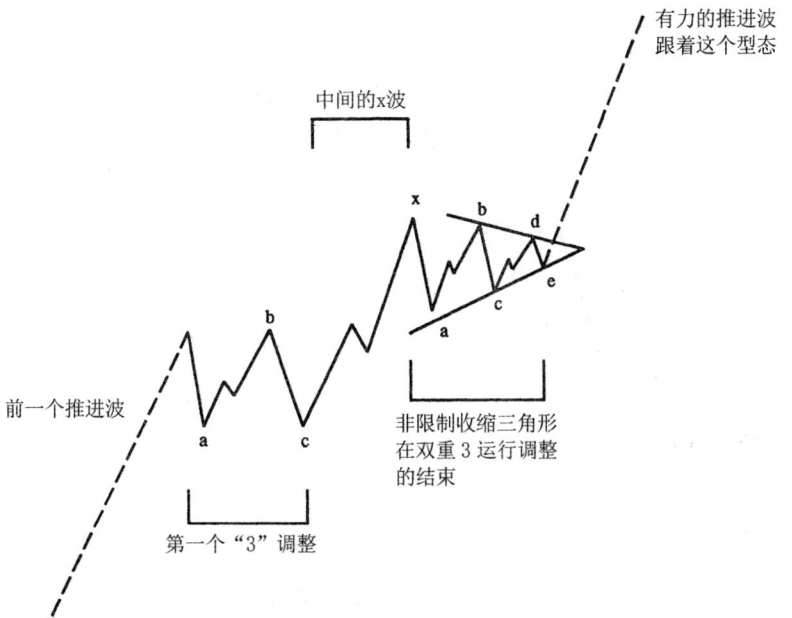

图 11-29 双重 3 运行调整

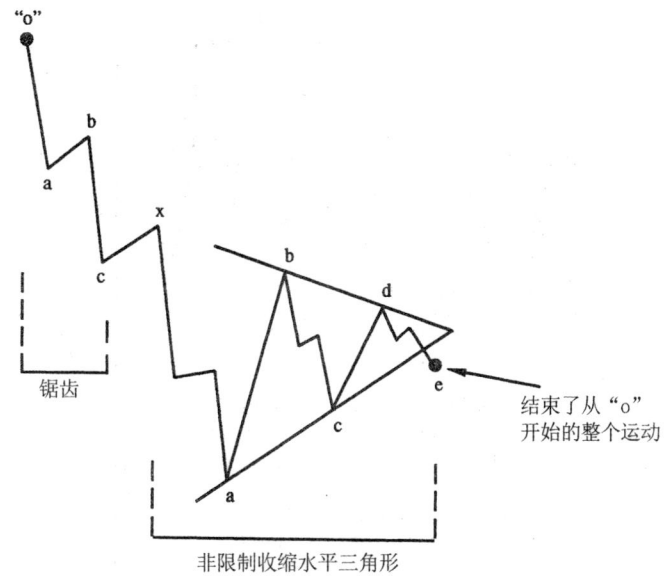

图 11-30 双重组合

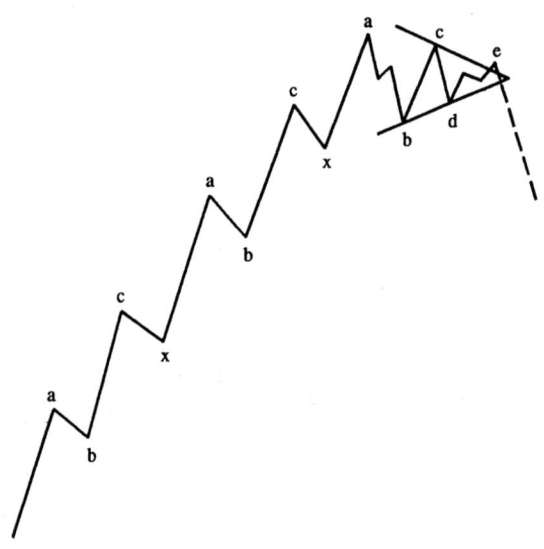

图 11-30 续　三重组合

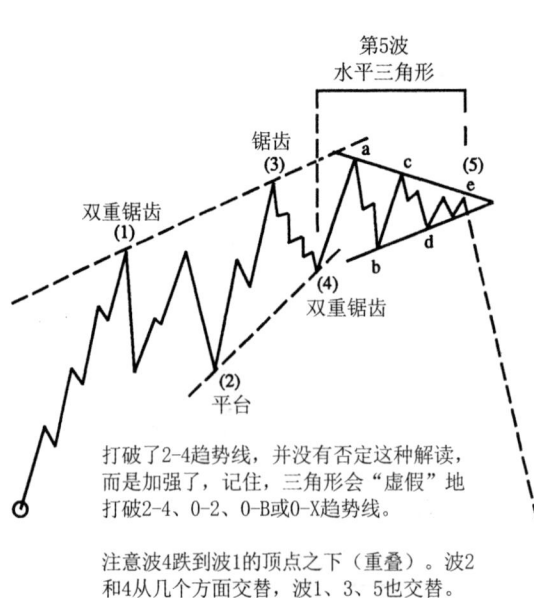

图 11-31　终端推进　　　　图 11-32　双重锯齿

扩展三角形

在艾略特理论的所有形态中，扩展三角形创造了最危险的交易环境，远不如它的非趋势性质的对称图像（收缩三角形），这种形态不断创造幻想的市场爆发，然后是迅速地逆转，运动向相反的方向进行，打破支撑或阻力价格水平，短语"拉锯（whipsawed）"可能是这种局面的亲身经历者发明的。

要是不正确地解读此形态，可导致严重的金融"痛苦"。不幸的是，没有办法预见到这种形态的形成。另一方面，如果严格和适当地应用在这本书中所讨论的所有规则和技术，应该使你退出市场，因为你无法破译正在发生着什么。不明确什么形态正在形成，这应该是一个重要的"不采取行动"的指示。

在过去的8年中，我目睹了极少数的扩展三角形，难以提炼一个清晰关于其性质的具体共识，这里给出的是更普遍的描述，而不是根据不同变形的一个波一个波的论述。

在开始时，列出了所有扩展三角形的主要形成参数，你可以检查对照这些"标准"与你的波群，看看你的假设是否靠谱。

1. 要么a波或b波是三角形的最小段。

2. e波有一种倾向去"爆发"，在价格和时间上，比其他波大很多。

3. 以同样的方式（和相同的原因），像收缩三角形可能出现在更大的收缩三角形的e波一样，扩展三角形也可以作为更大的扩展三角形的e波。

4. 作为一个一般的情况，当扩展三角形每一个更大的波展开时，有一个从简单到复杂的进步（在时间和细分规模上）。

5. 扩展三角形后的形态（c波或波5）不应完全回调e波。

6. 扩展三角形的一个最奇怪方面是缺乏收缩三角形常有的许

多斐波那契关系，一般来说，可以发现的只有一个关系，而你通常要去真正地搜索，找到它，在下面每个标题下，有时候说明了一个关系，这些关系似乎通常发生在那种形态里；如果下面某处没有列出关系来，那是因为我一直无法确定任何关系的存在。信不信由你，缺乏斐波那契关系可以是一个对扩展三角形的有价值的真实性测试，5 个相邻的波组成在这样一种方式，没有任何（即使有一个）斐波那契关系，是非常不容易的。从现有的资料来看，似乎可以正确地说，如果有一个以上的斐波那契关系出现在一组扩展的单波（或更高复杂度）里，可能会出现一个不是扩展三角形的形态。

7. 扩展三角形不能出现在任何强有力的形态之前，如第 1、第 3 或第 5 波扩展波及拉长的 c 波。它们不能终止双重、三重、组合运行 3 调整，也不能是锯齿的 b 波，也不太可能是任何形态的 x 波。

8. 为了要绘制趋势线，以正确地查看这种形态，通常使用 b-d 趋势线，同时相对地使用 a-c 趋势线。

1. 有限制

扩展三角形可以在第 4 波或 b 波的位置。如果它是一个 b 波，它只能是一个平台的一部分。这种三角形似乎是不可能作为锯齿的 b 波、一个复杂调整的 x 波或一个更大三角形的 b 波。在这两个进程标志的可能性中，b 波扩展三角形似乎比第 4 波扩展三角形更常见的多。

由发散趋势线形成的三角形顶点，出现在过去的时间，向前倒推，它的出现的地点与整个三角形有关系，在确定有限制三角形的形成时是重要的，下面是如何计算：

1. 测量整个扩展三角形的持续时间，从 a 波的开始到 e 波的结束。

2. 在时间上，从 a 波的端点算起，向过去伸展整个扩展三角形持续时间的 20%，如果顶点出现在这点之前，这个三角形应该被认为是"有限制"的，换言之，这将是一个 b 波或第 4 波形态，三角形之后的猛进将是非常有限的，应该比 e 波短。

以下是一般形成规则，适用于各种有限制三角形的变形：
1. a 和 e 波通常有 161.8% 的关系（当然 e 波更大）。
2. a 波或 b 波是三角形的最短段。
3. 只有 b 波或 d 波可以"失败"，不超过前一波。

a 水平

一个扩展有限制水平三角形形态有鲜明的特点：
1. a 波是三角形中最小的一段。
2. a 波之后的每一波略大于以前一波，所以没有"失败"出现。
3. e 波应该是三角形中最猛烈、复杂和费时的形态。
4. 在这种变形中，只有唯一的斐波那契关系似乎是可靠的，就是 e 波往往是 a 波 161.8%。如果 e 波是真的爆发，它可能是 a 波的 261.8%。

b. 不规则

一个不规则扩展三角形是最常见的扩展三角形的变形。它的特点是 b 波"失败"，不能超越 a 波的端点。如果 b 波失败，a 波和 e 波将可能有 161.8% 的关系。

c. 运行

这是第二个最常见的扩展有限制三角形。它的特点是 d 波"失败"超过 c 波的端点。如果 d 波"失败"，这个形态将有一个稍微倾斜向上或向下的外观，另外 a 波和 e 波将可能有 261.8%的关系。

（所有以上扩展三角形的图，见图 5-41）

2. 非限制

非限制扩展三角形基本上遵循有限制扩展三角形的各种参数。只有如下一些差异：

1. 在非限制三角形中，在各段之间很可能没有斐波那契关系。如果有一个关系，a 波和 e 波将可能有 261.8%的关系。

2. 扩展非限制三角形的顶点（出现在已经过去的时间里，在三角形完成后才能检测到）应比有限制三角形的顶点更加大大接近非限制三角形的开始，下面列出计算非限制三角形顶点的方法：

a. 测量整个扩展三角形的持续时间，从 a 波的开始到 e 波的结束。计算出整个扩展三角形持续时间的 20%。

b. 将整个扩展三角形持续时间的 20%，时间上向过去加到 a 波上，如果顶点出现在这段时间内（在持续时间的 20%和 a 波的开始之间），这个三角形应该被认为是"非限制"的。

第十二章　先进的尼利扩展

通道（特殊的应用）

在决策过程中，通道的重要性经常被许多人误解或忽视，大多数分析家似乎很少或根本没有注意通道，或认为它是波浪理论的一个小工具，其实，在确定什么类型的形态正在形成方面，通道有至关重要的作用，经常单从通道的角度，就有可能决定一个运动是推进还是调整。在决定一个运动什么时候结束或即将结束时，它是非常重要的；在决定什么样的形态正在形成，推进形态的哪一段是扩展波方面，通道是非常有用的；在检测波2和波4的终止点方面，通道是必不可少的。正确地使用通道几乎可以保证知道什么时候一个终结推进波正在形成，有时是提前知道。什么时候市场正在经历三角形活动，通道可以提供可靠的线索。从另一个方面来说，市场行为可以决定什么时候一条假设的2-4或0-B趋势线是真实的，从而帮助证实你的解读。在第五章"思考的重点"里，讨论了一些推进形态波2和波4的通道，当沟通一个推进波时，还有其他的考虑，现在就讨论它们。

波2

如果你已发现一个推进次多波（或更高复杂度），并觉得这可能是一个更大推进形态的波 1，可以采用下面的通道规则（在图 12-1 里，我们假设波 1 是向上）。在市场形成了与波 1 相反方向的一个调整次多波后，又向上了（图 12-1，A 图）。从点"0"到向下运动，假设是波 2 的最低点画一条线（B 图），只要"0-2"趋势线不被打破，你可以假设第 2 波已经结束，并且就结束在趋势线与向下运动的接触点。

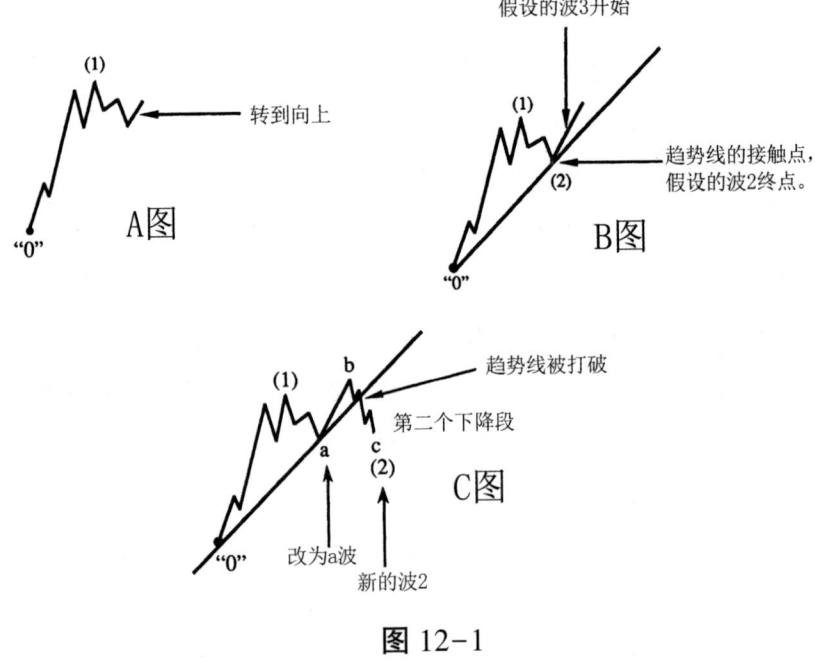

图 12-1

如果在预计的第 3 波至少成为波 1 的 61.8%之前，趋势线被打破，或者第二次下降低于波 1 的顶点，同时趋势线被打破，那么你可以确信波 2 仍在进行中（C 图）。为什么？原因是一个上升，它正在从波 2 启动，但没有力量停留在"原始"的 0-2 趋势线之上，那么它就不是推进的性质，不能是推进波 3 的一部分。一旦波 3 完成，允许第 4 波打破 0-2 趋势线，但不是必须的。当然也必须遵守所有先前讨论的推进波的形成要求。

发现一个运行双重3（一个在第2波的形态）

在一个运行双重3形态过去后，它并不会明显影响对这个推进形态的整体解读，但在一个运行双重3正在形成时，如果你不明白通道的重要性，你可能会错过发生在运行双重3结束后的一个大运动。运行双重3并不是一个有困难发现的形态，问题似乎是大多数人认为运行调整不经常发生，根据我的经验，运行调整经常出现（在推进形态中），并明显与（1）-（2）、1-2、i-ii等系列不同，但运行调整容易被错误解读成（1）-（2）、1-2、i-ii等系列，而通道是认识这些复杂形态的关键。

使用在"波2"一节中提出的同样想法，波3的任何部分不应打破一条真正的0-2趋势线。如果在你认为是波2的运动后有一个推进，在这个推进后又是一个调整段，这个调整打破了0-2趋势线，那么这个推进不足以是波3，而实际上是一个调整反弹，市场正在经历一个运行双重3（见图12-2）。

另一个重要原因是在第2波和第4波之间缺乏交替，所以这不能被解释为已经有了波1、2、3、4，第5波跟着要来。

波4

在图12-3中的插图描绘了最有名的艾略特趋势线类型：2-4趋势线。使用与0-2趋势线类似的概念，没有波3或波5的任何部分应该打破2-4趋势线（见图A），除非第5波是一个终结形态。

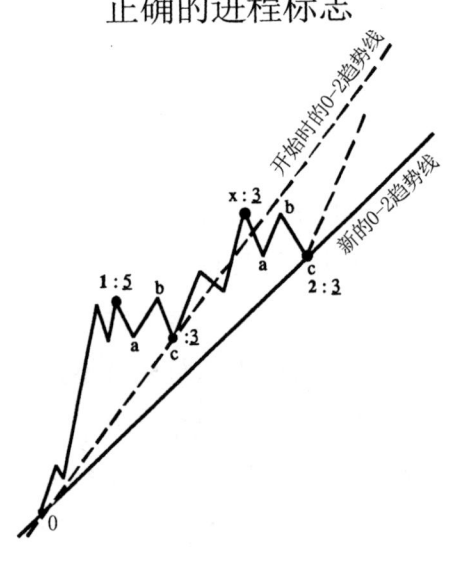

图 12-2

　　一旦第 5 波完成后,市场应该立即(在波 5 消耗的时间长度内或更少)突破 2-4 趋势线和回调大部分或整个波 5,图 B 显示了这是什么样子。如果市场不符合这些要求,说明绘制的 2-4 趋势线不正确(即波 2 和/或波 4 不在你假设的位置),或者第 5 波正在发展成一个终结形态(见图 C)。

　　如果在市场超过波 3 的终止点之前,假定的 2-4 趋势线已经被打破,和一个激烈的反弹并没有立即明显地远离前一个运动的结束点,这说明第 4 波仍处于发展阶段(参见图 12-4,图 A)。如果在波 3 的终止点被超过之前,2-4 趋势线被猛烈地打破,那么第 5 波是失败了(见图 B)。要让第 5 波失败得到证明,就必须回调整个推进形态的时间比它消耗的时间更短。随后,市场可以随意运动一会儿,或继续按既定的方向运动,远离第 5 波失败。要超过第 5 波失败的终止点,市场需要至少两倍的整个推进形态消耗的时间（波1-5），通常，要出现一个新的高点（或在下降趋势中的新的低点），需要更多的时间。

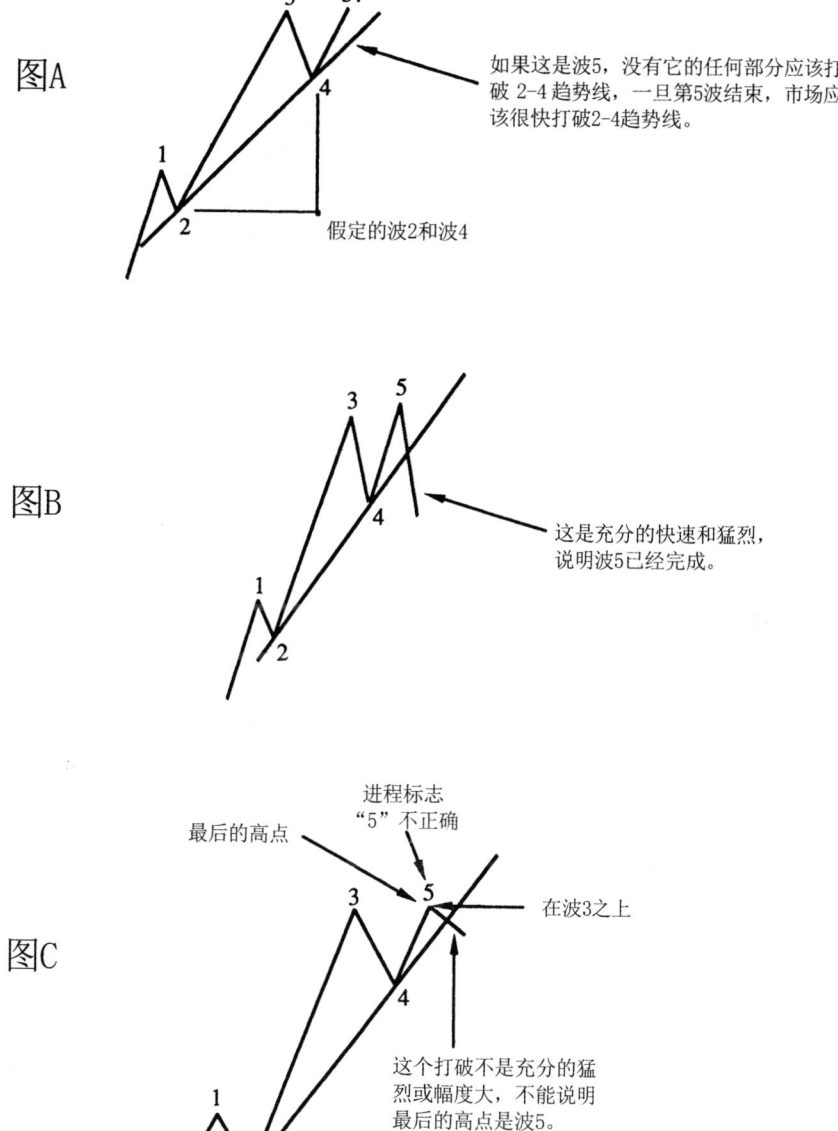

图 12-3

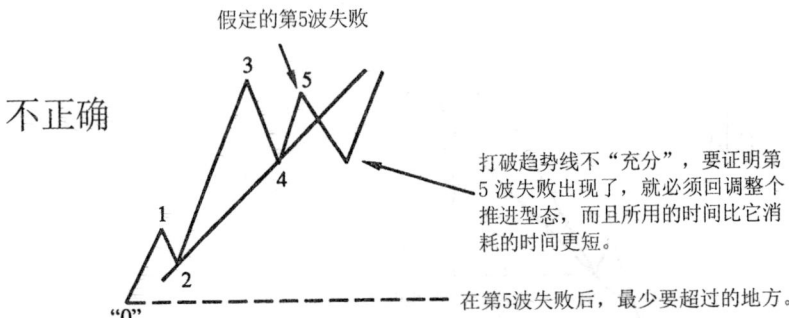

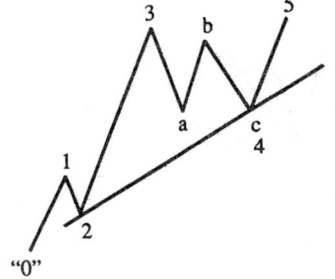

图 12-4a

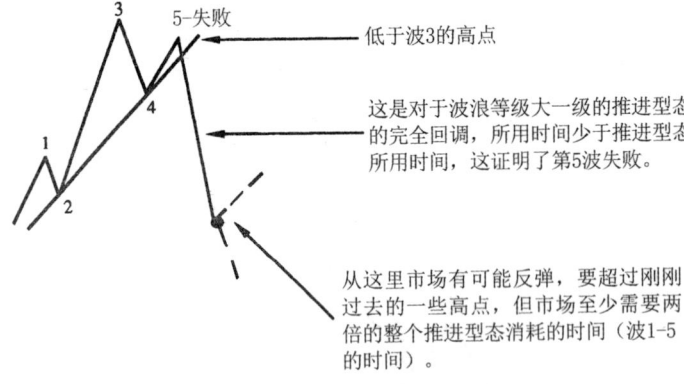

图 12-4b

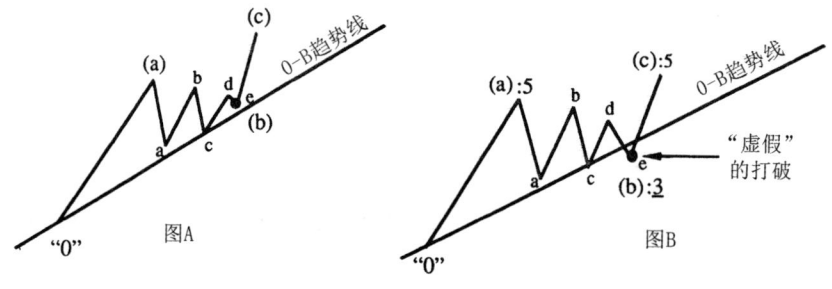

图 12-5

波 B

b 波的终止点类似于波 2,有小的差异,跟着 b 波的推进波(即 c 波)将很少超过 161.8% 的 a 波,和 b 波有时是一个三角形。为了更好地理解这个概念,看看图 12-5.

如果 b 波是一个三角形,有两种方法去沟通一个形态。在图 A 中,"0-B" 的趋势线实际上是连接三角形的 c 波,而不是 e 波。要绘制趋势线去连接 e 波,趋势线将被 c 波打破,这是一个无法接受的情况。

通常,如果 b 波是一个三角形,在 "0-B" 趋势线连接 c 波之后,e 波会暂时打破这一趋势线,然后反向(图 B),艾略特称它为"虚假"的打破,这个"虚假"的打破应该是非常短暂的(相对而言)和 e 波必须不超过三角形 c 波的终止点。在这个"虚假"的打破之后,你可以重新划定趋势线,但它是没有必要的。较大的 (c) 波直到它完成(除非 c 波成为终结形态),不会打破 0-B 趋势线。

三角形的活动

通过多次观察,往往可以在一个三角形的早期发展阶段,就认识到它的正在形成，有时在 a 波完成后，三角形就成为显而易见的。对这些观察已经讨论过一些，在后续的段落中，其他预见三角形形成的技术将被讨论。

让我们假设市场是一个锯齿上扬，你画了你认为的 0-B 趋势线（图 12-6），市场开始上升，但随后翻下，突破了趋势线，没有形成 c 波应有的最小价格长度和最少的时间要求。如果这次打破趋势线不超过上次接触趋势线的终止点（在这里，你以为是 b 波的终止点），市场再次转过身来，这表明了一个三角形在发展（图 12-7），如果市场创造了第二个"虚假"的打破，实际上是保证了一个三角形（图 12-8）。

在一个三角形中的形态经常做一些运动，就好像那些相关的、市场创建的趋势线根本不存在，在三角形中的调整形态不激烈和最轻松地打破这些"趋势线"（图 12-9），这是另一个重要的早期预警信号，说明一个三角形在发展。随意、曲折地突破已建立的趋势线，并不能保证一个 b 波三角形正在形成，但它确实保证了某种类型的、相同波浪等级或不同波浪等级的三角形正在形成。

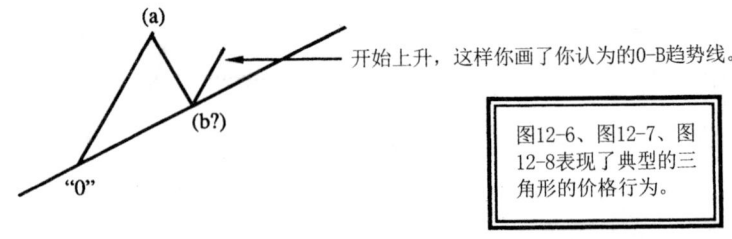

图 12-6

第十二章 先进的尼利扩展

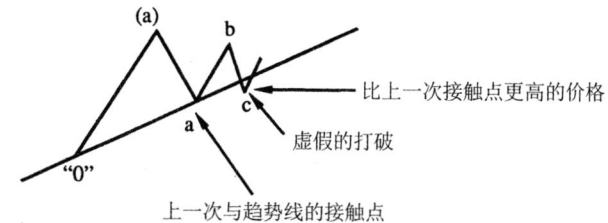

图 12-7

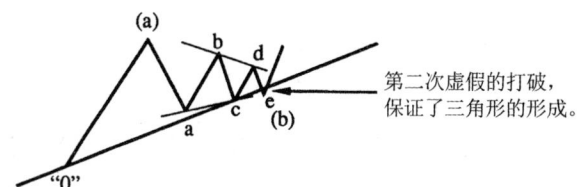

图 12-8

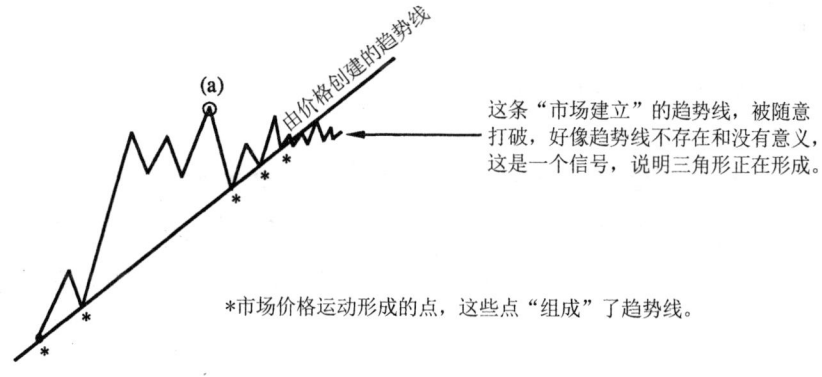

图 12-9

终结的活动

当使用趋势线时，发现终结推进活动是非常相似于前面说明的发现三角形活动。图 12-10，图 A，显示了通常发生在一个终结形成时的情况，观察2-4趋势线被打破，并注意市场的反复，这是一个随意就打破趋势线的很好例子。在这个例子中，有波出现细分，不是扩展波（3），而是波（5），它是终结形态，这是一个独立规则的例子（见第九章），细分规则与扩展规则相互独立，扩展的第（3）波标有"x"；细分的第（5）波标有"s"。

在一个终结形态形成时，它的部分通常会打破大的2-4趋势线，没有临时打破2-4趋势线的预警，就出现一个终结形态结构是罕见的，但不是不可能（参见图12-10，图B）。

重要事项：波浪理论确实允许你推测什么时候一个特定的形态（趋势）已经完成，但在验证你的假设时，观察对这个形态所需的市场反应是重要的。在图12-10中，在波（5）之后的运动必须返回到波（4）的低点，才能确认这个分析，如果做不到这一点，这个解释是错误的。注：在图12-10中，下降到波（4）是最低目标，在99%的次数中，它会返回到波（1）的开始或更低。

真正的2-4趋势线

在一个推进形态的第5波完成后，一条正确的2-4趋势线必须被"马上"打破，"马上"是一个市场定义的相对概念，为了确定一个形态的时间相对性，你需要检查第5波所消耗的时间，如果从第5波的终止点到2-4趋势线被打破这段时间与波5所消耗的时间相等或更少，那么这个打破属于正常的行为，从而确定了波5的结束；如果这个打破消耗了超过波5的时间，你必须假设波5正在发展成为一个终结形态，或2-4趋势线是不正确绘制的和波4还没有完成，也许你的整个解释是不正确的，无论如何，市场还没有完成一个推进序列（图12-11）。

第十二章 先进的尼利扩展

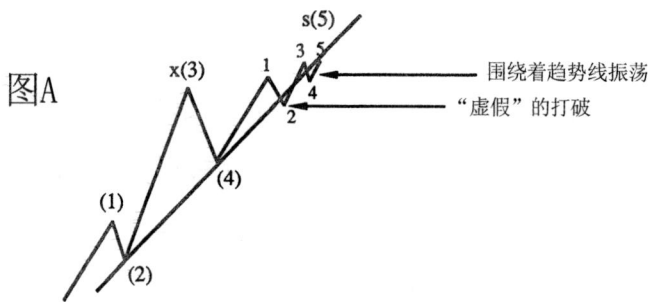

图A

围绕着趋势线振荡
"虚假"的打破

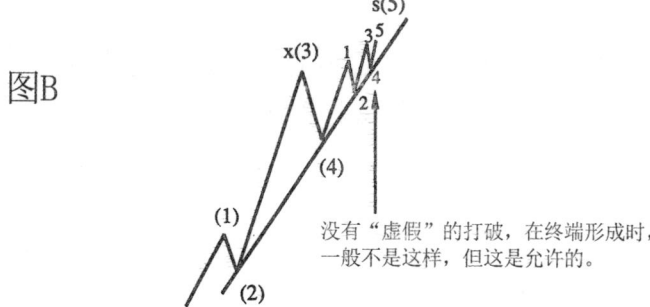

图B

没有"虚假"的打破，在终端形成时，一般不是这样，但这是允许的。

图 12-10

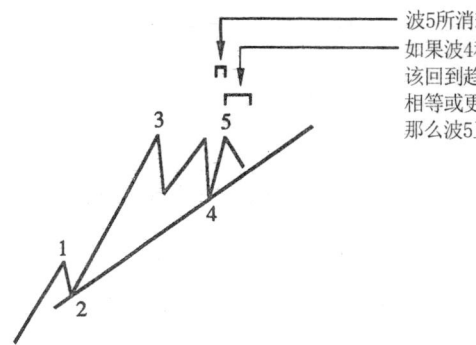

波5所消耗的时间比市场回到趋势线的时间更少 如果波4和波5被肯定完成，在波5之后的运动应该回到趋势线，而所用时间与波5所消耗的时间相等或更少，如果这个运动消耗了更多的时间，那么波5正在出现细分或波4没有完成。

图 12-11

用通道确认推进

理解了各种推进形态的通道方法，你可以经常利用通道破译哪一波扩展，越早决定哪一波是扩展波，就可以更好地趁着趋势去交易。下面的插图和解释将提供给你一个清楚的思路，使你了解每个推进变形的通道和行为。

第1波扩展

当序列中的第1波扩展时，该形态的通道应类似于一个终结形态（图12-12）。第5波不应该接触上趋势线，它通常会保持低于它，但有时，如果波2是非常大，它可能会超过上趋势线。

第3波扩展

第3波扩展有几种通道方式。无论使用哪几个接触点来绘制趋势线，它们应该总是平行或接近平行的（图12-13）。请注意，在图中，哪一个调整段更为复杂（波2或波4）。对于每一种第3波扩展的推进变形来说，图中趋势线的画法是典型的。

第5波扩展

实在是只有一个办法沟通一个第5波扩展（见图12-14），它基本上是一个第1波扩展的相反方式，通道将趋于扩大，就像一个"喇叭"。

双重扩展

由于它的极端少见，我对这个形态不太了解，包括在这里是为了有一个完整性。根据以往的经验，这是一个双重扩展应该如何做通道（见图 12-15）。

用通道确认调整

平台

为了判断哪一种平台正在展开，所有的通道线必须是平行线和水平线，用 a 波的高点和低点开始，在图 12-16a 中，全部平台都是以这种方式标记，你应该研究它们，了解如何通过做通道线，提前知道哪一种类型的平台正在展开。

对于平台的支撑和阻力水平来说，通道线应该重新划定。画平台的趋势线通过 a 波的起始点和 b 波的终止点，见图 12-16b；一条平行线应该跨越 a 波的终止点，这样可以有一个概念，c 波潜在的支撑区在那里。即使 b 波有大幅增长，超过 a 波（见图 12-16b，运行调整），你还是应该基于以上的规则画趋势线。在图 12-16a（2）中的 4 个图被重画在图 12-16b 中，以显示如何根据平台的变形进行实时的通道。

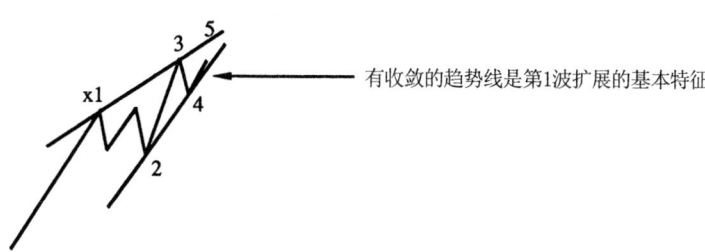

图 12-12　第 1 波扩展的通道

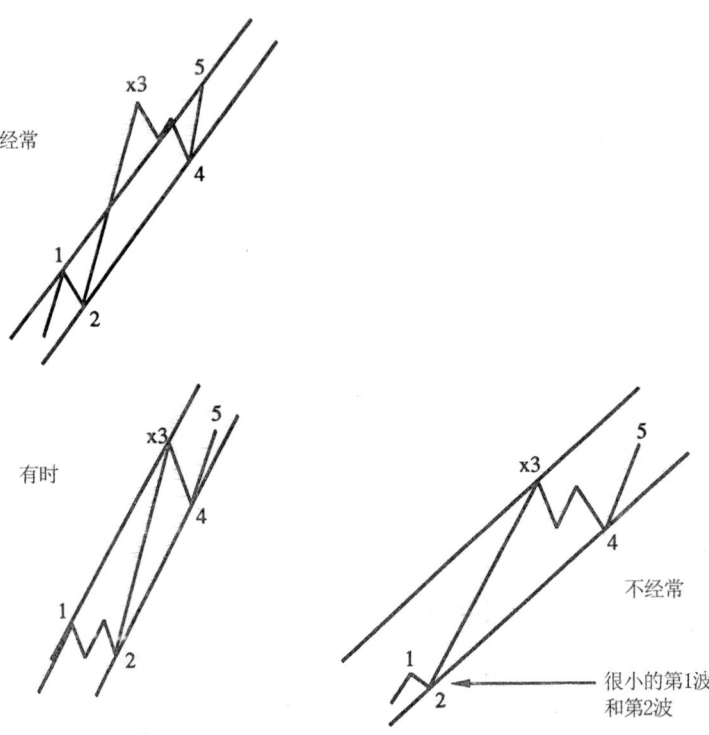

图 12-13 第 3 波扩展的通道

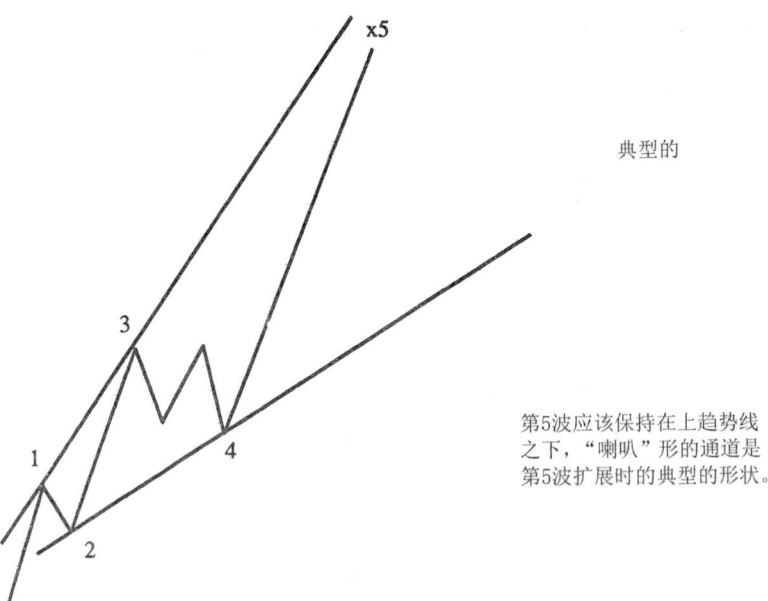

图 12-14 第 5 波扩展推进形态

第十二章 先进的尼利扩展

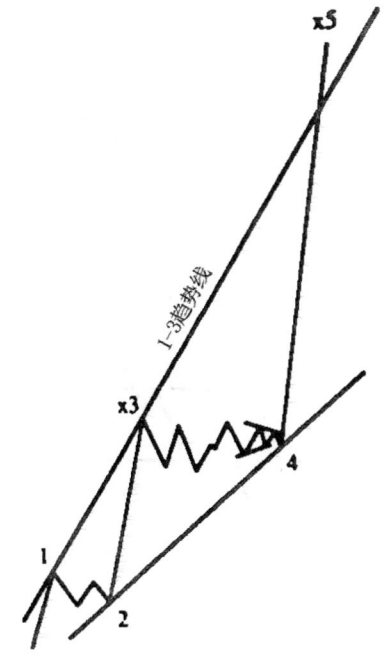

极少见（接近于不可能）

在一个双重扩展里，第5波通常打破1-3上趋势线，为什么叫双重扩展呢？原因是第3波大于第1波的161.8%，第5波大于第3波的161.8%。

图 12-15 双重扩展推进形态

1. 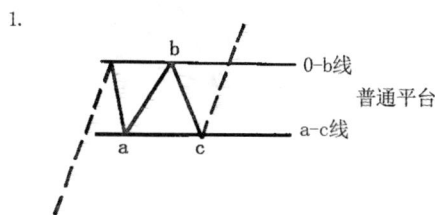 普通平台

2. 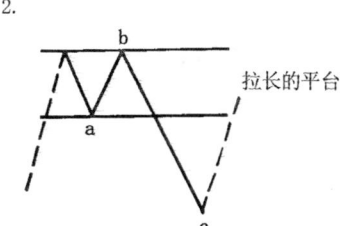 拉长的平台

3. 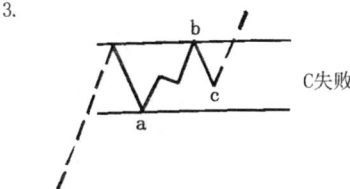 C失败

4. 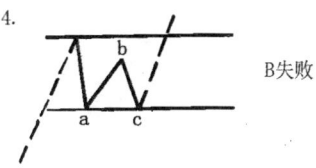 B失败

图 12-16a（1）

5. 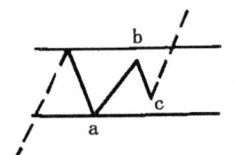 罕见的双重失败

6. 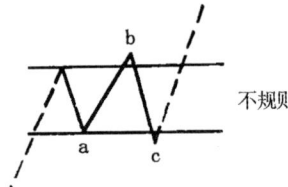 不规则

7. 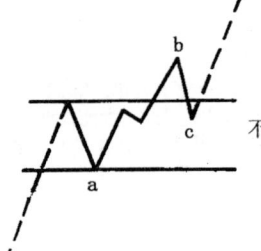 不规则失败

8. 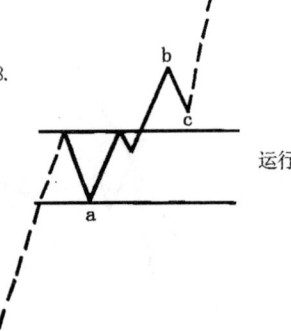 运行

图 12-16a（2）

5. 双重失败
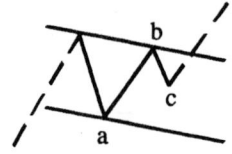

6. 不规则
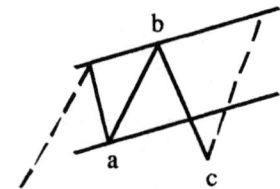

7. 不规则失败
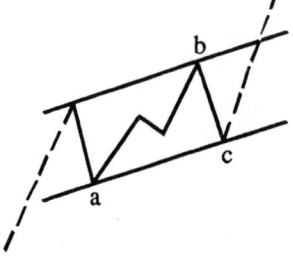

8. 运行
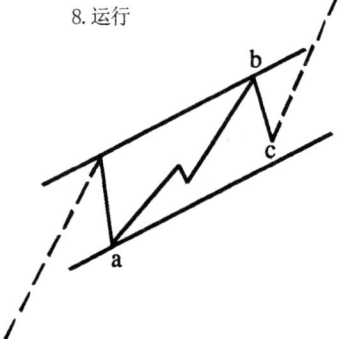

图 12-16b

第十二章 先进的尼利扩展

5. 双重失败

短一点的b波（相对于a波）指示临时的市场虚弱。

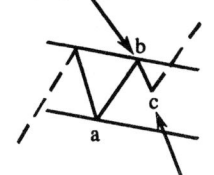

波c能够保持与对面趋势线的距离，说明由b波引起的虚弱已经消失了。

6. 不规则

波b的新高点说明向上的力量正在增强

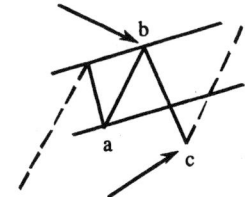

最初由b波的新高点暗示的强度被猛烈击穿对面的趋势线所否定。

7. 不规则失败

根据b波相对于a波的长度，市场是在一个强的位置，下面的上升应该比a波之前的上升更大。

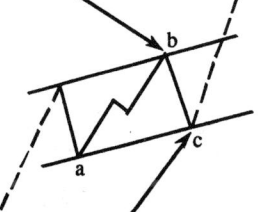

波c接触了对面的趋势线，没有否定由b波指示的强度，但确实说明在这个调整后，可能跟着一个x波，使这个调整成为一个更大复杂型态的一部分，有关的概念在下面锯齿中有更详细的说明。

8. 运行

在标准调整里，这样的b波是最有力的，在这个型态后，下面的运动应该比b波大得多，至少是a波之前运动的161.8%。

实际上，c波继续辅助这个有力的趋势，重要的是c波应该至少是a波的61.8%，如果比这个数字小很多，那么b波可能没有完成。

在波b的终点与波a的高度相等时，说明市场基本上是中性持平的，但如果波b与波a的时间也相似，一个拉长的c波可能出现。

2. 拉长的

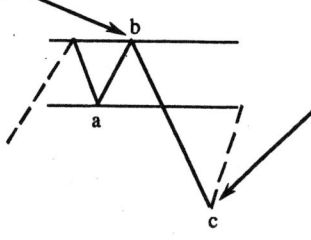

这个不同寻常的长c波说明市场正在变得虚弱，c波可能不会被下一个相同波浪等级的运动完全回调，一个拉长的型态也暗示市场正在形成一个三角形。

图 12-16c　通道的暗示

平台通道的暗示

有了平台通道的方法，就提供了市场此时强或弱的细微线索，使你了解在这个调整后，市场有一个多大的上升或下降。从一个调整的通道线推导出来的大部分线索依赖于 b 波相对于 a 波的长度。b 波越大，在 c 波之后剧烈增长的可能性越大（或上或下）。b 波相对于 a 波越小，就越有可能这个平台是一个更大 a-b-c 的第 1 段，或者在这个平台后跟着一个 x 波和另一个标准的调整。如果一个平台的通道很完美（即，如果 c 波是 a 波的相同长度），在这个平台后很可能跟着一个 x 波和它成为一个复杂调整的一部分（见不规则失败，图 12-16c）。图 12-16c 说明了各种平台通道情况的暗示。

锯齿

没有许多的锯齿变形，但也有三种不同方式的通道（参见图 12-17）。图 A 和图 B 显示了"正常"的锯齿通道，在图 A 或图 B 中的锯齿都能完成一个调整阶段。如果像在图 C 中的通道，这个锯齿很可能不能完成一个向下的调整，它将是一个复杂的双重或三重形态的一部分。如果通道像在图 C 中的一样，那么锯齿后紧随的波不应回调整个锯齿，如果这波回调小于 61.8% 的锯齿，它应该被标记为一个 x 波，这个 x 波将分隔两个标准的艾略特调整。

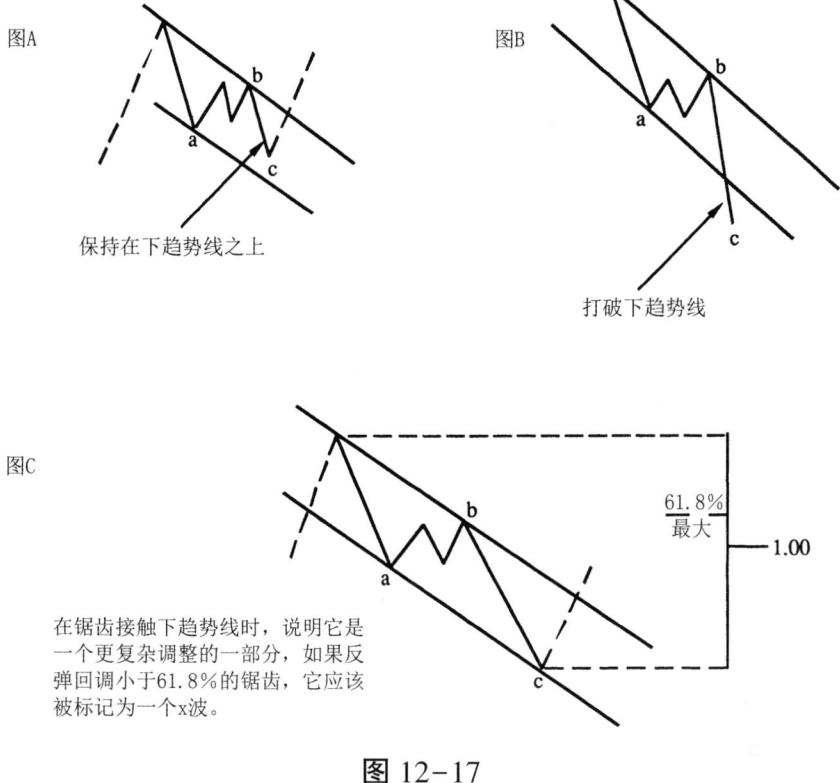

图 12-17

三角形

三角形有一条基本的趋势线,就像推进波一样,三角形的基本趋势线就是 B-D 趋势线,无论你在研究哪一种三角形的变形,你都应该画出这条线。当这条趋势线被打破时,你知道三角形已经结束。这条线对面的趋势线有 3 种不同的画法,最常见的是 A-C 趋势线(见图 12-18,图 A),跟着的是 C-E 趋势线(图 B),最不常见的是 A-E 趋势线(图 C)。

最常见

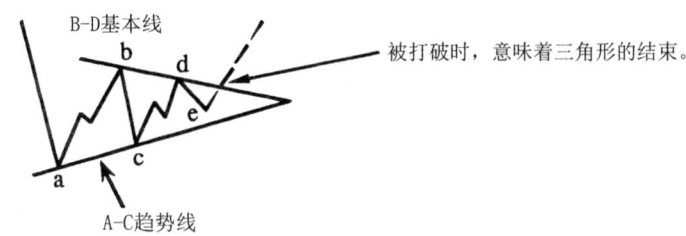

常见

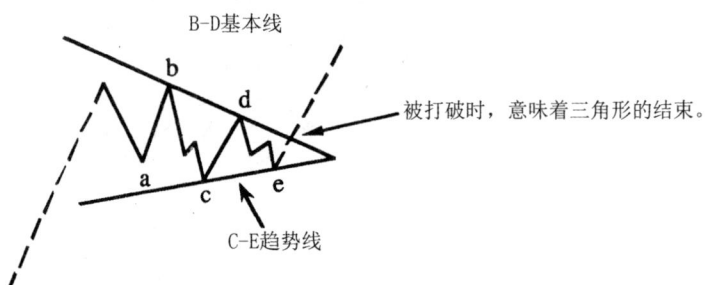

少见

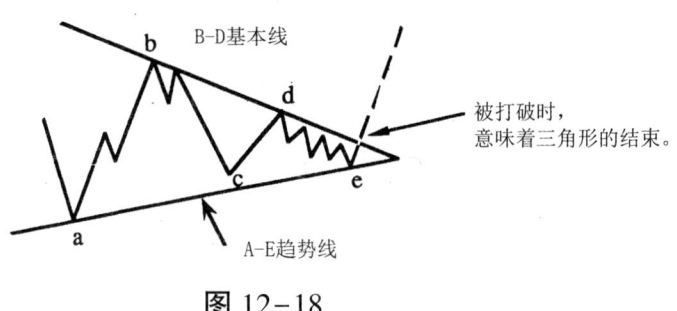

图 12-18

复杂形态

我多年来发展的全部通道规则，以及它们提供的线索，在

"标准"的艾略特形态中更可靠。当市场以一种更复杂、非标准的方式展开时，具体的规则也很难确定，但以下我发现的是可靠的。一般来说，基本趋势线将连接只有这个形态的"0"点和 x 波（可能几个）或 b 波（可能几个），如果 b 波（可能几个）消耗比 x 波（可能几个）更多的时间，就使用 b 波绘制通道；如果 x 波是最大的调整段，趋势线应该连接从点"0"到第一个 x 波。下面是对于各种复杂调整的一个规则目录。

双重和三重锯齿

双重或三重锯齿不像任何其他的艾略特形态，它们可以提供一个理想的通道环境，两条平行线应包含有多个上升和下降的整个系列（图 12-19），这是推进形态和双重或三重锯齿（经常被误认为推进形态）之间的显著区别之一。

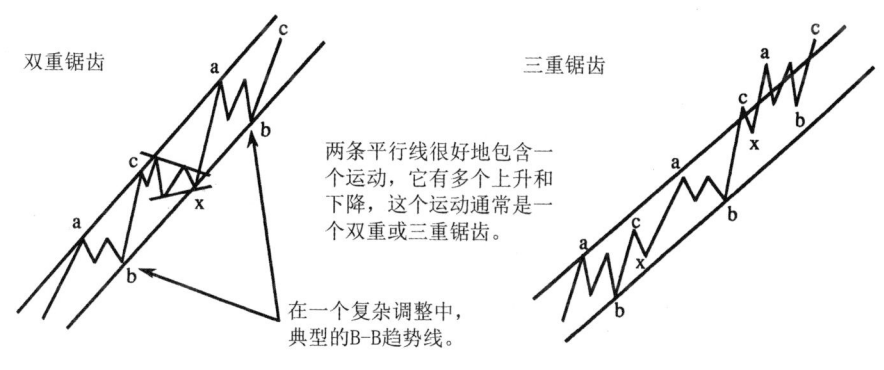

图 12-19

双重和三重组合（由锯齿开始）

像双重和三重锯齿一样，通常双重和三重组合有明确界定的平行线通道，这一直到最后一个调整阶段接近完成。前面提到过，大多数双重和三重组合结束在一个三角形，正如你从以前讨论中知道的，三角形会引起通道的问题，因此，如果由一个三角形完成了一个双重或三重组合的最后调整阶段，那么在这个三角形结束前，它的最后几段将"虚假"地打破至少一次（如果不是两次或两次以上）基本的平行线。参见图12-20的例子。

双重组合

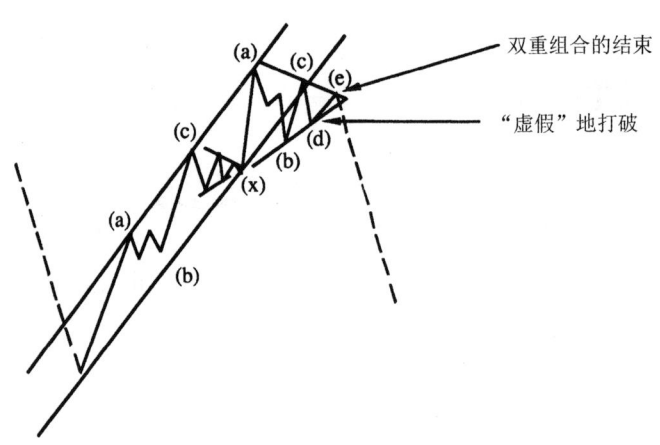

三重组合

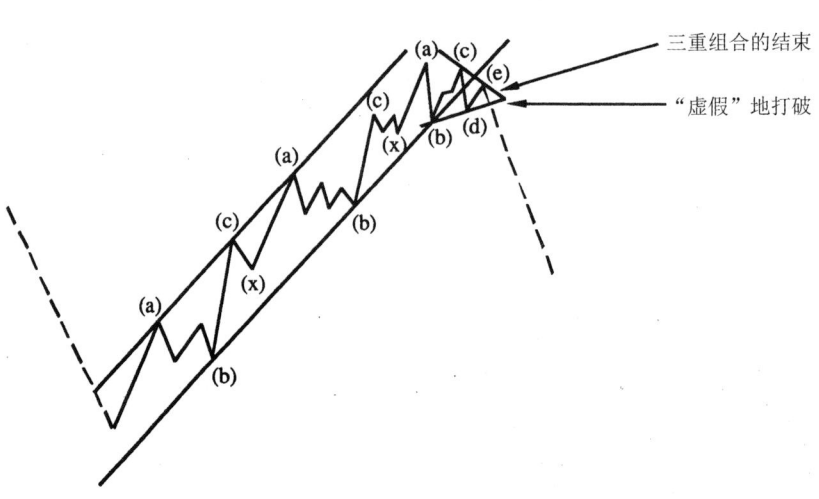

图 12-20

双重和三重平台

在双重或三重平台里的 x 波总是比它分开的调整形态小得多,所以做通道时,要使用每个平台的 b 波(见图 12-21)。当基本线被打破(如果是正确绘制的)时,形态应该结束了。

注意: 一个 C 失败形态有可能是这些复杂图形的最后一个平台。

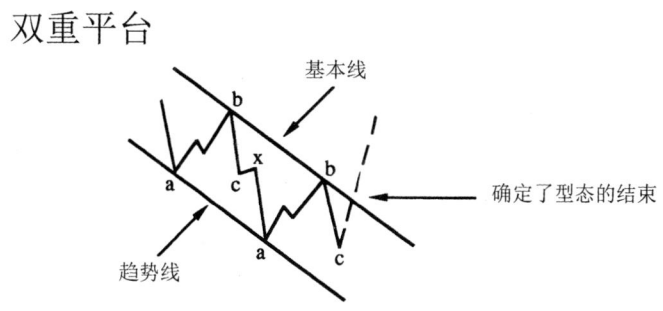

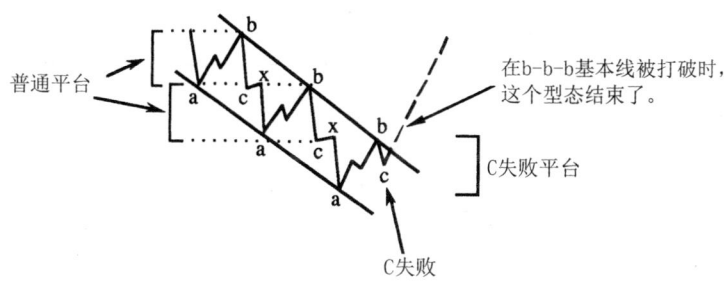

图 12-21

双重和三重组合(由平台开始)

因为有许多这样形态的变形,很难建立任何通道程序,适用于所有的可能性,由 b 波终止点组成的"基本线"总是比由 a 波终止点组成的"趋势线"可靠,最好的办法是继续使用由 b 波终止点组成的基本线作为重要的通道,并认识到 a 波终止点可能不会产生一个非常干净的趋势线。在图 12-22 中,趋势线是令人满意的,但在图 12-23 中,它就不能很好地实现它的功能。

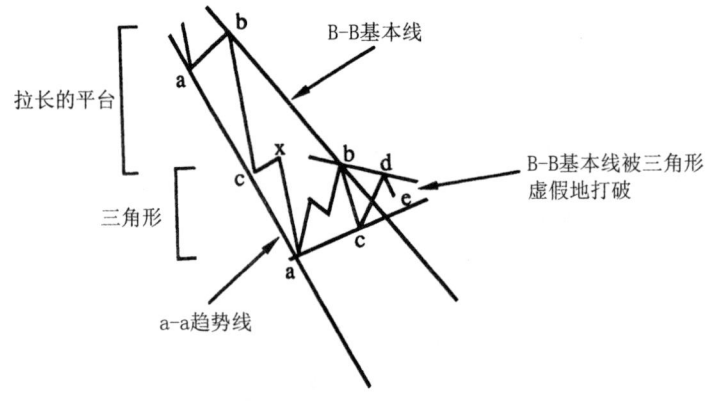

图 12-22　双重组合

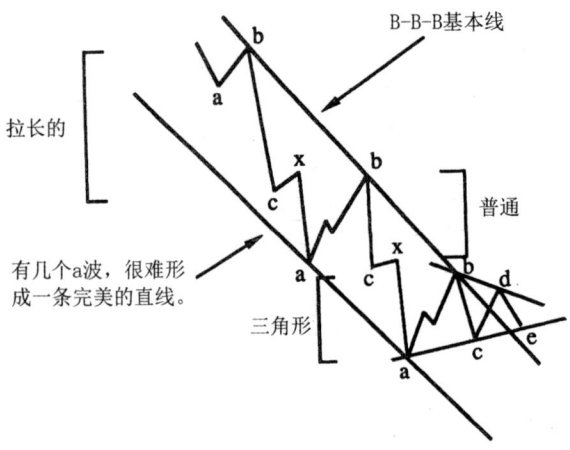

图 12-23　三重组合

确定波的完成

当你有困难决定艾略特形态的开始或结束时,使用斜的通道线将帮助你识别那些暴露的点,这些点通常用于形成可靠的艾略特形态。图 12-24 为你提供了这种技术。

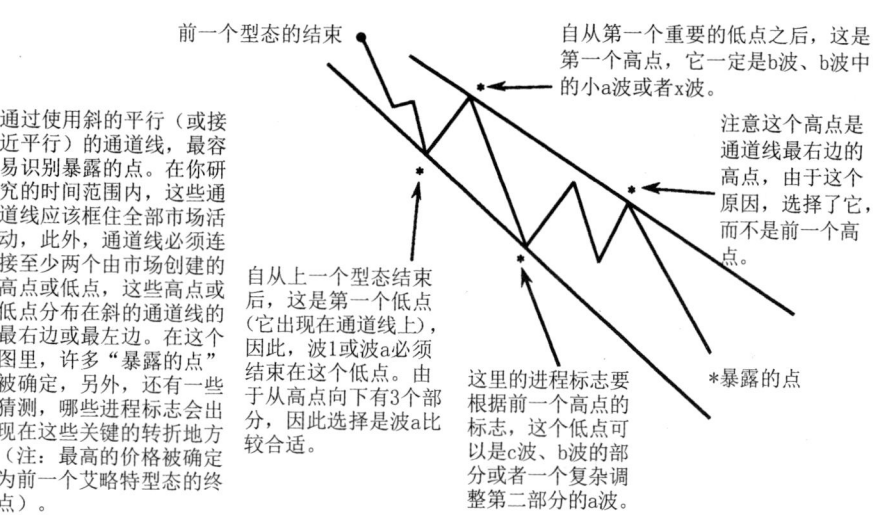

图 12-24

先进的斐波那契关系

有两大类斐波那契关系。第一,也是最常见的,我称之为内部关系,内部关系经常被发现在标准的艾略特形态里。第二,外部关系,这是市场创造的另一类斐波那契关系,常见在不寻常的形态里:非标准复杂调整、终结形态或失败形态。每种类型都列在下面,结合实例,以及最经常发生的地方。

内部

内部关系的特点是在比较两个波的长度时，不考虑每一波开始或结束时的价格水平（见图12-25），这样有些波的价格范围通常会部分重叠，这意味着一个运动的部分将在另一个运动的相同价格水平内。在推进形态里，除少数例外，几乎都是内部关系。根据不同的情况下，在调整形态中的关系可以分为两类。以下是最常见的（和一些不常见的）推进形态中内部关系方式的完整目录。

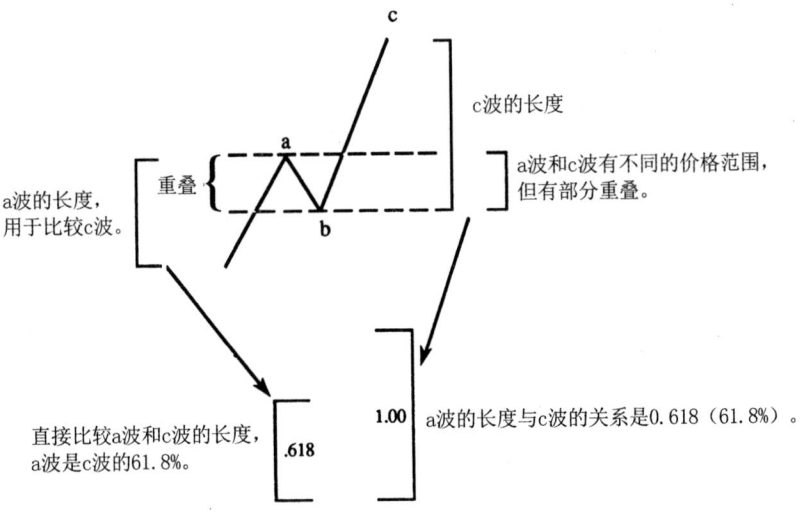

图 12-25 内部关系

推进形态

第1波扩展

当波1是一个形态中最长波时，波3不应该超过波1的

61.8%。当波3是61.8%的波1时,波5(应用交替规则)通常是波3的38.2%。如果波3是38.2%的波1,那么波5通常是波3的61.8%。这基本上是在第1波扩展时所有可能的内部关系(见图12-26)。

第3波扩展

当第3波扩展时,波1必须与波3没有61.8%的内部关系,波1有可能是波3的38.2%,但常常是没有内部关系(研究图12-27)。当第3波是最长时,波1和波5应该几乎相等(100%),或有61.8%或38.2%的关系(排列是从最常见的关系开始)。如果波4是复杂的调整,第5波应等于或大于波1。如果波2是复杂的调整,波5应该等于或小于波1。如果波1比波3小很多,第5波应该是从波1的起始点到波3的终止点这整个距离的38.2%(图12-27)。如果波3是扩展,第5波必须小于波3的61.8%。

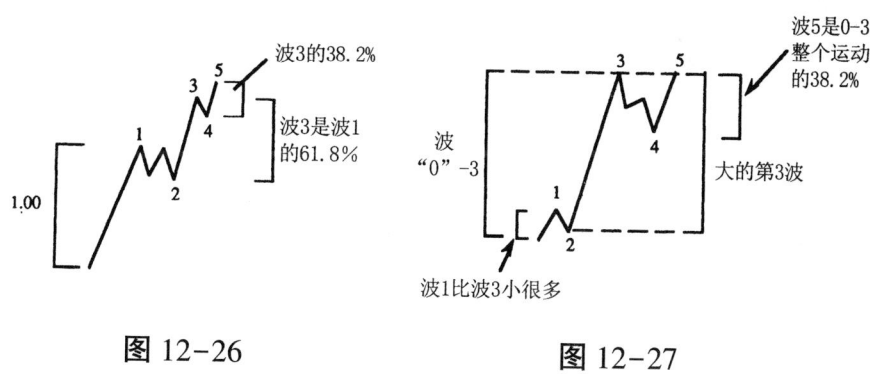

图12-26　　　　　　　　图12-27

第5波扩展

当第5波扩展时,波1和波3唯一可能的内部关系是波3为波1的161.8%,如果它们没有关系,波3必须超过100%,但小于 261.8% 的波 1。如果第 5 波扩展，内部联系到波 1 和波 3，它通常是从"波 1 的起始点到波 3 的终止点"这个距离的 161.8%（见图 12-28）。波 5 至少应为波 1+波 3 的 100%，或波 3 的 161.8%，以较短者为准。波 5 可以高达波 1+波 3 的 261.8%，但这是第 5 波扩展的长度上限（参见图 12-28）。

请记住，上面所有的讨论只涉及到内部关系的可能性，波 1、3 和 5 还有其他的方法相关，但这些关系属于外部关系。在特殊情况下，在一个推进形态或调整形态中，有某些有把握的波不会出现关系，这也是可能的。

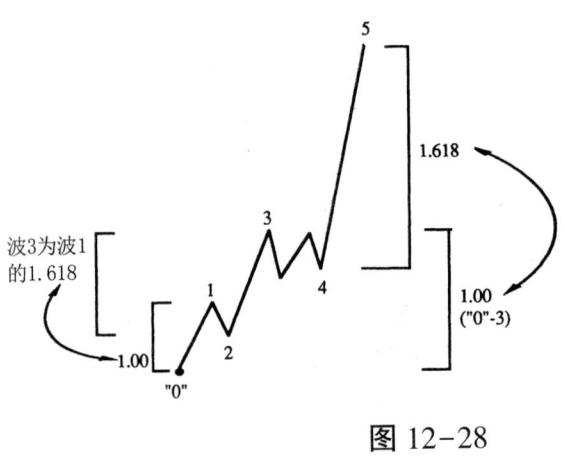

图 12-28

调整

波 2 和波 4

如果波 2 是一个推进形态中最大的价格调整，第 4 波可能会是波 2 价格范围的 61.8%（见图 12-29，图 A），下一个选择将是 38.2%。如果波 4 是一个推进形态中更大的价格调整，波 2 应该是波 4 的 61.8%，也有较低的可能是 38.2%（参见图 12-29，图 B）。

波 a 和波 b

不像波 2 和波 4,波 a 和波 b 向相反的方向移动。与许多人的信念相反,在形态向同一方向运动时,斐波那契的关系更加可靠,而不是向相反的方向运动。因此,在波 a 和波 b 之间没有稳定可靠的关系,a 波和 b 波之间的关系主要使用在决定 a 波的结构(见第三章回调规则和构成前逻辑规则)。

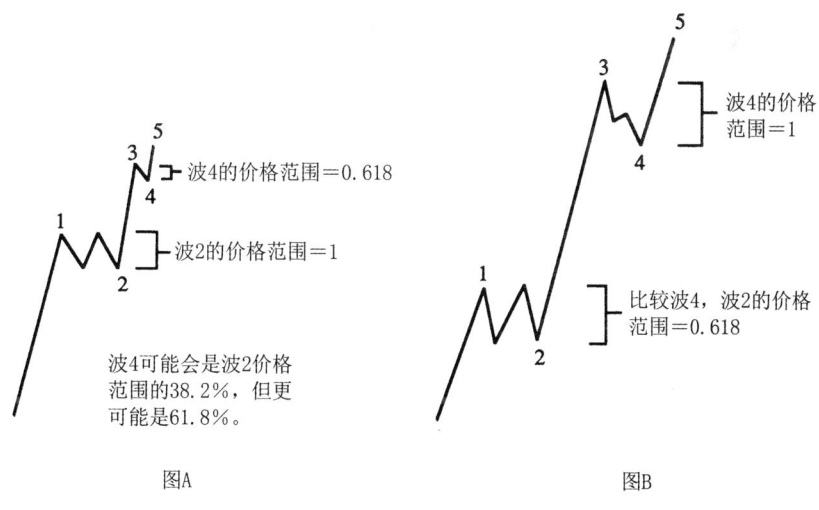

图 12-29

锯齿里的 c 波

在 c 波的内部长度"限制"相关到 a 波时,约为 a 波的 161.8%(图 12-25)。如果 c 波的长度相关到 a 波时,不在最大内部和外部的限制内(请参见外部:锯齿 c 波),那么这个锯齿是拉长的,应被考虑为一个三角形的一部分,它是一个三角形的整个一段或是一个复杂形态的一部分,这个复杂形态是一个三角形的整个一段。

c 波也可以在长度上等于 a 波,这是很常见的(图 12-30,

图 A)。从内部关系上，c 波应不小于 a 波的 61.8%，如果小于了，这可能是由于一个非常小的 b 波三角形，这个锯齿可能是一个三角形的整个一段或是一个复杂形态的一部分，这个复杂形态是一个三角形的一段，如图 12-30，图 B。

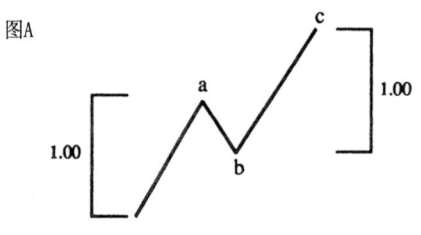

在这个锯齿中，a波和c波是接近相等，很常见的关系。

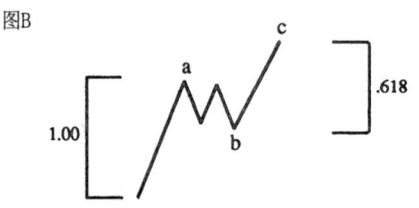

如果c波小于a波的61.8%，这个锯齿可能是一个三角形的部分。注意：很难看见一个锯齿，它的c波小于a波的61.8%。

图 12-30

平台里的 c 波

在一个平台里，c 波不应超过 a 波的 138.2%（见图 12-31）。如果 c 波超过 a 波的 138.2%，那么属于拉长的平台类别。在平台里，a 波和 c 波最常见的关系是接近相等（见图 12-32）。下一个最可能的关系是 61.8%，这可能以两种基本的方式出现，就是 C 失败（图 12-33，图 A）或 B 失败（图 B）。在 a 波和 c 波之间，允许的最小内部关系是 38.2%，这只是发生在我所说的"严重"失败的罕见情况中，这可能发生在 3 种一般方式：第一，b 波回调了大部分的 a 波（可达到但不超过 100%，见图 12-34，图 A）；第二，b 波回调 a 波在 81% 左右（图 B）；第三，b 波必须至少回调 a 波的 61.8%，这样，这个"严重"失败还是有可能的（图 C）；在这 3 个中，图 A 是最常见的，图 B 是下一个常见的，图 C 是不太可能。

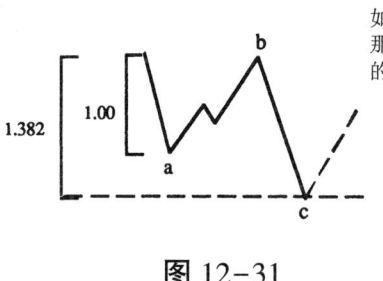

如果c波超过a波的138.2%，那么市场正在创造一个拉长的平台。

图 12-31

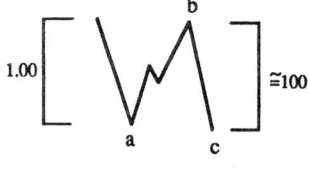

在平台里，最常见的关系是a波和c波接近相等。

图 12-32

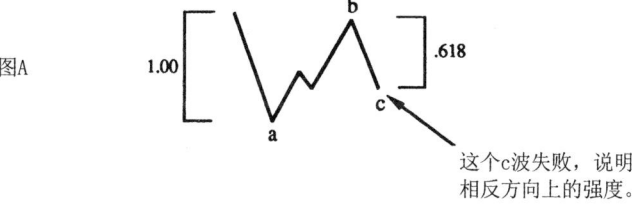

图A

这个c波失败，说明在相反方向上的强度。

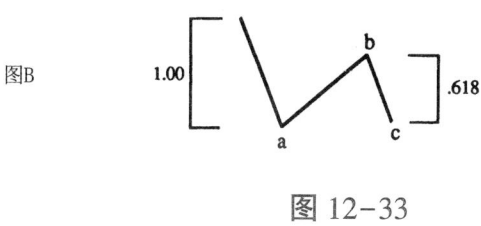

图B

图 12-33

图A

如果c波只是a波的38.2%，b波可能不超过a波的高点；如果b波大于a波，那么从a波的终点之后 全是b波。

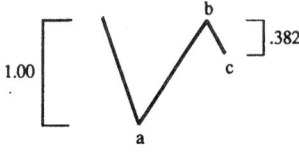

这被称为"严重"的c波失败，在c波完成后，必须有一个相当快的运动。

图B

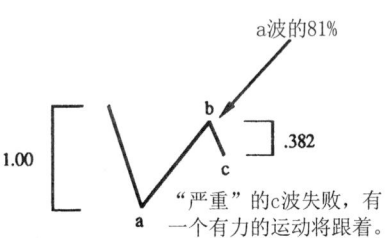

"严重"的c波失败，有一个有力的运动将跟着。

图C

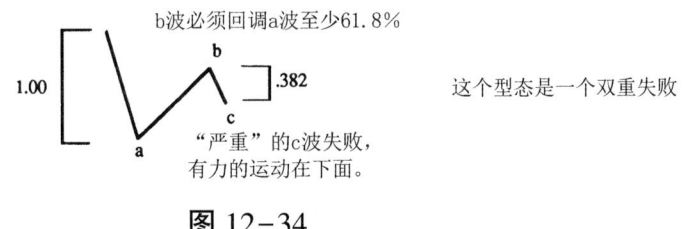

这个型态是一个双重失败

图 12-34

三角形里的 c 波

一个三角形的 c 波通常与 a 波有 61.8% 的关系，如果只是不符合这个参数，也可能是一个三角形（图 12-35）。如果 b 波大于 a 波，c 波可能是 61.8% 的 b 波（图 12-36）。记住，三角形很可能是所有艾略特形态中最常见、灵活、多样、恼人的形态。只要市场有一个明显的收缩时期，由 5 个独立的部分组成，并至少有两个斐波那契关系出现在各个段之间，你就可能发现了一个三角形（见第五章有关规则）。

波 d

波 d 只出现在三角形里，它通常会跟 b 波有 61.8% 的关系。

波 d 可以跟三角形中几乎所有的波有 61.8% 或 38.2% 的关系。

波 e

波 e 通常与 d 波有 61.8% 或 38.2% 的关系，它也可能与更大的波有 38.2% 的关系，如果它与 a 波有关系，有可能是因为 b 波比 a 波更大。

外部

不同于内部关系，外部关系是基于"不重叠"，即接触的价格范围，例如，a 波可能是 50 个点长，在 500 的水平完成，如果在外部关系上，c 波与 a 波有关系，你要计算 a 波的 61.8%、100% 和 161.8% 的数值，然后用 500 点加上或减去这些数值（图 12-37）；在这里，你不是直接比较 a 波和 c 波的长度，而是先测量 a 波，然后从 a 波的低点，根据斐波那契关系，只是相对于 a 波，减去一些价格数量。换句话说，外部关系的推导只使用一个波的价格长度，从一个具体的价格水平（是被研究波的端点），根据斐波那契关系增加或减少。通过这样的方法得到的价格水平，将被视为潜在的支撑或阻力区，如果市场停止在这些价格水平上，掉头回转，就可以确认其重要性。

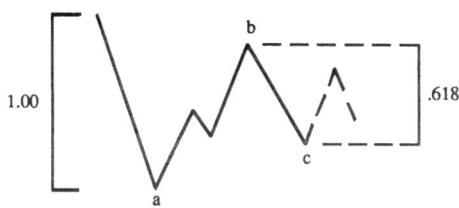

图 12-35　三角形形态

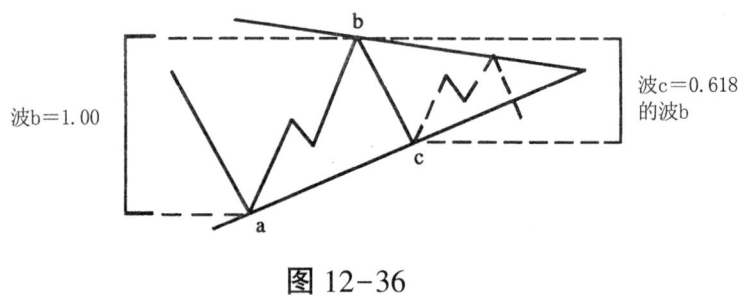

图 12-36

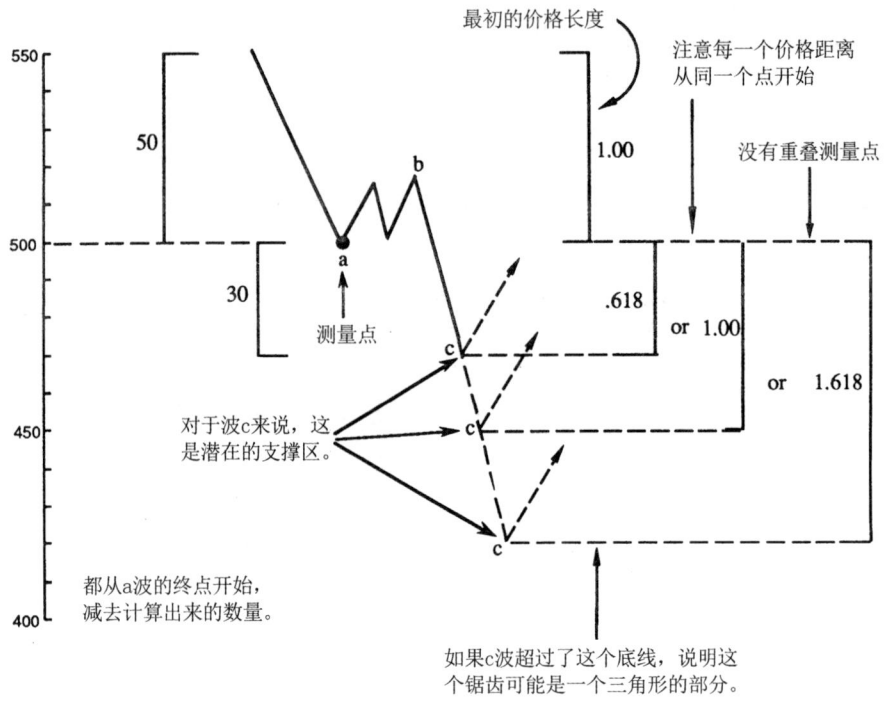

图 12-37

推进形态

第 1 波扩展

由于波 3 应该不会超过扩展波 1 的 61.8% 太多，所以在第 1 波扩展时，不会有太多的外部关系的可能性。如果你在图 12-38

上，测量波 1 的 61.8%，加这个距离到波 1 的终止点，你得到下一个上升的阻力位。如果波 2 回调了任何的波 1（在多波或更高复杂度形态，这是必须的），第 3 波到达了这个阻力位，就会显得太长，唯一的结论是，这就是整个推进的结束点（图 12-38）。如果第 1 波扩展可以形成任何外部关系，61.8% 的阻力点是最常见的。有可能整个推进终止在高于第 1 波的 38.2% 处，但可能性不大，这将显示出很疲软的市场（如果形态完成向下，则很强劲）。如果是一个 38.2% 的外部关系，很可能整个推进形态终止了一个更大的形态。

第 3 波扩展

在第 3 波扩展形态，没有可靠的外部关系，为什么呢？因为市场的转折点太近或太远，无法用斐波那契比率来联系（见图 12-39）。

第 5 波扩展

当第 5 波扩展时，外部关系比内部关系更常见。有两种情况可以应用外部关系在扩展第 5 波形态：

（1）第一，第 3 波可以停留在一个点，即 161.8% 高于波 1 的结束（图 12-40，图 A），如果有外部关系的话，这是最有可能的。接下来的可能性是 100% 高于波 1 的终止点（图 12-40，图 B）。如果第 3 波超过了 161.8% 的水平，它可能会是扩展波，和第 5 波应该比波 3 短。

（2）第二，第 5 波可以停留在一个点，即 100%、161.8% 和 261.8% 高于波 3 的结束点（图 12-41）。161.8% 的水平是第 5 波扩展终止的最可能的水平。100% 的水平是下一个最有可能的，而 261.8% 的水平，只是有可能，这时市场是在终止一个大的、长期的上升（或下降）。请注意，在图 12-41 中，在每个级别上有一个评论，说明在这一点上每个关系的暗示。

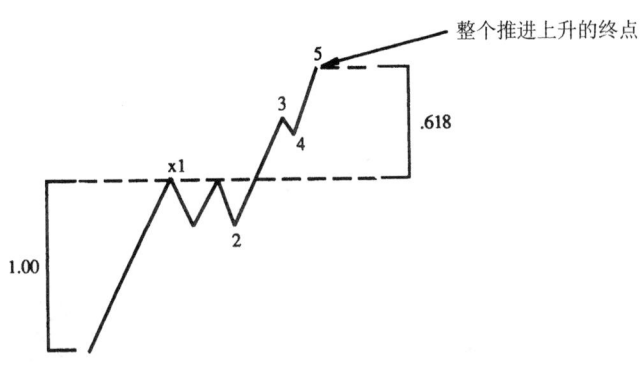

图 12-38

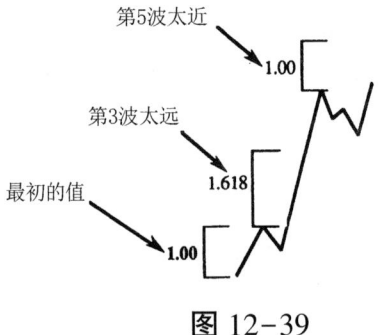

图 12-39

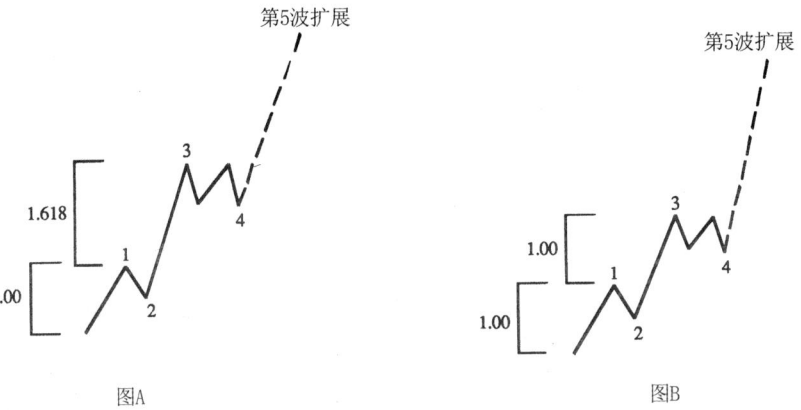

图A   图B

图 12-40

第十二章 先进的尼利扩展

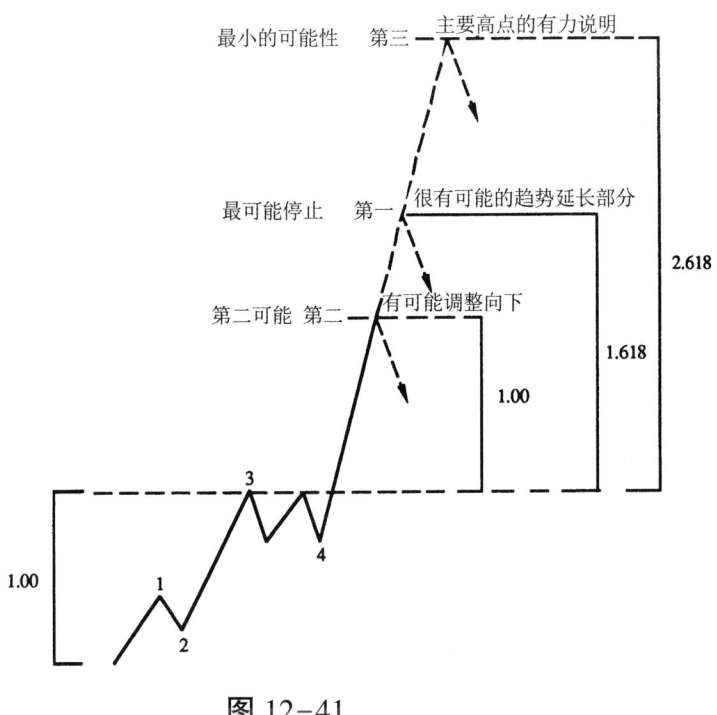

图 12-41

调整

双重和三重锯齿与组合

往往在较复杂的调整里，在第一个外部支撑或阻力水平的地方已经产生了一个逆转之后，市场可能会再转回来，突破这一水平。第二次冲向新的价格水平总是只移动了上一次的 61.8%。如果有第三次突破，它的移动应该为第一次的 38.2%，这就是我叫的"瀑布效应"（图 12-42）。

复杂形态的第一个锯齿常常有自己的 a 波和 c 波的外部关系，在它之后，有必要用第一个锯齿的"整个价格长度"作为一个"标准"，计算下面的支撑或阻力位，在下图中，这"整个价格长度"用星号（*）标记，在"1.00"的旁边。

到目前为止，瀑布效应最常见于双重锯齿形态或有一个锯齿开始的复杂形态，如果要应用这个概念到三重锯齿和组合，就要分成两组，换句话说，先工作在前两个调整上，把前两个调整看成是一个双重锯齿形态，在研究完成后，用相同的方式研究后两个锯齿（你需要利用中间的调整两次），可以使用所有图12-42中的规则。

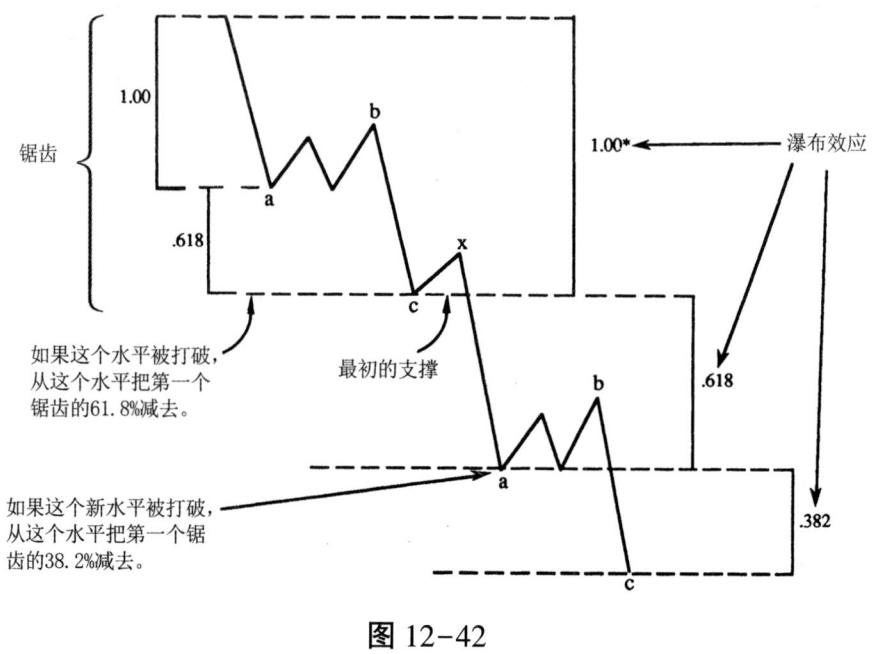

图 12-42

双重和三重平台与组合

在双重平台和组合形态里，外部关系可能不会创造在上一段提及的瀑布效应。通常，一个由外部关系产生的支撑或阻力位就能够停止市场上升或下降（图12-43）。一个三重平台或组合形态可能会表现出瀑布效应（图12-44）。

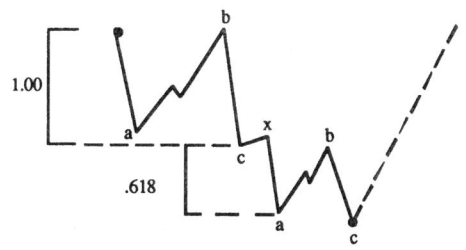

图 12-43　双重平台

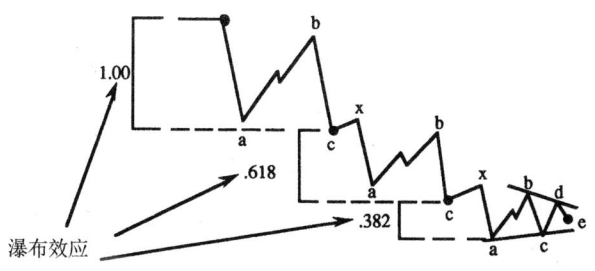

图 12-44　三重组合

失踪波

当用可得到的数据绘制价格运动时，在介于单波和次多波之间的某些发展阶段，有一个艾略特文献中从来没有讨论过的事情开始起作用，这就是"失踪波"。如果不理解这种现象，可以破坏你对一个市场可能性的短期评估。当一个波"失踪"时，它总是一个单波，绝不是一个次多波或更高复杂度形态。幸运的是，即使你的数据没有显示出一个波，但根据在不合逻辑的形态整合中的暗示，根据有内在"失踪"波的价格运动的奇怪发展，可以间接地发现这个"失踪波"。

它们出现在什么地点和什么时间?

失踪波只出现在一个次多波的规模上,而不是出现在多波或更高复杂度形态。它们可能出现在推进次多波里,但更常见在非标准复杂的调整次多波里,标准的艾略特调整不能包含"失踪波。"当市场准备做一个重大的趋势变化时,在形态中,将偶尔会丢失波。

它们怎样出现?

所有艾略特形态的正确构成需要一个最低数量的单波,一个推进波不能只由 4 个单波构成,它必须包含至少 5 个单波;一个调整至少需要 3 个单波,应该清楚,要形成一个特定数量的单波需要一定数量的数据点,当考虑到交替、时间关系、平等规则这样的事情时,有可能计算出建立一个最低可接受的艾略特次多波形态所需要的数据点的数量。

下面列出了在没有失踪波的情况下,一个形态有可能充分构成所需要的数据点的最低数量。拥有最低数量的数据点并没有阻止了失踪波的出现,但只是减少了这种可能性。拥有比需要的数据点的数量少的形态一定存在失踪波(只要你对进程标志的解读是正确的)。如果一个次多波拥有的数据点的数量比需要的最低数量高两倍(或更多),那么不应该认为它有一个失踪波。下面的列表把起始点也算在最低所需的数据点里(图 12-45)。

次多波形态(仅此而已):

1. 推进波-8

第十二章 先进的尼利扩展

2. 锯齿-5

3. 平台-5

4. 三角形-8

5. 双重平台和锯齿-10

6. 由三角形结束的双重-13

7. 三重平台和锯齿-15

8. 由三角形结束的三重-18

在这里,有4个点,开始时的数据点是被包括在上面的列表中,在你计算构成一个型态的数据点的数量时,要计算开始点。

图 12-45

对于包含一个失踪波的形态来说,它必须使用"刚好数量的数据点",去形成大多数、但不是所有需要的单波,什么是"刚好数量的数据点"呢?它没有一个具体的数量,但有一个范围,如果一个形态使用了所需的最低数量的百分之五十(或更少),这基本上消除了存在一个失踪波的可能性;如果比一个形态构成所需的最低数量高一倍,也基本上消除了存在一个失踪波的可能性。为什么呢?如果是最低数量的一半,形态会是如此简单,它表现为一个单波或较简单的调整形态。例如,如果把严格的时间限制放在双重锯齿上,双重锯齿将表现为一个单独的锯齿,参见图 12-46。在最低数量的两倍时,就会有太多的细节,不允许失踪一个波。

从这里就变得清晰了,要存在一个失踪波,数据点的范围是最低数量的一半+1 到最低数量的两倍-1,任何拥有低于最低数量的数据点（但高于一半以上）的情况，表示失踪波是必然的，或者你对形态的解读不正确。比最低数量的数据点每增加一个数据点，有按几何级数增加的机会，一个失踪波不存在，一旦数据点的数量达到最低数量的两倍，应认为存在失踪波是不可能的。

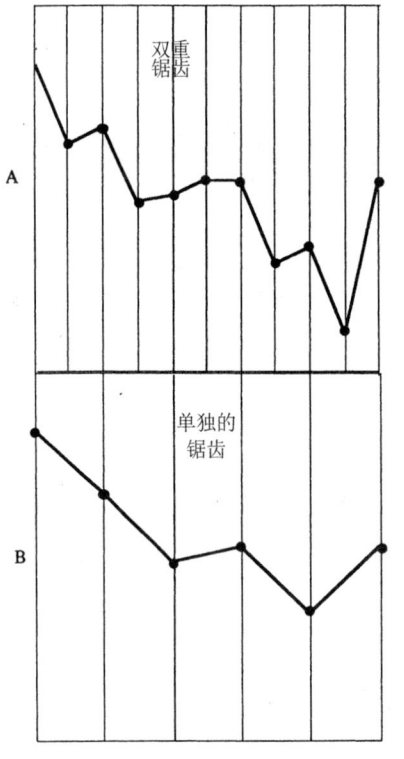

在图A中，有9个点组成一个双重锯齿（第十个数据点确定了双重锯齿的结束）。对于这个运动的型态来说，现在分配了10个时间单位，如果只允许5个时间单位作为这个型态的时间成分的话，这个型态将看起来像一个单独的锯齿（见图B）。

使用图A中相同的数据，但只是隔一个点再连接，可以清楚地看到细节的减少和简化，数据点的减少扭曲了市场的实际情况，使这个运动看起来像一个简单的锯齿，而不是一个复杂调整，幸运的是，这种数据点的严重减少一般只是产生一个不同的，但还是可以确定的艾略特型态。在可以得到的数据点数量介于这两个图之间的某一情况时，一个失踪波可能出现了。即使有一个波失踪，由于它会引起奇怪的行为，还是可以发现它。

图 12-46

为什么它们出现？

现在你知道它们是怎么出现的，问题来了："一个市场为什么没有足够的数据点来创建一个艾略特形态呢？"所有的分析研究必须在一定的限制内完成，当你想要做一些分析时，你必须决定观察哪个市场，你必须决定何时开始你的图、这张图的时间长度、什么类型的数据将被使用,是否会是年度数据(可能适合于是房地产、农业或利率),或许研究需要短期信息,如每周或每日(更适合于股票和商品分析)。不管你的决定如何,它会造成限制,这些限制可能在看得见的市场运动数量方面,也可能在你用于分析的时间方面。

无论你选择怎样一个时间间隔去监测市场,通常有短期的价格数据可用,这些数据会暴露更复杂的价格行为。在一张短期图上,一个形态完成了,在下一张时间跨度更大的图上,可能有(也可能没有)足够的数据,以获得充分发展的相同(但不太详细)的形态,当一个短期运动的复杂度超过了可以使用的数据点(时间单位)的数量(可以表现的复杂度),不能在一张较长期的图上,形成一个同样的形态时,一个同样运动的简化形式、一个单波或一个"失踪波"是不可避免要出现的。一个简化形式的例子是一个复杂的形态转变成一个简单的形态(双重锯齿成为单锯齿,见图12-46),或者,如果一张图与下一张图有太多的时间差异,那么在短期图上的一个复杂形态,将在一个较长期图上表现为一个单波。如果两张图之间的时间差异是不大,一个"失踪波"几乎是不可避免的。

在我们理论的例子中,我们选择了伦敦黄金市场上午/下午的定价(London Gold am/pm fixes)为我们的"较长期"的数据和连续交易的国际黄金市场(International Gold Market)为我们的"较短期"的数据,伦敦黄金市场(在我看来是观察黄金价格的最好方式)将提供每天两次的平均黄金价格,国际黄金市场将使我们能够监测到超短期的艾略特形态的形成。

在图12-47中,有两条线,一条显示伦敦黄金市场的数据,另一条显示国际黄金市场一天之内的数据,细线表示几天中国际黄金市场的数据,在每一天中午和结束时的黑点表示伦敦黄金市场发布的数据，用粗直线连接这些黑点表示了一个图形。正如你可以清楚地看到，国际黄金市场的数据在三天内产生了一个推进形态，伦敦黄金市场的数据类似于一个完美的锯齿，一个"失踪波"就是这样出现了。

伦敦黄金市场的曲线迫使你假设市场已经准备好了下降，因为它出现了向上的调整，但在这个"锯齿"后的市场运动将证明这种解读是错了，如果你学习过"仿效"部分（第十二章），你应该可以，至少在事后，正确地重建"锯齿"，把它变为一个看涨形态。

哪一种形态易受影响？

最容易出现失踪波的形态是复杂的调整次多波（有 x 波的调整），几乎没有例外，在这些形态里是 x 波"失踪"（详细说明见"仿效"），这是由于一个事实，就是 x 波几乎都是这些形态中最小的调整波，当一个调整的时间成分减少时，它们第一个消失。另外，不太常见的是第 1 波或第 5 波扩展的推进次多波形态，它们可能"失踪"最小的调整段，在第 5 波扩展中，波 2 可能"失踪"（如图 12-47）；在第 1 波扩展里，将是波 4 可能"失踪"。

仿效是一个艰难的领域，这种现象发生在一个形态（调整或推进）模仿性质相反的另一类形态的行为，这显然可以引起分析中的问题，挽救这个问题的两个方面是，这个问题仅出现在短期的次多波发展中，和几乎总是给精明的分析师提供预警线索。

在市场形态发展的较早阶段，从单波到次多波的过渡有时不稳定，它是少数真正棘手的时期，你必须学会对付。当一个形态仿效另一个时，它通常表示这个形态是"缺少一个波"，你必须确定市场是否暴露了它的全部行为。"失踪波"是用来形容看不见的市场行为,你必须了解失踪波的概念,然后才能阅读本节(见"失踪波")。

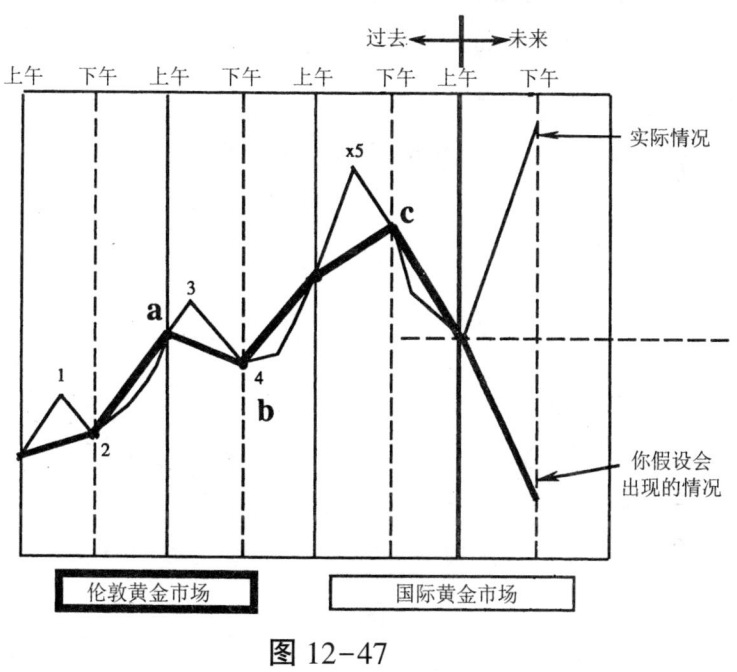

图 12-47

仿效

以下有众多的形态,如果不经意的观察,似乎是另一个艾略特形态,尽管失踪波可能发生在这些形态里,它们还是有自己的可识别的形状和行为。

双重失败

不像大多数其他的"仿效者",双重失败只能在其形成时期和完成后的很短时间内愚弄你,其他的"仿效者"可以愚弄你相当一段时间，除非你一直密切关注市场行为。正如你在图 12-48 中可以看到的，双重失败可以暂时误导你，使你假设正在形成一个三角形，当假定的 d 波超过 a 波的最高点时，表示调整可能已经结束，市场没有形成一个三角形。有一个小线索，可以说明双重失败形态正在形成，这就是应用斐波那契关系，在一个三角形中，a 波和 c 波通常有 61.8% 的内部关系，在双重失败里，c 波通常会下跌到一个特定的价格水平，从外部关系的角度来看，这个价格水平对 a 波是重要的（图 12-49）。

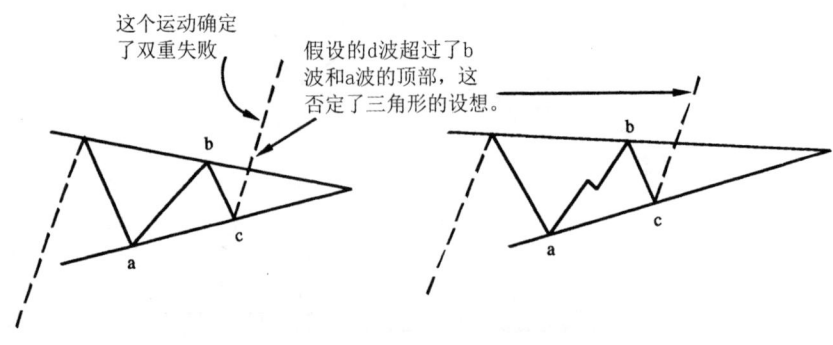

图 12-48

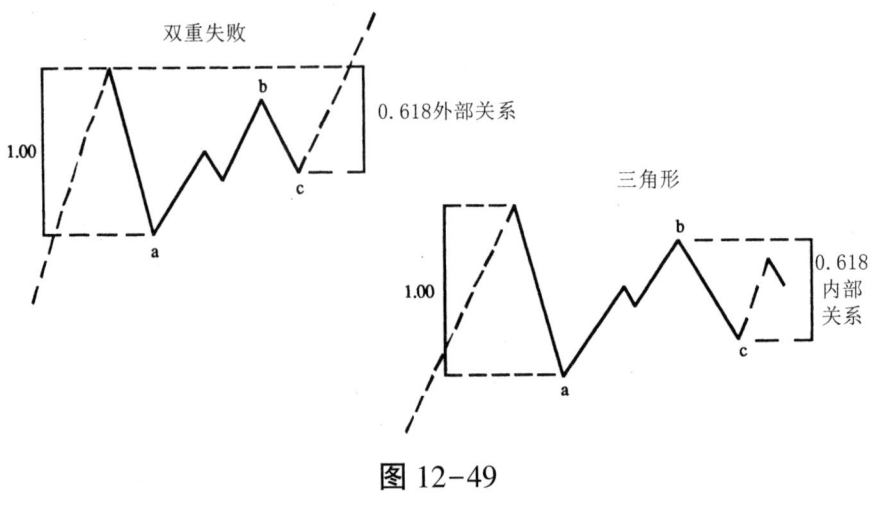

图 12-49

第十二章　先进的尼利扩展

双重平台

如果这种形态的 x 波失踪，很容易被错误地认为是一个推进波，它的第 3 波扩展（参见图 12-50，图 A）。对于短期形态来说，x 波将非常有可能"失踪"，这是由于 x 波通常是最小的调整。有 3 个主要的线索，说明这个形态实际上是调整。

第一，假设的第 2 波（图 12-50A）回调超过 61.8% 的波 1，这表示波 1 更有可能是调整（:3），而不是推进（:5）。警告：波 2 的某部分回调超过波 1 的 61.8% 是可以接受的，但不能接受波 2 终止的水平超出了 61.8%，像在图中一样。

第二，在图 12-50A 中，在波 2 和波 4 之间没有在时间、价格或结构方面的交替。如果在波 2 和波 4 之间没有任何的交替，不管形态是什么样子，就不是推进波。

第三，注意斐波那契关系，说明假定的"第 3 波扩展"只是第 1 波的 161.8% 或更少，这当然告诉你"波 3"不是扩展波和假设的第 5 波应该大得多。

如果你看到一个情况如图 12-50A 所示（和如上面所述），分最长的波（看起来像波 3）到两半，假设中间点是"失踪" x 波出现的地方（图 12-50B）。在这个形态终止后，应该被压缩到一个":3."

双重和三重锯齿

双重平台和双重锯齿之间的主要差别是第一个锯齿的 b 波不会回调 a 波超过 61.8%，从仿效的角度来看，这使得双重平台（缺少 x 波）更容易被发现，因为真正的第 2 波不应该终止于一个点，这个点比波 1 的 61.8% 更多。类似于双重平台，假定的波

2 和波 4 之间仍然缺乏交替，这可能是唯一的早期预警，说明这个运动实际上是调整。注意斐波那契关系可能提供一个线索，如果假定的"第 3 波扩展"只有假定的第 1 波的 161.8% 或更少，这不应该出现在一个真正的推进形态里，除非第 5 波扩展，从图 12-51 中看，这显然并非如此。下一个线索将要到晚些时候，当市场回调双重锯齿超过 61.8% 的时候（暗示假定的"推进"形态实际上是调整）。

对于没有经验的艾略特分析人员来说，三重锯齿或组合形态看起来像一个推进形态。有失踪 x 波（可能不止一个）的三重锯齿一般不会成为问题，因为三重锯齿"仿效"双重锯齿（图 12-52C）。双重和三重锯齿几乎有相同的暗示，即便把这种形态解读为另一种形态，对于一个更大的趋势来说，也没有太大的区别。

以下是图 12-52A 不会成为一个可靠的推进形态的原因：

1. 一个三重锯齿或组合通常有很好的通道，很难被认为是推进形态（见"通道"-推进波）。当一个运动的通道像图 12-52A 时，这是相当不错的出现复杂调整行为的信号。

2. 下降波在价格和时间上太相似，市场没有展现扩展波，推进运动必须有扩展波。

3. 在假定的第 5 波之后的运动没有很快打破 2-4 趋势线（见 2-4 趋势线一节）。

4. 波 2 和波 4 这两个波都表示虚弱，破坏了交替规则。

如果一个分析师不能正确解读一个不存在失踪波的三重锯齿（图 12-53），那是有问题的。不正确解读的问题应该是显而易见的，波 3 和波 5 是清楚的锯齿形态，而不是推进，一个推进波的奇数段不应该以这种形态发展，除非市场正在形成一个终结形态，根据这个运动的通道来看（见通道-终结形态），毫无疑问没有一个终结形态。

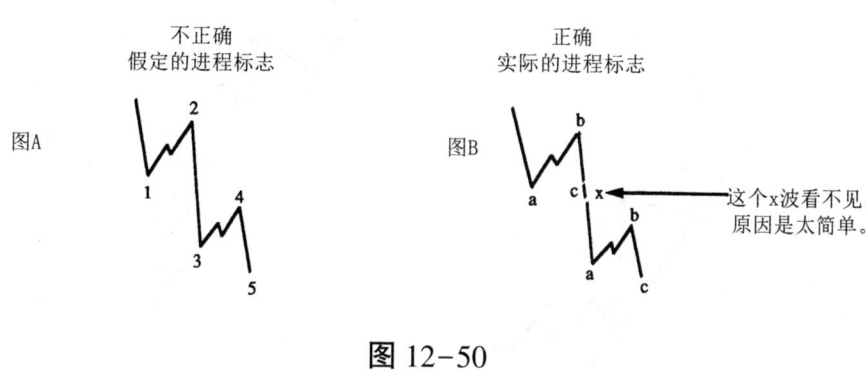

图 12-50

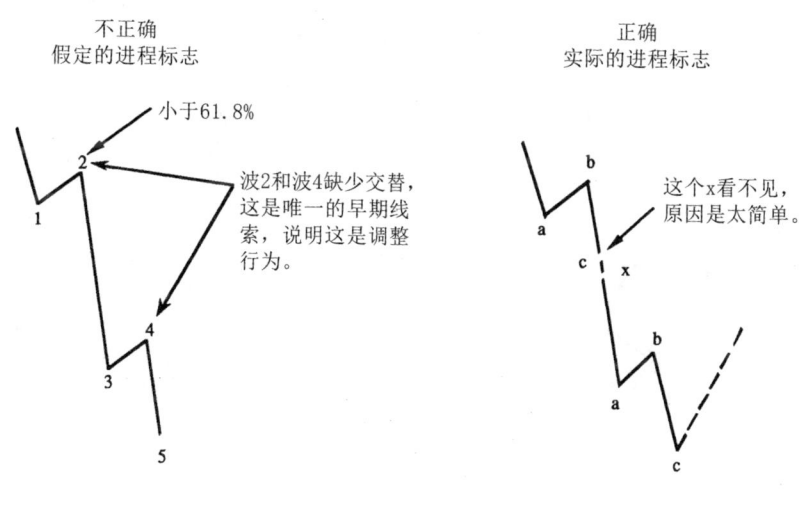

图 12-51

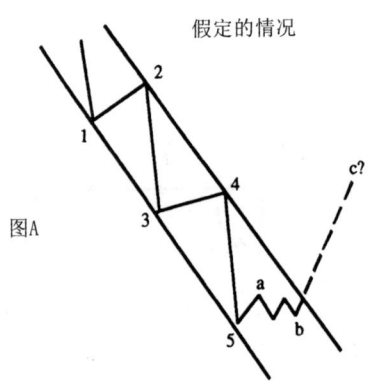
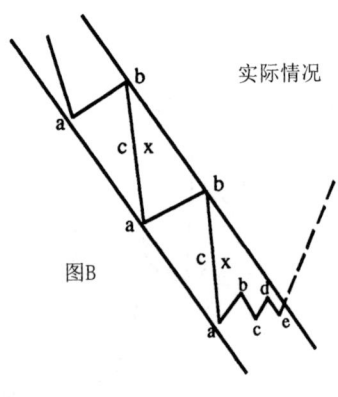

这个型态缺少必要的推进条件，一定是调整。在图B中，由于看不出每一个x波的细节，它们可以被称为"失踪波"。双重和三重锯齿以及它们的组合是唯一非常模仿推进行为的调整图形，如果一个型态看起来像推进，但不符合重要的推进参数，这个型态一定是一个复杂调整，它有x波。

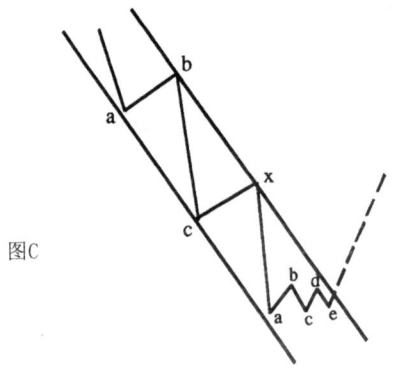

这个三角形是一个线索，说明这些进程标志有问题，其中的a波太长了。

同样的型态可能被错误地认为是一个双重组合

图 12-52　三重组合

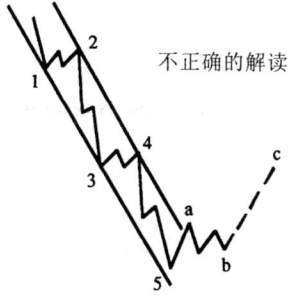 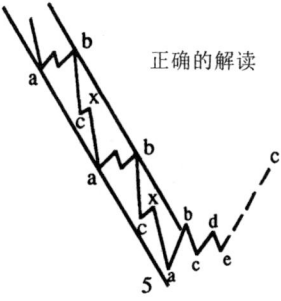

图 12-53

第1波扩展

当一个波从推进形态里失踪时，由此产生的价格行为总是看起来像一个锯齿调整，这使得推进形态最难检测，尤其是在它们还没有完成时。

当第1波扩展时，第2波应该总是最复杂和最耗时的形态。在短时期里，当组成这个次多波的数据点的数量是在"失踪波"可能出现的范围内时，第4波可能是不可见的，这时就像一个锯齿，其中 c 波等于或小于 a 波（图 12-54），而且不能证明这个形态是缺少一个波，直到这个形态完成了才能证明。

第5波扩展

当第5波扩展时，第2波是最小的调整，在时间成分收缩时，将是第一个消失的形态。

一个第5波扩展和缺失第2波会看起来像一个锯齿，其中 c 波等于或长于 a 波（图 12-55）。

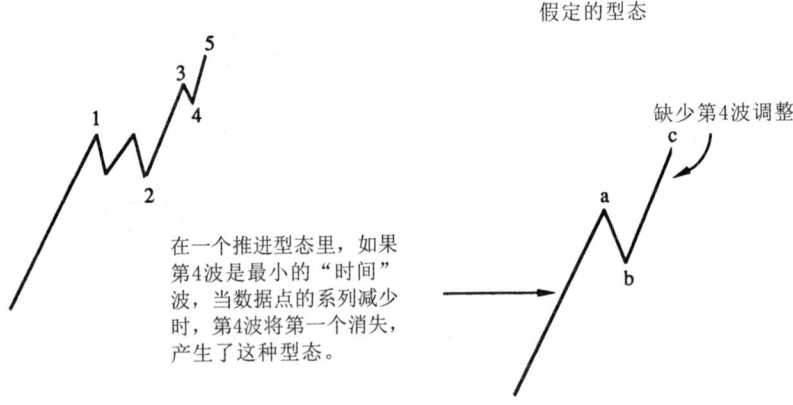

图 12-54

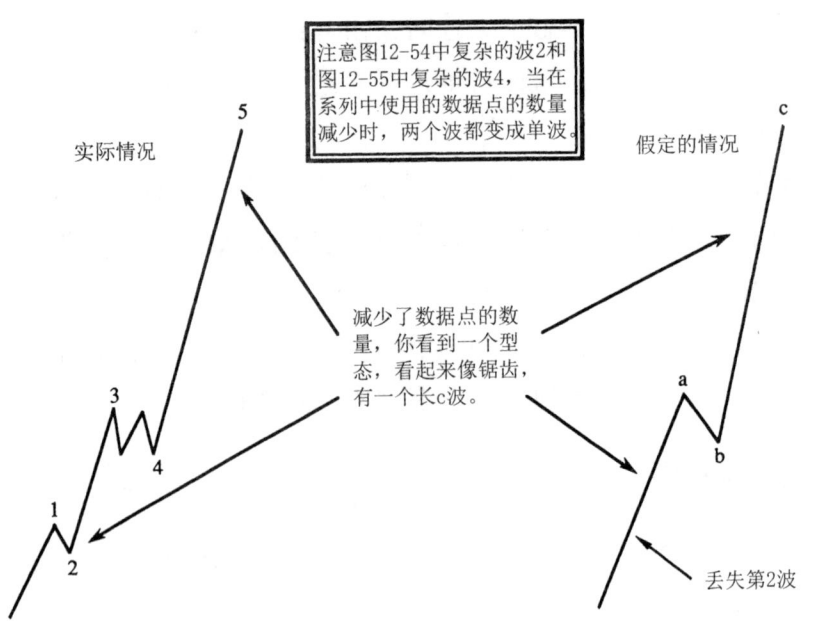

图 12-55

可能性的扩大

这是一个由作者发现的全新的概念,第一次出现,帮助你克服形态替换的问题。当你研究价格行为时,有时候,一个艾略特形态的形成很清晰,没有可靠的替代形态存在;在其他时候,有许多形态的可能性存在,使许多分析家感到无所适从。

听起来可能有些惊人,就是这种混乱状态可以被利用,来帮助你破译市场的情况,即便不是很有作用,至少有些作用,这涉及到一个过程,我称之为"逆向逻辑",简单地说,该规则规定:当从同一个数据系列中,可以解读出一个以上完全可以接受的形态时,市场一定是在一个推进形态或一个调整形态的中心附近,当出现不同形态的可能性越多时,则市场越是接近一个大的艾略特形态的中心(b 波的 b 波、波 3 的波 3、或一个非标准复杂调整的 x 波)。

怎样才能得益于逆向逻辑规则呢?每当市场达到一个点,经你仔细研究,发现有出现多种形态的可能性时,你应该自动假设市场正在走向一个形态的中间,这样的知识可以让你消除所有那些认为形态即将完成的解读,如果你只保留那些解读,就是认为市场是在波 b、波 3 或 x 波(每一种类型的艾略特形态的中段),通常只有一种解读将留下来。

在交易中,此规则有更多的意义和使用。如果你正在准备进入市场,但这时可能的形态解读有很多,那就不要交易,等到形态的可能性减少到只有一个。显然,如果有太多的形态可能性,市场是在这个运动一半的地方,这时进入市场,将意味着更多的风险和较少的潜力。利用这种情况的唯一方法是研究下面可能出现的趋势,直到形态开始变得清晰,可能性减少到只有一个。如果你已经在市场中，就可以利用本规则的另一个有利方面，首先在你进入市场时，只有一个合乎逻辑的形态是可能的，和你目前在获利，在形态可能性的数量增加时，不要害怕离开，这仅仅是一个迹象，表明市场还有一段路要走，才能到达顶部或底部。

局部进程标志的改变

如果你一直在关注一个市场，并且在一段时间内成功预测了转折点，然后突然出现了一些事情，完全出乎你的意料，这不应该是彻底摒弃你过去的解读的理由。如果一个对市场的解读曾经准确地预测了未来价格的走势，那么在这个解读中就必须有一些因素是正确的，即使这些因素只是单一地根据结构。在更改一个过去假设的形态时，最重要是要改动尽可能的小，如果小的改动不行，再进行大的改动。

怎样进行小的改动呢？要调整过去假定的形态需要时间，而这种调整消耗的主要时间是用于形态的不断扩大（参考第九章的"进程"标志的可变性），当你认为是一个调整或推进形态的结束时，可能只是一个更复杂的调整或推进的 a 波或波 1，这一事实提供了一个非常简单的调整形态的过程，从你的图上最后一个单波开始，无论这个单波有什么样的标志，将这个标志的波浪等级降低一级，使用这个波浪等级的称号，并假设这个单波只是一个更大调整或推进形态的 a 波或波 1（取适当的情况）。同样的原则也适用于比单波更大的波。

例如，让我们说你看到一个大的推进上升，你假设这是一个牛市的结束，但在调整后，市场又达到了一个新的高度，这个新的高度表明牛市还没有结束，这时你怎么看待你以前的标志呢？在你过去认为是牛市顶部的高点，你过去标志为波 5（可以是任何波浪等级），现在成为了相同波浪等级的波 1，而波 5 的波浪等级称号下来一个级别。如果你是在与一个调整形态打交道，那么在你过去标志是这个调整结束的地方，现在将成为一个更大调整形态的波浪等级低一级的 a 波。

附 录

预测股市到 2060 年

格伦·尼利
（在 1988 年夏末编制的这个预测）

下面是一篇为"循环研究基金会"的 1988 年 9/10 月"艾略特波浪"一期刊物写的文章的转载。我们感谢理查德·莫格许可重印这篇文章，感谢黛安娜·埃珀森准备这篇文章。

美国股市的未来发展过程

从艾略特波浪理论的观点
格伦·尼利[1]

研究的基础：这个理论提供了什么？

艾略特波浪理论提供了一个框架，在这个框架内，可以组织任何时间长度的市场价格运动到一些具体的形态。在波浪理论

---

[1] 格伦·尼利在 1983 年成立了艾略特波浪研究所，并教授世界上唯一的实时艾略特波浪课程。他是《艾略特波浪在运动中》一书的作者。

下，所有市场行为分解为两大类：

- 运动与更大的趋势同方向。
- 运动与更大的趋势反方向。

1. 简单地说，与趋势（大一级的幅度）同方向的价格行为与反方向的价格行为有不同的构成，在趋势方向上的大多数价格运动由5个较小的段或部分构成（见图1A），广而言之，这种类型的价格行为被定义为推进（在性质上）。如果有一个可能为规模最大的形态是推进，它就不能被完全回调，直到至少有一个类似规模或更大的推进波（与第一个在同一个方向）完成。

2. 如果一个价格运动与大一级幅度的趋势相反，通常是由3个小的部分构成（见图1B），这种类型的运动被定义为调整（在性质上）。当价格行为是调整性构成时，未来的价格运动通常会完全回调这个调整。

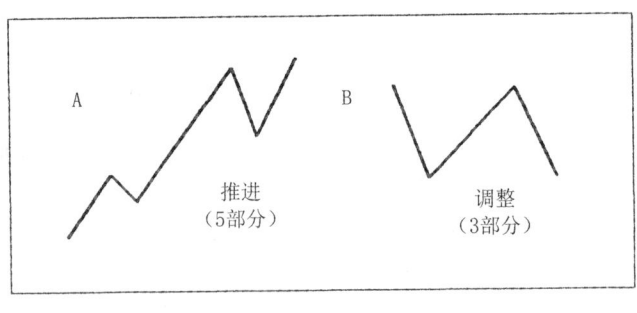

图1

动态概念

有些人尝试用线性的方法来推断未来的市场或经济行为，这通常是徒劳的；一些公司根据前一年的数据来预测自己的成长和未来的产品需求情况，通常是他们的预测与最终的结果明显不同。

历史表明，人类的进步是动态和对数的，不是静态的或线性的。看看历史，追溯到1789年的美国股市对数图（见图2，由循环研究基金会慷慨提供），有时股市快速上升，接下来是盘整阶段，持续很长时间，然后再次快速上升，偶尔也会出现相反的情况，这反映了市场的动态行为。在过去200多年的股市对数图里，股市相对稳定地增长，展示了经济发展的对数性质。

波浪理论提供的预测工具，最好以对数为基础；此外，波浪理论允许在一个碎形过程中有动态的发展。碎形属于一个相对较新学科的新兴领域，这个学科被称为"混沌学"，混沌学要研究自然界中涡流的各种性质以及形状复杂的传播。波浪理论跟碎形有关系，这主要是由于波浪理论在一个有结构的格式内的灵活性，艾略特形态一遍又一遍地重复出现，每一次出现都会有细微的变化或新的扭曲，这些重复出现的形态可以结合起来，创造出更大的、在外观类似于那些较小结构的形态，例如，如果你在显微镜下考察图1A，图中长的中心段可能将分解成一个形态，这个形态可能与这大的形态相似。

随着混沌学的推出，现在科学开始能够解释迄今为止被认为是随机的行为。在波浪理论和混沌科学之间有许多相似之处，这进一步夯实了波浪理论的基础，使波浪理论可以应用到一度被以为是"随机"的股票和商品价格运动之中。

价格行为的限制作用

艾略特的价格波浪形态要求分析师进入到特殊的结论，这里得出的结论不是基于感情或看法，而是被迫通过客观的分析和详细的研究，预测是根据概率最高的历史上的先例，当正确应用这个理论时，可以帮助分析师产生短期和长期的预测，有时这些预测非常准确。

分析：长期数据的启示

看一看长期的价格活动（图2），马上得到一个重要的事实：上升至少持续了200年，而这个上升的起始点不能与目前可用的这个长期数据系列的开始相重合。请记住，波浪理论是一个有关发展的自然规律，它所反映的社会发展是存在的，不管人们已经注意到这个发展没有，所以唯一合乎逻辑的结论是：数据记录的开始不一定与这两个世纪上升的开始相重合。

确定长期数据的历史低点

我们使用始于1789年的数据，显然，在这之前，这个国家是有人居住的，并一直在增长着，所以尽管没有记录，但有经济活动发生。看一看这数据系列的开始，价格运动在最初的几十年里是横向移动，这不是一个趋势（推进行为）开始的方式。一个趋势的开始（根据波浪理论）必须首先是推进运动，而一个推进运动只是最低限度地被后来的运动所回调。你可以看到市场来回摆动，直到1800年代早期才开始了上升，这意味着这20多年的盘整一定是一个调整阶段，在这个调整之后，跟随着一个推进形态（趋势）。

在系统地掌握了大量细微的艾略特波浪技术后，我推断这持续200多年的上升，其最好的开始点为0.30（即30美分），在1765年前后10年左右的时间里，市场最有可能在那个价格水平，以下的观察帮助我得出上述的结论：

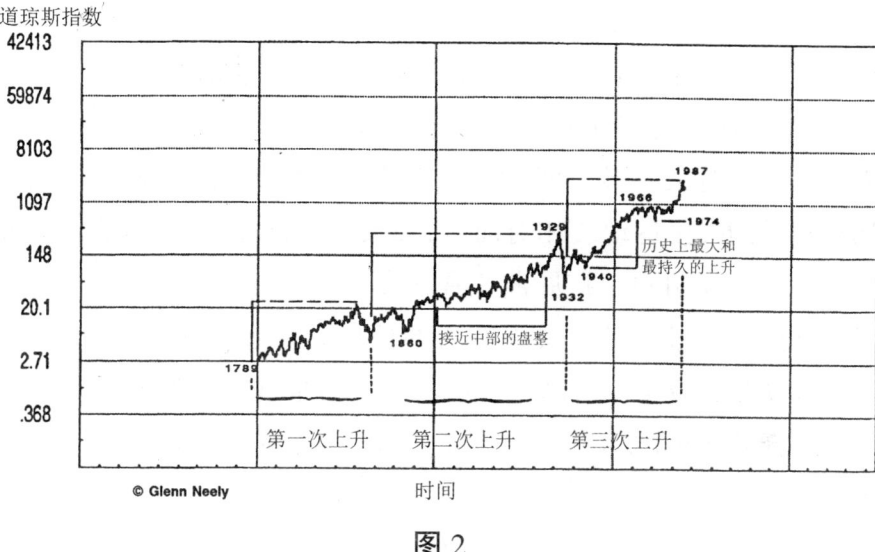

图 2

1. 在过去的 200 多年里，美国经济（根据股票交易市场平均价格水平）有一个巨大的上升（约 100,000%，根据官方预计，1789 年在 2.51 左右），基于这一证据，可以安全地认为，自从那时或之前，美国股市一直处于一个趋势形态中（推进）。按照 R·N·艾略特的想法，一个推进波应包含一个扩展（这是一个前进，明显长于其他的前进）。自从 1789 年以来，还没有一个扩展波出现（见图 2），第二次上升和第三次上升大约相等，而第一次上升要小得多。这是一个关键的观察，如果自从 1700 年以来的上升被认为有推进的性质，那么最终必须有一个上升波大大长于其他的波，根据这一事实，就必须假设：可能开始于北美殖民时代的、几个世纪的经济扩张，还没有结束。

2. 在过去 200 年里，大的中间部分（第二次上升，1860 年至 1929 年）在本质上是调整。推进形态有众所周知的加速阶段，这通常出现在最长波的中心附近。从 1860 年开始上升到 1929 年的高点，在中心附近没有出现如此的加速阶段，这是一目了然的，事实上，情况正好相反，在第二次上升的中心附近有盘整（见图2），这在一个推进形态中基本上是不可能的。

3. 从1940年到1960年，美国经历了从有数据记录的历史以来最大、最持久、最少回调的股市上升（见图2）。如果一个市场在拉长的缓慢运动（相对而言）之后开始加速度，这是一个很好的迹象，表明一个扩展波正在进行中。对于从1949年就开始了扩展这一论断来说，最强有力的证据是在过去40多年里，随着市场不断攀登上新的高点，市场的交易量逐步增加。这是一个规则，向着扩展波的中心前进时，交易量增加，特别如果这一扩展波是第3波。

4. 一条基本趋势线可以帮助确定有相同波浪等级的调整形态（即形态在同一个艾略特图形内）。把这项技术用于现有的数据（见图4），一条趋势线通过1860年和1932年的低点，毫无疑问，一个平台形态（C波失败），开始于1835年，在1860年的低点结束，这个平台与最常见的调整一样，包含典型的3段，该平台调整的复杂度是太大了，很难直接联系到于1929年开始并在1932年结束的几乎垂直的下跌。如果这条趋势线通过的两个点有任何关系的话，那就是在1929年以后的调整必然更为复杂和费时，这是显而易见的。在艾略特活着的时候，他解读了从1929年到大约1949年的价格运动，认为是21年的收缩阶段（使用艾略特的术语，是一个三角形，见图4）。一旦把这个21年的调整包括在价格结构中，有较好的时间上的支持，证明这条基本趋势线通过了两个调整阶段（即从1835至1860年的25年的平台调整，和一个21年的三角形）。

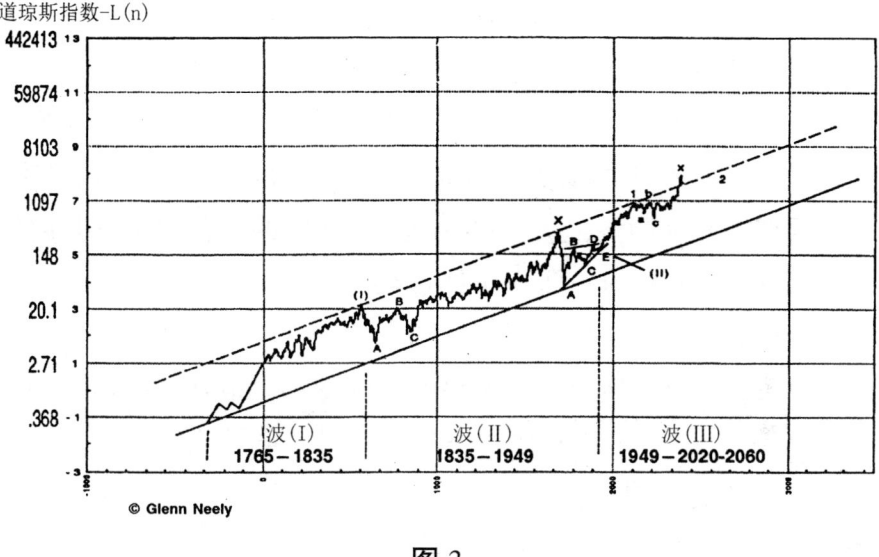

图 3

长期的波浪

前面的分析使我能够确定美国股市的历史起始点最有可能是 30 美分,这是在 1765 年(±10 年)!从这里,根据历史数据,有可能假设一个长期的波浪形态,在图 3 中显示的结果是:

- 波(I)1765 年至 1835 年
- 波(II)1835 年至 1949 年
- 波(III)1949 年至 2020 年到 2060 年期间

下面详细分析上述的波浪:

1. 随着开始的 0.30 水平(约在 1765 年)的设立,上升到 1835 年,现在成为一个很清楚的推进形态,有一个长的(扩展)第 1 波(见图 4),1835 年的高点被标记为波浪等级是超级循环级的波(I)。

2. 前面已经确定了从 1835 年至 1860 年有一个平台调整，它是超级循环级的波（II）的一部分。从 1860 年至 1929 年的上升，从最高的概率上讲，这个上升在性质上是调整；如果这种反弹是推进的话，1860 年的低点应该是超级循环级的波（II）的结束；由于这个上升是调整，从 1860 年至 1929 年的反弹也必须是超级循环级的波（II）的一部分（见图 4）。

当第 2 波包含这样规模（1860 年至 1929 年）的调整上升时，这个第二次上升一定是运行调整的某种变形。最常见的运行调整是双重 3，一个双重 3 通常由一个非限制三角形结束（见书"艾略特波浪在运动中"，第 207、313 页），这为艾略特描述的从 1929 年至 1949 年的 21 年的三角形提供了完美的解释，这个三角形结束了 115 年的调整阶段，完成了超级循环级的波（II）（自从 1835 年开始的，见图 4）。

3. 波 3 开始于 1949 年，目前仍在展开。一个第 2 波为运行调整的有力暗示，保证了第 3 波将是这波世纪上升中最长的一波。当第 3 波是一个形态中最长的波时，它通常会比波 1 和波 5 有更多的细分。当这一细分出现时，一个较小的 5 波运动（推进形态）将出现在这个第 3 波之内。在这个较大的第 3 波之内，波 1 和波 2 通常会仿效较大的第（I）波和第（II）波的价格行为。在这里，较大的第（I）波在大约 1765 年开始，第（II）波在 1949 年结束。运用这一概念，我们可以预见，从 1949 年开始的上升，到未来某一时间，在这段时间内将出现类似于从 1765 年至 1949 年的价格行为（见图 4）。

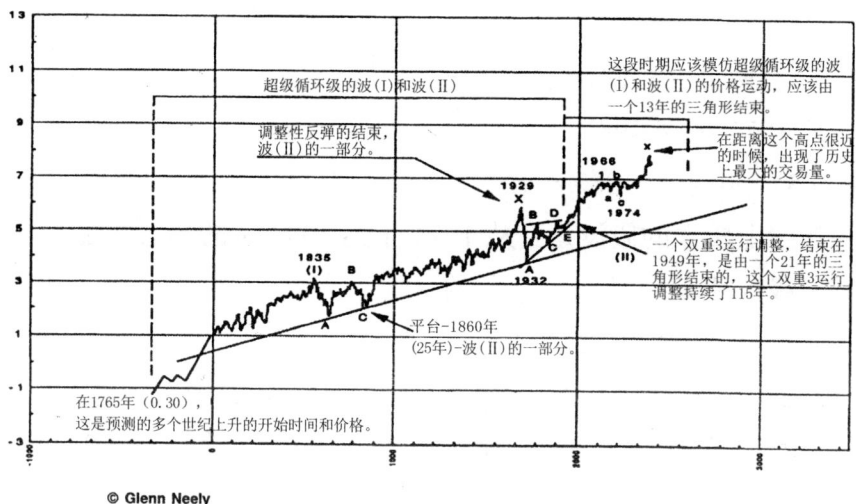

图4

从 1949 年，一个推进波就出现了，在 1966 年的高点结束了，这个高点是循环级的波 1。从 1966 年到 1974 年的横向运动完成了一个 3 段的平台调整。正是从 1974 年的低点，开始了最新的"牛市"。再一次，就像从 1860 年至 1929 年这段时期一样，1980 年代的"牛市"在性质上是调整（见图 5）。此外，自从 1987 年的高点之后，全部股市运动正在展开成为调整形态。

超级循环级的波（I）和波（II）和最新的循环级的波 1 和波 2（循环级的波 2 还正在展开）惊人地相似，不能忽视，下面补充的结论可以从这增加的证据中得到：

1. 从 1932 年的低点（大约 55.00）开始测量，超级循环级的波（I）（结束在 1835 年）和循环级的波 1 在价格和时间上有 61.8%的关系。在预测这 200 多年上升开始的时间和价格时，预测是独立进行的，现在得到这样的结果，是很有趣的。

2. 跟着较大第（I）波和较小的第 1 波之后的调整都是平台

调整。

3. 有两个大的调整上升，一个是从 1860 年到 1929 年，另一个是从 1974 年到 1987 年（?），这两个调整都是双重锯齿形态（见图 5）。由于从 1860 年开始的较大上升是一个循环级的 X 波，唯一逻辑上成立的假设是，从 1974 年到 1987 年的形态可能是一个基本级（比循环级低一级）的 X 波。像在 1929 年一样，1987 年的高点只是一个较大第 2 波的一部分。

4. 再一次应用 61.8% 的比率，应用在那个 21 年的三角形上，我们可以假设从 1987 年 10 月开始了一个 13 年的收缩（21 年 × 0.618）。

5. 从 1987 年 10 月开始的这个调整的最大规模，由前一个循环级的 X 波（1860 年 –1929 年）的 1932 年的回调水平所限制，那个回调是大约 50%，减去从 1974 年到 1987 年上升的 50%，是道琼斯的 1640 左右。由于在 1987 年崩盘后的第二天，股市低点是 1706（很接近 1640），因此可以比较确信 1987 年崩盘后的低点是 1932 年底部的自然结果。不能排除这个崩盘后的低点被击穿，但如果确实如此，也不应该再下跌超过道琼斯 100 点。

6. 测量超级循环级的波（I）的上升，计算出它的 61.8%，加这个量到超级循环级的波（I）的终止点，精确地到达 1929 年的顶部（见图 5），对于一个双重 3 运行调整里的 X 波来说，这是一个很典型的停止点。查看一下循环级的波 1（1949 年 –1966 年）的长度，将这个长度乘以 0.618，把这个量加到循环级的波 1 的顶部，得到准确的 1987 年的高点。

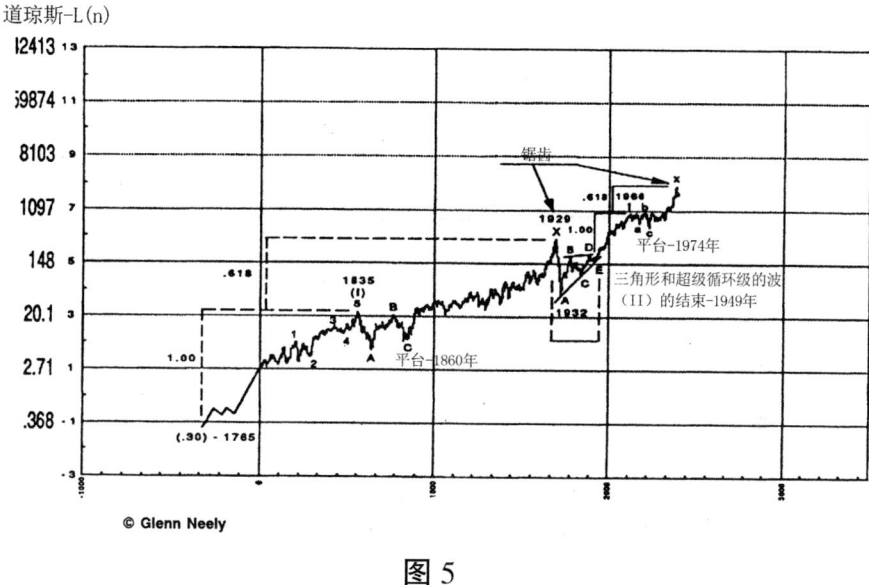

图 5

经过多次测量计算，在应用到波浪等级低一级的波段时，产生了相同的结果，这不能说是巧合，没有疑问，循环级的波 1 和波 2 目前正在模仿超级循环级的波（I）和波（II）的行为。

结 论

一个 115 年的"运行双重 3 调整"的内在力量［超级循环级的波（II），1949 年］对于未来的暗示是惊人的，这使我们能够对未来 70 年的最可能出现的市场情况和经济活动，有一个结论：

1. 在 1987 年 10 月开始的经济收缩，比 1932 年大萧条的严重程度将在规模上低一级，为什么呢？目前正在进行中的循环级的波 2 比 1932 年的调整，在波浪等级上低一级；随着市场在未来 13 年中横向运动，经济情况应该逐步改善，就像从 1932 年至 1949 年那样。

2. 超级循环级的波（Ⅲ）将成为这个推进形态的扩展波（见图6），换句话说，超级循环级的波（Ⅲ）将远远长于超级循环级的波（Ⅰ），这意味着下个世纪初的美国市场，应该开始再一次的上升，这个上升应持续数十年，创造了历史上空前的最大的牛市（见图6）。对于扩展波的最低期望是161.8%的前一个相同波浪等级的推进波，测量超级循环级的波（Ⅰ）的长度，按上述比例计算，加这个值到超级循环级的波（Ⅱ）的终止点（1949年），产生了一个令人难以置信的最低目标（你最好坐下）：道琼斯指数超过10万点。通过应用时间技术到这个波结构，这个价格水平不应早于2020年出现，但不迟于2060年！

基本的理由和意见

目前，正在形成一个规模空前的国际繁荣，在接下来的几十年里，大多数的第三世界国家应该进入工业化，这将为这些国家的所有公民带来生活水平的显著改善，国际竞争应该唤起嫉妒和"攀比"的心态，迫使像俄罗斯这样的共产主义国家走向一个更有效率的资本化的经济。

在2000年以后，世界应该开始进入有史以来最乐观的时期，这种心理到2050年时应该全面扩展，在迈向下世纪中叶时，应该是基本上没有战争、饥荒、萧条等——一个繁荣与和平的稳定时期。

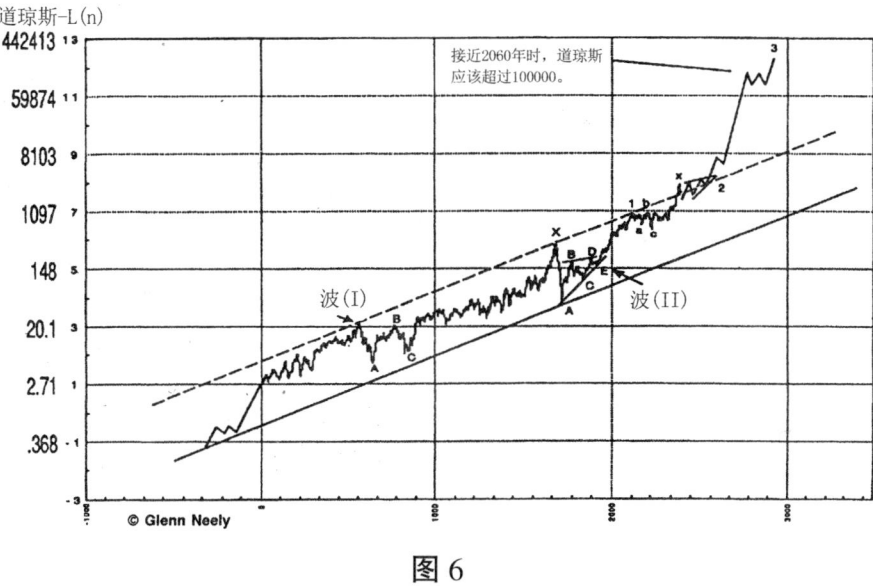

图6

对于那些认为10万点道琼斯是难以理解的人来说，考虑一下这个市场，从我预测的低点0.30至1987年的高点约2700，在数值上增加了大约百分之一百万，这是在200年多一点里发生的。从2700到10万只是增加了4900%，根据分析，可以在70年里出现，比较历史纪录，在70年到10万是非常合理的。

我知道在这篇文章中所阐述的结论描绘了一个接近于乌托邦的社会，但要记住，所有的结论来自于波浪理论，几乎是"确定无疑"的，将出现一个最令人难以置信的、前所未有的经济时期，这个结论是通过分析，逻辑地推导出来的。

译者后记

本书的完成得到以下同仁的大力帮助,他们是:朱杰,吴文莉,李超杰,陈鼎,余锋,常红婧,郑星,田军,彭家伟,张苹,苏远秀,范纯海,张毅,吴春梅,肖艳梅,张毅。其中第一章至第四章由肖艳梅,朱杰,吴文莉,张毅,李超杰,田军翻译。第五章至第八章由常红婧,郑星,彭家伟翻译,第九章至第十二章由张苹,苏远秀,陈鼎,余锋,范纯海翻译。其余部分由张毅,吴春梅,康民翻译,全书由康民负责统校。由于译者水平有限,错误和疏漏之处在所难免,敬请读者批评指正。